LEI ANTICORRUPÇÃO

LEI ANTICORRUPÇÃO

Comentários à Lei n. 12.846/2013 e temas correlatos

COORDENADORES

Gustavo Justino de Oliveira
Mauricio Schaun Jalil
Ricardo Marcondes Martins

AUTORES

Ana Cristina Siqueira Novaes
André Luís de Carvalho
Augusto Neves Dal Pozzo
Bruno Galvão Ferola
Bruno José Queiroz Ceretta
Debora Berti Moreira Calbucci
Felipe Gonçalves Fernandes
Felipe Spinardi
Flávio Rezende Dematté
Gabriela Farias Abu-El-Haj
Glauco Martins Guerra
Gustavo Justino de Oliveira
Henrique Felipe Ferreira
Igor Sant'Anna Tamasauskas
João Marcelo R. do Vale R. de Oliveira
José Marcelo Martins Proença
José Roberto Pimenta Oliveira
Lucas Rocha Furtado
Mauricio Schaun Jalil
Otavio Venturini
Pierpaolo Cruz Bottini
Ricardo Marcondes Martins
Sebastião Tojal
Vinícius Marques de Carvalho
Wallace Paiva Martins Junior

manole
editora

Produção editorial: Retroflexo Serviços Editoriais
Capa: Ricardo Yoshiaki Nitta Rodrigues
Imagem da capa: freepik.com
Projeto gráfico: Departamento Editorial da Editora Manole
Editoração eletrônica: Luargraf Serviços Gráficos Ltda.

CIP-BRASIL. CATALOGAÇÃO NA PUBLICAÇÃO
SINDICATO NACIONAL DOS EDITORES DE LIVROS, RJ

L534

Lei anticorrupção : comentários à lei n. 12.846/2013 e temas correlatos / coordenação Gustavo Justino de Oliveira, Mauricio Schaun Jalil, Ricardo Marcondes Martins. - 1. ed. - Barueri [SP] : Manole, 2025.
23 cm.

Inclui bibliografia e índice
ISBN 9788520459942

1. Brasil. [Lei n. 12.846, de 1 de agosto de 2013]. 2. Corrupção - Legislação - Brasil. I. Oliveira, Gustavo Justino de. II. Jalil, Mauricio Schaun. III. Martins, Ricardo Marcondes.

24-95647

CDU: 343.352(81)

Gabriela Faray Ferreira Lopes - Bibliotecária - CRB-7/6643

1ª edição – 2025

Editora Manole Ltda.
Alameda Rio Negro, 967 – CJ 717
Alphaville – Barueri – SP – Brasil
CEP: 06454-000
Fone: (11) 4196-6000
www.manole.com.br | https://atendimento.manole.com.br/
Impresso no Brasil | *Printed in Brazil*

COORDENADORES

GUSTAVO JUSTINO DE OLIVEIRA

Pós-doutor (*visiting researcher*) pelo Max-Planck-Institut für ausländisches und internationales Privatrecht (Hamburgo, Alemanha) e em Direito Administrativo pela Faculdade de Direito da Universidade de Coimbra (Portugal, Bolsa CAPES; 2007-2008). *Visiting researcher* no Amsterdam Center for International Law da Universidade de Amsterdam (Holanda, 2017-2018). Professor de Direito Administrativo na USP e no IDP-Brasília. Advogado, consultor, árbitro especializado em Direito Público e fundador do escritório Justino de Oliveira Advogados.

MAURICIO SCHAUN JALIL

Advogado e Procurador do Município. Mestre e Doutorando em Direito Penal pela USP. Pós-graduado em *Compliance* pela Fundação Getulio Vargas. Pós-graduado em Direito Penal Econômico e Europeu pela Faculdade de Direito da Universidade de Coimbra. Pós-graduado em Direito penal pela Escola Paulista da Magistratura. Diretor de Relações Institucionais do Instituto dos Advogados de São Paulo (gestão 2025-2027). Foi Coordenador do Núcleo de Ciências Criminais da Escola Superior de Advocacia – OAB/SP (gestão 2022-2024).

RICARDO MARCONDES MARTINS

Mestre e Doutor em Direito Administrativo pela Pontifícia Universidade Católica de São Paulo (PUC/SP). Professor de Direito Administrativo da Graduação e da Pós-Graduação, Especialização, Mestrado e Doutorado da Faculdade de Direito dessa Universidade. Membro do Foro Iberoamericano de Derecho Administrativo (FIDA); do Instituto de Direito Administrativo Paulista (IDAP); do Instituto de Direito Administrativo Sancionador (IDASAN); do Instituto Latino-Americano de Estudos sobre Direito, Política e Democracia (ILAEDPD); do Instituto Brasileiro de

Contas Públicas (IBCONTAS); da Rede Iberoamericana de Contratación Pública. Membro-fundador e Presidente do Conselho Superior do Instituto Brasileiro de Estudos da Função Pública (IBEFP). Diretor Especial de Comissões Temáticas do Instituto Brasileiro de Estudos Jurídicos da Infraestrutura (IBEJI). Membro benemérito do Instituto Amazonense de Direito Administrativo (IADA). Membro honorário do Instituto Brasileiro de Direito Regulatório (IBDRE). Vice-presidente do Conselho Curador da Escola Superior de Direito Municipal (ESDM-SP). Procurador do Município de São Paulo e advogado consultivo. Coordenador da *Revista de Direito Administrativo e Infraestrutura* (RDAI), da *Revista Brasileira de Infraestrutura* (RBINF) e da *Revista Internacional de Direito Público* (RIDP). Líder do Grupo de Pesquisa Ponderação no Direito Administrativo e Contrafações Administrativas, credenciado pela PUC e registrado no CNPq.

AUTORES

ANA CRISTINA SIQUEIRA NOVAES

Formada em Administração Pública (Fundação João Pinheiro), Ciências Contábeis (UFMG) e Direito (Unidf). Especialização em Controle Externo pela Pontifícia Universidade Católica de Minas Gerais. Especialização em Economia, *Theory and Operation of a Modern National Economy*, pela George Washington University, EUA. Foi administradora pública no Tesouro do Estado de Minas Gerais e inspetora de controle externo no Tribunal de Contas do Estado de Minas Gerais. É auditora federal de controle externo no Tribunal de Contas da União. Diretora-geral do Instituto Serzedello Corrêa.

ANDRÉ LUÍS DE CARVALHO

Mestre em Direito, Estado e Instituições pela Universidade Católica de Brasília. Mestre em Operações Militares pela Escola de Aperfeiçoamento de Oficiais. Bacharel em Direito pelo Centro Universitário Euro-Americano. Ministro-substituto (emérito) do Tribunal de Contas da União. Foi professor de Direito Administrativo e Direito Financeiro na Universidade Católica de Brasília.

AUGUSTO NEVES DAL POZZO

Professor de Direito Administrativo e Fundamentos de Direito Público da PUC/SP. Doutor e Mestre em Direito Administrativo pela PUC/SP. *Research Assistant* na Harvard Law School. Presidente do Instituto Brasileiro de Estudos Jurídicos da Infraestrutura (IBEJI). Advogado e parecerista. Sócio-fundador do Dal Pozzo Advogados.

BRUNO GALVÃO FEROLA

Advogado, sócio da P&B. Formado em Direito pela PUC/SP. Pós-graduado em *Compliance* e mestrando em Direito Público pela Fundação Getulio Vargas (FGV/SP). Foi vice-presidente da Associação Nacional de *Compliance* (ANACO). Membro da Comissão de *Compliance* da OAB/SP e diretor voluntário do projeto Constituição nas Escolas.

BRUNO JOSÉ QUEIROZ CERETTA

Doutor em Direito do Estado pela Universidade de São Paulo. Doutor em *Diritto Pubblico* pela Universidade de Roma I "La Sapienza". Mestre em Direito pela Universidade Federal do Rio Grande do Sul. Advogado.

DEBORA BERTI MOREIRA CALBUCCI

Advogada formada pela Pontifícia Universidade Católica de São Paulo (PUC/SP). Especialista em *Compliance* pela Fundação Getulio Vargas (FGV/SP). *Master* em Direito Empresarial e Internacional pela Rome Business School.

FELIPE GONÇALVES FERNANDES

Especialista em Direito do Estado pela Escola Superior da Procuradoria Geral do Estado de São Paulo (ESPGE). Mestre e doutor em Direito Administrativo pela Pontifícia Universidade Católica de São Paulo (PUC/SP). Procurador do Estado de São Paulo.

FELIPE SPINARDI

Advogado, mestre em Direito Público e especialista em Direito Administrativo pela Escola de Direito de São Paulo da Fundação Getulio Vargas (FGV Direito/SP).

FLÁVIO REZENDE DEMATTÉ

Auditor Federal de Finanças e Controle da CGU. Pós-graduado em Direito Constitucional pelo Instituto Brasileiro de Ensino, Desenvolvimento e Pesquisa (IDP/DF) e em Ciência da Legislação e Legística pela Universidade de Lisboa. Mestre em Direito pelo IDP/DF.

GABRIELA FARIAS ABU-EL-HAJ

Auditora de controle externo do Tribunal de Contas da União, formada em Ciências Contábeis pela Universidade de Brasília e com pós-graduação em Novas Tendências do Direito Público pelo UniCeub. Foi coordenadora de soluções consensuais no SecexConsenso/TCU e atualmente exerce o cargo de diretora na mesma Secretaria.

GLAUCO MARTINS GUERRA

Advogado e historiador graduado pela Faculdade de Direito da Universidade de São Paulo (FDUSP) e pela Faculdade de Filosofia, Letras e Ciências Humanas da Universidade de São Paulo (FFLCH-USP).

GUSTAVO JUSTINO DE OLIVEIRA

Pós-doutor (*visiting researcher*) pelo Max-Planck-Institut für ausländisches und internationales Privatrecht (Hamburgo, Alemanha) e em Direito Administrativo pela Faculdade de Direito da Universidade de Coimbra (Portugal, Bolsa CAPES; 2007-2008). *Visiting researcher* no Amsterdam Center for International Law da Universidade de Amsterdam (Holanda, 2017-2018). Professor de Direito Administrativo na USP e no IDP-Brasília. Advogado, consultor, árbitro especializado em Direito Público e fundador do escritório Justino de Oliveira Advogados.

HENRIQUE FELIPE FERREIRA

Advogado. Mestre em Direito Civil pela Pontifícia Universidade Católica de São Paulo. Professor, parecerista e autor, por vários anos Comissário de *Compliance* da Ordem dos Advogados do Brasil, Seção de São Paulo.

IGOR SANT'ANNA TAMASAUSKAS

Advogado, doutor e mestre em Direito do Estado.

JOÃO MARCELO RIBEIRO DO VALE RODRIGUES DE OLIVEIRA

Advogado, formado em Direito pela PUC/SP. Especialista em Privacidade e Proteção de Dados. Pós-graduando em Direito Digital pela FGV. Membro da Comissão de Privacidade e Proteção de Dados e Inteligência Artificial da OAB/SP.

JOSÉ MARCELO MARTINS PROENÇA

Graduação em Direito pela Faculdade de Direito da Universidade de São Paulo (FDUSP). Mestrado e doutorado em Direito Comercial pela FDUSP. Professor doutor da FDUSP. Professor dos cursos de *Compliance*, Direito Societário e Concorrencial da FGV/FGVLAW. Experiência na área de Direito, com ênfase em Direito Comercial, atuando principalmente nos seguintes temas: Direito Societário, Concorrencial, Recuperação de Empresas, Contratos, *Compliance* e Mercado de Capitais.

JOSÉ ROBERTO PIMENTA OLIVEIRA

Mestre e doutor em Direito do Estado pela PUC/SP. Professor de Direito Administrativo da PUC/SP, dos cursos de graduação e pós-graduação em Direito da PUC/SP. Líder do Grupo de Pesquisa Direito e Corrupção (PUC/SP-CNPq). Presidente do Instituto de Direito Administrativo Sancionador Brasileiro (IDASAN). Procurador Regional da República na 3ª Região. Membro titular do 20º Ofício do Núcleo Criminal da PRR da 3ª Região (MPF).

LUCAS ROCHA FURTADO

Bacharelado em Direito pela Universidade Federal do Ceará (UFC). Mestrado em Direito pela Universidade de Brasília (UnB). Doutorado em Direito pela Universidade de Salamanca, Espanha. Professor da UnB – Faculdade de Direito. Subprocurador-geral do Ministério Público junto ao Tribunal de Contas da União (MPTCU).

MAURICIO SCHAUN JALIL

Advogado e Procurador do Município. Mestre e Doutorando em Direito Penal pela USP. Pós-graduado em *Compliance* pela Fundação Getulio Vargas. Pós-graduado em Direito Penal Econômico e Europeu pela Faculdade de Direito da Universidade de Coimbra. Pós-graduado em Direito penal pela Escola Paulista da Magistratura. Diretor de Relações Institucionais do Instituto dos Advogados de São Paulo (gestão 2025-2027). Foi Coordenador do Núcleo de Ciências Criminais da Escola Superior de Advocacia – OAB/SP (gestão 2022-2024).

OTAVIO VENTURINI

Doutorando e mestre em Direito e Desenvolvimento pela Escola de Direito da Fundação Getulio Vargas/SP (FGV-Direito/SP). Graduado em Direito pela Universidade Presbiteriana Mackenzie com mobilidade acadêmica para a Universidade de Coimbra (Portugal). Professor universitário. Presidente da Associação Brasileira de Direito Administrativo e Econômico (ABRADADE).

PIERPAOLO CRUZ BOTTINI

Advogado, livre-docente, doutor e mestre em Direito Penal. Professor da Faculdade de Direito da Universidade de São Paulo.

RICARDO MARCONDES MARTINS

Mestre e Doutor em Direito Administrativo pela Pontifícia Universidade Católica de São Paulo (PUC/SP). Professor de Direito Administrativo da Graduação e da

Pós-Graduação, Especialização, Mestrado e Doutorado da Faculdade de Direito dessa Universidade. Membro do Foro Iberoamericano de Derecho Administrativo (FIDA); do Instituto de Direito Administrativo Paulista (IDAP); do Instituto de Direito Administrativo Sancionador (IDASAN); do Instituto Latino-Americano de Estudos sobre Direito, Política e Democracia (ILAEDPD); do Instituto Brasileiro de Contas Públicas (IBCONTAS); da Rede Iberoamericana de Contratación Pública. Membro-fundador e Presidente do Conselho Superior do Instituto Brasileiro de Estudos da Função Pública (IBEFP). Diretor Especial de Comissões Temáticas do Instituto Brasileiro de Estudos Jurídicos da Infraestrutura (IBEJI). Membro benemérito do Instituto Amazonense de Direito Administrativo (IADA). Membro honorário do Instituto Brasileiro de Direito Regulatório (IBDRE). Vice-presidente do Conselho Curador da Escola Superior de Direito Municipal (ESDM-SP). Procurador do Município de São Paulo e advogado consultivo. Coordenador da *Revista de Direito Administrativo e Infraestrutura* (RDAI), da *Revista Brasileira de Infraestrutura* (RBINF) e da Revista *Internacional de Direito Público* (RIDP). Líder do Grupo de Pesquisa Ponderação no Direito Administrativo e Contrafações Administrativas, credenciado pela PUC e registrado no CNPq.

SEBASTIÃO TOJAL

Advogado, doutor e mestre em Direito do Estado e professor da Faculdade de Direito da Universidade de São Paulo (USP).

VINÍCIUS MARQUES DE CARVALHO

Ministro de Estado da Controladoria-Geral da União (CGU). Graduado em Direito pela Universidade de São Paulo (USP). Doutor em Direito pela USP e em Direito Comparado pela Université de Paris 1 Pantheon-Sorbonne, onde foi professor visitante. Professor doutor da USP. Presidiu o Conselho Administrativo de Defesa Econômica (Cade) de 2012 a 2016.

WALLACE PAIVA MARTINS JUNIOR

Procurador de Justiça (MP/SP). Bacharel em Direito. Mestre e doutor em Direito do Estado (USP). Professor de Direito Administrativo (graduação) e Direito Ambiental (programa de pós-graduação *stricto sensu*) da Unisantos.

SUMÁRIO

Parte II – Temas correlatos

APRESENTAÇÃO

A Lei de Combate à Corrupção (Lei n. 12.846), promulgada em 01.08.2013, possui mais de dez anos de vigência. Apesar de terem sido publicados vários comentários a seus dispositivos, acredita-se que ainda há espaço para o aprofundamento de seu estudo. O texto normativo envolve intricados problemas exegéticos, muitos deles até hoje não solucionados a contento. Com o intuito de enfrentá-los, organizamos esta obra. Dividimo-la em duas partes: na primeira, são apresentados comentários aos dispositivos da lei, subscritos por especialistas no tema, cuidadosamente escolhidos. Na segunda, reúnem-se estudos doutrinários, também subscritos por especialistas no assunto.

A primeira parte segue a estrutura da lei, que possui sete capítulos. O *primeiro*, das disposições gerais (arts. 1º a 4º), foi comentado por Henrique Felipe Ferreira. O *segundo* capítulo, dos atos lesivos à Administração pública nacional ou estrangeira (art. 5º), foi objeto de análise por parte de Wallace Paiva Martins Junior. O capítulo *terceiro*, da responsabilização administrativa (arts. 6º e 7º), foi estudado por José Marcelo Martins Proença, Debora Berti Moreira Calbucci e Mauricio Schaun Jalil, um dos coordenadores desta obra. Lucas Rocha Furtado aborda o *quarto* capítulo, do processo administrativo de responsabilização (arts. 8º a 15). O *quinto* capítulo, do acordo de leniência (arts. 16 e 17), foi discorrido pelo ex-Ministro Substituto do Tribunal de Contas da União, André Luís de Carvalho, e por Ana Cristina Siqueira Novaes, Gabriela Farias Abu-El-Haj e Gustavo Justino de Oliveira, outro dos coordenadores. O *sexto* capítulo, da responsabilização judicial (arts. 18 a 21), foi comentado por Felipe Gonçalves Fernandes e Mauricio Schaun Jalil. O *sétimo* capítulo, das disposições finais (arts. 22 a 31), mereceu o estudo de Ricardo Marcondes Martins, também coordenador desta obra.

A segunda parte é composta de nove trabalhos. O *primeiro*, intitulado "O princípio do *non bis in idem* na Lei Anticorrupção: uma reflexão a partir da reforma da Lei de Improbidade Administrativa", é de autoria de Vinícius Marques de Carvalho, Ministro de Estado da Controladoria-Geral da União, e Flávio Dematté. No *segundo*, intitulado "Há uma origem histórica para a corrupção administrativa no Brasil?", figura como autor Glauco Martins Guerra. O *terceiro*, intitulado "Revisão dos acordos de leniência: possibilidades e parâmetros", é de autoria de Gustavo Justino de Oliveira e de Otavio Venturini. O *quarto*, intitulado "A Lei Anticorrupção e sua relação com a Lei Geral de Proteção de Dados", foi elaborado por Bruno Galvão Ferola, João Marcelo Ribeiro do Vale Rodrigues de Oliveira e Mauricio Schaun Jalil. O *quinto*, intitulado "Direito administrativo sancionador anticorrupção e Lei n. 12.846/2013: o desafio de sua interpretação sistemática", tem José Roberto Pimenta de Oliveira como autor. O *sexto*, intitulado "Responsabilidade das pessoas jurídicas e *compliance* na Lei Anticorrupção", é da lavra de Ricardo Marcondes Martins. O *sétimo*, intitulado "Acordos de leniência, negociabilidade da restituição dos lucros 'ilegítimos' e os tribunais de contas", foi concebido por Sebastião Botto de Barros Tojal e Felipe Spinardi. Augusto Neves Dal Pozzo e Bruno José Queiroz Ceretta escreveram o *oitavo* capítulo, intitulado "O Estado brasileiro e os crimes praticados contra as Administrações públicas estrangeiras". O *nono*, "2013-2023: década da probidade?", tem como coauotres Pierpaolo Cruz Bottini e Igor Sant'Anna Tamasauskas.

Estamos convencidos de que os estudos aqui reunidos muito contribuirão para a compreensão da Lei Anticorrupção e, pois, para sua correta aplicação. Nossa esperança é que, com isso, aprimore-se o combate à corrupção no Estado brasileiro de modo a diminuir os elevados índices de corrupção que nos assolam.

Gustavo Justino de Oliveira
Mauricio Schaun Jalil
Ricardo Marcondes Martins

PREFÁCIO

Fábio Medina Osório[1]

A Lei Anticorrupção Empresarial, também conhecida como Lei da Probidade Empresarial, tem raízes na necessidade de o Brasil adaptar-se à normativa internacional anticorrupção, sobretudo no ambiente de crescente *compliance* e globalização.[2] Na América Latina, o fortalecimento das leis anticorrupção mostra um avanço significativo, especialmente no setor empresarial. O Chile liderou esse movimento em 2009, seguido pela Colômbia em 2011, que reforçou seu marco legal em 2016. O Brasil, com a Lei Anticorrupção de 2013 e seu regulamento em 2015, posicionou-se como um agente crítico na luta regional contra a corrupção. Peru e México implementaram suas leis em 2017 e 2012, respectivamente, enquanto a Argentina se juntou ao esforço em 2018. Esse panorama destaca o compromisso progressivo dos países latino-americanos com a erradicação da corrupção, evidenciando o papel central do Brasil nesse movimento. Nesse contexto, como se

1 Exerceu em 2016 o cargo de Ministro-Chefe da Advocacia-Geral da União. É presidente executivo do Instituto Internacional de Estudos de Direito do Estado (IIEDE), advogado, doutor em Direito Administrativo pela Universidade Complutense de Madrid, onde foi orientado pelo catedrático Eduardo García de Enterría. Sua tese foi aprovada *summa cum laude*. É conselheiro do Movimento de Defesa da Advocacia (MDA), em seu segundo mandato. Mestre em Direito Público pela Universidade Federal do Rio Grande do Sul. É presidente da Comissão Especial de Direito Administrativo Sancionador da OAB Nacional, também pelo segundo mandato. Sócio-titular e fundador do escritório Medina Osório Advogados.

2 Observe-se que, desde o advento da Lei de Práticas de Corrupção no Exterior dos Estados Unidos (FCPA), o mundo globalizado experimenta uma crescente onda de combate à corrupção. A partir dessa lei norte-americana, que tem alcance global, inúmeros países começaram a se adaptar a uma cultura anticorrupção, influenciados pela legislação dos Estados Unidos. Nesse contexto, destaca-se o surgimento de leis significativas, como: a Lei Anticorrupção Alemã (*Gesetz zur Bekämpfung der Korruption*), de 1999; o Decreto Legislativo Italiano n. 231, de 2001; o *UK Bribery Act*, de 2010; e a Lei Sapin II da França, de 2016. Além do surgimento de legislações anticorrupção nos países europeus, destacam-se igualmente as iniciativas no âmbito das Organizações das Nações Unidas (ONU) com a Convenção das Nações Unidas contra a Corrupção (UNCAC), de 2003; do Fundo Monetário Internacional com a Nota de Orientação (*Guidance Note*), de 25 de julho de 1997, revisada em abril de 2018 e abril de 2023; do Banco Mundial com suas diretrizes sobre Prevenção e Combate à Corrupção em projetos financiados por empréstimos do Banco Internacional para Reconstrução e Desenvolvimento (BIRD) e créditos e doações da Associação Internacional de Desenvolvimento (IDA), revisadas em 2006; e da Organização para a Cooperação e Desenvolvimento Econômico (OCDE) com a Convenção sobre o Combate à Corrupção de Funcionários Públicos Estrangeiros em Transações Comerciais Internacionais, de 1999.

percebe, a responsabilidade da pessoa jurídica, tópico central da legislação anticorrupção, constitui o foco dessa espécie de direito administrativo sancionador.

No Brasil, em 1999, em artigo doutrinário, "*Corrupcion y mala gestion de la res publica: el problema de la improbidad administrativa y su tratamento en el derecho administrativo sancionador brasileño*",[3] sustentamos que a Lei n. 8.429/92 (Lei de Improbidade Administrativa) teria natureza jurídica de direito administrativo sancionador, circunstância que se confirmou pela reforma introduzida por meio da Lei n. 14.320/2021, no âmbito da Lei n. 8.429/92. Em nossa doutrina, destacamos, igualmente, que a Lei n. 12.846/2013 possui a mesma natureza jurídica da Lei n. 8.429/92, isto é, natureza jurídica de direito administrativo sancionador.[4] Essa construção permite que se apliquem a esse campo as regras e princípios de direito penal, conforme jurisprudência da Corte Interamericana de Direitos Humanos e, do mesmo modo, jurisprudência do Tribunal Europeu de Direitos Humanos.[5,6]

No Direito brasileiro, o Plenário do Supremo Tribunal Federal, ao julgar o Tema n. 1.199 da Repercussão Geral, consagrou a aplicação dos princípios penais ao âmbito da Lei n. 8.429/92, pois sua natureza pertence ao campo do direito administrativo sancionador. No tocante ao terreno da Lei n. 12.846/2013, a jurisprudência também aceita a natureza jurídica de direito administrativo sancionador, o que implica, como já dito, a incidência das regras e princípios de direito penal.[7] Nessa direção, veja-se que o posicionamento do Tribunal de Contas da União também acolhe o mesmo entendimento quanto à natureza de direito administrativo sancionador no tocante à incidência da Lei n. 12.846/2013, fenômeno igualmente presente no âmbito da Controladoria-Geral da União.[8]

Um dos pontos centrais da Lei n. 12.846/2013 é a responsabilidade objetiva da pessoa jurídica, fundamentada no direito administrativo sancionador, eliminando a necessidade de provar culpa ou dano para imputar responsabilidade. Essa abordagem busca responsabilizar entidades que, direta ou indiretamente, beneficiam-se de atos ilícitos, independentemente da demonstração de intenção ou prejuízo específico. A Lei Anticorrupção, portanto, institui um paradigma de atuação

---

3 OSÓRIO, Fábio Medina. "Corrupção e má gestão da *res publica*: o problema da improbidade administrativa e seu tratamento no direito administrativo sancionador brasileiro". *Revista de Administración Pública*, n. 149, p. 487-522. Madrid: Centro de Estudios Políticos y Constitucionales, maio-ago. 1999.

4 OSÓRIO, Fábio Medina. *Direito administrativo sancionador*. 9.ed. rev., atual. e ampl. São Paulo: Thomson Reuters Brasil, 2023. p. 247: "No Brasil, de modo muito diverso, o legislador, abrigado pelo princípio democrático, através da Lei 12.846/13, optou pelo sistema de repressão via Direito Administrativo Sancionador, cujos pressupostos de incidência ostentam autonomia frente ao Direito Penal".

5 Corte Interamericana de Direitos Humanos (CIDH). Caso López Mendoza *vs*. Venezuela, 2011.

6 Tribunal Europeu de Direitos Humanos (TEDH). Öztürk *vs*. Alemanha, 1984.

7 Superior Tribunal de Justiça (STJ). AREsp n. 2.350.892, rel. Min. Maria Thereza de Assis Moura, publ. 14.06.2023.

8 Controladoria-Geral da União (CGU). Processo Administrativo de Responsabilização n. 00190.106166/2019-67. Parecer n. 00363/2021/CONJUR-CGU/CGU/AGU, NUP: 00190.104281/2021-11; Parecer n. 00231/2018/CONJUR-CGU/CGU/AGU, NUP: 00190.114311/2017-11; Parecer n. 00137/2021/CONJUR-CGU/CGU/AGU, NUP: 00190.111397/2019-92; Tribunal de Contas da União (TCU). Acórdão n. 2.121/2017, Plenário, rel. Bruno Dantas. Processo n. 022.280/2016-2.

empresarial voltado ao combate à corrupção, promovendo uma cultura de integridade e transparência nas relações com o setor público.

Nesse contexto, a obra *Lei Anticorrupção: comentários à Lei n. 12.846/2013 e temas correlatos*, coordenada por Gustavo Justino de Oliveira, Mauricio Schaun Jalil e Ricardo Marcondes Martins, se destaca ao proporcionar análises detalhadas e abrangentes sobre a Lei n. 12.846/2013, abordando desde a responsabilidade objetiva até atos lesivos à Administração pública, processos de responsabilização, revisão de acordos de leniência e a relação com a Lei Geral de Proteção de Dados. Além disso, explora a evolução do combate à corrupção no Brasil, a eficácia dos programas de *compliance* e a importância da responsabilidade corporativa. Ao examinar a interação da Lei Anticorrupção com outras legislações e o contexto histórico da corrupção administrativa, esta obra enriquece significativamente o debate jurídico e prático, sublinhando o papel da legislação na promoção da ética e prevenção da corrupção empresarial.

Gustavo Justino de Oliveira, Mauricio Schaun Jalil e Ricardo Marcondes Martins, estimados amigos pelos quais nutro grande admiração devido a seus trajetos e realizações profissionais, constituem igualmente uma equipe de elevado prestígio, graças às suas excepcionais experiências acadêmicas e profissionais. Oliveira destaca-se no cenário jurídico com seu doutorado em Direito do Estado pela USP, complementado por uma rica trajetória como procurador e advogado, sendo amplamente reconhecido por sua especialização em ética pública e combate à corrupção. Jalil, especializado em Direito Penal e *Compliance*, com formação acadêmica pela USP e pela Universidade de Coimbra, articula teoria e prática com habilidade notável, enfrentando os mais contemporâneos desafios jurídicos com proficiência. Martins, com seu aprofundado conhecimento em Direito do Estado e uma dedicada carreira de magistério na PUC/SP, é aclamado como referência em Direito Administrativo e Público. Juntos, representam um trio de inestimável valor para o meio jurídico.

O resultado da colaboração deste trio culminou na criação de uma obra fundamental para o Direito brasileiro e para aqueles que aspiram a um projeto de construção de um país ético e livre da corrupção. Assim, *Lei Anticorrupção: comentários à Lei n. 12.846/2013 e temas correlatos* se estabelece como uma ferramenta indispensável para aqueles que buscam compreender e aplicar as diretrizes éticas e legais no combate à corrupção empresarial. Sua relevância transcende os limites da academia, posicionando-se como um recurso essencial tanto para os profissionais do Direito quanto para todos os interessados em promover uma sociedade mais justa e íntegra no Brasil.

PARTE I
LEI ANTICORRUPÇÃO (LEI N. 12.846/2013) COMENTADA

LEI N. 12.846, DE 1º DE AGOSTO DE 2013

Dispõe sobre a responsabilização administrativa e civil de pessoas jurídicas pela prática de atos contra a administração pública, nacional ou estrangeira, e dá outras providências.

A PRESIDENTA DA REPÚBLICA
Faço saber que o Congresso Nacional decreta e eu sanciono a seguinte Lei:

CAPÍTULO I
DISPOSIÇÕES GERAIS

Art. 1º Esta Lei dispõe sobre a responsabilização objetiva administrativa e civil de pessoas jurídicas pela prática de atos contra a administração pública, nacional ou estrangeira.

Parágrafo único. Aplica-se o disposto nesta Lei às sociedades empresárias e às sociedades simples, personificadas ou não, independentemente da forma de organização ou modelo societário adotado, bem como a quaisquer fundações, associações de entidades ou pessoas, ou sociedades estrangeiras, que tenham sede, filial ou representação no território brasileiro, constituídas de fato ou de direito, ainda que temporariamente.

---

1. COMENTÁRIOS

1.1. Apontamentos iniciais

Desde sua publicação, em 1º de agosto de 2013, a Lei n. 12.846, conhecida como "Lei Anticorrupção", mas também denominada "Lei da Probidade Empresarial" ou "Lei da Empresa Limpa", causa grande celeuma nos meios jurídicos, quer em razão da responsabilização objetiva da pessoa jurídica que introduz, quer por conta das severas sanções que atribui, quer, ainda, pelas controversas aplicações de seus dispositivos.

A inovação jurídica que se pretendeu com o texto legal foi amplamente divulgada pela imprensa, ganhando grande alarido nos diversos círculos sociais, notadamente ante a aparente promessa de que, finalmente, ter-se-ia no ordenamento jurídico brasileiro um instrumento para o combate eficaz contra a endêmica corrupção.

Aliás, erroneamente, chegou-se a veicular que a "Lei Anticorrupção" seria o primeiro instrumento de combate brasileiro ao velado mal que assola a sociedade, sendo que, como se sabe e abaixo se demonstra, desde há muito o ordenamento jurídico brasileiro já contava com dispositivos legais para, em maior ou menor alcance, combater as mazelas da corrupção.

Todavia, superado o impacto da novidade e o furor esperançoso dos leigos, passaram os juristas a melhor entender, ou ao menos tentar, a *ratio* e a aplicabilidade da norma.

Nessa esteira, cabe-me iniciar os comentários da norma em questão, abordando os comandos insertos no Capítulo I do texto, sendo seguido pelos ilustres jurisconsultos que tenho a honra de ladear.

1.2. Do contexto legal e evolutivo da norma

Inegável é que em tempos modernos, com as informações e transações mercantis transpassando fronteiras e hemisférios globais em tempo real, cada vez mais têm os líderes mundiais se preocupado com os crimes financeiros, dentre os quais os que afetam a corrupção de agentes públicos.

Nessa esteira, diversos países precederam o Brasil na adoção de medidas internas específicas de combate à corrupção, merecendo destaque: i) EUA, com o *Foreign Corrupt Practices Act*; ii) Reino Unido, com o *United Kingdom Bribery Act*; iii) México, com sua *Ley Federal Anticorrupción en Contrataciones Públicas*; iv) Chile, com a *Ley de Responsabilidad Penal Corporativa*; v) França, com o Código Penal francês; vi) Suíça, com o Código Penal suíço; vii) Alemanha, com o Código Penal alemão; viii) Rússia, com a Lei Federal Anticorrupção e; ix) Itália, com o Decreto Legislativo n. 231/2001; x) Espanha, com a inserção no Código Penal Espanhol do conceito de *compliance* criminal, via artigo 31 *bis* daquele Diploma.

Em evolução às proteções legislativas internas, sobrevieram os tratados internacionais, tendo o Brasil aderido aos seguintes:

- Convenção Interamericana contra a Corrupção de 1996, promovida pela Organização dos Estados Americanos (OEA), introduzida no ordenamento jurídico brasileiro pelo Decreto n. 4.410/2002.
- Convenção sobre o Combate da Corrupção de Funcionários Públicos Estrangeiros em Transações Comerciais Internacionais de 1997, promovida pela Organização para Cooperação e Desenvolvimento Econômico (OCDE), introduzida no ordenamento jurídico brasileiro pelo Decreto n. 3.678/2000.
- Convenção das Nações Unidas contra a Corrupção de 2003, promovida pela Organização das Nações Unidas (ONU), introduzida no ordenamento jurídico brasileiro pelo Decreto n. 5.687/2006.

Não obstante todo o positivo impacto da incorporação daqueles tratados internacionais ao Direito brasileiro, alçando o Brasil à categoria de país combativo à corrupção e, mesmo que indiretamente, incrementando seu *rating* de segurança jurídica para os investimentos estrangeiros, certo é que antes e depois de tais tratados o Brasil tem inserido em seu cabedal jurídico diversos instrumentos que, direta ou indiretamente, combatem a corrupção e zelam pela coisa pública, dentre os quais:

- Decreto-lei n. 2.848/40 (Código Penal), que tipifica crimes contra a Administração Pública, como corrupções ativa e passiva.
- Lei n. 1.079/50 e Decreto-lei n. 201/67 (Crimes de Responsabilidade).
- Lei n. 4.717/65 (Lei da Ação Popular).
- Lei n. 7.347/85 (Lei da Ação Civil Pública).
- Lei n. 8.027/90 (Normas de Conduta), que estabelece o código de ética dos servidores públicos federais.

- Lei n. 8.112/90 (Lei do Servidor Público Federal), que dispõe sobre o regime disciplinar dos servidores.
- Lei n. 8.429/92 (Lei de Improbidade Administrativa), que dispõe sobre as sanções aplicáveis aos agentes públicos que se locupletam ilicitamente no exercício de mandato, cargo, emprego ou função públicos.
- Lei n. 8.443/92 (Lei Orgânica do Tribunal de Contas da União), que possibilita ao TCU declarar a inidoneidade do licitante fraudador para participar, por até 5 anos, de licitações nos órgãos da Administração Pública Federal.
- Lei n. 14.133/2021 (Lei de Licitações e Contratos Administrativos), que institui normas para licitações e contratos da Administração Pública, contendo capítulo sobre sanções administrativas e penais relativas a tais atos.
- Lei n. 9.784/99 (Lei do Processo Administrativo Federal).
- Lei Complementar n. 101/2000 (Lei da Responsabilidade Fiscal).
- Lei Complementar n. 135/2010 (Lei da Ficha Limpa), que garante a probidade administrativa e a moralidade no exercício dos mandatos eletivos, tornando inelegíveis aqueles que tenham sido condenados por juízo colegiado.
- Lei n. 12.462/2011 (Lei do Regime Diferenciado de Contratações Públicas - RDC), que regulamenta a matéria e dispõe sobre sanções administrativas.
- Lei n. 12.527/2011 (Lei de Acesso à Informação).
- Lei n. 12.813/2013, que dispõe sobre o conflito de interesses no exercício de cargo ou emprego do Poder Executivo federal e impedimentos posteriores ao exercício do cargo ou emprego.
- Lei n. 12.850/2013 (Lei de Combate às Organizações Criminosas), que regulamenta a colaboração premiada entre criminosos confessos e o Ministério Público.
- Decreto do Município de São Paulo n. 55.107/2014, que regulamenta os comandos da Lei n. 12.846/2013 no âmbito da Administração Pública paulistana.
- Instrução Normativa n. 74/2015 *(revogada)*, do Tribunal de Contas da União (TCU), que dispõe sobre a fiscalização do processo de celebração do acordo de leniência pela Administração Pública federal.
- Portaria n. 909/2015 da Controladoria-Geral da União (CGU), que dispõe sobre a avaliação de programas de integridade de pessoas jurídicas.
- Portaria n. 910/2015 da CGU, que dispõe sobre os procedimentos para apuração da responsabilidade administrativa e para celebração do acordo de leniência.
- Instrução Normativa n. 1/2015 da CGU, que dispõe sobre a metodologia para a apuração do faturamento bruto e dos tributos a serem excluídos para fins de cálculo de multa.
- Instrução Normativa n. 2/2015 da CGU, que dispõe sobre o registro de informações no Cadastro Nacional de Empresas Inidôneas e Suspensas (CEIS) e no Cadastro Nacional de Empresas Punidas (CNEP);
- Decreto n. 11.129/2022, revogando o Decreto n. 8.420/2015, regulamenta a Lei n. 12.846/2013, dispondo sobre a responsabilização administrativa e civil de pessoas jurídicas pela prática de atos contra a Administração Pública, nacional ou estrangeira.
- Portaria Normativa CGU n. 19/2022, pela qual adveio novo instrumento sancionador negocial no âmbito da LAC, o julgamento antecipado.

1.3. Da *ratio* da norma

Muito embora o ordenamento jurídico pátrio já trouxesse dispositivos e diplomas legislativos acerca do tema, fato é que eles recaíam unicamente sobre os prepostos e funcionários das empresas corruptoras constituídas, punindo-se tão somente as pessoas físicas.

Nesse sentido, a chamada Lei Anticorrupção tem o nítido afã de modificar hábitos e culturas empresariais, levando altas e médias gestões das empresas a adotar medidas de caráter educativo e preventivo no combate à corrupção.

Quando de sua tramitação pelas Casas Legislativas, o ainda denominado Projeto de Lei n. 39, relatado pelo Senador Ricardo Ferraço, trouxe em sua exposição de motivos:

> É incontroverso que a corrupção figura, atualmente, como uma das mais graves mazelas do regime democrático contemporâneo. Seu impacto negativo se espraia por todo o sistema político, econômico e social das nações, que contam com os mais variados níveis de desenvolvimento. Nesse contexto, o combate efetivo à corrupção não depende apenas da punição ao agente público corrupto, que pratica ser a crença até aqui impregnada no sistema legal brasileiro, mas também da sanção ao corruptor, que não deve ser compreendido apenas como a pessoa física que operou o ato, mas também como a empresa que pretende se beneficiar de conduta ilícita.
>
> Certamente boa parte das sanções previstas no Parecer 39 já consta em outras leis em vigor, tais como a Lei de Improbidade Administrativa e a Lei Geral das Licitações e Contratos. Porém, o PLC 39 cumpre o papel de preencher espaços não abrangidos por esse conjunto de leis, mais especificamente no tocante à responsabilização da pessoa jurídica.
>
> No atual quadro, percebe-se que o ordenamento jurídico brasileiro não conta com normas direcionadas especificamente à responsabilização da pessoa jurídica e que os diplomas em vigor apresentam uma série de dificuldades de ordem técnico-jurídica para imposição de sanções às empresas. Por isso, a aprovação do PLC é imprescindível para a atualização do nosso sistema legal e a consequente modernização dos mecanismos de combate à corrupção.

Assim, não obstante o Brasil seja próspero em casos de insucesso de leis que não alcançam a realidade social, a Lei Anticorrupção merece louvor na medida em que visou combater o mal por sua outra face, trazendo foco para o agente corruptor. Nas palavras do Professor Miguel Pereira Neto, "[...] numa sociedade em que a corrupção é endêmica, é evidente que as empresas necessariamente são participantes desse processo, pois não há corrupto sem corruptor e vice-versa".[1]

Ao abordar o tema, o processualista Pedro Ivo Gricoli Iokoi ressalta:

> A inovação mais importante que a Lei Anticorrupção brasileira trouxe ao nosso sistema foi, sem dúvida alguma, a mudança de enfoque no combate à corrupção, estabelecendo sanções para as pessoas jurídicas independentemente das sanções aplicadas às pessoas físicas autoras, coautoras ou partícipes dos ilícitos praticados contra a Administração Pública nacional ou estrangeira.
>
> Essa mudança de enfoque tem por objetivo inibir as práticas empresariais que estimulam ou fazem vistas grossas para a corrupção como ferramenta concorrencial ou de transposição de barreiras burocráticas dos órgãos do Poder Público, que emperram a implementação ou o desenvolvimento de negócios ao tempo desejado pelas companhias e seus respectivos acionistas.[2]

---

1 PEREIRA NETO, Miguel. "Lei Anticorrupção e ética". *Revista do Advogado*, Associação dos Advogados de São Paulo (AASP), n. 125, p. 86.

2 GRICOLI IOKOI, Pedro Ivo. "O novo modelo de combate à corrupção". *Revista do Advogado*, Associação dos Advogados de São Paulo (AASP), n. 125, p. 116.

Da leitura superficial do texto legal, percebe-se que, nitidamente, pretendeu o legislador relegar à pessoa jurídica a responsabilização, de fato e de direito, por coibir a prática corruptiva, imputando-lhe responsabilidade objetiva, nos âmbitos civil e administrativo, por conta de ilícitos praticados contra a Administração Pública nacional e estrangeira, sob sanções que vão desde multas significativas até a dissolução da empresa infratora.

Pierpaolo Cruz Bottini e Igor Sant'Anna Tamasauskas assentam:

> O escopo do legislador é fortalecer o ambiente institucional de repressão à corrupção. Ao suprimir a exigência da constatação do dolo ou da imprudência para imputar as sanções previstas, quer-se incentivar a adoção de políticas de integridade e *compliance*, que evitem qualquer ligação da empresa com pessoas ou outras entidades que possam lhe trazer problemas ou danos de imagem.[3]

E assim é não apenas por interpretação, haja vista que o texto vigente fora modificado explicitamente com tal propósito.

Com efeito, quando de sua redação originária, a lei em comento, no § 2º do art. 19, determinava que as sanções preconizadas dependeriam da aferição de culpa ou dolo.

No exercício de seu poder de veto, a Excelentíssima Presidente da República, Sra. Dilma Rousseff, por meio da Mensagem de Veto n. 314, de 1º de agosto de 2013, enviou ao Presidente do Senado Federal sua exposição de motivos de veto, consignando que:

> Tal como previsto, o dispositivo contraria a lógica norteadora do projeto de lei, centrado na responsabilidade objetiva de pessoas jurídicas que cometam atos contra a administração pública. A introdução da responsabilidade subjetiva anularia todos os avanços apresentados pela nova lei, uma vez que não há que se falar na mensuração da culpabilidade de uma pessoa jurídica.

Ante tal motivação, dúvida não paira acerca da real intenção legislativa, qual seja, a de objetivamente responsabilizar a empresa pelos atos de corrupção que elenca, notadamente quando se lê, em seu trecho final, que "[...] não há que se falar na mensuração da culpabilidade de uma pessoa jurídica" [*sic*].

Não obstante assim hoje seja, ante as peculiaridades do processo legislativo brasileiro, não se pode asseverar que assim ainda amanhã será, haja vista que, *v.g.*, já tramita pela Câmara dos Deputados o Projeto de Lei n. 3.636, de 16 de novembro de 2015, oriundo do Senado Federal, com vistas a alterar o texto da Lei n. 12.846/2013.

1.4. A quem se aplica. Sujeitos passivos e ativos

Nos termos do art. 1º da lei, o comando legislativo se aplica aos danos que recaiam sobre a Administração Pública nacional ou estrangeira, **sujeitos passivos** do ato lesivo.

Nesse sentido, entende-se como **Administração Pública nacional**, nos termos do art. 4º do Decreto-lei n. 200/67, a Administração Pública em todas as suas esferas de atuação (União, Estados, Distrito Federal e Municípios), em quaisquer dos três Poderes constituídos (Executivo, Legislativo e Judiciário), inclusive os entes da Adminis-

3 BOTTINI, Pierpaolo Cruz; TAMASAUSKAS, Igor Sant'Anna. "A controversa responsabilidade objetiva na Lei n. 12.846/2013". *Revista do Advogado*, Associação dos Advogados de São Paulo (AASP), n. 125, 2014, p. 126.

tração Pública indireta (autarquias, empresas públicas, sociedades de economia mista e fundações públicas).

Por sua vez, **estrangeira é a Administração Pública** representada pelos órgãos, entidades estatais e representações diplomáticas de país estrangeiro, de qualquer nível ou esfera de governo, bem como as pessoas jurídicas controladas, direta ou indiretamente, pelo Poder Público de país estrangeiro (art. 5º, § 1º, da Lei Anticorrupção), a eles se equiparando as organizações públicas internacionais (art. 5º, § 2º, da Lei Anticorrupção).

Aliás, no particular, perceba-se que aparentes conflitos de competência jurisdicional podem surgir, na medida em que a pessoa jurídica brasileira pode cometer ato coibido pela Lei n. 12.846/2013, nos EUA, por exemplo, de modo que poderá responder pelo mesmo ato tanto no Brasil quanto nos EUA, nos termos do *Foreign Corrupt Practices Act.*[4]

Em situações como essa, em que pesem os acordos internacionais e as soberanias estatais e jurisdicionais envolvidas, toda a atenção merecerá o comezinho princípio de Direito do *ne bis in idem*, a fim de que não se puna duplamente por fato único, ainda que isso seja considerado apenas em fase de dosimetria da sanção.

E o possível conflito não se restringirá às cortes estrangeiras, pois, na seara administrativa brasileira, vários órgãos da Administração poderão instaurar procedimentos visando ao mesmo ato, ensejando a judicialização da questão a fim de que não ocorra o *bis in idem*.

Antevendo tal possibilidade, o Excelentíssimo Ministro do Superior Tribunal de Justiça. Ricardo Villas Bôas Cueva, ao palestrar sobre o tema, pondera:

> **Principais Problemas da Lei Anticorrupção:**
> Competências: o exercício descentralizado do poder sancionador pela autoridade máxima de cada órgão ou entidade dos Poderes Executivo, Legislativo e Judiciário, que deverá instaurar e julgar o processo administrativo, além dos eventuais conflitos de interesse, poderá ensejar a instauração de vários processos para um mesmo fato.[5]

Nos termos do que em capítulo próximo se analisará de maneira detalhada e amiúde, a pessoa jurídica poderá ser responsabilizada mediante processo administrativo, judicial ou ambos, sendo que no processo administrativo serão aplicadas as sanções de multa e publicação extraordinária de condenação, ao passo em que em ação judicial serão aplicadas sanções de perdimento de bens, proibição de receber incentivos, suspensão, interdição ou dissolução compulsória da pessoa jurídica, bem como será definida sua responsabilidade civil.

Já no que tange ao **polo ativo** do regramento, o texto legal tenta se colocar de maneira aberta e o mais abrangente possível ao responsabilizar as sociedades empresárias e as sociedades simples, personificadas ou não, constituídas de fato ou de direito, as fundações, associações de entidades ou pessoas e as sociedades estrangeiras que tenham sede, filial ou representação no território brasileiro.

---

4 Sobre a extraterritorialidade da jurisdição, *vide* os compromissos internacionais assumidos pelo Brasil no âmbito da Organização para a Cooperação e Desenvolvimento Econômico (OCDE), da Organização dos Estados Americanos (OEA) e da Organização das Nações Unidas (ONU), internalizados, respectivamente, pelos Decretos ns. 3.678/2000, 4.410/2002 e 5.687/2006.

5 CUEVA, Ricardo Villas Bôas. "A implementação da Lei Anticorrupção no Brasil". Palestra proferida no Encontro Brasil – Reino Unido: gestão e imagem da Justiça, proferida no Superior Tribunal de Justiça em 18 de novembro de 2015. Disponível em: http://www.stj.jus.br/static_files/STJ/Midias/arquivos/Lei%20Anticorrup%C3%A7%C3%A3o_Br-UK_Cueva.pdf; acesso em: 14 abr. 2024.

Judicando nesse particular, o Supremo Tribunal Federal, por conta do julgamento da Ação Direta de Inconstitucionalidade n. 7.042/DF, julgada em 31.08.2022 e posta ante os textos das Leis ns. 8.429/92 e 14.230/2021, que tratam de improbidade administrativa, sob a relatoria do Excelentíssimo Ministro Alexandre de Moraes, em interpretação sistemática que abarcou os termos da Lei Anticorrupção, decidiu pela legitimidade ativa concorrente e disjuntiva entre Fazenda Pública e Ministério Público.

Nessa linha, nos termos do art. 981 do Código Civil, são consideradas **sociedades, simples ou empresárias**, aquelas que têm por fim o exercício de atividade econômica e a partilha dos resultados.

Ainda, as **sociedades não personificadas**, tais como as em comum e em conta de participação, previstas nos arts. 986 e 991 do Código Civil, também se sujeitam aos termos da lei, tal qual os sindicatos, já que de associações são sua natureza jurídica.

Art. 2º As pessoas jurídicas serão responsabilizadas objetivamente, nos âmbitos administrativo e civil, pelos atos lesivos previstos nesta Lei praticados em seu interesse ou benefício, exclusivo ou não.

---

1. COMENTÁRIOS

1.1. Da responsabilização objetiva. Exceção à regra e possível inconstitucionalidade

Se da análise teleológica da norma já exsurge claro o intento do legislador de responsabilizar objetivamente o ente jurídico privado, resta-nos entender e, à luz do Direito e do ordenamento, contextualizar o comando legislativo.

Destarte, nas próximas linhas pretendemos demonstrar ao leitor que a objetivação da responsabilidade civil historicamente segue uma lógica jurídica própria e condizente com o ordenamento jurídico da sociedade, de modo que fugir de tal escorço implica infirmar a legitimidade e, em verdade, a constitucionalidade da norma que se apresenta.

Com efeito, a objetivação da responsabilidade implica direta restrição ao sacro direito de defesa, haja vista que não é dada ao agente do dano a chance de se manifestar ou justificar.

Logo, quando adotado tal instituto no ordenamento jurídico, este deve vir amparado por fundamentadas razões de cunho social que justifiquem e legitimem a adoção da medida extrema. Se assim não for, incorre-se em perigosa conduta legislativa abusiva, passível de anulação por afronta constitucional.

É o que nos parece acontecer com a propalada Lei Anticorrupção.

Por mais que positiva seja sua vinda e nobres sejam suas intenções, ressalvas merecem vários de seus dispositivos e princípios, de modo que a integração da norma somente terá oportunidade quando se somarem as interpretações jurisprudenciais após o escrutínio dos tribunais.

Por ora, pela limitação do artigo em comento, a pessoa jurídica cuja responsabilização objetiva lhe seja imputada somente teria argumento de defesa na excludente de responsabilidade advinda da demonstração de não interesse ou não auferimento de vantagem, bem como pela quebra do liame subjetivo do nexo causal entre ato e dano.

Mas talvez outros pontos mereçam destaque.

Deriva dos mais comezinhos princípios de Direito que a responsabilidade civil subjetiva, assim entendida como a que se fundamenta na ideia de culpa, afigura-se como regra, relegando-se às exceções a objetivação da responsabilidade, hipótese na qual se prescinde da análise da conduta do agente.

Ao discorrer sobre o tema, o Professor Carlos Roberto Gonçalves, citando Caio Mário da Silva Pereira, pondera que:

> A responsabilidade subjetiva subsiste como regra necessária, sem prejuízo da adoção da responsabilidade objetiva, em dispositivo vários e esparsos. [...] Isso significa que a responsabilidade objetiva não substitui a subjetiva, mas fica circunscrita aos seus justos limites. A propósito, adverte Caio Mário da Silva Pereira, "[...] a regra geral, que deve presidir a responsabilidade civil, é a sua fundamentação na ideia de culpa; mas, sendo insuficiente esta para atender às imposições do progresso, cumpre ao legislador fixar especialmente os casos em que deverá ocorrer a obrigação de reparar, independentemente daquela noção". Não será sempre que a reparação do dano se abstrairá do conceito de culpa, porém quando o autorizar a ordem jurídica positiva. É neste sentido que os sistemas modernos se encaminham, como por exemplo, o italiano, reconhecendo em casos particulares e em matéria especial a responsabilidade objetiva, mas conservando o princípio tradicional da imputabilidade do fato lesivo. Insurgir-se contra a idéia tradicional da culpa é criar uma dogmática desafinada de todos os sistemas jurídicos. Ficar somente com ela é entravar o progresso.[6]

Ainda sob o prisma da evolução legislativa, o doutrinador luso João de Matos Antunes Varela aponta:

> O movimento da superação da responsabilidade subjetiva desdobra-se em duas fases sucessivas.
>
> Numa primeira fase, a tendência dos autores e das legislações é apenas orientada no sentido de, aceitando a doutrina do risco, alargarem a responsabilidade sem culpa a todos os utentes de coisas perigosas.
>
> A segunda fase, de autêntica socialização do risco ou do dano, procura assegurar a indemnização ao lesado, mesmo nos casos em que seja desconhecido o autor da lesão ou em que ele, embora conhecido, careça de meios necessários para assegurar a reparação do dano.[7]

E não parece ser outra a vereda seguida pelo legislador pátrio se não a supra apontada por Antunes Varela, na medida em que, ainda inserto na "primeira fase", elege a teoria do risco da atividade como o lastro motriz da Lei Anticorrupção.

Todavia, se verdade é que a responsabilização objetiva já se encontra desde há muito inserida em nosso ordenamento jurídico, *v.g.*, pelos danos ambientais ou causados pelo Estado, bem como pelas previsões do Código de Defesa do Consumidor, fato é que justa e fundamentada motivação antecede o texto legal.

Diz-se assim porquanto a responsabilização objetiva do Estado, inserida no ordenamento pátrio pela Constituição de 1946, partindo do pressuposto de que a atividade estatal é falível e potencialmente lesadora, tem o condão de igualmente distribuir os ônus da atividade pública, enaltecendo o princípio da isonomia.

Nesse diapasão, o Professor Pedro Estevam Alves Pinto Serrano, em elucidativas palavras, ensina:

> Percebe-se, que no caso da responsabilidade objetiva, o Estado responde mesmo quando não agir ilicitamente, sob o fundamento da incidência do princípio referente à justa repartição do ônus da atividade pública (princípio da justiça distributiva).

---

6 GONÇALVES, Carlos Roberto. *Responsabilidade civil*, 1995, p. 19-21.

7 ANTUNES VARELA, João de Matos. *Das obrigações em geral*, 1998, p. 541.

> [...]
> Note-se que nesse caso o Estado atua dentro da lei, mas sua atividade lícita acaba por ocasionar um dano a alguém, ferindo direito alheio. Esse alguém, portanto, arcaria de forma mais rigorosa do que o resto da coletividade com o ônus da atividade pública.
> A fim de restabelecer a relação de isonomia entre os administrados, o Estado intervém de modo a alocar parte do capital produzido pelo resto da população, em decorrência da arrecadação tributária, e recompõe esse dano sofrido a maior por um cidadão isoladamente, repartindo, de forma justa, o ônus da atividade pública.[8]

Assim sendo, percebe-se que a motivação do legislador constituinte de 1946, retomada em 1988, era a de efetivar a justiça distributiva e enaltecer o constitucional princípio da isonomia.

Ainda como paradigma à presente análise, traz-se à baila a modalidade de responsabilização objetiva decorrente de dano ambiental.

Com efeito, a responsabilidade sem culpa do agente poluidor tem lastro direto no romano princípio do *ubi commoda, ibi incommoda.*[9]

Por essa ótica, a recomposição do patrimônio coletivo degradado por força de atividade privada será automática e independerá de culpa, como continua Pedro Estevam Alves Pinto Serrano em sua preleção:

> Portanto o fundamento da responsabilidade civil objetiva por dano ao meio ambiente está na oneração pelo desempenho de uma atividade nociva ao meio ambiente, já que não é equânime nem razoável onerar a coletividade pelo desempenho de uma atividade econômica fundada exclusivamente no lucro. Não se fala, portanto, em culpa do agente, bastando a demonstração do dano ambiental, da atividade degradadora e do nexo causal entre ambos.[10]

Por derradeiro, e ainda a título de paradigma da análise, perceba-se que a responsabilidade civil objetiva preconizada no Código de Defesa do Consumidor levou em consideração a hipossuficiência do consumidor em relação aos fabricantes, comerciantes e fornecedores dos bens e serviços por aquele diploma considerados, o que, mais uma vez, enaltece o constitucional princípio da isonomia.

E, se com esses três paradigmas se percebe que, *grosso modo*, a objetivação da responsabilidade encontra azo em princípios constitucionais de ordem pétrea, a responsabilidade objetiva trazida pela Lei Anticorrupção carece de fundamentos de tal grandeza.

Uma vez que as empresas poderão ser sancionadas por atos praticados por seus prepostos, independentemente da aferição de culpa em qualquer modalidade de sua tríplice vertente, a sanção preconizada pela Lei Anticorrupção se coloca como ação punitiva do Estado, embasada na presunção de culpa da empresa corruptora.

E prossegue o constitucionalista Pedro Estevam Alves Pinto Serrano:

> Ocorre que, diferentemente dos tipos de responsabilidade objetiva previstos nos itens anteriores, em que a questão de fundo é, em última análise, a isonomia dos administrados, embasada na redistribuição do ônus da atividade pública, ou induzir a internalização das externalidades no caso ao agente poluidor, na Lei Anticorrupção a responsabi-

---

8 PINTO SERRANO, Pedro Estevam Alves. "A responsabilidade objetiva da Lei Anticorrupção". *Revista do Advogado*, Associação dos Advogados de São Paulo (AASP), n. 125, 2014, p. 108.

9 Em tradução livre: "Quem aufere vantagem arca com o prejuízo".

10 Op. cit., 2014, p. 110.

> lidade objetiva é desprovida de qualquer fundamento que justifique sua consonância com o Estado Democrático de Direito.
>
> [...]
>
> Uma vez que a Lei Anticorrupção é destinada especificamente às pessoas jurídicas de direito privado que, portanto, têm sua responsabilidade vinculada aos atos ilícitos, é imprescindível a aferição de culpa para sua responsabilização.
>
> As sanções referentes à responsabilização na esfera judicial previstas na Lei Anticorrupção não têm caráter reparatório, mas de restrição de direitos, o que somente poderia se admitir por meio da aferição de culpa em um Estado Democrático de Direito.
>
> As pessoas no ambiente privado só podem ser condenadas por reparação de ilicitudes ocasionadas por culpa ou dolo, uma vez que no âmbito privado não faz sentido falar em justiça distributiva, salvo quando para reparar o ônus do custo social que o interesse público demande.
>
> A partir do momento em que se retira a necessidade de aferição de culpa, esvazia-se a ideia do *due process of law*, uma vez que a defesa da pessoa jurídica resta limitada a provar a ausência do nexo de causalidade ou da materialidade do fato.[11]

Nesse diapasão, ainda, a culpa presumida embutida no preceito de responsabilização objetiva contida na Lei Anticorrupção, em última análise, fere o princípio da isonomia, na medida em que trata de maneira igualitária sujeitos em situações distintas, vale dizer, equipara, por exemplo, o acionista sem poderes de gestão (que tem seu capital reduzido ou até dizimado pela extinção forçada da empresa) ao funcionário corruptor.

Ainda, merece resgate o fato de que, quando ainda transcorria o processo legislativo que culminou com o advento da Lei Anticorrupção, o então Projeto de Lei n. 39 trazia em sua exposição de motivos, relatada pelo Senador Ricardo Ferraço, por meio do Parecer n. 649/2013, que, *verbis*:

> A esse respeito, vale destacar que foi mantida a opção pelo enquadramento da responsabilidade da pessoa jurídica nas searas administrativa e cível, além do estabelecimento de **responsabilidade do tipo objetivo, em âmbito administrativo**, conforme será exposto em detalhes mais adiante.[12]

E não se vislumbra outra razão para então restringir a objetivação da responsabilidade à seara administrativa senão por força da inconstitucionalidade ora apontada, haja vista que não se poderia, e não se pode, furtar ao Judiciário o poder/dever de aferir culpa, caso a caso.

Trazendo mais luz ao assunto e bem exemplificando a hipótese, Pierpaolo Cruz Bottini e Igor Sant'Anna Tamasauskas, com a proficiência que lhes é característica, ponderam que, *verbis*:

> A lei em comento, como dito, prevê a responsabilidade objetiva da empresa. Assim, mesmo que a instituição não tenha deliberado cometer atos ilícitos, que apresente um efetivo sistema de prevenção e investigação de irregularidades e que funcione dentro de estritos padrões éticos, será punida caso seja beneficiada pelo comportamento de funcionários ou de terceiros contrário à norma. Note-se, ainda que a corrupção tenha sido detectada e investigada pela própria corporação, e comunicada por ela aos órgãos públicos, será aplicada a pena (embora com uma atenuante, nos termos do art. 7º da lei,

11 Op. cit., p. 110-1.
12 Destaques ausentes do original.

> ou mesmo uma causa de diminuição caso firmada e cumprida a leniência, como disposto no art. 16).
>
> Assim, imaginemos uma empresa cujo setor de *compliance* detecta um funcionário que oferece vantagens a servidores públicos para obter contratos, ampliando seu bônus em vendas com tal prática. Em seguida, a instituição apura os fatos, junta documentos e comunica a prática às autoridades do ente afetado. É justo e correto que os danos eventualmente causados sejam suportados pela empresa, que foi beneficiada. Também que o funcionário envolvido responda pelo crime praticado. Mas não parece adequado que a pessoa jurídica, que não decidiu pelo ato, e que não foi imprudente – ao contrário, dispunha de um sistema de integridade que detectou o ato – seja castigada com as sanções previstas nos arts. 6º e/ou 19 do diploma.
>
> Ainda que a multa seja pequena – reduzida a 0,1% do faturamento bruto com um desconto de 2/3 por uma eventual leniência –, não parece ser aplicável. Não se trata de tamanho, mas de princípio. Impor a pena neste caso é admitir que se castigue um ato sem culpabilidade, algo que não se justifica em um Estado cuja constituição prevê a intranscendência da pena (Constituição Federal - CF, art. 5º, XLV).[13]

Portanto, nessa linha de raciocínio, s.m.j., o art. 2º da Lei Anticorrupção seria inconstitucional por afronta aos princípios da isonomia, da intranscendência da pena e do devido processo legal, petreamente inscritos, respectivamente, no *caput* e nos incisos XLV e LIV do art. 5º da Constituição da República.

Esposando tal entendimento, fora ajuizada perante o Supremo Tribunal Federal, pelo Partido Social Liberal (PSL), patrocinado pelo advogado Wladimir Sergio Reale, ação direta de inconstitucionalidade (ADI n. 5.261), sob a relatoria inicial do Excelentíssimo Ministro Marco Aurélio Mello, ora sucedido pelo Excelentíssimo Ministro André Mendonça, ainda em processamento e sem decisão de mérito, assim ementada:

> Ação Direta de Inconstitucionalidade. Liminar. Julgamento definitivo. 1. Esta ação direta de inconstitucionalidade tem como objeto os arts. 1º, 2º, 3º, § 1º da Lei n. 12.846, de 1º de agosto de 2013, a qual dispõe sobre a responsabilização administrativa e civil de pessoas jurídicas pela prática de atos contra a administração pública, nacional ou estrangeira. A racionalidade própria ao Direito direciona a aguardar-se o julgamento definitivo. 2. Aciono o disposto no art. 12 da Lei n. 9.868/99. Providenciem as informações, a manifestação do Advogado-Geral da União e o parecer do Procurador-Geral da República. 3. Publiquem-se. Brasília, 23 de março de 2015. Ministro Marco Aurélio – Relator.

Seja como for, conforme alhures dito, o dispositivo em comento necessariamente ainda deverá passar pelo digesto jurisdicional, a fim de que tenha aferida sua constitucionalidade.

Art. 3º A responsabilização da pessoa jurídica não exclui a responsabilidade individual de seus dirigentes ou administradores ou de qualquer pessoa natural, autora, coautora ou partícipe do ato ilícito.

§ 1º A pessoa jurídica será responsabilizada independentemente da responsabilização individual das pessoas naturais referidas no *caput*.

§ 2º Os dirigentes ou administradores somente serão responsabilizados por atos ilícitos na medida da sua culpabilidade.

---

13 Op. cit., 2014, p. 128-9.

1. COMENTÁRIOS

1.1. Da responsabilização independente entre pessoas jurídicas e físicas

Sob o presente enfoque, levando em conta a redação deste artigo, pretendeu o legislador responsabilizar a pessoa jurídica independentemente das responsabilizações individuais das pessoas naturais que, por qualquer situação direta ou indireta, tenham participado do ato lesivo.

Nesse sentido, perceba-se, que diferentemente da situação da pessoa jurídica, a pessoa física tem sua responsabilização subjetivamente considerada, haja vista que somente arcará com os ônus inerentes a sua culpabilidade.

Aliás, muito embora distintas sejam as responsabilizações das pessoas jurídicas e físicas, para fins processuais, entende-se que necessário seria o litisconsórcio passivo a ser composto, nos termos do art. 114 do Código de Processo Civil de 2015,[14] haja vista que a natureza da relação jurídica implicaria análise judicial conjunta dos corréus pessoas física e jurídica, mantendo-se, assim, a unicidade das decisões.

Art. 4º Subsiste a responsabilidade da pessoa jurídica na hipótese de alteração contratual, transformação, incorporação, fusão ou cisão societária.

§ 1º Nas hipóteses de fusão e incorporação, a responsabilidade da sucessora será restrita à obrigação de pagamento de multa e reparação integral do dano causado, até o limite do patrimônio transferido, não lhe sendo aplicáveis as demais sanções previstas nesta Lei decorrentes de atos e fatos ocorridos antes da data da fusão ou incorporação, exceto no caso de simulação ou evidente intuito de fraude, devidamente comprovados.

§ 2º As sociedades controladoras, controladas, coligadas ou, no âmbito do respectivo contrato, as consorciadas serão solidariamente responsáveis pela prática dos atos previstos nesta Lei, restringindo-se tal responsabilidade à obrigação de pagamento de multa e reparação integral do dano causado.

---

1. COMENTÁRIOS

1.1. Persistência da responsabilização nos casos de modificações da sociedade imputada

No *caput* do presente artigo, preocupou-se o legislador em salvaguardar as implicações de responsabilidade da pessoa jurídica mesmo nos casos em que, pouco ou nada importando se de boa ou má-fé, o contrato social é alterado, ou se a empresa é transformada, incorporada, fundida ou cindida.

Perceba-se, desde logo, que o legislador, no primeiro dos núcleos do *caput*, restringiu-se a considerar alteração de "**contrato social**", silenciando quanto a **estatuto**, que é o constitutivo societário das sociedade anônima. Imagina-se que, talvez por erronia legislativa, tenha o autor do texto pretendido se referir ao gênero e não à espécie. Todavia, somente estariam as companhias incluídas na hipótese por interpretação extensiva, que, como é cediço, somente teria ensejo em casos de favorecimento do acusado, por força do brocardo jurídico "*ubi lex non distinguit, nemo distinguere potest*".[15]

De toda forma, **alteração do contrato social** implica o ingresso de novo sócio, alteração do capital ou mesmo singela mudança de endereço.

Por sua vez, a **transformação societária** redunda em efetiva mudança de sua natureza, como pela transformação de limitada para sociedade anônima (art. 220 da Lei n. 6.404/76), com suas consequências e implicações de toda ordem.

14 CPC/2015: "Art. 114. O litisconsórcio será necessário por disposição de lei ou quando, pela natureza da relação jurídica controvertida, a eficácia da sentença depender da citação de todos que devam ser litisconsortes".

15 Em tradução livre: "Onde a lei não distingue, não pode o intérprete distinguir".

Já a **incorporação societária** refere-se à operação pela qual uma ou mais sociedades são absorvidas pela incorporadora, que lhes sucede em direitos e obrigações, como preconizado pelo art. 227 da Lei das S/A.

Na hipótese de **fusão**, duas ou mais empresas se aglutinarão, formando sociedade nova, que sucederá aquelas em direitos e obrigações, como exemplificado pelo art. 228 da aludida Lei das S/A.

No que tange à **cisão**, traduz-se na operação pela qual a companhia transfere parcelas de seu patrimônio para uma ou mais sociedades, constituídas para esse fim ou já existentes, com a extinção da companhia cindida em caso de redistribuição total de seu capital, ou mantendo-a menor, caso parcial seja o encaminhamento do capital.

Em qualquer das situações supra, nos termos do artigo sob análise, a responsabilidade pela violação dos termos da Lei Anticorrupção persistirá aos movimentos societários.

Nos casos de **fusão e incorporação**, a obrigação do pagamento de multa e reparação do dano se limita ao patrimônio transferido, somente isentando as empresas coirmãs fundidas ou incorporadas em não havendo simulação ou fraude, vale dizer, havendo comprovada má-fé na operação societária, as empresas partícipes responderão ilimitadamente em razão do conluio malicioso.

Os Professores Arystóbolo de Oliveira Freitas e Joyce Ruiz Rodrigues Alves, ao comentar o instituto, ponderam:

> Verifica-se, portanto, que houve um nítido cuidado do legislador em limitar a incerteza na avaliação de possíveis contingências decorrentes de descumprimentos da legislação brasileira anticorrupção. Na prática, a incerteza na mensuração da contingência sempre existirá, pois ela envolve não só o pagamento de uma multa pecuniária no valor de 0,1% a 20% do faturamento bruto do último exercício anterior ao da instauração do processo administrativo, excluídos os tributos nos termos do art. 6º, I, mas também pelo ressarcimento dos prejuízos. Não obstante isso, é cristalino que essa limitação visou evitar que a lei configurasse um desincentivo a negócios jurídicos.
>
> No entanto, nos casos de alteração contratual, transformação e cisão, não existe a referida limitação. Neste ponto, cabe indagar: se o objetivo do legislador era proteger o investidor, por que a Lei da Empresa Limpa não limitou as penalidades também nos casos de cisão? É possível argumentar que, nas operações que envolvem cisões seguidas de incorporações por grupo econômico não envolvido na conduta, as sanções serão limitadas às penas pecuniárias e estarão limitadas ao patrimônio transferido. No entanto, se houver apenas uma cisão da empresa, com a incorporação da parte cindida por empresa do mesmo grupo econômico, é razoável entender que a responsabilidade subsistirá tal como se dá no caso de alteração e transformação societária.
>
> Ademais, a Lei da Empresa Limpa é silente ao disciplinar a sucessão de responsabilidade nas operações de aquisição de ativos. Desse modo, existem três possibilidades de interpretação pelo aplicador da lei: i) inexistência de sucessão de responsabilidade em operações de aquisições de ativos; ii) interpretação extensiva do disposto pela lei de modo que se entenda que há sucessão de responsabilidade com os ativos sem qualquer limitação; iii) interpretação extensiva do disposto pela lei de modo que se entenda que há sucessão de responsabilidade nas aquisições de ativos aplicando a limitação de penalidades existente para fusões e incorporações.[16]

16 OLIVEIRA FREITAS, Arystóbolo de; RODRIGUES ALVES, Joyce Ruiz. "Hipóteses de responsabilidade solidária e decorrentes de sucessão empresarial na Lei da Empresa Limpa e impacto nas operações societárias". *Revista do Advogado*, Associação dos Advogados de São Paulo (AASP), n. 125, 2014, p. 34.

No segundo e último parágrafo do artigo, o legislador volta sua atenção para a responsabilização solidária, abrangendo as sociedades **controladoras, controladas, coligadas** e **consorciadas.**

Assim, nas sociedades **controladoras** e **controladas**, o capital social desta é possuído majoritariamente por aquela, que detém maioria de votos nas deliberações dos quotistas ou acionistas, bem como o poder de eleger a maioria dos administradores, nos termos do art. 1.098 do Código Civil.

Já **coligada** é a sociedade de cujo capital outra sociedade participa com o mínimo de 10% do capital da outra, sem controlá-la, sob a regra do art. 1.099 do Código Civil.

No particular, de se destacar que a Lei das S/A (art. 243, §§ 1º, 4º e 5º), conceitua de maneira diversa a sociedade coligada. Porém, para os termos da Lei Anticorrupção, especial que é por abordar temática objetiva, aplica-se o comando do art. 46 da Lei n. 11.941/2009, que determina, em casos de conflitos, a adoção das conceituações do Código Civil para a interpretação de leis especiais.

Ainda, de se destacar que, muito embora o legislador não tenha feito qualquer distinção entre elas, as empresas coligadas comportam análise diferenciada no contexto da Lei Anticorrupção.

Imagine-se que a "Empresa A" detém 20% das quotas da "Empresa B". Nessa situação, a "Empresa B" é responsabilizada por ato ilícito praticado por um preposto seu, no âmbito da Lei Anticorrupção. Resta claro que, nos termos do artigo *sub examen*, a "Empresa A" será solidariamente responsabilizada, sendo nítido o seu interesse ou o benefício auferido, na medida em que o "ganho" da "Empresa B" implica, à razão de 20%, o ganho da "Empresa A". Todavia, na hipótese inversa, entendemos que tal raciocínio não se aplica.

Com efeito, se a "Empresa A" praticar, por intermédio de preposto seu, ato considerado ilícito pela Lei Anticorrupção, de per si não poderá ser solidariamente responsabilizada a "Empresa B", muito embora coligadas sejam.

Nessa hipótese, nenhum interesse ou benefício teria a "Empresa B" pelo ato lesivo praticado pela "Empresa A", uma vez que o capital da "Empresa B" em nada seria remunerado ou se beneficiaria pelo locupletamento ilícito da "Empresa A".

Nesse sentido, por regra de hermenêutica jurídica, o foco da análise deve recair sobre o sujeito cuja constatação se pretende.

Logo, analisando a conduta da "Empresa B" na hipótese, uma vez que o já visto art. 2º responsabiliza objetivamente as pessoas jurídicas "[...] pelos atos lesivos previstos nesta Lei praticados em seu **interesse** ou **benefício**, exclusivo ou não", não havendo interesse ou benefício, não pode haver responsabilização, caindo por terra a pretensa solidariedade da lei.

Mais um contrassenso embutido no corpo da lei, a ser digerido pela jurisprudência.

Por seu turno, a **sociedade consorciada** caracteriza-se pelo vínculo contratual com outra ou outras, formando um consórcio, com o fim de executar determinado empreendimento, nos termos dos arts. 278 e 279 da Lei n. 6.404/76 (*vide* também o art. 15 da Lei n. 14.133/2021).

Aliás, no mais das vezes, os consórcios de empresa integrantes de grandes corporações estabelecem-se como sociedades de propósito específico (SPE), genericamente previstas no parágrafo único do art. 981 do Código Civil, a fim de otimizar o planejamento operacional, trabalhista e tributário da empresa criada para projeto específico.

De todo modo, em arremate, destacamos que se preocupou o legislador em restringir a solidariedade determinada no § 2º do art. 4º ao pagamento de multa e reparação integral do dano, excluindo sanções mais severas, por exemplo, a dissolução compulsória da pessoa jurídica.

CAPÍTULO II
DOS ATOS LESIVOS À ADMINISTRAÇÃO PÚBLICA NACIONAL OU ESTRANGEIRA

Art. 5º Constituem atos lesivos à administração pública, nacional ou estrangeira, para os fins desta Lei, todos aqueles praticados pelas pessoas jurídicas mencionadas no parágrafo único do art. 1º, que atentem contra o patrimônio público nacional ou estrangeiro, contra princípios da administração pública ou contra os compromissos internacionais assumidos pelo Brasil, assim definidos:

I - prometer, oferecer ou dar, direta ou indiretamente, vantagem indevida a agente público, ou a terceira pessoa a ele relacionada;

II - comprovadamente, financiar, custear, patrocinar ou de qualquer modo subvencionar a prática dos atos ilícitos previstos nesta Lei;

III - comprovadamente, utilizar-se de interposta pessoa física ou jurídica para ocultar ou dissimular seus reais interesses ou a identidade dos beneficiários dos atos praticados;

IV - no tocante a licitações e contratos:

a) frustrar ou fraudar, mediante ajuste, combinação ou qualquer outro expediente, o caráter competitivo de procedimento licitatório público;

b) impedir, perturbar ou fraudar a realização de qualquer ato de procedimento licitatório público;

c) afastar ou procurar afastar licitante, por meio de fraude ou oferecimento de vantagem de qualquer tipo;

d) fraudar licitação pública ou contrato dela decorrente;

e) criar, de modo fraudulento ou irregular, pessoa jurídica para participar de licitação pública ou celebrar contrato administrativo;

f) obter van tagem ou benefício indevido, de modo fraudulento, de modificações ou prorrogações de contratos celebrados com a administração pública, sem autorização em lei, no ato convocatório da licitação pública ou nos respectivos instrumentos contratuais; ou

g) manipular ou fraudar o equilíbrio econômico-financeiro dos contratos celebrados com a administração pública;

V - dificultar atividade de investigação ou fiscalização de órgãos, entidades ou agentes públicos, ou intervir em sua atuação, inclusive no âmbito das agências reguladoras e dos órgãos de fiscalização do sistema financeiro nacional.

§ 1º Considera-se administração pública estrangeira os órgãos e entidades estatais ou representações diplomáticas de país estrangeiro, de qualquer nível ou esfera de governo, bem como as pessoas jurídicas controladas, direta ou indiretamente, pelo poder público de país estrangeiro.

§ 2º Para os efeitos desta Lei, equiparam-se à administração pública estrangeira as organizações públicas internacionais.

§ 3º Considera-se agente público estrangeiro, para os fins desta Lei, quem, ainda que transitoriamente ou sem remuneração, exerça cargo, emprego ou função pública em órgãos, entidades estatais ou em representações diplomáticas de país estrangeiro, assim como em pessoas jurídicas controladas, direta ou indiretamente, pelo poder público de país estrangeiro ou em organizações públicas internacionais.

1. COMENTÁRIOS

1.1. Atos lesivos

Para a Lei n. 12.846/2013, são considerados atos lesivos à Administração Pública, nacional ou estrangeira, para os fins da lei, todos aqueles praticados pelas pessoas jurídicas de direito privado mencionadas no parágrafo único de seu art. 1º (sociedades empresárias e sociedades simples, fundações, associações de entidades ou pessoas, sociedades estrangeiras) que atentem contra o patrimônio público nacional ou estrangeiro, contra princípios da Administração Pública ou contra os compromissos internacionais assumidos pelo Brasil, e que constam do rol do art. 5º, cuja natureza é taxativa (*numerus clausus*).

A lesão aí considerada é material ou imaterial, ou seja, abrange as situações de repercussão patrimonial-financeira negativa no erário e de simples violação das normas jurídicas (diretrizes, princípios e regras) que disciplinam as relações e situações decorrentes da atividade estatal. A norma mantém afinidade com a Convenção Interamericana contra a Corrupção (Caracas, 1996), aprovada pelo Decreto Legislativo n. 152/2002 e promulgada pelo Decreto n. 4.410, de 7 de outubro de 2002, cujo artigo XII enuncia que "não será exigível que os atos de corrupção nela descritos produzam prejuízo patrimonial para o Estado", e, no plano normativo doméstico, com a Lei n. 8.429/92, que indica como espécies de atos de improbidade administrativa, além dos que causam prejuízo ao erário (art. 10), os que importam enriquecimento ilícito no exercício de função pública (art. 9º) e os que atentam contra os princípios da Administração Pública (art. 11); nestes dois últimos casos, sua ocorrência independe de lesão ao patrimônio público (arts. 12, I e III, e 21, I).

O rol do art. 5º apresenta atos ilícitos praticados por particulares em detrimento da Administração Pública, guardando semelhança com os crimes contra a Administração Pública praticados por particulares. Cuida de ações em que não é necessário o conluio entre o agente público e os particulares; se ocorrer conluio, empenha responsabilidade subjetiva por improbidade administrativa com lastro na Lei n. 8.429/92 e cujos róis, aliás, são exemplificativos. Como expressou o Relator no Senado Federal, Senador Ricardo Ferraço:

> É certo que os mecanismos de ressarcimento e recomposição do patrimônio público encontram-se bem disciplinados, tendo aplicação também a esses casos, como o demonstram a Lei da Ação Popular (Lei n. 4.717, de 29 de junho de 1965) e a Lei da Ação Civil Pública (Lei n. 7.347, de 24 de julho de 1985). Falta, no entanto, prever medidas punitivas de natureza penal, civil ou administrativa para as pessoas jurídicas, quando a lesão é provocada independentemente de participação de servidor público.

A descrição normativa de hipóteses geradoras da responsabilidade civil e administrativa de pessoas jurídicas de direito privado por atos lesivos à Administração Pública emana do dever de boa-fé que os particulares devem pautar em suas relações com o poder público, algo que, não bastasse ser intuitivo e elementar, contém-se de maneira explícita, por exemplo, na Lei do Processo Administrativo Federal (Lei n. 9.784/99), quando arrola entre os deveres do administrado perante a Administração o procedimento com lealdade e boa-fé e a proibição de atuar de modo temerário (art. 4º).

Não há dúvida de que o particular não pode obter proveito impelido por má-fé. Isso, aliás, é diáfano quando compreendido o alcance do art. 149 da Lei de Licitações e Contratos Administrativos (Lei n. 14.133/2021), que nega ao particular indenização pela anulação de licitação ou contrato se lhe for imputável o vício respectivo.[1]

Embora a boa-fé seja presumível como máxima da experiência ordinária e constitua conceito normativo indeterminado, ela não admite nem comporta meio-termo: ou há boa-fé ou há má-fé. Trata-se de combate contra a desonestidade corporativa ou empresarial, que valoriza princípios básicos como os da economicidade, probidade, livre concorrência e repressão ao abuso de poder econômico. A Lei n. 12.846/2013 vai além: ela se desloca da necessidade de comprovação do elemento anímico da conduta, transitando diretamente da ação ao resultado (a lesão), consistente na ofensa patrimonial ou na violação da norma, e desde que haja nexo etiológico entre ambas e a comprovação da ocorrência de ação, resultado e relação de causalidade. Como exposto no parecer do Deputado Carlos Zarattini, Relator do Projeto de Lei n. 6.826/2010, na Câmara:

> Sabe-se que o conjunto dos atos lesivos à Administração Pública, e cada um deles, é de difícil e complexa identificação. Exigir, pois, do Estado, que além de provar a correlação entre o ato e a lesão, também prove a culpabilidade do agente, é demandar ao Estado que protele indefinidamente a responsabilização de pessoas jurídicas por atos de corrupção e suborno contra autoridades públicas.
>
> Sabe-se, ademais, que o direito administrativo sancionador tem propósitos profiláticos e exemplificativos, para além dos propósitos repressores e indenizatórios, mais imediatos. Procura-se demonstrar inequivocamente à sociedade – no caso, aos agentes econômicos – qual é o ambiente regulatório em que devem se realizar os negócios entre particulares e os contratos com a Administração Pública.

Em linhas gerais, o inciso I do art. 5º se assimila ao crime de corrupção ativa (art. 333 do Código Penal) e ao ato de improbidade administrativa de enriquecimento ilícito de agente público (art. 9º da Lei n. 8.429/92), as alíneas *a*, *b*, *c* e *d* do inciso IV correspondem, *grosso modo*, aos crimes tipificados nos arts. 337-F, 337-I, 337-K e 337-L do Código Penal, e a alínea *f*, ao art. 337-H do referido diploma legal.

Todavia, convém uma observação preliminar. Por cunhar situações que definem a responsabilidade objetiva civil e administrativa de ilícitos praticados por particulares em prejuízo da Administração Pública, não corresponde à melhor forma de exegese sua simples comparação com o Código Penal ou as disposições penais da Lei de Licitações e Contratos Administrativos. O cotejo será feito apenas para demonstrar a coexistência de instâncias de responsabilidade e o aproveitamento de atos ilícitos já repudiados pelo direito penal.

É de bom grado destacar que a diversidade impera porque a Lei n. 12.846/2013 trata de responsabilidade civil e administrativa objetiva, em que prescindível o dolo ou a culpa, enquanto as leis penais cuidam da responsabilidade criminal, na qual a culpabilidade *lato sensu* do agente é elementar, dado que se estadeia na responsabilidade subjetiva. Desse modo, o cotejo revelará, por exemplo, a omissão proposital da Lei n. 12.846/2013 quanto aos elementos subjetivos do tipo penal (ou do injusto), já que nela a responsabilidade civil e administrativa é objetiva.

1 Lei n. 14.133/2021, art. 149: "A nulidade não exonerará a Administração do dever de indenizar o contratado pelo que houver executado até a data em que for declarada ou tornada eficaz, bem como por outros prejuízos regularmente comprovados, desde que não lhe seja imputável, e será promovida a responsabilização de quem lhe tenha dado causa".

O art. 5º da Lei n. 12.846/2013 se sedimenta em normas supranacionais convencionais que receberam a adesão do Brasil.

Para a Convenção sobre o Combate da Corrupção de Funcionários Públicos Estrangeiros em Transações Comerciais Internacionais (Paris, 1997), aprovada pelo Decreto Legislativo n. 125 e promulgada pelo Decreto n. 3.678, ambos de 2000, consubstancia a corrupção de funcionário público estrangeiro o ato de

> [...] qualquer pessoa intencionalmente oferecer, prometer ou dar qualquer vantagem pecuniária indevida ou de outra natureza, seja diretamente ou por intermediários, a um funcionário público estrangeiro, para esse funcionário ou para terceiros, causando a ação ou a omissão do funcionário no desempenho de suas funções oficiais, com a finalidade de realizar ou dificultar transações ou obter outra vantagem ilícita na condução de negócios internacionais (artigo 1).

Por sua vez, a Convenção das Nações Unidas contra a Corrupção (Assembleia Geral, 2003), aprovada pelo Decreto Legislativo n. 348/2005 e promulgada pelo Decreto n. 5.687, de 31 de janeiro de 2006, arrola os delitos de malversação ou peculato, apropriação indébita ou outras formas de desvio de bens por funcionário público, tráfico de influência, abuso de função, enriquecimento ilícito, e, em especial, o suborno de funcionários públicos nacionais e estrangeiros. Este é delineado como a promessa, o oferecimento ou a concessão, de forma direta ou indireta, a um funcionário público (nacional, estrangeiro ou de organização internacional pública), de benefício indevido que redunde em seu próprio proveito ou no de outra pessoa ou entidade com o fim de que tal funcionário atue ou se abstenha de atuar no exercício de suas funções oficiais para obter ou manter alguma transação comercial ou outro benefício indevido em relação com a realização de atividades comerciais internacionais.

A Convenção Interamericana contra a Corrupção (Caracas, 1996), aprovada pelo Decreto Legislativo n. 152/2002 e promulgada pelo Decreto n. 4.410, de 7 de outubro de 2002, descreve no artigo VI, entre os atos catalogados como corrupção,

> [...] a solicitação ou a aceitação, direta ou indiretamente, por um funcionário público ou pessoa que exerça funções públicas, de qualquer objeto de valor pecuniário ou de outros benefícios como dádivas, favores, promessas ou vantagens para si mesmo ou para outra pessoa ou entidade em troca da realização ou omissão de qualquer ato no exercício de suas funções públicas.

A Convenção também descreve como atos de corrupção

> [...] a oferta ou outorga, direta ou indiretamente, a um funcionário público ou pessoa que exerça funções públicas, de qualquer objeto de valor pecuniário ou de outros benefícios como dádivas, favores, promessas ou vantagens a esse funcionário público ou outra pessoa ou entidade em troca da realização ou omissão de qualquer ato no exercício de suas funções públicas.

Também conceitua o suborno transnacional no artigo VIII, qualificado como

> [...] o oferecimento ou outorga, por parte de seus cidadãos, pessoas que tenham residência habitual em seu território e empresas domiciliadas no mesmo, a um funcionário público de outro Estado, direta ou indiretamente, de qualquer objeto de valor pecuniário ou outros benefícios, como dádivas, favores, promessas ou vantagens em troca da realização ou omissão, por esse funcionário, de qualquer ato no exercício de suas funções públicas relacionado com uma transação de natureza econômica ou comercial.

O art. 5º, I, da Lei n. 12.846/2013 censura a conduta daquele que promete, oferece ou dá, direta ou indiretamente, vantagem indevida a agente público ou a terceiro com ele relacionado. Para a consumação do ilícito é indiferente se houve lesão ao erário ou acréscimo patrimonial do beneficiário, sendo suficiente o agravo imaterial à ética pública e à moralidade administrativa. Tampouco é exigível que o doador aufira proveito. Trata-se de ilícito de natureza formal, sendo prescindível resultado material. Esse é o pensamento de Diogo de Figueiredo Moreira Neto e Rafael Véras de Freitas ao assinalarem:

> [...] trata-se de tipo administrativo formal, que, para sua consumação, independe de seu consequente resultado. A lesão ao bem jurídico tutelado por este dispositivo se dá pela simples oferta de quantia financeira pelo particular, independentemente se o servidor público aferiu acréscimos patrimoniais.[2]

Não é imprescindível o aceite do beneficiário; basta a promessa ou a oferta de vantagem. Esta pode ser positiva ou negativa, incluindo, além daquilo que se incorpora como novo no patrimônio pessoal (forma positiva), o que se deixou de gastar (forma negativa). A vantagem, todavia, deve ser indevida, isto é, contrária à lei, à moralidade administrativa, aos princípios e regras jurídico-administrativos, enfim, ao ordenamento jurídico inteiro. Vantagem indevida é aquela que não é legal ou juridicamente merecida de forma direta ou indireta (por meio de atos ou agentes intermediários), inclusive mediante a participação de terceiro que tenha relacionamento de qualquer espécie (familiar, partidário, profissional, pessoal etc.) com o agente público. Objetivo da tutela específica do preceito legal enfocado são os deveres de dignidade e decoro da função e de probidade e honestidade do agente público.

Diferentemente dos crimes de corrupção ativa (art. 333 do Código Penal)[3] e de corrupção ativa em transação comercial internacional (art. 337-B do Código Penal),[4] o art. 5º, I, da Lei n. 12.846/2013 não exige que a promessa, a oferta ou a doação de vantagem indevida tenha a finalidade específica da prática, omissão ou retardamento de ato de ofício, bastando a existência de liame genérico entre a conduta e a condição de agente público. Portanto, dispensa-se o elemento subjetivo do tipo penal, referente ao estado anímico ou psicológico ou à finalidade especial.

O inciso II do art. 5º considera ato lesivo o financiamento, o custeio, o patrocínio ou qualquer modo de subvenção à prática dos atos ilícitos descritos na Lei n. 12.846/2013. A exigência normativa requer a efetiva comprovação do fornecimento de recursos materiais de qualquer espécie para a prática desses ilícitos.

Também o inciso III do art. 5º, ao tratar de outra figura, demanda a efetiva comprovação do resultado. Ele se refere ao uso de interposta pessoa para ocultação ou dis-

---

2 MOREIRA NETO, Diogo de Figueiredo; FREITAS, Rafael Véras de. "A juridicidade da Lei Anticorrupção: reflexões e interpretações prospectivas". *Revista Fórum Administrativo*, Belo Horizonte: Fórum, ano 14, n. 156, fev. 2014.

3 Código Penal: "Art. 333. Oferecer ou prometer vantagem indevida a funcionário público, para determiná-lo a praticar, omitir ou retardar ato de ofício: Pena – reclusão, de 2 (dois) a 12 (doze) anos, e multa. Parágrafo único. A pena é aumentada de um terço, se, em razão da vantagem ou promessa, o funcionário retarda ou omite ato de ofício, ou o pratica infringindo dever funcional."

4 Código Penal: "Art. 337-B. Prometer, oferecer ou dar, direta ou indiretamente, vantagem indevida a funcionário público estrangeiro, ou a terceira pessoa, para determiná-lo a praticar, omitir ou retardar ato de ofício relacionado à transação comercial internacional: Pena – reclusão, de 1 (um) a 8 (oito) anos, e multa. Parágrafo único. A pena é aumentada de 1/3 (um terço), se, em razão da vantagem ou promessa, o funcionário público estrangeiro retarda ou omite o ato de ofício, ou o pratica infringindo dever funcional".

simulação dos verdadeiros interesses ou da identidade dos beneficiários dos atos lesivos praticados, ou seja, de "testas de ferro" ou "laranjas".

Em realidade, os incisos II, III e VI do art. 5º da Lei Anticorrupção Empresarial fornecem descrições de atos acessórios intermediários (ilícitos-meio) ou posteriores à prática de atos lesivos à Administração Pública por pessoas jurídicas.

O inciso IV do art. 5º da Lei n. 12.846/2013 trata de atos lesivos contra a Administração Pública nacional ou estrangeira relacionados a licitações e contratações públicas de qualquer espécie, de maneira a envolver tanto os contratos da Administração quanto os contratos administrativos propriamente ditos, enquanto as alíneas *a*, *b*, *c* e *d* do inciso IV correspondem, *grosso modo*, aos crimes tipificados nos arts. 337-F, 337-I, 337-K e 337-L do Código Penal, e a alínea *f* ao art. 337-H do referido diploma legal.

O art. 337-F do Código Penal tipifica como crime, sujeito a reclusão de 4 a 8 anos e multa, a conduta de "frustrar ou fraudar, com o intuito de obter para si ou para outrem vantagem decorrente da adjudicação do objeto da licitação, o caráter competitivo do processo licitatório".

A alínea *a* do inciso IV do art. 5º da Lei n. 12.846/2013 cataloga como ato lesivo à Administração Pública "frustrar ou fraudar, mediante ajuste, combinação ou qualquer outro expediente, o caráter competitivo de procedimento licitatório público". O cotejo entre as duas normas demonstra que o delito se caracteriza, para fins da responsabilização civil ou administrativa, em dimensão menos exigente do que a requisitada para a responsabilidade criminal, pela dispensa da finalidade específica de obtenção de vantagem. Isto é, o ilícito se consuma independentemente do resultado e do elemento subjetivo especial (elemento subjetivo do injusto ou do tipo). A frustração do caráter competitivo de licitação se alcança por expediente ilícito que impeça a regular competição na licitação. A fraude corresponde à existência de artifício ardiloso ou malicioso para evitar a natural competitividade. Ambas podem resultar de concerto entre duas ou mais pessoas interessadas ou não.

A alínea *b* do inciso IV do art. 5º da Lei n. 12.846/2013, todavia, censura a conduta de impedimento, perturbação ou fraude à realização de qualquer ato de procedimento licitatório público, mantendo perfeita sintonia e absoluta identidade com o art. 337-I do Código Penal, que criminaliza iguais comportamentos. Comportamentos dissociados dos deveres de boa-fé e legalidade que são impostos também aos particulares são os que caracterizam o preceito, por exemplo, obstar o acesso dos interessados, a publicidade dos atos do certame, ou fraudá-los.

A alínea *c* do inciso IV do art. 5º da Lei Anticorrupção Empresarial responsabiliza a conduta de eliminação, ou a tentativa de afastamento ou exclusão, fraudulenta ou corrupta, de participação de outrem na licitação – "afastar ou procurar afastar licitante, por meio de fraude ou oferecimento de vantagem de qualquer tipo". Para tanto, exige-se artifício fraudulento ou ardiloso ou suborno ao potencial participante. Comparada ao art. 337-K do Código Penal, nota-se que a Lei n. 12.846/2013 não absorveu como meios do alijamento irregular a violência ou a grave ameaça – e que constituem juízos de valor similares aos elementos normativos do tipo penal. De fato, a norma penal tipifica a conduta consistente em "afastar ou procurar afastar licitante, por meio de violência, grave ameaça, fraude ou oferecimento de vantagem de qualquer tipo", punindo, ainda, aquele que se abstém ou desiste de licitar, em razão da vantagem oferecida.

Não há dúvida, no entanto, de que o beneficiário da vantagem é corresponsável para os fins da Lei n. 12.846/2013. Converge a tanto o disposto em seu art. 2º ao se referir ao proveito exclusivo ou concorrente para responsabilidade civil e administrativa pelos atos lesivos descritos. No tocante à violência ou grave ameaça, são elementares (ou implícitas) à conduta, pois seria enorme contrassenso tornar impune aquele que emprega tais artifícios, denotando maior gravidade.

O Código Penal, no art. 337-L, tipifica como crime, sujeito a detenção de 4 a 8 anos e multa, o comportamento de "fraudar, em prejuízo da Administração Pública, licitação ou contrato dela decorrente, mediante: I – entrega de mercadoria ou prestação de serviços com qualidade ou em quantidade diversas das previstas no edital ou nos instrumentos contratuais; II – fornecimento, como verdadeira ou perfeita, de mercadoria falsificada, deteriorada, inservível para consumo ou com prazo de validade vencido; III – entrega de uma mercadoria por outra; IV – alteração da substância, qualidade ou quantidade da mercadoria ou do serviço fornecido; V – qualquer meio fraudulento que torne injustamente mais onerosa para a Administração Pública a proposta ou a execução do contrato".

O Projeto de Lei n. 6.826, de 2010, reproduzia esse preceito, mas foi adotada a redação da alínea *d* do inciso IV do art. 5º da Lei n. 12.846/2013, que classifica como ato lesivo à Administração Pública – simples e sinteticamente – "fraudar licitação pública ou contrato dela decorrente". Diferentemente da norma penal, qualquer expediente ardiloso, malicioso, fraudulento e tisnado por má-fé servirá para sua caracterização, desde que configure fraude à licitação ou ao contrato público. Tampouco se requer prejuízo material ou efetivo, bastando o mero comprometimento das finalidades da licitação ou do contrato – seleção objetiva, transparente e impessoal da proposta mais vantajosa para a Administração Pública em competição igualitária de particulares.

O que se contém na alínea *e* do inciso IV do art. 5º é a criação fraudulenta ou irregular de pessoa jurídica tanto para participar de licitação e celebrar contrato público quanto para ser diretamente contratada à margem de licitação por expedientes como dispensa, dispensabilidade e inexigibilidade. Também alcança a situação de criação fraudulenta ou irregular de pessoa jurídica que apenas participa de licitação, independentemente de ser contratada, como demonstra a disjuntiva que impregna a redação normativa enfocada ("criar, de modo fraudulento ou irregular, pessoa jurídica para participar de licitação pública ou celebrar contrato administrativo"). A criação fraudulenta é a contrária à legislação, enquanto a irregular é a que não a observa fielmente.

É digno de nota que as alíneas *a* a *e* do inciso IV do art. 5º da Lei n. 12.846/2013 têm correlação com o inciso VIII do art. 10 da Lei n. 8.429/92, que classifica como ato de improbidade administrativa que causa prejuízo ao erário frustrar a licitude de processo licitatório. A Lei n. 12.846/2013, todavia, não alcançou a dispensa (*lato sensu*) de licitação como forma autônoma de responsabilização. De qualquer maneira, a responsabilização por atos lesivos à Administração Pública (Lei n. 12.846/2013) é objetiva, enquanto a por improbidade administrativa causadora de prejuízo ao erário (Lei n. 8.429/92) é subjetiva. Referidas alíneas do preceito normativo enfocado substanciam o princípio da competitividade real, efetiva e concreta, que deve presidir os certames licitatórios, repugnando a artificialidade de competição ou disputa nas licitações. Diogo de Figueiredo Moreira Neto e Rafael Véras de Freitas entendem que a lei prestigia "o princípio da competitividade das licitações" porque "a maior parte dos tipos previstos nesse dispositivo diz respeito à prática de condutas colusivas em procedimentos licitatórios (cartéis)".[5]

A alínea *f* do inciso IV do art. 5º da Lei Anticorrupção Empresarial considera ato lesivo "[...] obter vantagem ou benefício indevido, de modo fraudulento, de modifica-

5 Op. cit., 2014.

ções ou prorrogações de contratos celebrados com a administração pública, sem autorização em lei, no ato convocatório da licitação pública ou nos respectivos instrumentos contratuais".

O preceito tem ligação com o art. 337-H do Código Penal, que pune criminalmente o contratado que concorreu para a consumação de ilegalidade para obtenção de vantagem indevida ou de injusto benefício decorrente de modificações ou prorrogações contratuais,[6] e mantém sintonia com o inciso IV do art. 4º da Lei n. 4.717/65 (Lei da Ação Popular) ao considerar nulas e lesivas ao patrimônio público "as modificações ou vantagens, inclusive prorrogações que forem admitidas, em favor do adjudicatário, durante a execução dos contratos de empreitada, tarefa e concessão de serviço público, sem que estejam previstas em lei ou nos respectivos instrumentos", como decorrência lógica do princípio da vinculação do contrato à lei e ao edital. Ato lesivo é aquele que é feito à margem da lei ou contra disposição expressa, assim como o que, autorizado em lei, é desconforme com o edital ou o contrato.

A alínea *g* do inciso IV do art. 5º da Lei Anticorrupção Empresarial cataloga entre os atos lesivos à Administração Pública a manipulação ou a fraude do equilíbrio econômico-financeiro em contratos públicos. A responsabilidade obviamente não decorre do uso adequado e escorreito dessa garantia contratual do contratado (que constitui importante fator de balanceamento em face da verticalidade das cláusulas exorbitantes outorgadas à Administração contratante), mas de seu emprego malicioso, vicioso, dissimulado, fraudulento, como expediente de enriquecimento ilícito em desfavor do erário.

O inciso V do art. 5º da Lei n. 12.846/2013 define como ato lesivo à Administração Pública a tentativa de obstrução do controle dos ilícitos pelos organismos e sujeitos competentes a partir de expedientes que visem dificultá-lo ou intervir em sua atuação de maneira ilícita, procrastinatória, maliciosa, perniciosa, fraudulenta, de tal sorte que nem de longe poderia ser interpretada como algum expediente elementar à ampla defesa legalmente desenvolvida. Por controle se entende qualquer atividade de investigação ou fiscalização incumbida legalmente a agentes, entidades ou órgãos públicos a respeito dos atos perscrutáveis pela lei de responsabilização das pessoas jurídicas por atos lesivos à Administração Pública. O preceito não se refere apenas aos organismos e sujeitos para o exercício desse controle, abrangendo ainda aqueles que para ele colaboram direta ou indiretamente, bem como aqueles que detenham capacidade de ignição ou decisão.

1.2. Administração Pública nacional e estrangeira

A Lei n. 12.846/2013 responsabiliza administrativa e civilmente a pessoa jurídica pela prática de atos lesivos à Administração Pública nacional ou estrangeira.

No direito brasileiro, a Lei n. 9.784/99 conceitua órgão como a unidade de atuação integrante da estrutura da Administração direta e da estrutura da Administração indireta (art. 1º, § 2º, I), distinguindo-o de entidade, definida singelamente como unidade de atuação dotada de personalidade jurídica (art. 1º, § 2º, II).

Administração Pública em sentido subjetivo é o conjunto de órgãos e entidades estatais que realizam a atividade administrativa. Trata-se de gênero que abarca as espé-

---

6 Código Penal: "Art. 337-H. Admitir, possibilitar ou dar causa a qualquer modificação ou vantagem, inclusive prorrogação contratual, em favor do contratado, durante a execução dos contratos celebrados com a Administração Pública, sem autorização em lei, no edital da licitação ou nos respectivos instrumentos contratuais, ou, ainda, pagar fatura com preterição da ordem cronológica de sua exigibilidade: Pena – reclusão, de 4 (quatro) anos a 8 (oito) anos, e multa".

cies da Administração Pública centralizada e descentralizada. Aquela é composta dos órgãos da União, dos estados, do Distrito Federal e dos municípios, pessoas jurídicas de direito público interno. Esta é integrada por pessoas jurídicas de direito público (autarquias, fundações governamentais de direito público) ou privado (sociedades de economia mista, empresas públicas, fundações governamentais de direito privado) criadas por lei do ente central para a prestação de serviço público ou a exploração de atividade econômica, e dotadas de capacidade de autoadministração.

O Decreto-lei n. 200/67 define essas pessoas jurídicas sem muita precisão técnica (art. 5º). Considera autarquia "[...] o serviço autônomo, criado por lei, com personalidade jurídica, patrimônio e receita próprios, para executar atividades típicas da Administração Pública, que requeiram, para seu melhor funcionamento, gestão administrativa e financeira descentralizada".

Empresa pública é conceituada como

> [...] a entidade dotada de personalidade jurídica de direito privado, com patrimônio próprio e capital exclusivo da União, criado por lei para a exploração de atividade econômica que o Governo seja levado a exercer por força de contingência ou de conveniência administrativa podendo revestir-se de qualquer das formas admitidas em direito.

Sociedade de economia mista é

> [...] a entidade dotada de personalidade jurídica de direito privado, criada por lei para a exploração de atividade econômica, sob a forma de sociedade anônima, cujas ações com direito a voto pertençam em sua maioria à União ou a entidade da Administração Indireta.

E fundação pública é concebida como

> [...] a entidade dotada de personalidade jurídica de direito privado, sem fins lucrativos, criada em virtude de autorização legislativa, para o desenvolvimento de atividades que não exijam execução por órgãos ou entidades de direito público, com autonomia administrativa, patrimônio próprio gerido pelos respectivos órgãos de direção, e funcionamento custeado por recursos da União e de outras fontes.

Sociedades não constituídas mediante prévia autorização legislativa podem ser empresas sob controle acionário estatal ou com participação acionária governamental. As subsidiárias são empresas que contam com a participação de empresas estatais, sendo por elas controladas. Empresa controlada é conceito amplo, que congrega sociedades de economia mista e empresas públicas, além de empresas estatais não constituídas sob a forma de sociedade de economia mista com autorização legislativa. A empresa estatal dependente é sociedade de economia mista ou empresa pública "submetida às regras dos seus controladores [...] que lhe suprem dos recursos financeiros para cumprir compromissos decorrentes de despesas de custeio ou de capital", na medida em que a "relação de dependência decorre da falta de condição da empresa de manter-se com recursos próprios", sendo "assistida por suas controladoras".[7] Na Lei de Responsabilidade Fiscal (Lei Complementar n. 101/2000), empresa controlada é a sociedade cuja maioria do capital social com direito a voto pertença, direta ou indiretamente, a

7 NASCIMENTO, Carlos Valder do. In: MARTINS, Ives Gandra da Silva; NASCIMENTO; Carlos Valder (orgs.). *Comentários à Lei de Responsabilidade Fiscal*, 2001, p. 26-31.

ente da Federação (art. 2º, II); empresa estatal dependente é a empresa controlada que receba do ente controlador recursos financeiros para pagamento de despesas com pessoal ou de custeio em geral ou de capital, excluídos, no último caso, aqueles provenientes de aumento de participação acionária (art. 2º, III).

Para efeito da Lei n. 12.846/2013, é irrelevante o objetivo institucional da empresa estatal. Ela se aplica aos atos lesivos praticados em desfavor de empresas estatais prestadoras de serviço público ou exploradoras de atividade econômica porque sopesa o patrimônio público que as compõem e a característica de elementos de ação do Estado, tal e qual já o fizeram antes a Lei da Ação Popular e a Lei da Improbidade Administrativa.

A Lei n. 11.107/2005 acrescentou a essas figuras o consórcio público entre União, Estados, Distrito Federal e Municípios para a realização de objetivos de interesse comum. O consórcio público adquirirá personalidade jurídica de direito público, no caso de constituir associação pública (mediante a vigência das leis de ratificação do protocolo de intenções), ou de direito privado, mediante o atendimento dos requisitos da legislação civil (art. 6º, I e II). No primeiro caso, ele integrará a Administração indireta de todos os entes da Federação consorciados (art. 6º, § 1º).

Administração Pública estrangeira é definida na Lei n. 12.846/2013 como os órgãos e entidades estatais ou representações diplomáticas de país estrangeiro, de qualquer nível ou esfera de governo, bem como as pessoas jurídicas controladas, direta ou indiretamente, pelo poder público de país estrangeiro (art. 5º, § 1º), sendo a ela equiparadas as organizações públicas internacionais (art. 5º, § 2º).

Organizações públicas internacionais são associações ou sociedades supranacionais criadas por tratados celebrados entre nações soberanas para o tratamento de interesses e objetivos comuns, sujeitas ao Direito Internacional Público, e referidas no art. 42 do Código Civil.[8]

A inclusão da Administração Pública estrangeira e das organizações públicas internacionais inspira-se na necessidade de combate à corrupção transnacional, que se incrementa com o fenômeno macroeconômico da globalização do comércio, como analisou Thiago José Zanini Godinho ao gizar que:

> Também se diferencia, juridicamente, a corrupção nacional da corrupção internacional. Se parece importante destacar os escândalos de corrupção transnacionais e que, com a globalização do comércio, tende a se desenvolver, uma nova diferenciação da corrupção internacional surge. Não apenas devemos qualificar como internacional a corrupção oriunda de uma situação envolvendo pessoas de diversos ordenamentos jurídicos, mas também diferenciar situações em que a corrupção pública envolve funcionários públicos nacionais dos casos em que o corrompido – ou corruptor – é um funcionário internacional, como os funcionários da ONU, OMC, UNESCO, Banco Mundial, etc.
>
> Esta diferenciação revela a evolução na percepção da corrupção, notadamente em nome dos países exportadores. Estes condenaram a corrupção de funcionários em seus territórios, mas toleraram a corrupção no exterior, permitindo, ainda, uma dedução fiscal dos custos dedicados à aquisição de novos mercados. Assim, no que concerne ao direito positivo, foi necessário esperar pela Convenção da OCDE de 1997 sobre o Combate da Corrupção de Funcionários Públicos Estrangeiros em Transações Comerciais Internacionais, para que este problema fosse tomado em consideração por países. Esta

8 Código Civil: "São pessoas jurídicas de direito público externo os Estados estrangeiros e todas as pessoas que forem regidas pelo direito internacional público".

multiplicação de tratados multilaterais é um sinal de que a luta contra a corrupção, em escala internacional é, cada vez mais percebida como uma necessidade.[9]

Para a Convenção sobre o Combate da Corrupção de Funcionários Públicos Estrangeiros em Transações Comerciais Internacionais, a expressão "país estrangeiro" inclui todos os níveis e subdivisões de governo, do federal ao municipal (artigo 1, 4, *b*).

O art. 28 da Lei n. 12.846/2013 estabelece a aplicação da lei aos atos lesivos praticados por pessoa jurídica brasileira contra a Administração Pública estrangeira, ainda que cometidos no exterior, adotando a extraterritorialidade da incidência do diploma repressivo.

1.3. Agente público nacional e estrangeiro

Agente público estrangeiro é conceituado como quem, ainda que transitoriamente ou sem remuneração, exerça cargo, emprego ou função pública em órgãos, entidades estatais ou em representações diplomáticas de país estrangeiro, assim como em pessoas jurídicas controladas, direta ou indiretamente, pelo poder público de país estrangeiro ou em organizações públicas internacionais (art. 5º, § 3º).

O conceito é aproximado à definição de agente público nacional. Este foi assim definido no art. 2º da Lei da Improbidade Administrativa (Lei n. 8.429/92):

> Reputa-se agente público, para os efeitos desta lei, todo aquele que exerce, ainda que transitoriamente ou sem remuneração, por eleição, nomeação, designação, contratação ou qualquer outra forma de investidura ou vínculo, mandato, cargo, emprego ou função nas entidades mencionadas no artigo anterior.

A definição de agente público adotada nesse diploma legal supera a noção de funcionário público empregada no Código Penal (art. 327), como discorrido outrora,[10] abrangendo todo aquele que, sendo servidor ou não, exerça função pública *lato sensu* na Administração Pública centralizada ou descentralizada de qualquer dos Poderes da União, dos estados, do Distrito Federal, dos municípios ou de território, o que inclui, além das pessoas jurídicas de direito público, as de direito privado que integram a Administração descentralizada como as empresas estatais (sociedades de economia mista e empresas públicas) e demais empresas com participação acionária estatal.

Embora a definição de funcionário público no Código Penal (art. 327)[11] seja ampla, não correspondia ao usual na legislação e na doutrina administrativista, que diferenciava os termos "funcionário público", "empregado público" e "servidor público". A Constituição de 1824 referia aos empregados públicos (art. 179, XXIX) enquanto a Constituição de 1891 utilizava a expressão "funcionários públicos" (art. 82), seguida pelas Constituições de 1934 (arts. 168 a 173), 1937 (arts. 156 a 159), 1946 (arts. 184 a 194) e 1967 (arts. 95 a 106). Por seu turno, a Lei de Abuso de Autoridade (Lei n. 4.898/65) conceitua autoridade (art. 5º)[12] em dimensão dilatada e assemelhada à lei penal.

---

9 GODINHO, Thiago José Zanini. "Contribuições do direito internacional ao combate à corrupção". *Revista da Faculdade de Direito da Universidade Federal de Minas Gerais*, Belo Horizonte, n. 58, p. 347-86, jan./jun. 2011.

10 MARTINS JUNIOR, Wallace Paiva. *Probidade administrativa*, 2009, p. 297, n. 41.

11 Para o Código Penal, é funcionário público "quem, embora transitoriamente ou sem remuneração, exerce cargo, emprego ou função pública" (art. 327), equiparando-se "quem exerce cargo, emprego ou função em entidade paraestatal, e quem trabalha para empresa prestadora de serviço contratada ou conveniada para a execução de atividade típica da Administração Pública" (art. 327, § 1º).

12 A lei considera "autoridade, para os efeitos desta lei, quem exerce cargo, emprego ou função pública, de natureza civil, ou militar, ainda que transitoriamente e sem remuneração".

A Constituição de 1988 preferiu o uso da expressão "servidor público" em vários dispositivos (arts. 37, V, VI, X, 38 e 39, §§ 2º e 5º), suplantando a de funcionário público, e, ainda, referiu-se aos agentes das pessoas jurídicas de direito público e das de direito privado prestadoras de serviço público para fins de responsabilidade civil do Estado (art. 37, § 6º).

A expressão "agente público" é ampla e genérica e não se reduz à noção de servidor público. Cármen Lúcia Antunes Rocha sublinha a amplitude da expressão "agente público", conceituando-o como "a pessoa física que, vinculando-se juridicamente a uma pessoa pública, dispõe de competência legalmente estabelecida para o desempenho de função estatal em caráter permanente ou transitório".[13] No mesmo sentido, Celso Antônio Bandeira de Mello timbra que "quem quer que desempenhe funções estatais, enquanto as exercita, é um agente público".[14]

Agentes públicos são todas as pessoas físicas investidas em função pública (*lato sensu*), definitiva ou transitoriamente, mediante remuneração ou não, por qualquer forma de vínculo, mediante nomeação, contratação, designação, eleição etc., nos órgãos e entidades da Administração Pública direta ou indireta. Essa definição – que se encontra no art. 2º da Lei da Improbidade Administrativa – não promove equiparações entre os termos "agente público", "servidor público" ou "funcionário público", na medida em que "agente público" é gênero, abrangente das espécies (servidor público, empregado público, contratado temporário, agente político, agente honorífico etc.). Diversamente, a locução "funcionário público estrangeiro" do Código Penal (art. 337-D) persiste na assimilação ao conceito de agente público.[15] Já na atual Lei de Licitações e Contratos Administrativos (Lei n. 14.133/2021), figura a definição de agente público.[16]

Portanto, os agentes públicos compõem-se das seguintes espécies:

- Os portadores de uma relação profissional-empregatícia, como os servidores públicos *lato sensu*.
- Os agentes políticos, investidos em função pública a título político (eleitos ou comissionados no mais alto grau) ou vitalício.
- Os militares.
- Os que desempenham função pública a título não profissional diverso, como os agentes honoríficos ou civis especiais.

Na concepção ampla de servidores públicos se encontram:

- Os servidores públicos *stricto sensu* (investidos em cargos públicos de provimento efetivo ou comissionado, sob regime estatutário).
- Os empregados públicos (ocupantes de empregos públicos de provimento efetivo, sob regime celetista).

---

13 ROCHA, Cármen Lúcia Antunes. *Princípios constitucionais dos servidores públicos*, 1999, p. 59.

14 BANDEIRA DE MELLO, Celso Antônio. *Curso de direito administrativo*, 2009, p. 244.

15 Código Penal: "Art. 337-D. Considera-se funcionário público estrangeiro, para os efeitos penais, quem, ainda que transitoriamente ou sem remuneração, exerce cargo, emprego ou função pública em entidades estatais ou em representações diplomáticas de país estrangeiro. Parágrafo único. Equipara-se a funcionário público estrangeiro quem exerce cargo, emprego ou função em empresas controladas, diretamente ou indiretamente, pelo Poder Público de país estrangeiro ou em organizações públicas internacionais".

16 Lei n. 14.133/2024: "Art. 6º Para os fins desta Lei, consideram-se: [...] V – agente público: indivíduo que, em virtude de eleição, nomeação, designação, contratação ou qualquer outra forma de investidura ou vínculo, exerce mandato, cargo, emprego ou função em pessoa jurídica integrante da Administração Pública".

- Os contratados temporários (exercentes de funções públicas transitórias e excepcionais, sob regime administrativo-especial).

Embora as normas internacionais empreguem a expressão "funcionário público", percebe-se que elas cunham conceito genérico similar ao de agente público adotado no Direito brasileiro.

A Convenção sobre o Combate da Corrupção de Funcionários Públicos Estrangeiros em Transações Comerciais Internacionais adota o conceito de funcionário público estrangeiro (artigo 1, 4, *a*), com o seguinte significado:

> [...] qualquer pessoa responsável por cargo legislativo, administrativo ou jurídico de um país estrangeiro, seja ela nomeada ou eleita; qualquer pessoa que exerça função pública para um país estrangeiro, inclusive para representação ou empresa pública; e qualquer funcionário ou representante de organização pública internacional; "funcionário público estrangeiro" significa qualquer pessoa responsável por cargo legislativo, administrativo ou jurídico de um país estrangeiro, seja ela nomeada ou eleita; qualquer pessoa que exerça função pública para um país estrangeiro, inclusive para representação ou empresa pública; e qualquer funcionário ou representante de organização pública internacional.

A Convenção das Nações Unidas contra a Corrupção oferece os seguintes conceitos no artigo 2:

> a) Por "funcionário público" se entenderá: i) toda pessoa que ocupe um cargo legislativo, executivo, administrativo ou judicial de um Estado Parte, já designado ou empossado, permanente ou temporário, remunerado ou honorário, seja qual for o tempo dessa pessoa no cargo; ii) toda pessoa que desempenhe uma função pública, inclusive em um organismo público ou numa empresa pública, ou que preste um serviço público, segundo definido na legislação interna do Estado Parte e se aplique na esfera pertinente do ordenamento jurídico desse Estado Parte; iii) toda pessoa definida como "funcionário público" na legislação interna de um Estado Parte. Não obstante, aos efeitos de algumas medidas específicas incluídas no Capítulo II da presente Convenção, poderá entender-se por "funcionário público" toda pessoa que desempenhe uma função pública ou preste um serviço público segundo definido na legislação interna do Estado Parte e se aplique na esfera pertinente do ordenamento jurídico desse Estado Parte;
> b) Por "funcionário público estrangeiro" se entenderá toda pessoa que ocupe um cargo legislativo, executivo, administrativo ou judicial de um país estrangeiro, já designado ou empossado; e toda pessoa que exerça uma função pública para um país estrangeiro, inclusive em um organismo público ou uma empresa pública;
> c) Por "funcionário de uma organização internacional pública" se entenderá um funcionário público internacional ou toda pessoa que tal organização tenha autorizado a atuar em seu nome.

Por seu turno, a Convenção Interamericana contra a Corrupção considera equivalentes as expressões "funcionário público", "funcionário de governo" ou "servidor público" (artigo I), assim entendidos "[...] qualquer funcionário ou empregado de um Estado ou de suas entidades, inclusive os que tenham sido selecionados, nomeados ou eleitos para desempenhar atividades ou funções em nome do Estado ou a serviço do Estado em qualquer de seus níveis hierárquicos".

A conceituação tem como base definição ampla de função pública, consistente em "toda atividade, temporária ou permanente, remunerada ou honorária realizada por uma pessoa física em nome do Estado ou a serviço do Estado ou de suas entidades, em qualquer de seus níveis hierárquicos".

2. OBSERVAÇÕES

2.1. Normas supranacionais de combate à corrupção

A edição, em 1º de agosto de 2013, da Lei n. 12.846 (que dispõe sobre a responsabilização administrativa e civil de pessoas jurídicas pela prática de atos contra a administração pública, nacional ou estrangeira) é providência normativa decorrente da aderência do Brasil a convenções internacionais contendo diretrizes de responsabilização de pessoas jurídicas com sanções efetivas, inclusive pecuniárias, de natureza administrativa e civil se não possibilitar o ordenamento nacional a responsabilidade penal, embora a legislação penal seja devedora de aprimoramento para combate eficiente da improbidade, dispensando valia proporcional ao bem jurídico respectivo. O móvel das normas de combate à corrupção transnacional se radica, além das medidas de boa governança, na sublimação de valores ligados à livre concorrência.

A Convenção sobre o Combate da Corrupção de Funcionários Públicos Estrangeiros em Transações Comerciais Internacionais (Paris, 1997), aprovada pelo Decreto Legislativo n. 125 e promulgada pelo Decreto n. 3.678, ambos de 2000, cujo artigo 2 preconiza medidas necessárias ao estabelecimento das responsabilidades de pessoas jurídicas pela corrupção de funcionário público estrangeiro, de acordo com seus princípios jurídicos, na conformidade do artigo 3, 2, estabelece que

> [...] caso a responsabilidade criminal, sob o sistema jurídico da Parte, não se aplique a pessoas jurídicas, a Parte deverá assegurar que as pessoas jurídicas estarão sujeitas a sanções não criminais efetivas, proporcionais e dissuasivas contra a corrupção de funcionário público estrangeiro, inclusive sanções financeiras.

A Convenção das Nações Unidas contra a Corrupção (Assembleia Geral, 2003), aprovada pelo Decreto Legislativo n. 348/2005 e promulgada pelo Decreto n. 5.687, de 31 de janeiro de 2006, estabelece no artigo 26 que:

> Cada Estado Parte adotará as medidas que sejam necessárias, em consonância com seus princípios jurídicos, a fim de estabelecer a responsabilidade de pessoas jurídicas por sua participação nos delitos qualificados de acordo com a presente Convenção. 2. Sujeito aos princípios jurídicos do Estado Parte, a responsabilidade das pessoas jurídicas poderá ser de índole penal, civil ou administrativa. 3. Tal responsabilidade existirá sem prejuízo à responsabilidade penal que incumba às pessoas físicas que tenham cometido os delitos. 4. Cada Estado Parte velará em particular para que se imponham sanções penais ou não penais eficazes, proporcionadas e dissuasivas, incluídas sanções monetárias, às pessoas jurídicas consideradas responsáveis de acordo com o presente Artigo.

Não é ocioso frisar a ausência no ordenamento jurídico de lei que criminalize o enriquecimento ilícito nos termos do artigo IX da Convenção Interamericana contra a Corrupção (Caracas, 1996), aprovada pelo Decreto Legislativo n. 152/2002 e promulgada pelo Decreto n. 4.410, de 7 de outubro de 2002.[17] Essa diretriz também foi ado-

---

17 Convenção Interamericana contra a Corrupção: "Artigo IX. Sem prejuízo de sua Constituição e dos princípios fundamentais de seu ordenamento jurídico, os Estados Partes que ainda não o tenham feito adotarão as medidas necessárias para tipificar como delito em sua legislação o aumento do patrimônio de um funcionário público que exceda de modo significativo sua renda legítima durante o exercício de suas funções e que não possa justificar razoavelmente. Entre os Estados Partes que tenham tipificado o delito de enriquecimento ilícito, este será considerado um ato de corrupção para os propósitos desta Convenção. O Estado Parte que não tenha tipificado o enriquecimento ilícito prestará a assistência e cooperação previstas nesta Convenção relativamente a este delito, na medida em que o permitirem as suas leis".

tada no artigo 20 da Convenção das Nações Unidas contra a Corrupção (Assembleia Geral, 2003), aprovada pelo Decreto Legislativo n. 348/2005 e promulgada pelo Decreto n. 5.687, de 31 de janeiro de 2006,[18] mercê de sua caracterização como improbidade administrativa no art. 9º, VII, da Lei n. 8.429/92.

É interessante a prospecção da natureza normativa desses atos, pois, o § 3º do art. 5º da Constituição de 1988, adicionado pela Emenda n. 45, declara que "[...] os tratados e convenções internacionais sobre direitos humanos que forem aprovados, em cada Casa do Congresso Nacional, em dois turnos, por três quintos dos votos dos respectivos membros, serão equivalentes às emendas constitucionais".

Os direitos humanos compreendem os direitos políticos, e, se considerado o combate à corrupção como emergência do direito à boa governança inerente ao direito à democracia, a conclusão é favorável para seu aproveitamento no direito interno com *status* de norma constitucional derivada, se observados os demais requisitos.

O advento da Lei n. 12.846/2013, além de tornar efetiva a adesão do Brasil a essas normas internacionais, harmoniza-se ao concerto das legislações alienígenas de combate à corrupção, como as práticas proibidas e sujeitas à multa e à penalidade cível previstas no *Foreign Corrupt Practices Act* norte-americano, e à multa e ao confisco além de privação de liberdade no *UK Bribery Act* britânico por suborno e outras condutas corruptas. A tendência é sentida no direito comunitário europeu; o Conselho da Europa editou normas de combate à corrupção, constantes da Convenção Criminal (1998) e da Convenção Civil (1999). A doutrina relata que:

> A Convenção Criminal determina como corrupção um amplo espectro de condutas, tanto ativa como passiva, determinando aos Estados a necessidade de estabelecimento de sanções e medidas eficientes e dissuasivas, além de possibilidade de extradição. Ela inclui em seu escopo a penalização da corrupção no setor privado, ampliando também a noção de funcionários públicos, que se estende aos agentes públicos nacionais e estrangeiros. A Convenção Civil, por sua vez, é o único texto internacional que tem como objeto os aspectos cíveis da corrupção, permitindo a reparação de perdas e danos causados pela obtenção de uma vantagem indevida por caminhos ilícitos.[19]

Em Portugal, a Lei n. 20/2008, de 21 de abril, que estabelece o regime de responsabilidade penal por crimes de corrupção cometidos no comércio internacional e na atividade privada, fixa no art. 4º que "as pessoas colectivas e entidades equiparadas são responsáveis, nos termos gerais, pelos crimes previstos na presente lei", de acordo com o disposto no art. 18 da citada Convenção Criminal comunitária.[20]

---

18 Convenção das Nações Unidas contra a Corrupção: "Artigo 20. Com sujeição a sua constituição e aos princípios fundamentais de seu ordenamento jurídico, cada Estado Parte considerará a possibilidade de adotar as medidas legislativas e de outras índoles que sejam necessárias para qualificar como delito, quando cometido intencionalmente, o enriquecimento ilícito, ou seja, o incremento significativo do patrimônio de um funcionário público relativos aos seus ingressos legítimos que não podem ser razoavelmente justificados por ele".

19 GODINHO, op. cit., 2011.

20 Convenção Criminal: "Artigo 18. 1 – Cada Parte adoptará as medidas legislativas ou outras que se revelem necessárias para garantir que as pessoas colectivas possam ser responsabilizadas pela prática das infracções penais de corrupção activa, de tráfico de influências e de branqueamento de capitais estabelecidas na presente Convenção, cometidas por sua conta, por qualquer pessoa singular, agindo individualmente ou como membro de um órgão da pessoa colectiva em causa, que nela ocupe uma posição de chefia baseada: Num poder de representação da pessoa colectiva; No poder para tomar decisões em nome da pessoa colectiva; No poder para exercer o controlo dentro da pessoa colectiva; bem como na participação de tal pessoa singular como cúmplice ou instigador da prática das infracções acima referidas. 2 – Para além dos casos previstos no n. 1 do presente artigo, cada Parte tomará as medidas necessárias para garantir que a pessoa colectiva possa ser responsabilizada,

2.2. Conexões com a Lei n. 8.429/92

A Lei n. 12.846/2013 é conveniente para complementar o arcabouço normativo específico para a tutela do patrimônio público, que encontra na Lei n. 8.429/92 outro instrumento de combate à improbidade administrativa, decorrente da diretriz do art. 37, § 4º, da Carta Magna, e que não se esgota na figura da corrupção, pois suas espécies abrangem o enriquecimento ilícito no exercício de função pública (na qual se insere a corrupção como uma de suas figuras), o prejuízo ao patrimônio público e o atentado aos princípios da Administração Pública, cujas sanções são aplicáveis às pessoas jurídicas, como a multa civil e a proibição temporária de contratação com o poder público ou de recebimento de benefícios ou incentivos fiscais ou creditícios.

A raiz da lesão à Administração Pública consiste no patrimonialismo, vício que consubstancia a confusão entre as esferas pública e privada. No Brasil ele tem origens atávicas na colonização lusitana, pois amplamente disseminado na cultura ibérica. Como observou Sérgio Buarque de Holanda, "não era fácil aos detentores das posições públicas de responsabilidade, formados por tal ambiente, compreenderem a distinção fundamental entre os domínios do privado e do público".[21]

A Lei n. 12.846/2013 reforça o arsenal para o combate à corrupção objetivando a punição de ilícitos praticados por particulares contra a Administração Pública.

Apesar da predisposição da nova lei à punição de pessoas jurídicas, isso não constitui novidade. Antes de seu advento, elas já poderiam ser responsabilizadas civil e subjetivamente por improbidade administrativa na qualidade de beneficiárias ou partícipes (art. 3º, Lei n. 8.429/92), com a imposição, para além do ressarcimento do dano ao erário, das sanções de perda de bens, multa civil e proibição de contratação com o poder público ou de recebimento de benefícios ou incentivos fiscais ou creditícios, conjuntamente ou não com seus administradores e empregados. Como resumiu a jurisprudência, "[...] o sujeito particular submetido à lei que tutela a probidade administrativa, por sua vez, pode ser pessoa física ou jurídica. Com relação a esta última somente se afiguram incompatíveis as sanções de perda da função pública e suspensão dos direitos políticos".[22]

A aplicação das sanções da Lei n. 12.846/2013 – conforme reza o inciso I de seu art. 30 – não afeta os processos de responsabilização e aplicação de penalidades decorrentes de ato de improbidade administrativa nos termos da Lei n. 8.429/92. Entretanto, é preciso atentar que naquela é objetiva enquanto nesta é subjetiva, sendo duas esferas distintas de responsabilidade.

A responsabilidade civil subjetiva pela prática de improbidade administrativa se sedimenta em ação ou omissão de agente público que implique enriquecimento ilícito no exercício de função pública, prejuízo ao patrimônio público (em que ocorre enriquecimento ilícito de particular) ou atentado aos princípios da Administração Pública, ao passo que a responsabilidade civil objetiva de pessoa jurídica de direito privado não pressupõe necessariamente ação ou omissão de agente público, podendo se configurar pela prática de comportamento ilícito e lesivo de particulares sem a participação danosa de agentes públicos.

---

sempre que a falta de fiscalização ou de controlo pela pessoa singular referida no n. 1 tenha permitido a prática das infracções penais descritas no mesmo número, por conta daquela pessoa colectiva, por uma pessoa singular subordinada às ordens desta. 3 – A responsabilidade de uma pessoa colectiva prevista nos ns. 1 e 2 do presente artigo não exclui a instauração de procedimentos criminais contra as pessoas singulares que sejam autores, instigadores ou cúmplices das infracções penais referidas no n. 1 do presente artigo".

21 HOLANDA, Sérgio Buarque de. *Raízes do Brasil*, 2009, p. 145-6.

22 STJ, REsp n. 1.038.762-RJ, 2ª T., rel. Min. Herman Benjamin, j. 18.08.2009, v.u., *DJe* 31.08.2009.

Ainda que haja imposição de sanções ou a celebração de acordo de leniência, isso não eliminará a avaliação da culpabilidade da pessoa jurídica de direito privado para efeito da responsabilidade civil por improbidade administrativa. São instâncias diferentes com natureza diversa.

Embora a sanção restritiva de direitos do art. 19, IV, da Lei n. 12.846/2013 (proibição temporária de recebimento de incentivos, subsídios, subvenções, doações ou empréstimos de órgãos ou entidades públicos e de instituições financeiras públicas ou controladas pelo poder público) guarde muita semelhança com a estatuída no art. 12 da Lei n. 8.429/92 (proibição temporária de contratação com o poder público ou de recebimento de benefícios ou incentivos fiscais ou creditícios, direta ou indiretamente, ainda que por intermédio de pessoa jurídica da qual seja sócio majoritário), elas concorrem, não bastasse a diferença de extensão existente, em função da diversidade de título jurídico.

A reparação do dano é prevista apenas como sanção administrativa. Em realidade, ressarcimento do dano não é sanção, é consequência da prática de ilícito com resultado material negativo, não constituindo tecnicamente sanção (pena). Não obstante interpretação mais adequada revele que ela também pode ser aplicada judicialmente, com base na responsabilidade objetiva instituída para além do caráter condicional e subsidiário do art. 20 da Lei n. 12.846/2013 à vista de sua natureza como obrigação e não sanção, da independência de instâncias preconizada (art. 18) e da própria compreensão da sanção do art. 19, I, o perdimento de bens não é suficiente para a *restitutio in integrum* do patrimônio público.

2.3. Aspectos polêmicos da competência normativa

É perscrutável a competência normativa para a instituição de normas visando à responsabilização administrativa e civil de pessoa jurídica pela prática de atos lesivos contra a Administração Pública nacional ou estrangeira.

Não há dúvida de que responsabilidade civil e processo civil são matérias da competência normativa privativa da União *ut* art. 22, I, da Constituição Federal, mas no tocante à responsabilidade administrativa o tema é controverso, pois o assunto é da competência normativa de todos os entes federativos por constituir inerência da autonomia estadual, distrital e municipal, de tal sorte que a lei não lhes é aplicável por inconstitucionalidade. O Supremo Tribunal Federal, por exemplo, já assentou que lei instituindo indenização a vítimas de violência praticada por agentes estatais não se insere no âmbito da competência legislativa federal.[23] A exceção corre por conta da responsabilidade administrativa por atos lesivos à Administração Pública decorrente de licitação e contrato administrativo, em que a Lei n. 12.846/2013 é considerada como respectiva norma geral, inserindo-se naquilo que ostentar esse caráter na competência normativa privativa da União (art. 22, XXVII, da Constituição Federal).

2.4. A dimensão da responsabilidade objetiva

A responsabilidade administrativa e civil tratada na Lei n. 12.846/2013 é objetiva, isto é, independe de dolo ou culpa, desde que se trate dos atos lesivos arrolados no art.

---

23 "Ação direta de inconstitucionalidade. [...] 2. Lei estadual n. 5.645/98, do Espírito Santo. Indenização de vítimas de violências praticadas por agentes estatais. 3. Inexistência de vício formal. Responsabilidade civil do Estado. Regulação de matéria exclusiva de direito administrativo. 4. Não regulação de matéria de competência exclusiva do Presidente da República. Inocorrência de usurpação de competência privativa da União. 5. Ação direta julgada improcedente" (STF, ADI n. 2.255/ES, Pleno, rel. Min. Gilmar Mendes, j. 19.11.2014, v.u., *DJe* 02.02.2015).

5º e que haja proveito exclusivo ou não da pessoa jurídica, como preceitua seu art. 2º. Essa decerto foi a singular inovação do diploma legal em foco.

A responsabilidade objetiva é exceção no direito brasileiro, empenhando-se expressa previsão normativa nesse sentido (arts. 21, XXIII, *d*, e 225, § 3º, da Constituição Federal; art. 927, parágrafo único, e 936 a 940 do Código Civil; art. 14, § 1º, da Lei n. 6.938/81; arts. 12 a 14 da Lei n. 8.078/80; arts. 936 a 940 do Código Civil) para a imposição do dever de ressarcimento do dano (moral ou material), em uma visão lata compreensiva da obrigação de dar (indenização), fazer (prestação de atividade devida) ou não fazer (cessação de atividade nociva).

A responsabilidade objetiva opera uma mudança de enfoque no campo da responsabilidade civil. Se, tradicionalmente, o dano é o resultado do ilícito e na responsabilidade subjetiva a culpa *lato sensu* é sua origem, na objetiva o foco não está na ilicitude do comportamento, mas no dano. Segundo o delineamento do Código Civil, a responsabilidade objetiva estadeia-se "nos casos especificados em lei, ou quando a atividade normalmente desenvolvida pelo autor do dano implicar, por sua natureza, risco para os direitos de outrem" (art. 927, parágrafo único). Trata-se da incorporação da teoria do risco. Como explica a doutrina, "substitui-se a culpa pela ideia do risco. Essa responsabilidade civil objetiva funda-se na *teoria do risco criado pelo exercício de atividade lícita*, mas perigosa".[24]

Além do risco da atividade, o ordenamento jurídico pátrio ampara a responsabilidade civil objetiva nos casos expressamente previstos em lei (art. 927, parágrafo único, primeira parte, do Código Civil) e na hipótese do abuso de direito (art. 187 do Código Civil),[25] alcançando até mesmo o ato lícito.

A responsabilidade objetiva funda-se em vários fatores, sendo saliente sua franca propensão ao resgate da indenidade da vítima à vista de sua posição hipossuficiente nas relações sociais com organizações (públicas ou privadas) complexamente estruturadas e fortalecidas, como decidido em torno do art. 225 da Carta Magna.[26] No caso das pessoas jurídicas, a responsabilização objetiva atende ainda à ideia de superação da discussão entre sua vontade e o querer das pessoas físicas que a presentam ou em seu nome atuam. Na Lei n. 12.846/2013, porém, a responsabilidade não se situa no risco da atividade, senão em seu caráter ilícito, embora independa de comprovação dolo ou culpa. O que nela caracteriza ato lesivo está na zona (presumida) da ilicitude e consiste no suborno, na vantagem indevida, no ardil, na fraude, enfim, no prejuízo indevido.

---

24 DINIZ, Maria Helena. *Código Civil anotado*, 2005, p. 716.

25 Código Civil: "Art. 187. Também comete ato ilícito o titular de um direito que, ao exercê-lo, excede manifestamente os limites impostos pelo seu fim econômico ou social, pela boa-fé ou pelos bons costumes".

26 "2. As organizações corporativas complexas da atualidade se caracterizam pela descentralização e distribuição de atribuições e responsabilidades, sendo inerentes, a esta realidade, as dificuldades para imputar o fato ilícito a uma pessoa concreta. 3. Condicionar a aplicação do art. 225, § 3º, da Carta Política a uma concreta imputação também a pessoa física implica indevida restrição da norma constitucional, expressa a intenção do constituinte originário não apenas de ampliar o alcance das sanções penais, mas também de evitar a impunidade pelos crimes ambientais frente às imensas dificuldades de individualização dos responsáveis internamente às corporações, além de reforçar a tutela do bem jurídico ambiental. 4. A identificação dos setores e agentes internos da empresa determinantes da produção do fato ilícito tem relevância e deve ser buscada no caso concreto como forma de esclarecer se esses indivíduos ou órgãos atuaram ou deliberaram no exercício regular de suas atribuições internas à sociedade, e ainda para verificar se a atuação se deu no interesse ou em benefício da entidade coletiva. Tal esclarecimento, relevante para fins de imputar determinado delito à pessoa jurídica, não se confunde, todavia, com subordinar a responsabilização da pessoa jurídica à responsabilização conjunta e cumulativa das pessoas físicas envolvidas. Em não raras oportunidades, as responsabilidades internas pelo fato estarão diluídas ou parcializadas de tal modo que não permitirão a imputação de responsabilidade penal individual" (STF, RE n. 548.181/PR, 1ª T., rel. Min. Rosa Weber, j. 06.08.2013, m.v., *DJe* 30.10.2014).

Afigura-se controversa a dispensa da culpabilidade (*lato sensu*) para a imposição de sanções (penas) civis ou administrativas, como as previstas na Lei n. 12.846/2013 e que consistem, respectivamente, em multa[27] e publicação extraordinária da decisão condenatória (art. 6º, I e II), e perdimento de bens, direitos ou valores (que representem vantagem ou proveito direta ou indiretamente obtidos da infração), suspensão ou interdição parcial de atividades, dissolução compulsória da pessoa jurídica e proibição temporária de recebimento de incentivos, subsídios, subvenções, doações ou empréstimos de órgãos ou entidades públicas e de instituições financeiras públicas ou controladas pelo poder público (art. 19, I a IV),[28] sem prejuízo do ressarcimento do dano (arts. 6º, § 3º, e 19, § 4º). Apregoa a literatura, focalizando as sanções administrativas previstas nos arts. 155 e 156 da Lei n. 14.133/2021, que:

> Nem poderia ser diversamente no tocante à multa punitiva e outras sanções administrativas. Um Estado Democrático de Direito abomina o sancionamento punitivo dissociado da comprovação da culpabilidade. Não se pode admitir a punição apenas em virtude da concretização de uma ocorrência danosa material. [...] A comprovação do elemento subjetivo é indispensável para a imposição de penalidade, ainda quando se possa pretender uma objetivação da culpabilidade em determinados casos [...] Daí se segue que não se configura infração quando a conduta externa do agente não seja acompanhada de um posicionamento subjetivo imaterial merecedor de reprovação. Isso não equivale a exigir a presença do dolo, na acepção de vontade de produzir um resultado antijurídico ou de aceitar sua concretização. Também se configura o elemento subjetivo reprovável quando o sujeito deixa de adotar as precauções e cautelas inerentes à posição jurídica de partícipe de uma relação jurídica com a Administração Pública. A culpa em sentido restrito consiste na ausência da diligência necessária e inerente ao sujeito contratado para executar uma prestação. A reprovabilidade envolve uma avaliação conjugada do posicionamento subjetivo do sujeito e dos efeitos danosos gerados pela infração.[29]

---

27 No valor de 0,1% a 20% do faturamento bruto do último exercício anterior ao da instauração do processo administrativo, excluídos os tributos. A multa nunca será inferior à vantagem auferida, quando for possível sua estimação. Caso não seja possível utilizar o critério do valor do faturamento bruto da pessoa jurídica, a multa será de R$ 6.000,00 (seis mil reais) a R$ 60.000.000,00 (sessenta milhões de reais).

28 Lei n. 12.846/2013: "Art. 19. Em razão da prática de atos previstos no art. 5º desta Lei, a União, os Estados, o Distrito Federal e os Municípios, por meio das respectivas Advocacias Públicas ou órgãos de representação judicial, ou equivalentes, e o Ministério Público, poderão ajuizar ação com vistas à aplicação das seguintes sanções às pessoas jurídicas infratoras: I – perdimento dos bens, direitos ou valores que representem vantagem ou proveito direta ou indiretamente obtidos da infração, ressalvado o direito do lesado ou de terceiro de boa-fé; II – suspensão ou interdição parcial de suas atividades; III – dissolução compulsória da pessoa jurídica; IV – proibição de receber incentivos, subsídios, subvenções, doações ou empréstimos de órgãos ou entidades públicas e de instituições financeiras públicas ou controladas pelo poder público, pelo prazo mínimo de 1 (um) e máximo de 5 (cinco) anos".

29 JUSTEN FILHO, Marçal. *Comentários à Lei de Licitações e Contratos Administrativos*, 2012, p. 1.013. Há, todavia, jurisprudência em sentido contrário, assentando a natureza objetiva da responsabilidade ambiental (STJ, Ag. Reg. no REsp n. 1.277.638/SC, 2ª T., rel. Min. Humberto Martins, j. 07.05.2013, v.u., *DJe* 16.05.2013), embora fundamentada na reparação de dano para validar multa administrativa imposta. De qualquer sorte, outro julgado traz distinção importante: "7. A questão, portanto, não se cinge ao plano da responsabilidade civil, mas da responsabilidade administrativa por dano ambiental. 8. Pelo princípio da intranscendência das penas (art. 5º, XLV, CR88), aplicável não só ao âmbito penal, mas também a todo o Direito Sancionador, não é possível ajuizar execução fiscal em face do recorrente para cobrar multa aplicada em face de condutas imputáveis a seu pai. 9. Isso porque a aplicação de penalidades administrativas não obedece à lógica da responsabilidade objetiva da esfera cível (para reparação dos danos causados), mas deve obedecer à sistemática da teoria da culpabilidade, ou seja, a conduta deve ser cometida pelo alegado transgressor, com demonstração de seu elemento subjetivo, e com demonstração do nexo causal entre a conduta e o dano. 10. A diferença entre os dois âmbitos de punição e suas consequências fica bem estampada da leitura do art. 14, § 1º, da Lei n. 6.938/81,

A voluntariedade é, no mínimo, exigível, ainda que se trate de pessoa jurídica,[30] à exceção da infração ambiental, por força do art. 225, § 3º, da Carta Magna. Nesse sentido, Daniel Ferreira demonstra a "voluntariedade como elemento constitutivo do próprio ilícito" e, embora assinalando que, "em regra, sem expressa previsão legal os ilícitos administrativos só podem ser concebidos objetivamente", observa que "ou há o ilícito (e nele pode estar o elemento subjetivo como necessário, como *conditio sine qua non*) – e deve ser a sanção – ou não há: *tertium non datur*".[31]

José dos Santos Carvalho Filho observa que,

> [...] diferentemente, porém, dos ilícitos penais, a consumação da infração administrativa não demanda a presença dos graus de culpabilidade exigidos naquela esfera. Assim, a transgressão se consuma pela conduta mobilizada por simples *voluntariedade*, ou seja, pela simples vontade de adotar o comportamento.[32]

Por sua vez, Fábio Medina Osório considera no Direito Administrativo Sancionador a culpabilidade "verdadeiro pressuposto de responsabilidade das pessoas físicas", repugnando a responsabilidade objetiva, e acrescenta que, no Direito Administrativo, o dolo é, em regra, genérico, e raramente específico, sedimentado em "vontade e consciência de realização dos elementos da figura típica",[33] e, no tocante à responsabilização da pes-

---

segundo o qual '[s]em obstar a aplicação das penalidades previstas neste artigo [entre elas, frise-se, a multa], é o poluidor obrigado, independentemente da existência de culpa, a indenizar ou reparar os danos causados ao meio ambiente e a terceiros, afetados por sua atividade'. 11. O art. 14, *caput*, também é claro: '[s]em prejuízo das penalidades definidas pela legislação federal, estadual e municipal, o não cumprimento das medidas necessárias à preservação ou correção dos inconvenientes e danos causados pela degradação da qualidade ambiental sujeitará os transgressores: [...]'. 12. Em resumo: a aplicação e a execução das penas limitam-se aos transgressores; a reparação ambiental, de cunho civil, a seu turno, pode abranger todos os poluidores, a quem a própria legislação define como 'a pessoa física ou jurídica, de direito público ou privado, responsável, direta ou indiretamente, por atividade causadora de degradação ambiental' (art. 3º, V, do mesmo diploma normativo). 13. Note-se que nem seria necessária toda a construção doutrinária e jurisprudencial no sentido de que a obrigação civil de reparar o dano ambiental é do tipo *propter rem*, porque, na verdade, a própria lei já define como poluidor todo aquele que seja responsável pela degradação ambiental – e aquele que, adquirindo a propriedade, não reverte o dano ambiental, ainda que não causado por ele, já seria um responsável indireto por degradação ambiental (poluidor, pois). 14. Mas fato é que o uso do vocábulo 'transgressores' no *caput* do art. 14, comparado à utilização da palavra 'poluidor' no § 1º do mesmo dispositivo, deixa a entender aquilo que já se podia inferir da vigência do princípio da intranscendência das penas: a responsabilidade civil por dano ambiental é subjetivamente mais abrangente do que as responsabilidades administrativa e penal, não admitindo estas últimas que terceiros respondam a título objetivo por ofensas ambientais praticadas por outrem" (STJ, REsp n. 1.251.697/PR, 2ª T., rel. Min. Mauro Campbell Marques, j. 12.04.2012, v.u., *DJe* 17.04.2012). Nesse sentido, confira-se ainda: "3. A aplicação de qualquer sanção, ainda que de cunho administrativo, mas com reflexo patrimonial, se sujeita aos rígidos padrões de procedimento que integram o *due process of law* (justo processo jurídico), que não admite a noção de responsabilidade objetiva por ato infracional disciplinar, a exigir a devida apuração de sua prática e do correspondente contexto circunstancial em que ocorreu, haja vista o disposto nos incisos LIV e LV do art. 5º da Constituição Federal" (STJ, RMS n. 32.742/MG, 5ª T., rel. Min. Napoleão Nunes Maia Filho, j. 15.02.2011, v.u., *DJe* 09.03.2011); "3. As obrigações ambientais ostentam caráter *propter rem*, isto é, são de natureza ambulante, ao aderirem ao bem, e não a seu eventual titular. Daí a irrelevância da identidade do dono – ontem, hoje ou amanhã –, exceto para fins de imposição de sanção administrativa e penal. 'Ao adquirir a área, o novo proprietário assume o ônus de manter a preservação, tornando-se responsável pela reposição, mesmo que não tenha contribuído para o desmatamento' [...]" (STJ, EREsp n. 218.781/PR, 1ª S., rel. Min. Herman Benjamin, j. 09.02.2009, v.u., *DJe* 23.02.2012).

30 OSÓRIO, Fábio Medina. *Direito administrativo sancionador*, 2000, p 342-9.

31 FERREIRA, Daniel. *Sanções administrativas*, 2001, p. 51-2, 65-6.

32 CARVALHO FILHO, José dos Santos. *Manual de direito administrativo*, 2012, p. 148.

33 Op. cit., 2000, p. 312, 321, 326 e 333.

soa jurídica, alude a exigências mínimas de culpabilidade e a pautas valorativas na norma e em sua aplicação, assim como a excepcionalidade da responsabilidade objetiva.[34]

No entanto, o parecer do relator, Deputado Carlos Zarattini, apresentado ao Projeto de Lei n. 6.826/2010 na Câmara dos Deputados assinalou que:

> [...] há relativo consenso entre juristas dos limites do Direito Penal para punir a variedade de atos lesivos à Administração Pública, especialmente nos casos em que é necessário responsabilizar objetivamente pessoas jurídicas, portanto sem perquirição de culpa. Existe, por razões conexas, resistência de juristas de peso quanto à punição de pessoas jurídicas por critérios objetivos, no âmbito do Direito Penal, que tem como foco a responsabilidade subjetiva, vinculada à prova da culpa pelo delito. Diante de tais restrições, houve por bem o Executivo Federal apresentar um projeto de lei que prevê a punição administrativa e civil de pessoas jurídicas por atos contra a Administração Pública, com base na responsabilidade objetiva. Com efeito, a práxis da luta contra a corrupção recomenda que se descarte o critério da responsabilidade subjetiva como requisito para a punição de pessoas jurídicas.

Na apuração da responsabilidade, poderá haver a *disregard of legal entity* para alcançar administradores e sócios em face da presença de abuso de direito para facilitar, encobrir ou dissimular a prática dos atos ilícitos previstos na lei ou para provocar confusão patrimonial (art. 14 da Lei n. 12.846/2013). A medida é adotada pela legislação brasileira contemporânea, destacando-se o Código Civil (art. 50), o Código de Defesa do Consumidor (Lei n. 8.078/90, art. 28), a Lei dos Crimes Ambientais (Lei n. 9.605/98, art. 4º) e a Lei n. 12.529/2011 (art. 34).

O art. 3º da Lei n. 12.846/2013 enuncia a concorrência da responsabilidade das pessoas jurídicas e de seus dirigentes, administradores, empregados e terceiros ao cunhar que "a responsabilização da pessoa jurídica não exclui a responsabilidade individual de seus dirigentes ou administradores ou de qualquer pessoa natural, autora, coautora ou partícipe do ato ilícito". O preceito se harmoniza com o ordenamento vigente que não é infenso à responsabilização da pessoa jurídica, como exemplificam o § 5º do art. 173 da Constituição de 1988[35] e o art. 32 da Lei n. 12.529/2011,[36] solidariamente ou não à pessoa singular. A independência dessa esfera de responsabilidade é reiterada no § 1º desse art. 3º da Lei n. 12.846/2013 ao estabelecer que "a pessoa jurídica será responsabilizada independentemente da responsabilização individual das pessoas naturais referidas no *caput*". Todavia, a responsabilidade de dirigentes ou administradores é subjetiva, como informa o § 2º do art. 3º da lei, ao condicioná-la à culpabilidade,[37] de tal sorte que, na Lei n. 12.846/2013, percebe-se claramente a instituição de duas ordens distintas de responsabilidade em função do critério da pessoa: a objetiva, das pessoas jurídicas; e a subjetiva, de seus dirigentes ou administradores.

---

34 Op. cit., 2000, p. 342-9.

35 CF/88: "Art. 173. [...] § 5º A lei, sem prejuízo da responsabilidade individual dos dirigentes da pessoa jurídica, estabelecerá a responsabilidade desta, sujeitando-a às punições compatíveis com sua natureza, nos atos praticados contra a ordem econômica e financeira e contra a economia popular".

36 Lei n. 12.529/2011: "Art. 32. As diversas formas de infração da ordem econômica implicam a responsabilidade da empresa e a responsabilidade individual de seus dirigentes ou administradores, solidariamente".

37 Lei n. 12.846/2013: "Art. 3º [...] § 2º Os dirigentes ou administradores somente serão responsabilizados por atos ilícitos na medida da sua culpabilidade".

CAPÍTULO III
DA RESPONSABILIZAÇÃO ADMINISTRATIVA

Art. 6º Na esfera administrativa, serão aplicadas às pessoas jurídicas consideradas responsáveis pelos atos lesivos previstos nesta Lei as seguintes sanções:

I – multa, no valor de 0,1% (um décimo por cento) a 20% (vinte por cento) do faturamento bruto do último exercício anterior ao da instauração do processo administrativo, excluídos os tributos, a qual nunca será inferior à vantagem auferida, quando for possível sua estimação; e

II – publicação extraordinária da decisão condenatória.

§ 1º As sanções serão aplicadas fundamentadamente, isolada ou cumulativamente, de acordo com as peculiaridades do caso concreto e com a gravidade e natureza das infrações.

§ 2º A aplicação das sanções previstas neste artigo será precedida da manifestação jurídica elaborada pela Advocacia Pública ou pelo órgão de assistência jurídica, ou equivalente, do ente público.

§ 3º A aplicação das sanções previstas neste artigo não exclui, em qualquer hipótese, a obrigação da reparação integral do dano causado.

§ 4º Na hipótese do inciso I do *caput*, caso não seja possível utilizar o critério do valor do faturamento bruto da pessoa jurídica, a multa será de R$ 6.000,00 (seis mil reais) a R$ 60.000.000,00 (sessenta milhões de reais).

§ 5º A publicação extraordinária da decisão condenatória ocorrerá na forma de extrato de sentença, a expensas da pessoa jurídica, em meios de comunicação de grande circulação na área da prática da infração e de atuação da pessoa jurídica ou, na sua falta, em publicação de circulação nacional, bem como por meio de afixação de edital, pelo prazo mínimo de 30 (trinta) dias, no próprio estabelecimento ou no local de exercício da atividade, de modo visível ao público, e no sítio eletrônico na rede mundial de computadores.

§ 6º (*Vetado*).

---

1. COMENTÁRIOS

Criada com o objetivo de responsabilizar pessoas jurídicas por atos de corrupção praticados em face da Administração Pública nacional ou estrangeira, a Lei n. 12.846/2013 foi sancionada como resposta a uma lacuna nacional e ao clamor popular de um país já saturado com escândalos de corrupção e casos recorrentes de desvios de verbas públicas.

Após mais de dez anos de vigência da Lei Anticorrupção, a despeito da existência de diversas críticas, as estatísticas apontam que mais de 1.500 Processos Administrativos de Responsabilização (PAR) foram instaurados e 25 acordos de leniência foram firmados por pessoas jurídicas.[1] Nesse sentido, ao longo dos anos se observou um re-

---

1 Informação obtida no *site* da CGU: "A CGU teve um papel fundamental na implementação e fiscalização da Lei Anticorrupção no decorrer desses 10 anos. Como órgão central na condução dos Processos Administrativos de Responsabilização (PAR), a CGU instaurou, desde a implementação da LAC, 1.573 PARs, dos quais 842 foram julgados. Esses processos resultaram na aplicação de multas que ultrapassam a marca de R$ 1 bilhão. [...] A CGU em parceria com a Advocacia-Geral da União (AGU) já celebrou 27 acordos de leniência, o que representa R$ 18,3 bilhões em valores acordados, dos quais R$ 8,8 bilhões já foram pagos pelas empresas" ("Lei Anticorrupção completa 10 anos de vigência". Disponível em: https://www.gov.br/cgu/pt-br/assuntos/noticias/2024/01/lei-anticorrupcao-completa-10-anos-de-vigencia#:~:text=H%C3%A1%20exatamente%20

levante aprimoramento e evolução da Controladoria-Geral da União para melhor aplicação da Lei Anticorrupção em termos de harmonização no território nacional, já que diversos são os entes capazes de aplicá-la.[2] Com isso, a legislação tem revelado e solidificado seu relevante papel em termos de responsabilização das pessoas jurídicas envolvidas em atos corruptos.

Importante destacar que a Lei Anticorrupção adotou responsabilização civil e administrativa – e não poderia ser de outra forma, já que o projeto de lei optou pela responsabilização **objetiva**, o que é vedado em matéria penal, à exceção do precedente previsto na Constituição Federal referente aos crimes ambientais.[3] Assim, as reprimendas administrativas aplicáveis consistem em:

Aplicação de multa de até 20% do faturamento bruto do último exercício anterior à instauração de processo administrativo.

Publicação extraordinária da decisão condenatória.

Embora haja a previsão de apenas dois tipos de sanção, os efeitos da responsabilização são severos o suficiente para evitar ou, ao menos, desencorajar a prática de atos de corrupção, pois agem no cerne de dois pontos de extrema relevância para pessoas jurídicas: o financeiro e o reputacional.

1.1. Responsabilização administrativa: notas introdutórias

Conforme mencionado, o legislador optou expressamente pela responsabilização objetiva das pessoas jurídicas, ressalvando que os indivíduos que também concorreram para a prática dos atos de corrupção "serão responsabilizados na medida de sua culpabilidade", ou seja, de maneira subjetiva, conforme consta no art. 3º, § 2º, da Lei Anticorrupção.

Ao definir a responsabilização objetiva para pessoas jurídicas, a legislação prevê que a responsabilidade da empresa independe da verificação de dolo ou culpa do agente. Nesse ponto, surge um questionamento: por que se optou por essa não verificação?

Apesar de já constar em leis esparsas no ordenamento brasileiro desde 1912,[4] a responsabilização objetiva ganhou força em 2002, com a vigência do art. 927 do Código Civil, que prevê que a responsabilidade objetiva é aplicável "quando a atividade normalmente desenvolvida pelo autor do dano implicar, por sua natureza, risco para os direitos de outrem". Entretanto, embora já esteja incorporada no ordenamento brasileiro há mais de um século, a responsabilização objetiva pode gerar dúvidas àqueles que não estão familiarizados com o tema. A compreensão se torna mais fácil ao regredirmos ao início da aplicação da responsabilização objetiva.

10%20anos%2C%20em,administra%C3%A7%C3%A3o%20p%C3%BAblica%20brasileira%20ou%20estrangeira; acesso em: 11 nov. 2024).

2 Lei Anticorrupção (Lei n. 12.846/2013): "Art. 8º A instauração e o julgamento de processo administrativo para apuração da responsabilidade de pessoa jurídica cabem à autoridade máxima de cada órgão ou entidade dos Poderes Executivo, Legislativo e Judiciário, que agirá de ofício ou mediante provocação, observados o contraditório e a ampla defesa". Assim, é possível que Controladorias-Gerais estaduais, Ministério Público Federal e outros órgãos possam iniciar um processo administrativo.

3 Constituição Federal (1988): "Art. 225. Todos têm direito ao meio ambiente ecologicamente equilibrado, bem de uso comum do povo e essencial à sadia qualidade de vida, impondo-se ao Poder Público e à coletividade o dever de defendê-lo e preservá-lo para as presentes e futuras gerações. [...]. § 3º As condutas e atividades consideradas lesivas ao meio ambiente sujeitarão os infratores, pessoas físicas ou jurídicas, a sanções penais e administrativas, independentemente da obrigação de reparar os danos causados".

4 Já havia previsão da responsabilidade objetiva em outras leis, como a Lei das Estradas de Ferro (Decreto n. 2.681/1912) e o Código de Defesa do Consumidor (Lei n. 8.078/90).

Segundo Facchini Neto, o nascimento da ideia de responsabilidade objetiva remonta ao fim do século XIX, época marcada pela introdução das máquinas no dia a dia humano, o que, por consequência, aumentou o número de acidentes envolvendo funcionários de empresas sem que fosse possível identificar os possíveis culpados pelo dano em questão. Nessa época, "surgiu, então, o impasse: condenar uma pessoa não culpada a reparar os danos causados por sua atividade ou deixar-se a vítima, ela também sem culpa, sem nenhuma indenização".[5] Como solução, os doutrinadores da época, "para resolver os casos em que não havia culpa de nenhum dos protagonistas",[6] apresentaram a ideia do risco da atividade, descartando-se a culpa subjetiva.

Esse conceito é observado até os dias atuais, especialmente em casos de responsabilização objetiva das pessoas jurídicas em processos trabalhistas: "cuida-se da responsabilidade sem culpa em inúmeras situações nas quais sua comprovação inviabilizaria a indenização para a parte presumivelmente mais vulnerável".[7]

Valendo-se dessa premissa, o legislador da Lei Anticorrupção entendeu que o relacionamento entre entes privados e entes públicos é suscetível de causar prejuízos ao erário e aos princípios da Administração Pública, o que, presumidamente, vitimará toda a sociedade, que é considerada a parte vulnerável. Assim, o risco da atividade é presumido para que haja a responsabilização objetiva nos casos em que há prejuízo ao erário em razão de violação à Lei Anticorrupção.

Em que pese a existência de críticas quanto à adoção da responsabilidade objetiva, a escolha do legislador se mostrou acertada, especialmente ao se considerar, por exemplo, a inversão do ônus da prova. Conforme recente histórico brasileiro, as investigações de atos de corrupção não se mostraram fáceis, pois, comumente, são práticas que não deixam vestígios que podem ser facilmente identificados. Não à toa, o instrumento da colaboração premiada foi usado indiscriminadamente na famosa e polêmica "Operação Lava Jato" para angariar provas contra os indivíduos que praticaram crimes de corrupção, a demonstrar a dificuldade enfrentada pelas autoridades em determinados tipos de atos ilícitos. Desse modo, considerando que a pessoa jurídica é normalmente beneficiada pelos atos de corrupção em detrimento dos danos causados a toda uma sociedade, mostra-se lógica a conclusão de que o dano deve ser reparado de maneira objetiva com a aplicação das sanções previstas em lei, adotando-se, assim, a teoria do risco inerente à atividade.

1.2. Sanções previstas na lei

A ideia de um direito administrativo sancionador (DAS) remonta a décadas. Afastemos, aqui, as discussões históricas e doutrinárias acerca da independência desse ramo jurídico, outrora relacionado ao direito penal (direito penal administrativo, para muitos),[8] até porque, hoje, sua individualidade e autonomia são reconhecidas,[9] embo-

---

5 FACCHINI NETO, Eugênio. "Da responsabilidade civil no novo Código". *Rev. TST*, Brasília/DF, v. 76, n. 1, jan./mar. 2010, p. 22-3. Disponível em: https://juslaboris.tst.jus.br/handle/20.500.12178/13478. Acesso em: 23 maio 2023.

6 FACCHINI NETO, op. cit., 2010, p. 23.

7 VENOSA, Sílvio de Salvo. "A responsabilidade objetiva no novo Código Civil". *Migalhas*, 8 jan. 2024. Disponível em: https://www.migalhas.com.br/depeso/916/a-responsabilidade-objetiva-no-novo-codigo-civil. Acesso em: 23 maio 2023.

8 Nesse sentido, Alejandro Nieto assim descreve: "*La utilización de esta denominación (DAS) implica, pues, una ruptura deliberada con concepciones del passado: se abandonan los campos de la Policia y del Derecho Penal para asentarse en el Derecho Administrativo. La expresión adquiere así el valor de un emblema y de una confesión doctrinal*" (*Derecho administrativo sancionador*, 2008, p. 172).

9 "Em suma, contra todas as probabilidades, deve-se afirmar que o Direito Penal Administrativo é, como o próprio nome indica, um Direito Administrativo embutido diretamente no direito público estatal e não um

ra ainda inserida no âmbito do direito administrativo. Aliás, nas palavras de José Roberto Pimenta Oliveira (também coautor do presente livro) e Dinorá Grotti, a Professora Alice Voronoff assim apresenta as particularidades que caracterizam o DAS:

> [...] este ramo é dotado de singularidades que buscam um "equilíbrio fino" ("legitimação híbrida"), destacando: 1) as particularidades finalísticas e operacionais do DAS, atinentes à realização de objetivos de interesse público, sob enfoque prospectivo e conformativo, dissociado, como regra, de juízo de reprovação ético-social; 2) a instrumentalidade da sanção administrativa, que é compreendida como meio de gestão, e não fim em si mesmo. Instrumento de gestão e ferramenta institucional, governado por lógica de incentivos de conformidade, visando a efetividade dos objetivos de interesse público; 3) o componente funcional, que, segundo Voronoff, se desdobra no elemento funcional estático (órgão ou ente da Administração) e elemento funcional dinâmico (exigências impostas ao modus operandi da Administração).[10]

Nesse sentido manifestou-se o Supremo Tribunal Federal, sob a relatoria do Ministro Roberto Barroso, no Mandado de Segurança n. 3.220:

> 13. Não obstante, já há algum tempo a doutrina tem conferido tratamento específico ao poder sancionador das entidades públicas, diferenciando-o do poder de polícia. Distinguem-se, assim, as limitações impostas com base no poder administrativo de polícia – o qual possui caráter de proteção preventiva de interesses públicos – das punições decorrentes do exercício de um autêntico poder administrativo sancionador, este sim de caráter repressivo. É dizer que o poder de polícia, nesse sentido estrito, não inclui a aplicação de sanções, atividade submetida, consoante compreensão mais recente, ao regramento jurídico próprio e específico do chamado direito administrativo sancionador. (STF, MS n. 32.201, 1ª T., rel. Min. José Roberto Barroso, j. 21.03.2017, p. 07.08.2017)

A Constituição de 1988, inclusive, concebeu nova abordagem do Direito Administrativo: referida disciplina não se prestava, tão somente, a regular a relação administrador-Administração, passando a compreender, sobretudo, o interesse público como direito fundamental metaindividual. Oliveira e Grotti, nesse sentido, afirmam que:

> A Constituição reconhece o valor jurídico diferenciado do interesse público como categoria própria e não assimilável aos meros interesses pronunciados por administradores públicos ou meramente associados aos órgãos e entes públicos e governamentais, por lei ou atos infralegais. Não se trata de mero conceito jurídico indeterminado que a teoria da linguagem possa esgotar como operacionalizá-lo. O interesse público é um conceito recepcionado na Constituição. Isto se faz no capítulo próprio dos Direitos e Garantias Fundamentais (artigo 19, inciso I), no capítulo dedicado à Administração Pública, em seu significado funcional (artigo 37, inciso IX), na disciplina das leis (artigo 66, parágrafo 1º), na atividade de gestão da função pública na Magistratura (artigo 93, inciso VIII e artigo 95, inciso II) e no Ministério Público (artigo 128, parágrafo 5º, inciso

---

Direito Penal vergonhoso; da mesma forma que o poder sancionatório administrativo é o poder anexado a qualquer poder atribuído à Administração para a gestão do interesse público. Não é por acaso, claro, que até o nome do antigo Direito Penal Administrativo foi substituído há muitos anos pelo mais próprio Direito Administrativo Sancionador" (NIETO, op. cit., 2008, p. 27).

10 OLIVEIRA, José Roberto Pimenta; GROTTI, Dinorá Adelaide Musetti. "Direito administrativo sancionador brasileiro: breve evolução, identidade, abrangência e funcionalidades". *Interesse Público – IP*, Belo Horizonte, ano 22, n. 120, p. 83-126, mar./abr. 2020, p. 116. Disponível em: https://www.prefeitura.sp.gov.br/cidade/secretarias/upload/CEJUR%20-%20PGM/CEJUR%20Clipping/5%C2%AA%20Edi%C3%A7%C3%A3o/Artigos/3.pdf. Acesso em: 3 out. 2023.

> I, alínea *b*), e na distinção do campo da legalidade (tal como cristalizado na própria Constituição) do preceituado como próprio ao interesse público, em seu ADCT (artigo 51 ADCT). Esta presença constitucional significa que aos intérpretes não é dado ignorar ou reduzir sua relevância no sistema jurídico, devendo cumprir a função de demonstrar as suas projeções normativas no processo de concretização constitucional.

Os interesses públicos coletivos apontados outrora, materializados no Direito Administrativo Sancionador, resguardam, por óbvio, a moralidade pública, e instrumentalizam o poder punitivo do Estado-Administração. Conforme mencionado anteriormente, o art. 6º da Lei Anticorrupção previu duas sanções para desencorajar e reprimir os atos de corrupção, a saber: a aplicação de multa pecuniária correspondente ao faturamento bruto da empresa e a publicação da decisão condenatória.

Parte da doutrina critica o sucinto rol de sanções previstas em lei e considera que "o legislador foi econômico na seleção das consequências jurídico-administrativas da prática de atos de corrupção".[11] Entendemos que, de fato, outras possibilidades de reprimendas poderiam estar elencadas no rol da norma em comento, aplicando-se, inclusive, cumulativamente, por exemplo:

- A proibição de contratar com o ente público em todas as esferas administrativas (devendo constar o nome da empresa no Cadastro Nacional de Empresas Inidôneas e Suspensas – CEIS, *vide* art. 23 da lei em comento).
- A privação do recebimento de subvenção, benefício ou incentivo, fiscal ou creditício, de entes públicos ou governamentais.
- A perda dos bens ou valores acrescidos ilicitamente ao patrimônio em razão do ilícito praticado.
- Eventuais compensações por benefícios indevidos ou prejuízos anormais ou injustos resultantes da conduta dos envolvidos.

É notório, porém, que mais punição não equivale a menos violação das leis – a exemplo do que ocorre no Direito Penal e do que se depreende de relevantes pesquisas de criminologia.[12]

Oportuno destacar que as sanções previstas na lei se mostram eficazes na medida em que atacam âmbitos que têm o condão de sustentar ou desmoronar uma empresa: o financeiro e a reputação perante o mercado, os parceiros e os clientes. Além disso, mostram-se suficientes para reparação do dano e indenização do órgão lesionado, que é o maior ganho da responsabilização objetiva de pessoas jurídicas.

A Lei Anticorrupção prescreve, ainda, que as sanções poderão ser aplicadas de maneira isolada ou em conjunto, desde que devidamente fundamentadas, de acordo com as peculiaridades do caso e a natureza e gravidade dos atos praticados.

---

11 CUNHA, Rogerio Sanches; SOUZA, Renee. *Lei Anticorrupção Empresarial*, 2020, p. 84.

12 "Porém, nem sempre a função do instrumento, mesmo se operacionalizado corretamente, permite que se alcance o objetivo para o qual aquela função foi concebida. No cenário da pena, a função retributiva associa-se à proposta de reeducação, porém, é evidente não se poder assegurar que a sanção aplicada ao criminoso, embora se imagine seja aflitiva para o ser humano, dentro da normalidade, realmente funcione como um castigo para quem o vivencia, gerando a sua ressocialização e a compreensão do caráter ilícito e errado daquilo que fez. Se as funções não tiverem resultado positivo, a finalidade preventiva da pena não será atingida: o delinquente pode reincidir, por vezes, de maneira mais grave; a sociedade desacredita do direito penal e sua efetividade e as pessoas se sentem ameaçadas, podendo, realmente, ficar desprotegidas" (NUCCI, Guilherme de Souza. *Criminologia*, 2021, p. 236. *E-book*).

Por força constitucional, destaca-se que as sanções aplicadas à pessoa jurídica dependem de decisão devidamente motivada e fundamentada, em consonância com o princípio da motivação,[13] bem como merecem ser fundamentadas de proporcionalidade e razoabilidade, afastando, assim, critérios e intentos meramente vingativos.

Antes de adentrarmos no estudo das sanções, um último apontamento negativo merece destaque: a ausência de regras que disponham sobre o agravamento de punições em caso de reincidência das empresas. O legislador deveria ter previsto definição de severo agravamento de punição ou, ao menos, critérios objetivos a serem observados no momento de análise de situações concretas em que determinadas empresas voltassem a violar essa lei.

1.2.1. Multa

Ainda de acordo com o art. 6º, I, da Lei n. 12.846/2013, a multa a ser aplicada ao apenado deve ser no valor de 0,1% a 20% "do faturamento bruto do último exercício anterior ao da instauração do processo administrativo, excluídos os tributos, a qual nunca será inferior à vantagem auferida, quando for possível sua estimação".

Considerando a relevante margem entre a aplicação mínima e máxima, o Decreto n. 11.129/2022 é atualmente responsável por balizar a dosimetria da multa pecuniária, notadamente em seus arts. 20 a 27. Referidos artigos se valem de questões como a prática de mais de um ato lesivo, a ciência ou tolerância de pessoas da alta administração da pessoa jurídica, os prejuízos causados aos usuários do serviço público, entre outros, para o cálculo da dosimetria da sanção, inclusive o que se entende por valor de vantagem auferida.

Nesse sentido, o art. 26 do decreto supracitado menciona que "O valor da vantagem auferida ou pretendida corresponde ao equivalente monetário do produto do ilícito, assim entendido como os ganhos ou os proveitos obtidos ou pretendidos pela pessoa jurídica em decorrência direta ou indireta da prática do ato lesivo".

É importante que não se confunda o valor da vantagem auferida com o valor do contrato em que ocorreu o ato ilícito. Isso porque, em regra, a vantagem adquirida não coincide com os valores estipulados em contrato, podendo ser superior ou até mesmo inferior.[14]

Nos casos em que a base de cálculo para aplicação da multa – isto é, o faturamento anual bruto – não está disponível ou não puder ser verificada, a legislação prevê a aplicação de multa entre R$ 6.000,00 (seis mil reais) e R$ 60.000.000,00 (sessenta milhões de reais), preservando a observância do limite mínimo da vantagem auferida pelo agente, nos termos do art. 21 do decreto supracitado.

Considerando a relevante margem de discricionariedade prevista em lei – seja para os casos em que há faturamento bruto anual disponível ou não –, a observância do princípio constitucional da motivação se mostra indispensável, notadamente para evitar – ou minimizar – eventual insegurança jurídica em razão de diferentes aplicações

13 "Os dispositivos estão em consonância com o princípio da motivação, expressamente previsto na Constituição para as decisões administrativas e judiciais do Poder Judiciário (arts. 93, incs. IX e X) [...]" (DI PIETRO, Maria Sylvia Zanella; MARRARA, Thiago. *Lei Anticorrupção comentada*, 2017, p. 121).

14 "Ressalta Petrelluzzi que não se pode confundir o 'valor da vantagem' com o 'valor do contrato' ou do negócio jurídico administrativo. A vantagem percebida por pessoa jurídica como decorrência do ato lesivo ao Poder Público deve ser apurada, quando isso for possível, de forma criteriosa e técnica, nem sempre coincidindo a vantagem adquirida com os valores efetivamente contratados" (MARINELA, Fernanda et al. *Lei Anticorrupção*: Lei n. 12.846 de 1º de agosto de 2013, 2015, p. 47. *E-book*).

a depender do órgão sancionador: "é essencial a demonstração pormenorizada do raciocínio do aplicador no processo de decisão do *quantum* sancionatório, em consonância com o histórico de decisões do órgão administrativo específico".[15]

Em outra vertente, a punição exacerbada, desprovida de motivação fática e jurídica, caracteriza ato irrazoável, implausível, desmedido, desproporcional, rendendo ensanchas, pois, a medida injusta.

Destaca-se que a pena de multa não se confunde com o ressarcimento do prejuízo causado. O segundo tem o condão de reparar o dano, uma tentativa de reverter o prejuízo e voltar ao *status* anterior à prática dos atos lesivos. A multa pecuniária, por sua vez, tem caráter meramente sancionatório, o que

> [...] busca impedir que o agente, sob o cálculo do custo-benefício entre a sanção e o lucro advindos do ato, opte, deliberadamente, pelo ato ilícito. É na multa civil [que] se verifica principalmente o efeito dissuasivo pretendido pelo direito sancionador instituído pela Lei 12.846/13.[16]

Merece destaque o fato de que o eventual não pagamento da multa "pode ensejar a inclusão do valor devido na dívida ativa",[17] o que, consequentemente, poderá se tornar objeto de execução fiscal.

Tem-se, então, que a sanção pecuniária pode trazer outras consequências às pessoas jurídicas, como o bloqueio de bens e ativos, a dificuldade em adquirir empréstimos e créditos em instituições financeiras, além do impedimento da participação em processos licitatórios.

Um último apontamento merece ser observado para fins de dosimetria da sanção (multa): o art. 22 da Lei de Introdução às Normas do Direito Brasileiro, segundo o qual: "Na aplicação de sanções, serão consideradas a natureza e a gravidade da infração cometida, os danos que dela provierem para a administração pública, as circunstâncias agravantes ou atenuantes e os antecedentes do agente".

1.2.2. Publicação extraordinária da decisão administrativa sancionadora

A segunda sanção prevista em lei diz respeito à publicação extraordinária da decisão condenatória, que, nos termos do art. 6º, § 5º, da Lei n. 12.846/2013, prevê que

> [...] a publicação extraordinária da decisão condenatória ocorrerá na forma de extrato de sentença, a expensas da pessoa jurídica, em meios de comunicação de grande circulação na área da prática da infração e de atuação da pessoa jurídica ou, na sua falta, em publicação de circulação nacional, bem como por meio de afixação de edital, pelo prazo mínimo de 30 (trinta) dias, no próprio estabelecimento ou no local de exercício da atividade, de modo visível ao público, e no sítio eletrônico na rede mundial de computadores.

No entanto, a sanção de publicação extraordinária da decisão condenatória não é novidade no ordenamento jurídico brasileiro. O Código de Defesa do Consumidor[18]

---

15 ZIMMER JUNIOR, Aloísio. Compliance *anticorrupção e das contratações públicas*, 2021 (Col. *Compliance*, v. II), p. 181.

16 CUNHA; SOUZA, op. cit., 2020, p. 90.

17 CUNHA; SOUZA, op. cit., 2020, p. 84.

18 Lei n. 8.078/90: "Art. 78. Além das penas privativas de liberdade e de multa, podem ser impostas, cumulativa ou alternadamente, observado o disposto nos arts. 44 a 47, do Código Penal: [...] II – a publicação em

e a Lei Antitruste,[19] por exemplo, preveem a publicação da condenação e dos fatos em comunicação de grande circulação desde 1990 e 2011, respectivamente.

Sanções dessa natureza buscam dar publicidade à sanção, atuando, mais uma vez, como repressão à prática de atos de corrupção, uma vez que levam à "desaprovação da opinião pública e comprometendo negativamente"[20] a imagem da pessoa jurídica, dos administradores e, consequentemente, dos acionistas e controladores. Daí se destaca, ainda, o caráter pedagógico da punição, reforçando nos agentes executores as premissas primárias descritas nas normas, seu intuito proibitivo e, também, coibindo para que novos "possíveis interessados" se abstenham de praticar o ilícito.

Essa sanção também tem o condão de disseminar o trabalho da Administração Pública, que, nas últimas décadas, vem atuando de forma cada vez mais incisiva para combater a corrupção no país.[21]

Apesar da boa intenção, há relevante crítica quanto à eficiência dessa sanção. Conforme leciona Marcio Pestana, há de se ponderar que, por muitas vezes, verifica-se a ineficácia das publicações em Diários Oficiais, pois estes "cumprem a ficção da publicidade, mas convivem com a ineficácia de divulgação do conteúdo".[22] E, de fato, são poucos os leitores de Diários Oficiais.

De igual forma, a publicação em edital no estabelecimento da empresa tem pouca eficácia pelos mesmos motivos.

Outra crítica feita pela doutrina é o fato de o legislador não ter estabelecido prazo máximo para referida divulgação, o que faz com que as sanções tenham consequências distintas a depender do órgão administrativo responsável por sua aplicação, sob pena de tornar a condenação perpétua e desproporcional.

Assim, sob o ponto de vista prático, a sanção de publicação extraordinária da decisão condenatória apresenta pontos que comportam melhoria em sua efetividade e aplicação, sob pena de se tornar inócua ou demasiadamente severa.

De toda forma, a publicação da decisão condenatória se mostra benéfica à sociedade, na medida que assegura "o público e notório conhecimento dos atos lesivos praticados",[23] garantindo "os efeitos dissuasório e pedagógico que o ordenamento jurídico pátrio atribuiu às severas sanções cominadas pela Lei Anticorrupção Empresarial, potencializando, assim, o incentivo para a incorporação de boas práticas no domínio da iniciativa privada".[24]

órgãos de comunicação de grande circulação ou audiência, às expensas do condenado, de notícia sobre os fatos e a condenação".

19 Lei n. 12.529/2011: "Art. 38. Sem prejuízo das penas cominadas no art. 37 desta Lei, quando assim exigir a gravidade dos fatos ou o interesse público geral, poderão ser impostas as seguintes penas, isolada ou cumulativamente: I – a publicação, em meia página e a expensas do infrator, em jornal indicado na decisão, de extrato da decisão condenatória, por 2 (dois) dias seguidos, de 1 (uma) a 3 (três) semanas consecutivas".

20 PESTANA, Marcio. *Lei anticorrupção*: exame sistematizado da Lei n. 12.846/2013, 2016, p. 59. *E-book*.

21 Aqui, cabe destacar a criação de relevantes leis para o combate à corrupção: Lei n. 8.429/92 (Lei de Improbidade Administrativa), Lei n. 12.527/2011 (Lei de Acesso à Informação), Lei n. 12.683/2012 (alterações à Lei de Lavagem de Dinheiro), Lei n. 12.850/2013 (Lei das Organizações Criminosas), além de recentes alterações para fortalecimento da transparência pública e fortalecimento da CGU (disponível em: https://www.gov.br/cgu/pt-br/assuntos/noticias/2023/05/governo-federal-anuncia-medidas-de-fortalecimento-da-transparencia-publica; https://www.gov.br/cgu/pt-br/assuntos/noticias/2023/01/cgu-ganha-nova-estrutura-para-aprimorar-o-combate-a-corrupcao-e-a-execucao-das-politicas-publicas).

22 Op. cit., 2016, p. 59.

23 BRASIL. Governo do Estado do Espírito Santo. *Processo n. 2019-K66KC*. Decisão proferida pelo Secretário de Estado de Controle e Transparência em 6 de dezembro de 2022. Disponível em: https://bancodoconhecimento.conaci.org.br/handle/123456789/612. Acesso em: 8 jun. 2022.

24 *Vide* nota anterior.

Por fim, recorda-se que a Lei Anticorrupção também previu a criação do Cadastro Nacional de Empresas Punidas (CNEP) em seu art. 22,[25] o que reforça a publicidade das sanções impostas em razão de violações à legislação anticorrupção.

Desse modo, as informações estarão disponíveis aos que se interessam – seja por meio de veículo de comunicação de grande circulação, seja pelo *site* das empresas ou pelo banco do CNEP.

Art. 7º Serão levados em consideração na aplicação das sanções:

I – a gravidade da infração;

II – a vantagem auferida ou pretendida pelo infrator;

III – a consumação ou não da infração;

IV – o grau de lesão ou perigo de lesão;

V – o efeito negativo produzido pela infração;

VI – a situação econômica do infrator;

VII – a cooperação da pessoa jurídica para a apuração das infrações;

VIII – a existência de mecanismos e procedimentos internos de integridade, auditoria e incentivo à denúncia de irregularidades e a aplicação efetiva de códigos de ética e de conduta no âmbito da pessoa jurídica;

IX – o valor dos contratos mantidos pela pessoa jurídica com o órgão ou entidade pública lesados; e

X – (*vetado*)

Parágrafo único. Os parâmetros de avaliação de mecanismos e procedimentos previstos no inciso VIII do *caput* serão estabelecidos em regulamento do Poder Executivo federal.

---

1. COMENTÁRIOS

1.1. Circunstâncias observadas na aplicação das sanções

Assim como na esfera civil e penal, a esfera administrativa deve respeitar princípios inseridos explícita ou implicitamente em nosso ordenamento jurídico. Por isso, para o presente tópico, é necessário ter em mente que os processos administrativos – e, consequentemente, as sanções – estão sujeitos aos princípios da proporcionalidade e da razoabilidade.

Nesse sentido, ao aplicar as sanções previstas na Lei Anticorrupção, o órgão sancionador deve atentar a esses princípios, que visam "estabelecer limites a atos restritivos de direitos e evitar que aos cidadãos sejam impostas restrições que não se apresentem como indispensáveis à preservação do interesse público".[26]

Isso porque é preciso ter em mente que "o Poder Público, quando intervém nas atividades sob seu controle, deve atuar porque a situação reclama realmente a intervenção, e esta deve processar-se com equilíbrio, sem excessos e proporcionalmente ao fim atingido".[27]

Em outras palavras: o princípio pressupõe que a pena aplicada deve ser proporcional, mostrando-se justa e suficiente para prevenir a reincidência e reprimir o ato praticado.

---

25 Lei n. 12.846/2013: "Art. 22. Fica criado no âmbito do Poder Executivo federal o Cadastro Nacional de Empresas Punidas – CNEP, que reunirá e dará publicidade às sanções aplicadas pelos órgãos ou entidades dos Poderes Executivo, Legislativo e Judiciário de todas as esferas de governo com base nesta Lei".

26 CUNHA, Rogerio Sanches; SOUZA, Renee. *Lei Anticorrupção Empresarial*, 2020, p. 94.

27 CARVALHO FILHO, José dos Santos. *Manual de direito administrativo*, 2022. *E-book*.

No entanto, considerando que os operadores do direito são humanos e que inúmeras são as conclusões que podem ser alcançadas em uma mesma situação, o legislador apresentou circunstâncias que devem ser valoradas no momento da aplicação da sanção a fim de evitar – ou dificultar – a atuação dos agentes de maneira indiscriminada e, consequentemente, desproporcional.

Assim, busca-se evitar a aplicação de pena demasiadamente severa ou, por outro lado, demasiadamente tolerante, devendo o sancionador atuar dentro das margens previstas em lei – tal como ocorre no Direito Penal.

Para tanto, o art. 7º da Lei n. 12.846/2013 prevê que as seguintes circunstâncias devem ser consideradas na aplicação das sanções: a gravidade da infração, a vantagem auferida ou pretendida pelo infrator, a consumação ou não da infração, o grau de lesão ou perigo de lesão, o efeito negativo produzido pela infração, a situação econômica do infrator, a cooperação da pessoa jurídica para a apuração das infrações, a existência de mecanismos e procedimentos internos de integridade, auditoria e incentivo à denúncia de irregularidades e a aplicação efetiva de códigos de ética e de conduta no âmbito da pessoa jurídica e, por fim, o valor dos contratos mantidos pela pessoa jurídica com o órgão ou entidade pública lesados.

Muitas dessas circunstâncias previstas no artigo mencionado foram incorporadas no art. 22 do Decreto n. 11.129/2022, que, de fato, é utilizado para dosimetria da sanção a ser aplicada. As circunstâncias mencionadas no art. 7º da Lei Anticorrupção são, desse modo, parâmetros que norteiam a dosimetria prevista no Decreto n. 11.129/2022.

De qualquer modo, as circunstâncias previstas na Lei Anticorrupção se mostram de extrema relevância ao passo que se prestam a balizar a aplicação das sanções, restringindo a discricionariedade do órgão sancionador e fomentando a análise do caso concreto:

> [...] o artigo 7º da Lei Anticorrupção enumera as circunstâncias que devem ser consideradas, pelo aplicador da lei, na imposição das sanções administrativas [...].
>
> O procedimento de aplicação dessas penalidades exige motivação – e pode ser classificado como exemplo de exercício de uma discricionariedade técnica –, o que é fator de segurança jurídica, na medida em que pode ficar um pouco mais restrito, mais contido, o espaço de escolha da comissão e dos julgadores.
>
> Em qualquer circunstância, será preciso identificar as especificidades do caso concreto – o que revela uma necessidade de aproximação efetiva com a realidade dos fatos –, um compromisso das comissões processantes – permitindo um julgamento correto (ou razoável) em razão da gravidade do fato e da natureza das infrações [...].[28]

1.1.1. Gravidade da infração

A primeira das circunstâncias diz respeito à gravidade da infração praticada.

O que busca o legislador ao mencionar a gravidade? Todo ato ilícito praticado contra a Administração Pública, sendo passível de sanção, não seria, por si só, uma conduta grave? Como será avaliada a gravidade se todas as infrações são, em sua natureza, ilícitas e passíveis de punição?

Aqui, é importante ressaltar que não se trata de uma forma de admitir que existe corrupção mais ou menos grave, mais ou menos tolerada.

---

28 ZIMMER JUNIOR, Aloísio. Compliance *anticorrupção e das contratações públicas*, 2021 (Col. *Compliance*, v. II), p. 195-6.

Na prática, a aferição da gravidade se traduz no "nível de afronta ao bem jurídico tutelado e dos efeitos produzidos no ambiente social",[29] ou seja, decorre da lesividade do ato praticado.

Pensemos no seguinte exemplo: a empresa "A" paga propina para um fiscal regional liberar de maneira mais rápida uma licença para funcionamento que já lhe era devida. Por outro lado, a empresa "B" paga propina para um fiscal da Vigilância Sanitária "deixar passar" um lote irregular de leite sem pasteurização, o que é proibido por lei,[30] e que será comercializado em determinada cidade. Qual desses casos produz um impacto maior em termos de afronta ao bem jurídico e efeitos sociais?

O primeiro exemplo pode ser traduzido como um "pagamento de facilitação", o que também é entendido como corrupção, mas verifica-se que não se busca a prática de um ato indevido ou fraudulento. Nesse caso, a licença já era devida, o que se busca é acelerar o procedimento. O ato de corromper um servidor público permanece sendo reprovável, mas as consequências são indiscutivelmente menos gravosas. Já no segundo caso, temos que o fiscal foi corrompido para deixar de praticar um ato de ofício – ou seja, o bem jurídico tutelado foi completamente violado – e os efeitos serão, possivelmente, mais graves no ambiente social, não só pela corrupção em si, mas também pela violação à norma sanitária, já que o leite será destinado ao consumo humano de maneira contrária à lei vigente.

O que se busca, portanto, é que o sancionador pondere as circunstâncias do ato ilícito e seus efeitos de maneira concreta.

1.1.2. Vantagem auferida ou pretendida pelo infrator

A prática de atos de corrupção tem por finalidade a obtenção de alguma vantagem ou recompensa, podendo esta ser material ou imaterial.

De acordo com os ensinamentos de Marcio Pestana, a vantagem material "efetiva-se com a representação monetária ou patrimonial que o ato infrator traga à pessoa jurídica beneficiária do ato lesivo",[31] tal como o lucro em razão de uma contratação resultante do ato ilícito. A imaterial, por sua vez, "equivale a uma vantagem cuja representação seja inestimável, não quantificável monetária nem patrimonialmente, caso da obtenção de um título honorífico ou da nomeação de determinada pessoa para ocupar o cargo de Ministro de Estado".[32]

É possível que uma vantagem imaterial gere mais vantagem e lucro à pessoa jurídica do que uma vantagem material, em que pese a segunda possa ser quantificada.

Assim, o tipo e o valor da vantagem – ainda que não quantitativo – devem ser avaliados durante a aplicação da sanção.

No entanto, o que se vê na prática é uma grande dificuldade de verificar a vantagem auferida, o que dificulta a correta aplicação da legislação.

Para os casos em que a vantagem é material, ou seja, estimável, parece não haver dúvida com relação ao cálculo.

Entretanto, é certo que mesmo nos casos em que, à primeira vista, a quantia da vantagem parece facilmente quantificável, podem existir outras vantagens indevidas de-

---

29 CUNHA; SOUZA, op. cit., 2020, p. 100.

30 Decreto-lei n. 66.183/70: "Art. 1º É proibida a venda de leite cru para consumo direto da população, em todo o território nacional, nos termos do Decreto-lei n. 923, de 10 de outubro de 1969".

31 PESTANA, Marcio. *Lei anticorrupção*: exame sistematizado da Lei n. 12.846/2013, 2016, p. 69. *E-book*.

32 PESTANA, op. cit., 2016, p. 69.

correntes dos atos ilícitos que não podem ser estimadas. Em alguns casos, os atos ilícitos implicam vantagens indevidas que permeiam por anos.

A complexidade do tema já é discutida há muito tempo no âmbito do Conselho Administrativo de Defesa Econômica (CADE). Na esfera concorrencial, atos ilícitos podem levar, por exemplo, à "quebra" de um concorrente. Por consequência, a empresa que praticou o ato terá uma vantagem indevida que não poderá ser facilmente quantificável.

Em relevante decisão, o CADE apontou as problemáticas envolvendo o cálculo da vantagem auferida

> [...] os atuais cálculos e fundamentos da vantagem auferida têm como premissa que a conduta objeto de estimação seja "cartel de preço", aliás, de "sobrepreço", isto é, rodízios ou divisões de mercado não são passíveis de ter multas sob a égide da vantagem auferida porque as métricas se fundam em volume comercializados ou preço *versus* quantidade. Em certos casos, a "não compra" (ou a "não venda", dependendo da situação) é objeto de cartel ou até mesmo a mera rotatividade do vendedor, especialmente em casos de cartel em licitação.
>
> [...]
>
> Insta indagar como a vantagem auferida seria dimensionada em cartéis de predação.[33]

Não à toa, em 2022, o Tribunal de Contas da União (TCU) arquivou processo sobre eventual irregularidade da não aplicação de vantagem auferida pelo CADE. Em sua defesa pela não aplicação do cálculo da vantagem auferida em todos os casos, a Procuradoria Federal Especializada junto ao CADE (PFE/CADE) alegou que

> [...] o conceito de vantagem auferida é juridicamente indeterminado e que por isso admite modulação na interpretação a depender das peculiaridades de cada caso concreto, das evidências apuradas no processo e da efetividade que se pretende de uma decisão da autarquia.[34]

De igual forma, a doutrina alerta sobre essa dificuldade em atos de corrupção. Isso porque as vantagens imateriais podem ser igualmente relevantes em se tratando de corrupção, já que "o estreitamento de relacionamento com gestores públicos em posições de relevo, agentes fiscalizadores ou, mesmo, com pessoas jurídicas concorrentes"[35] pode ser tão relevante e lucrativo quanto a obtenção de um contrato vultoso de maneira ilícita.

Ciente das dificuldades de cálculo da vantagem auferida, para uma boa aplicação da legislação, o órgão sancionador deverá "considerar todos os ganhos obtidos ou pretendidos pela pessoa jurídica",[36] incluindo "valores recebidos ou sonegados, até outras vantagens, de qualquer natureza, como eventual tratamento preferencial recebido".[37]

---

33 REPOSITÓRIO CADE. *Decisão proferida pelo Conselheiro-Relator Mauricio Oscar Bandeira Maia nos autos do Processo Administrativo n. 08012.006130/2006-22*, em 16 de agosto de 2017. Disponível em: https://sei.cade.gov.br/sei/modulos/pesquisa/md_pesq_documento_consulta_externa.php?DZ2uWeaYicbuRZEFhBt-n3BfPLlu9u7akQAh8mpB9yNe4yEJvxA-nowlLrStToxZQIRA78ttPhV18V-huiBeUNu6U_SB80gig1vr0728D-6PEzFfRrHe-sARj9hb2lDb. Acesso em: 8 jun. 2023.

34 REPOSITÓRIO GOV.BR. Conselho Administrativo de Defesa Econômica. *TCU arquiva processo sobre aplicação de vantagem auferida pelo CADE*. Disponível em: https://www.gov.br/cade/pt-br/assuntos/noticias/tcu-arquiva-processo-sobre-aplicacao-de-vantagem-auferida-pelo-cade. Acesso em: 8 jun. 2023.

35 BRANDT, Felipe Barbosa; ROCHA, Renata Ferreira da. *Os elementos da responsabilidade objetiva prevista na Lei Anticorrupção*. Coletânea de artigos correcionais da CGU. Publicado em 29 nov. 2022.

36 ZIMMER JUNIOR, op. cit., 2021, p. 198.

37 Ibidem, p. 198.

1.1.3. A consumação ou não da infração

Conforme mencionado acima, não há ato de corrupção mais ou menos grave, posto que todos serão considerados atos ilícitos e que afrontam os princípios da Administração Pública.

Todavia, é certo que alguns deles podem ter maior ou menor lesividade, o que também se traduz pela verificação de consumação ou não da infração.

Nesse sentido:

> [...] o ato lesivo meramente tentado, mas não materializado por frustrar-se apresenta-se de menor nocividade, consequentemente, de menor lesividade, posto que não concretizado, não havendo ato de corrupção em sentido completo, ou seja, em que há uma troca recíproca de favores entre o agente corruptor e o corrupto. Inexiste qualquer vantagem no ato lesivo planejado ou até tentado, pois os agentes envolvidos permanecem nos domínios das meras pretensões, mas não nos das efetivações.[38]

À semelhança do que se vê no Direito Penal brasileiro, o crime tentado comporta redução da pena, já que a conduta ilícita não se concretizou – destaca-se que a redução da pena será proporcional ao *iter criminis* percorrido. Ou seja, o bem jurídico tutelado não foi integralmente atingido. Na prática, quanto mais perto da concretização do ato ilícito o agente estiver, menor será a diminuição da pena.

Dessa forma, o sancionador deverá sopesar a tentativa para dosimetria da sanção, já que as consequências e a lesividade da conduta serão menos gravosas se comparadas à conduta consumada.

1.1.4. O grau de lesão ou perigo de lesão

Neste tópico, a doutrina aponta diversas acepções pelas quais o grau de lesão ou o perigo de lesão podem ser avaliados. No entanto, duas delas parecem ser mais adequadas para aferição do grau de lesão:

> [...] a primeira acepção diz respeito ao aspecto subjetivo envolvido na Administração Pública objeto do ato corruptor. Caso atinja a cúspide do Poder Executivo, claramente se tratará de ato lesivo de nocividade extrema. Corrupção envolvendo o presidente da República, o governador de estado federado ou do Distrito Federal e o prefeito municipal reveste-se de extrema gravidade, não só por alojar-se nos mais altos cargos da Administração Pública, como também por dizer respeito a mandatários que, às últimas, personificam o próprio Estado brasileiro, nas suas repartições federativas.[39]
>
> A segunda acepção, no tocante ao grau de lesão havido, refere-se ao aspecto quantitativo. Os montantes envolvidos no ato lesivo, assim como as retribuições concedidas à pessoa jurídica corruptora, certamente variarão ao sabor da rica realidade brasileira. Quanto mais a importância envolva, há uma pressuposição natural de maior grau de lesividade ter sido cometido; quanto menos, reversamente, menor grau de lesão ocorrido.[40]

De toda forma, entende-se que o cerne da questão está relacionado ao grau de violação do bem jurídico tutelado e ao dano efetivamente causado ou pretendido em face do erário.

---

38 Ibidem, p. 72.
39 PESTANA, op. cit., 2016, p. 73.
40 Ibidem, p. 73.

1.1.5. O efeito negativo produzido pela infração

Mais uma vez, a circunstância apontada pelo legislador nos remete ao grau de lesividade da conduta ilícita praticada, o que torna difícil dissociar uma circunstância da outra.

No fundo, em que pese apresentarem nomes diferentes, infere-se que o objetivo é identificar e medir os efeitos negativos gerados à população e à Administração Pública em razão do ato ilícito, isto é, a extensão do dano causado e da relevância do bem jurídico atingido.

Assim como mencionado no tópico acima, o efeito negativo será muito maior para os casos de corrupção que envolvem a cúspide do Poder Executivo em razão da visibilidade e relevância dos cargos exercidos, já que atos envolvendo servidores do alto escalão "enfraquecem as instituições, corrompem os valores da democracia, da ética e da justiça e comprometem a própria sustentabilidade do Estado Democrático de Direito".[41]

Sob outro prisma, é importante destacar que o Decreto n. 11.129/2022 também prevê circunstâncias atenuantes na dosimetria da pena. Segundo Marcio Pestana, a lesividade deverá ser analisada também sob a ótica de que, em alguns casos, os efeitos dos atos praticados são "praticamente irrelevantes":

> [...] realmente, há situações em que o ato lesivo circunscreve-se, praticamente, ao agente ativo e ao agente passivo da corrupção implementada, não trazendo efeitos colaterais ou repercussionais à ampla sociedade nacional, regional ou local, nem, também, trazendo efeitos relevantes à própria Administração Pública ofendida. Nessa hipótese, o requisito eleito pelo legislador para aquilatar a infração havida com o propósito de calibrar a sanção a ser aplicada ao caso concreto remeterá o aplicador do direito a um patamar de diminuto apenamento.[42]

1.1.6. A situação econômica do autor

A inserção da previsão de análise da situação econômica do autor do ato ilícito se mostra mais um acerto do legislador na Lei Anticorrupção.

Isso porque, dada a grande margem entre o mínimo e o máximo da multa a ser aplicada (de 0,1 a 20% do faturamento bruto do ano anterior à instauração do processo administrativo), é importante que o sancionador tenha em mente a situação financeira da pessoa jurídica para que a pena aplicada não implique sua derrocada e, tampouco, para que seja insuficiente a ponto de ser insignificante economicamente.

A ideia de responsabilização das pessoas jurídicas não deve ser realizada de maneira desordenada ou exagerada, pois, ao fim e ao cabo, a pessoa jurídica é geralmente utilizada como veículo empregado por pessoas físicas para vantagens pessoais a serem auferidas. É certo que a pessoa jurídica também merece a responsabilização necessária, já que também é beneficiária, mas não podemos transformar a punição em causa geradora de extinção das empresas responsabilizadas, pois isso, em última análise, gerará uma série de outros efeitos alheios ao intento do legislador, entre eles um número significativo de demissões e, até, um desarranjo mercadológico em determinada área econômica, prejudicando fornecedores e, eventualmente, favorecendo concorrentes de forma artificial, o que, sem dúvida, acarretará malefícios sociais evidentes.

---

41 Trecho extraído do voto proferido pelo então Ministro Celso de Mello, do Supremo Tribunal Federal, nos autos da Ação Declaratória de Constitucionalidade n. 43 do Distrito Federal.

42 Op. cit., 2016, p. 77.

O apenamento exagerado, inclusive, já foi alvo de críticas durante a "Operação Lava-Jato", uma vez que a punição da pessoa jurídica acabou tendo reflexos acachapantes sob o ponto de vista econômico do país, pois muitas empresas "foram obrigadas a fechar muitos de seus postos de trabalho de brasileiros no país e no exterior. A estimativa é de que foram eliminadas 206,6 mil vagas".[43]

Para evitar que a sanção gere atos mais gravosos à sociedade do que o próprio ato ilícito, o sancionador deve pautar-se pelo fato de que o

> [...] liame lógico e quantitativo entre a dimensão econômica da empresa e a multa que possa lhe ser aplicada permite ao aplicador adequadamente fixar uma sanção que reflita, apropriadamente, a pena a ser pecuniariamente fixada, fazendo a pessoa jurídica em questão efetivamente sentir a intensidade das sanções a lhe serem impostas pelo Estado.[44]

Por fim, considerando que "a maioria das pessoas jurídicas entra no campo da corrupção a partir de um pensamento de mercado, avaliando o custo-benefício dessa atividade ilícita",[45] a análise da situação econômica deve envolver também eventual grau de lucratividade da empresa a partir da conduta ilícita, mesmo que esta não se tenha consumado.

1.1.7. A cooperação da pessoa jurídica para a apuração das infrações

Ainda que muitas das circunstâncias sejam utilizadas para, eventualmente, agravar a pena das pessoas jurídicas, o legislador também se preocupou em prever circunstâncias que devem ser analisadas de maneira favorável ao agente.

A cooperação da pessoa jurídica é uma delas. É sabido que, por mais íntegra que seja, nenhuma empresa está livre de pessoas físicas que possam utilizá-la para a prática de atos ilícitos. Dessa maneira, a postura perante o ato ilícito deve ser interpretada a favor da pessoa jurídica quando houver cooperação.

Entende-se como cooperação a "adoção de uma postura proativa junto às autoridades competentes, no sentido de facilitar a apuração do quanto realmente envolveu a prática do ato infrator".[46] Em outras palavras, "é tudo fazer para que as autoridades possam com celeridade e eficiência realizar seu trabalho de investigação, apuração e posterior responsabilização".[47]

Embora não seja obrigada a produzir provas contra si mesma em razão de princípio constitucional, a pessoa jurídica deverá sopesar o que lhe é mais benéfico: cooperar ativamente com a autoridade ou manter-se reservada, abrindo mão de eventual circunstância a seu favor e redução da sanção.

De fato, o tema comporta discussão, e a decisão será particular de cada pessoa jurídica:

> [...] interessante, contudo, assinalar que a pessoa jurídica, na ótica como assentado esse requisito na lei em apreço, desprestigia o agir reservado e confidencial que a pessoa ju-

43 *Revista Consultor Jurídico*. "Consórcio de Curitiba deu prejuízo de R$ 600 bilhões ao país". 31 jan. 2022. Disponível em: https://www.conjur.com.br/2022-jan-31/consorcio-curitiba-deu-prejuizo-600-bilhoes-pais. Acesso em: 26 maio 2023.
44 PESTANA, op. cit., 2016, p. 77.
45 CUNHA; SOUZA, op. cit., 2020, p. 103-4.
46 PESTANA, op. cit., 2016, p. 78.
47 Ibidem, p. 78.

rídica, compreensivelmente, poderia ter adotado em defesa do direito constitucional da pessoa, querendo não produzir provas nem facilitar a identificação daquelas que lhe sejam desfavoráveis. Uma coisa é o dever legal de não obstar investigações e nem criar dificuldades para que tal aconteça. Outra, bem diferente, é ativamente facilitar e agir como se agente investigador fosse, com isso praticamente assumindo as funções de competência dos agentes públicos responsáveis por esse encargo.[48]

1.1.8. A existência de mecanismos e procedimentos internos de integridade, auditoria e incentivo à denúncia de irregularidades e a aplicação efetiva de Código de Ética e de conduta no âmbito da pessoa jurídica

Aqui, embora a lei use termos específicos e segregados, entende-se que referida circunstância pode ser traduzida na existência de um programa de *compliance*, que nada mais é do que a

> [...] prática, preponderantemente atribuída ao segmento privado, da fiscalização e do respeito e efetivo cumprimento à ética, aos valores morais e sociais contemporâneos, às restrições e aos limites fixados em lei, consubstanciando um conjunto de boas práticas exigidas e esperadas das pessoas jurídicas nas inter-relações que, diuturnamente, estabelecem em segmentos econômicos e sociais.[49]

Apesar de não se limitar a questões de corrupção envolvendo a Administração Pública, o *compliance* se popularizou no Brasil justamente em razão desses atos. Assim, pode-se dizer que, nos primeiros anos, o foco das grandes empresas em matéria de integridade era justamente essa interação público-privado.

Entretanto, o art. 56 e seguintes do Decreto n. 11.129/2022 deixa claro que as práticas internas de integridade vão muito além do tema do combate à corrupção, abarcando questões como registros contábeis (art. 57, VI), bem como fusões e aquisições societárias (art. 57, XV).

No ano em que a Lei Anticorrupção completou dez anos, a CGU publicou o guia "*Programa de integridade*: diretrizes para empresas privadas (vol. II)".[50] O documento, que em sua versão inicial indicava a existência de 5 "pilares" de *compliance*, foi atualizado para enfatizar que "o termo 'pilares' pode sugerir uma ideia de rigidez e permanência que não condiz com o Programa de Integridade",[51] uma vez que "os elementos que compõem um Programa de Integridade são dinâmicos, interdependentes e sujeitos à melhoria contínua".[52]

Baseando-se no novo documento disponibilizado pela Controladoria-Geral da União, verifica-se que há uma metodologia extensa e profunda para a implementação de um programa de integridade.

Para a CGU, a implementação de um programa de *compliance* deve considerar:

1. A governança corporativa, refletida em um sistema próprio de regras, princípios, estruturas e processos de direção e monitoramento da pessoa jurídica, que geram

---

48 Ibidem, p. 100.
49 Ibidem, p. 100.
50 REPOSITÓRIO GOV.BR. Controladoria-Geral da União. *Programa de integridade*: diretrizes para empresas privadas (voll II). Agosto de 2024. Disponível em: https://www.gov.br/cgu/pt-br/assuntos/noticias/2024/10/cgu-publica-novo-guia-de-diretrizes-para-empresas-privadas/GuiaDiretrizes_v14out1.pdf; acesso em: 11 jan. 2024.
51 Ibidem.
52 Ibidem.

valor sustentável não só à própria organização, mas também aos sócios e para a sociedade em que está envolta.

2. O comprometimento da alta direção, que demonstra o compromisso com a cultura de integridade e que faz com que os administradores sejam utilizados como exemplo em matéria de integridade.
3. Instância responsável pelo programa de integridade, que deverá ter recursos humanos e financeiros suficientes de acordo com o porte da pessoa jurídica, bem como independência em sua atuação.
4. Gestão de riscos para integridade, que é feita para que se verifiquem os riscos em face das peculiaridades da pessoa jurídica em questão (tais como localização, segmento, histórico de corrupção).
5. Estruturação das regras e instrumentos, como Código de Conduta e Ética personalizado para a pessoa jurídica, assim como as demais políticas, implementação e gestão de canal de denúncias, entre outros, e aplicação de medidas disciplinares em casos de violação.
6. Ações de comunicação e treinamento para que o programa de integridade seja conhecido e a cultura ética seja dissseminada internamente e, muitas vezes, externamente.
7. Adoção de controles contábeis para prevenção e mitigação de riscos, notadamente os associados à violação da Lei Anticorrupção.
8. Realização de diligências apropriadas de terceiros para mitigação de riscos relacionados a práticas de irregularidades por terceiros, que também são passíveis de punição pela Lei Anticorrupção.
9. Medidas para detecção de irregularidades, incluindo a existência de canais de denúncias.
10. Monitoramento contínuo, viabilizando a confirmação de efetividade do programa de *compliance* periodicamente ou a identificação de pontos de melhoria.

Em que pese não ser obrigatória – exceto para os casos previstos no art. 25, § 4º, da Lei n. 14.133/2021[53] –, a implementação de um programa de integridade é fortemente indicada não somente pelas autoridades brasileiras, mas também pelo mercado nacional e internacional.

Destaca-se que possuir um programa de integridade, por si só, não será capaz de garantir a aplicação da atenuante. A produção de efeitos legais – e sociais – só acontecerá quando verificado que o programa é real, eficaz e efetivo.

O programa de *compliance* efetivo será aquele "capaz de reprogramar culturalmente uma organização e provocar mudanças efetivas nas rotinas dos colaboradores e gestores".[54]

Nesse sentido, o *Manual prático de avaliação de programa de integridade em PAR*, também da CGU, esclarece que a existência de um programa de integridade eficaz e

53 Lei n. 14.133/2021: "Art. 25. O edital deverá conter o objeto da licitação e as regras relativas à convocação, ao julgamento, à habilitação, aos recursos e às penalidades da licitação, à fiscalização e à gestão do contrato, à entrega do objeto e às condições de pagamento. [...] § 4º Nas contratações de obras, serviços e fornecimentos de grande vulto, o edital deverá prever a obrigatoriedade de implantação de programa de integridade pelo licitante vencedor, no prazo de 6 (seis) meses, contado da celebração do contrato, conforme regulamento que disporá sobre as medidas a serem adotadas, a forma de comprovação e as penalidades pelo seu descumprimento".

54 LAMY, Anna Carolina Franco. Compliance *empresarial*, 2022, p. 28.

eficiente será considerada um diferencial e poderá reduzir sensivelmente o montante da multa a ser aplicada.

Com isso, fica evidenciado o caráter não apenas sancionatório da lei, mas também o de propagação e incentivo de boas práticas.

1.1.9. O valor dos contratos mantidos pela pessoa jurídica com o órgão ou entidade pública lesados

A última circunstância prevista em lei nos remete, mais uma vez, ao grau de lesividade da conduta, isto é, quanto maiores os valores, maior o lucro auferido ou pretendido pela pessoa jurídica e maior a relevância dos serviços prestados à sociedade, que correm o risco de serem interrompidos em razão de eventual rescisão do contrato.

Ou seja, quanto mais vultosos os valores dos contratos, maior o grau de lesividade e impacto causado para a Administração Pública e para a sociedade.

Exatamente em razão dessas circunstâncias, que parecem ter uma intersecção, o agente sancionador precisará estar muito atento ao sopesá-las, sob pena de infringir o princípio do *non bis in idem.*

2. APLICAÇÃO PRÁTICA

Atualizado em setembro de 2020, o *Manual prático de cálculo de sanções da Lei Anticorrupção: cálculo e dosimetria* é usado pelos órgãos sancionadores para auxiliar na aplicação das multas às pessoas jurídicas.

Em sua introdução, o documento estabelece que tem por objetivo "orientar e uniformizar a aplicação dos procedimentos e critérios de cálculo de multa, como também da dosimetria da duração da publicação extraordinária da decisão condenatória da LAC".[55] E complementa que, "além de auxiliar os servidores públicos imbuídos da tarefa de aplicar a Lei Anticorrupção, confere maior previsibilidade dos atos da Administração Pública, contribuindo, assim, para maior segurança jurídica nos processos respectivos".[56]

E, de fato, a ausência ou precariedade da segurança jurídica em termos de processos de responsabilização é alvo de críticas em relação à Lei Anticorrupção, especialmente ao se considerar os "conflitos de interpretações" da lei nos últimos dez anos e as divergências de competência entre os próprios órgãos administrativos.[57]

---

55 REPOSITÓRIO CGU. *Manual prático de cálculo de sanções da Lei Anticorrupção*: cálculo e dosimetria [versão atualizada até setembro de 2020]. Disponível em: https://repositorio.cgu.gov.br/handle/1/46569. Acesso em: 25 maio 2023.

56 Ibidem.

57 Repositório Ordem dos Advogados do Brasil: "Segundo o ministro Vinicius de Carvalho, ainda há muito a se avançar. Isso porque os procedimentos ainda não estão uniformizados, o que gera diversos 'conflitos de interpretações da lei, principalmente sobre quem deve ou não aplicá-la'. Carvalho destacou os casos relacionados à Operação Lava Jato, que acabaram dando visibilidade à lei, bem como às lacunas da norma. 'Não há uma uniformização nos procedimentos; não há a previsão de aplicar a norma para distinção para pessoas físicas ou jurídicas. A lei atual não prevê um modelo de acordo de leniência atrativo, para que as empresas levem os casos antes da autoridade os investigar – afinal, é para isso que serve o acordo de leniência', finalizou o ministro" (ORDEM DOS ADVOGADOS DO BRASIL. "OAB realiza balanço dos 10 anos da Lei Anticorrupção em debate. 12 de abril de 2023". Disponível em: https://www.oab.org.br/noticia/60889/oab-realiza-balanco-dos-10-anos-da-lei-anticorrupcao-em-debate#:~:text=Em%20agosto%20de%202023%2C%20celebram,compliance%20e%20acordos%20de%20leni%C3%AAncia. Acesso em: 24 maio 2024).

Não à toa, recentemente, a CGU lançou a ferramenta "Cálculo da Multa de Par",[58] que permite às pessoas jurídicas, aos próprios órgãos sancionadores e demais interessados seguir com uma previsão da multa a ser aplicada. Com isso, a expectativa é a de que

> [...] a discricionariedade por parte da Administração na dosimetria da multa em PAR deverá se tornar mais transparente, e consequentemente mais suscetível de controlabilidade, inclusive na seara jurisdicional sob o prisma da legalidade, o que contribuirá para a busca da tão almejada segurança jurídica inerente ao Estado democrático de Direito.[59]

Retomando os aspectos práticos da aplicação de multa, temos que a legislação base para a aplicação é o Decreto n. 11.129/2022, que preconiza as circunstâncias agravantes e atenuantes na aplicação da lei, mencionando, inclusive, a porcentagem de aumento ou diminuição para cada situação.

O art. 7º da Lei Anticorrupção, apesar de ser lido como parâmetro na teoria, na prática acaba sendo aplicado aos casos em que de fato se verifica alguma excentricidade no ato praticado, sem que haja uma pormenorização da análise de cada circunstância no caso a caso – o que fica reservado às agravantes e atenuantes previstas nos relatórios finais de processos administrativos de responsabilização:

> 57. A multa foi calculada pela CPAR com fundamento nas três etapas descritas nos artigos 6º e 7º da LAC e 17 a 23 do Decreto n. 8.420/2015, bem como nas Instruções Normativas CGU n. 1/2015 e CGU/AGU n. 2/2018, no Decreto-Lei n. 1.598/1977 e no Manual Prático CGU de Cálculo de Multa.
> 58. Com relação à primeira etapa, a base de cálculo apontada pela CPAR foi de R$ 361.950,23. Esse montante resultou da diferença entre a receita bruta (R$ 375.376,00, referentes à receita operacional bruta da empresa M. T. D. P. G. Ltda, no ano de 2014, ano em que ocorreu o ato lesivo, considerando que a empresa não apresentou a Declaração/Escrituração relativa ao ano-calendário 2019 – SEI 2043863) e os tributos incidentes sobre a receita bruta (R$ 13.425,77, relativos aos impostos e contribuições/devoluções e abatimentos consolidados da empresa – SEI 2043863).[60]
> 53. Nessa medida, as penalidades sugeridas pela CPAR nos parecem com a dosimetria adequada levando-se em conta a natureza (fraude) e a gravidade da infração (ato lesivo), os danos dela decorrentes (contribuiu para elevado prejuízo ao erário), as atenuantes (histórico da empresa em contratações com a administração; tempo da empresa no mercado, cerca de 32 anos, e o princípio da continuidade da empresa); agravantes (proposta superfaturada, com sobrepreço e alinhada com as outras empresas participantes) e gravidade do ato lesivo (apresentou proposta forjada atuando de forma inidônea) perante à Administração Pública contribuindo potencialmente com a prática de elevada fraude praticada pela B. e empresas comparsas.[61]

58 REPOSITÓRIO GOV.BR. *Cálculo da multa de PAR*. Disponível em: https://epad.cgu.gov.br/Publico/calculadora/calcPAR.html. Acesso em: 25 maio 2023.

59 CARVALHO, Guilherme; GUIMARÃES, Raphael. "Calculadora de multa de PAR: louvável contribuição da CGU". *Conjur*, 14 abr. 2023. Disponível em: https://www.conjur.com.br/2023-abr-14/licitacoes-contratos-calculadora-multa-par-louvavel-contribuicao-cgu. Acesso em: 26 maio 2023.

60 REPOSITÓRIO CGU. "Parecer n. 00094/2022/CONJUR-CGU/CGU". Disponível em: https://repositorio.cgu.gov.br/bitstream/1/73508/2/Parecer_CONJUR_00094_2022_Morales%20Treinamento%20e%20Desenvolvimento%20Profissional%20e%20Gerencial%20Ltda.pdf. Acesso em: 25 maio 2023.

61 REPOSITÓRIO CGU. "Nota Técnica n. 2198/2021/COREP". Disponível em: https://repositorio.cgu.gov.br/bitstream/1/73693/7/Nota_Tecnica_2198-2021_Telemikro.pdf. Acesso em: 25 maio 2023.

Dessa forma, o que se verifica é que as circunstâncias previstas no art. 7º da Lei Anticorrupção se interseccionam com as circunstâncias atenuantes e agravantes previstas em regulamentação própria (Decreto n. 11.129/2022) e, consequentemente, acabam sendo inseridas na avaliação dos arts. 22 e 23 do decreto regulamentador:

> 25. O valor dos fatores agravantes originou-se da soma de:
>
> - continuidade dos atos lesivos: 2%, pois os atos lesivos foram praticados reiteradamente por mais de 2 anos até a última concessão de vantagem indevida (02.03.2016), desde o início de vigência da LAC (29.01.2014); (SEI n. 1.148.851)
> - tolerância ou ciência do corpo diretivo ou gerencial da pessoa jurídica: 2,5%, pois não houve apenas tolerância ou ciência, mas sim efetiva participação de L. A. U., à época gerente de produção do M., no ato lesivo; (SEI n. 1.148.851)
> - interrupção de serviço ou obra: 0%, pois não se identificou nos autos interrupção de serviço ou obra;
> - situação econômica da pessoa jurídica: 0%, pois, no ano de 2015 (último exercício anterior ao da ocorrência do ato lesivo, que cessou em 02.03.2016), o M. teve índice de solvência geral de 0,83, índice de liquidez geral de 0,20 e prejuízo líquido consolidado de R$ 36.260.000,00, em conformidade com a DRE de 30.12.2015 e o Balanço Patrimonial de 31.12.2015; (SEI n. 1.122.455)
> - reincidência da pessoa jurídica: 0%, pois não se identificou nos autos reincidência da pessoa jurídica; valor dos contratos mantidos ou pretendidos: 0%, pois não se identificou nos autos contratos mantidos ou pretendidos entre a Administração Pública e o M.
>
> 26. Por sua vez, o valor dos fatores atenuantes formou-se da soma de:
>
> - não consumação da infração: 0%, pois, como o ato lesivo do art. 5º, I, da LAC é ilícito de atividade, a infração se consumou pela própria conduta da pessoa jurídica ao dar diretamente vantagem indevida a agente público. Além disso, no caso em voga, ainda houve exaurimento do ato lesivo configurado pela não paralisação das atividades comerciais do M.; (SEI n. 1.148.851)
> - ressarcimento dos danos: 0%, pois não se identificou nos autos ressarcimento dos danos;
> - grau de colaboração da pessoa jurídica: 1,5%, pois o M. colaborou efetivamente com a investigação e com o processo; (SEI n. 1.148.851)
> - comunicação espontânea do ato lesivo: 2%, pois o M. comunicou espontaneamente o ato lesivo; (SEI n. 1.148.851)
> - programa de integridade da pessoa jurídica: 0%, pois o programa de integridade do M. mostrou-se meramente formal, não sendo eficaz para mitigar os riscos de ocorrência de atos lesivos da LAC. (SEI n. 1.342.542)[62]

Apesar das medidas adotadas para conferência de segurança jurídica no caso da aplicação da multa, a aplicação da pena de publicação extraordinária da decisão condenatória ainda pende de medidas similares. O que se vê, na prática, é que há uma discricionariedade muito grande na aplicação dessa sanção:

> 25. Por sua vez, em consonância com o art. 6º da Lei n. 12.846/2013, o art. 24 do Decreto n. 8.420/2015 e c/c o Manual de Responsabilização de Entes Privados (Publicações CGU), considerando que a alíquota calculada na etapa da multa resultar em 7,5%, esti-

62 REPOSITÓRIO CGU. "Relatório Final Processo 00190.105384/2018-01". Disponível em: https://repositorio.cgu.gov.br/bitstream/1/73530/3/Relatorio%20Final_Madero%20Industria%20e%20Comercio%20SA.pdf. Acesso em: 25 maio 2023.

pula-se que a publicação da decisão administrativa, na forma de extrato de sentença, em edital afixado no local de atividade, será pelo prazo de 60 dias.
26. Portanto, a D. (atualmente denominada S.) deve promover publicação extraordinária da decisão administrativa sancionadora, na forma de extrato de sentença, a suas expensas, cumulativamente:
a) em meio de comunicação de grande circulação na área da prática da infração e de atuação da pessoa jurídica ou, na sua falta, em publicação de circulação nacional;
b) em edital afixado no próprio estabelecimento ou no local de exercício da atividade, em localidade que permita a visibilidade pelo público, pelo prazo de 60 dias; e
c) em seu sítio eletrônico, em destaque na página principal do referido sítio, pelo prazo de 30 dias.[63]

43. O prazo para publicação extraordinária da decisão administrativa sancionadora foi calculado com base nos artigos 6º e 7º da LAC, no artigo 24 do Decreto n. 8.420/2015 e no Manual CGU de Responsabilização Administrativa de Pessoas Jurídicas, os quais indicam, apenas, o piso de 30 dias.
44. Considerando que a alíquota final aplicável à F. foi de 3,5%, considerando, ainda, a consumação da infração, o efeito negativo por ela produzido, a situação econômica do infrator e o valor dos contratos mantidos pela pessoa jurídica com o órgão lesado, aplicar-se-á a sanção de publicação extraordinária da decisão por 45 dias.
45. Portanto, a F. deverá promover publicação extraordinária da decisão administrativa sancionadora, na forma de extrato de sentença, às suas expensas, cumulativamente: a) em meio de comunicação de grande circulação na área da prática da infração e de atuação da pessoa jurídica ou, na sua falta, em publicação de circulação nacional; b) em edital afixado no próprio estabelecimento ou no local de exercício da atividade, em localidade que permita a visibilidade pelo público, pelo prazo de 45 dias; e c) em seu sítio eletrônico, em destaque na página principal do referido sítio, pelo prazo de 30 dias.[64]

V.1.2 – Pena de Publicação Extraordinária 100. A publicação extraordinária foi calculada com base nos artigos 6º e 7º da Lei n. 12.846/2013 c/c artigo 24 do Decreto n. 8.420/2015 c/c Manual CGU de Responsabilização Administrativa de Pessoas Jurídicas. 101. As peculiaridades do caso concreto que evidenciam pagamento de vantagem indevida a diretor de empresa pública, detentor de poderes decisórios, visando a facilitar, agilizar e garantir a obtenção da renovação de contrato é conduta gravíssima praticada pela empresa, que justifica a publicação extraordinária acima do mínimo legal. 102. Portanto, a pessoa jurídica D. B. Ltda. deve promover a publicação extraordinária da decisão administrativa sancionadora, na forma de extrato de sentença, às suas expensas, cumulativamente: – em meio de comunicação de grande circulação na área da prática da infração e de atuação da pessoa jurídica ou, na sua falta, em publicação de circulação nacional pelo prazo de 01 dia; – em edital afixado no próprio estabelecimento ou no local de exercício da atividade, em localidade que permita a visibilidade pelo público, pelo prazo de 45 dias; – em seu sítio eletrônico, em destaque na página principal do referido sítio, pelo prazo de 30 dias.[65]

Embora exista um esforço da CGU para divulgação de ferramentas e metodologia para dosimetria da pena, é certo que a lei possui circunstâncias abrangentes que de-

63 REPOSITÓRIO CGU. "Relatório Final Processo n. 00190.102238/2020-31". Disponível em: https://repositorio.cgu.gov.br/bitstream/1/73572/3/Relatorio_Final_Delta.pdf. Acesso em: 25 maio 2023.
64 REPOSITÓRIO CGU. "Relatório Final Processo n. 00190.110835/2020-39". Disponível em: https://repositorio.cgu.gov.br/bitstream/1/76647/5/Relatorio_Final_FIX.pdf. Acesso em: 25 maio 2023.
65 REPOSITÓRIO CGU. "Relatório Final Processo n. 00190.105349/2020-07". Disponível em: https://repositorio.cgu.gov.br/bitstream/1/73594/3/Relatorio_Final_Decal.pdf. Acesso em: 25 maio 2023.

vem ser avaliadas caso a caso. Assim, caso não se crie uma jurisprudência sólida, transparente e disponível ao público – os relatórios mencionados acima, por exemplo, pouco se alongam na análise de cada um dos parâmetros –, a insegurança jurídica seguirá sendo um ponto relevante em termos de responsabilização administrativa.

3. CONSIDERAÇÕES FINAIS

A Lei Anticorrupção foi incorporada ao ordenamento jurídico brasileiro para que o país pudesse alcançar legislações internacionais no assunto de combate à corrupção.

Embora tenha sido editada às pressas em razão de grande clamor popular, a legislação brasileira foi sancionada com alguns anos de atraso se comparada com outros países[66] para, finalmente, conferir a necessária responsabilização civil e administrativa das pessoas jurídicas em matéria de atos praticados contra a Administração Pública.

De acordo com a própria Controladoria-Geral da União, "a lei fecha uma lacuna no ordenamento jurídico do país ao tratar diretamente da conduta dos corruptores".[67]

Passados de anos de sua vigência, temos que

> [...] nesse período, foram instaurados um total de 1.154 processos administrativos de responsabilização, resultando na aplicação de um montante de multas financeiras superior a R$ 270 milhões. No mesmo período, foram celebrados 19 acordos de leniência que implicaram no compromisso de devolução de mais de R$ 15 bilhões para os cofres públicos.[68]

Embora ainda existam críticas e aspectos que possam ser mais bem desenvolvidos, é importante lembrar que a Lei Anticorrupção foi a legislação que formalizou a responsabilização das pessoas jurídicas que praticaram atos corruptos em benefício próprio e em detrimento de toda a sociedade.

Mais do que as sanções já aplicadas, vimos que, em uma década, houve uma mudança comportamental por parte da Administração Pública e do mercado nacional em se tratando de atos de corrupção. Essas mudanças foram capazes de pavimentar o caminho até aqui para que possamos seguir avançando em matéria de combate à corrupção. A ideia é que a esfera privada continue a ser o vetor dessa alteração cultural e organizacional em termos de integridade. A esfera pública, por sua vez, deve continuar agindo em prol da aplicação da legislação anticorrupção, sem se olvidar da segurança jurídica, que é não só um princípio constitucional do nosso direito pátrio, sendo essencial ao desenvolvimento econômico.[69]

---

66 Nos Estados Unidos, o *Foreign Corrupt Practices Act* (FCPA) foi aprovado em 1977 (disponível em: https://www.justice.gov/criminal-fraud/foreign-corrupt-practices-act. Acesso em: 29 maio 2023). O *Bribery Act* do Reino Unido (UKBA), por sua vez, foi aprovado em 2010 (disponível em: https://www.justice.gov.uk/downloads/legislation/bribery-act-2010-guidance.pdf. Acesso em: 29 maio 2023). No Chile, a Lei n. 20393 foi sancionada em 2009 para estabelecer a responsabilização penal das pessoas jurídicas (disponível em: https://www.bcn.cl/leychile/navegar?idNorma=1008668&idParte=8811454&idVersion=2020-06-20. Acesso em: 29 maio 2023).

67 REPOSITÓRIO CGU. "Lei Anticorrupção". Disponível em: https://www.gov.br/corregedorias/pt-br/assuntos/painel-de-responsabilizacao/responsabilizacao-entes-privados/lei-anticorrupcao-1. Acesso em: 26 maio 2023.

68 Ibidem.

69 Nesse sentido, o Ministro Humberto Martins, do Superior Tribunal de Justiça, apontou que "Não há crescimento econômico nem desenvolvimento social sem estabilidade, respeito ao Direito e à Constituição" (disponível em: https://www.stj.jus.br/sites/portalp/Paginas/Comunicacao/Noticias/23062022-Presidente-do-STJ-destaca-seguranca-juridica-como-base-para-alavancar-desenvolvimento-economico-.aspx. Acesso em: 8 jun. 2023).

CAPÍTULO IV
DO PROCESSO ADMINISTRATIVO DE RESPONSABILIZAÇÃO

Art. 8º A instauração e o julgamento de processo administrativo para apuração da responsabilidade de pessoa jurídica cabem à autoridade máxima de cada órgão ou entidade dos Poderes Executivo, Legislativo e Judiciário, que agirá de ofício ou mediante provocação, observados o contraditório e a ampla defesa.

§ 1º A competência para a instauração e o julgamento do processo administrativo de apuração de responsabilidade da pessoa jurídica poderá ser delegada, vedada a subdelegação.

§ 2º No âmbito do Poder Executivo federal, a Controladoria-Geral da União - CGU terá competência concorrente para instaurar processos administrativos de responsabilização de pessoas jurídicas ou para avocar os processos instaurados com fundamento nesta Lei, para exame de sua regularidade ou para corrigir-lhes o andamento.

---

1. COMENTÁRIOS

1.1. O ato lesivo à Administração Pública e as consequentes pretensões estatais

Quando uma pessoa jurídica comete **ato lesivo** à Administração Pública, ou concorre para o cometimento desse ato, nascem para o Estado certas **pretensões** contra essa pessoa, isto é, coloca-se o Estado em posição de poder exigir dela determinadas **prestações** e, se for o caso, aplicar-lhe certas **punições**. Esclareça-se que esse poder representa, a rigor, um **poder-dever** irrenunciável do Estado, uma vez que visa à satisfação do princípio constitucional da supremacia e da indisponibilidade do interesse público.

As prestações e punições a que se sujeita a pessoa jurídica que tenha cometido ato lesivo à Administração, ou concorrido para a ocorrência desse ato, podem ser de ordem **administrativa**, **civil** ou **criminal**, a depender da natureza do ilícito praticado. Assim, por ato lesivo à Administração de responsabilidade de uma pessoa jurídica, podem surgir, para o Estado, contra aquela pessoa, a **pretensão de ressarcimento ou reparação, na esfera civil, se o ato lesivo envolver dano ao erário, a pretensão de punição da própria pessoa jurídica e/ou de seus representantes, na esfera criminal, se o ato lesivo for tipificado como infração penal, e as pretensões de punição e de reparação do dano ao erário, caso este tenha ocorrido, na esfera administrativa**.

Os **meios ou instrumentos de tutela** das referidas pretensões são estabelecidos em lei. Com o advento da Lei n. 12.846/2013, a Administração passou a contar com instrumentos de tutela das pretensões administrativas de punição e de reparação de seus cofres contra pessoa jurídica que tenha cometido ato lesivo à Administração, **independentemente de culpa e de participação de gestor público no cometimento do ato lesivo**.

Modesto Carvalhosa observa que os atos de corrupção de que trata a Lei n. 12.846/2013 "demandam, necessariamente, o concurso simétrico de agentes públicos", pois "[...] não pode a pessoa jurídica enquanto sujeito ativo da conduta corruptiva, consumá-la sem o concurso do outro sujeito ativo, que é o agente público no exercício de suas atribuições e funções políticas, administrativas, judiciárias e de Ministério Público".[1]

---

1 CARVALHOSA, Modesto. *Considerações sobre a Lei Anticorrupção das pessoas jurídicas*: Lei 12.846/2013, 2015, p. 57.

Todavia, há outros atos, a exemplo das fraudes contra licitação cometidas por cartel de pessoas jurídicas, que podem lesar a Administração Pública sem que necessariamente participe dessa fraude um gestor público.

Neste ponto, calha observar que a responsabilização objetiva de pessoa jurídica prevista na Lei n. 12.846/2013 tem suscitado controvérsias quanto a sua constitucionalidade. De um lado, defende-se que a responsabilização objetiva prevista naquela lei não tem amparo na Constituição, uma vez que esta estabelece, como regra, a responsabilização subjetiva, ou seja, exige, para que se atribua a uma pessoa a responsabilidade pelo cometimento de um ilícito, a comprovação de que esse ilícito decorreu de conduta culposa ou dolosa da pessoa, sendo as exceções a essa regra apresentadas de forma expressa, a exemplo das seguintes: "As pessoas jurídicas de direito público e as de direito privado prestadoras de serviços públicos responderão pelos danos que seus agentes, nessa qualidade, causarem a terceiros, assegurado o direito de regresso contra o responsável nos casos de dolo ou culpa" (art. 37, § 6º); e "a responsabilidade civil por danos nucleares independe da existência de culpa" (art. 21, XXIII, *d*). De outro lado, sustenta-se a constitucionalidade da responsabilização objetiva prevista na Lei n. 12.846/2013 com base no entendimento de que é essa interpretação que pode realizar de modo eficaz o princípio da supremacia do interesse público, espraiado na Constituição, em casos de atos lesivos à Administração Pública ocorridos em seu relacionamento com pessoas jurídicas.

1.2. O processo administrativo de responsabilização da pessoa jurídica

Em seu Capítulo IV, a Lei n. 12.846/2013 dispõe sobre o processo administrativo a ser observado com vistas a apurar e atribuir responsabilidade à pessoa jurídica pela prática de atos lesivos à Administração Pública, nacional ou estrangeira. Em seu art. 2º, o Decreto n. 8.420/2015, editado para regulamentar aquela lei, deu denominação especial a esse instrumento de tutela: **processo administrativo de responsabilização (PAR)**. Com a revogação do mencionado Decreto, hoje o PAR (e também o acordo de leniência) é regido pela Lei n. 11.129/2022.

A instauração e o julgamento do PAR cabem à **autoridade máxima** de cada órgão ou entidade dos Poderes Executivo, Legislativo e Judiciário.[2] Essa autoridade deverá agir **de ofício**, tão logo tome ciência da prática do ato lesivo à Administração, ou **mediante provocação** de iniciativa de quaisquer pessoas (art. 8º, *caput*, da Lei n. 12.846/2013).

Pode a autoridade a quem a Lei n. 12.846/2013 confere competência para a instauração e o julgamento do PAR **delegar essa competência**, sendo, porém, vedada expressamente a subdelegação (art. 8º, § 1º). Não estabelece aquela lei – nem sua regulamentação – a que pessoas a autoridade máxima poderá delegar sua competência original. No entanto, é razoável esperar que essa delegação venha a recair sobre agente público com atuação funcional imediatamente subordinada, na estrutura hierárquica do órgão ou da entidade, à da autoridade máxima delegante.

A instauração do PAR dependerá da existência de elementos indiciários da prática do ilícito. Em sede de **juízo de admissibilidade**, a autoridade competente avaliará esses elementos para, então, decidir pela abertura de **investigação preliminar**, pela **recomendação de instauração do PAR** ou pela **recomendação de arquivamento da matéria** (art. 3º do Decreto n. 11.129/2022).

2 Tratando-se de órgão da administração direta do Poder Executivo, a autoridade competente para instaurar e julgar o PAR é o Ministro de Estado (art. 4º, *caput*, do Decreto n. 11.129/2022).

A investigação preliminar tem lugar nas situações em que os elementos indiciários não se revelam suficientemente robustos para a imediata instauração do PAR nem se afiguram tão frágeis a ponto de aconselhar o pronto arquivamento da matéria. De acordo com os §§ 1º a 5º do art. 3º do Decreto n. 11.129/2022, a investigação preliminar "terá caráter sigiloso e não punitivo e será destinada à apuração de indícios de autoria e materialidade de atos lesivos à administração pública federal"; "será conduzida diretamente pela corregedoria da entidade ou unidade competente, na forma estabelecida em regulamento, ou por comissão composta por dois ou mais membros, designados entre servidores efetivos ou empregados públicos"; será concluída em prazo que "não excederá cento e oitenta dias, admitida a prorrogação, mediante ato da autoridade a que se refere o *caput*"; ao seu final, terá suas peças de informação enviadas à autoridade competente, "acompanhadas de relatório conclusivo acerca da existência de indícios de autoria e materialidade de atos lesivos à administração pública federal, para decisão sobre a instauração do PAR".

De modo geral, a investigação preliminar é procedimento que se aconselha ante a provocação feita anonimamente. É que a autoridade competente não pode iniciar processo administrativo, um instrumento de natureza claramente persecutória, amparando-se unicamente em elementos apócrifos. A investigação preliminar servirá, justamente, a levantar elementos que possam indicar se a denúncia anônima é ou não consistente.[3]

Por ter a investigação preliminar evidente caráter de sindicância, de natureza, portanto, meramente preparatória, não se lhe aplica a observância do contraditório e da ampla defesa.[4]

2. OBSERVAÇÕES

2.1. As pretensões estatais previstas na Lei n. 12.846/2013 e as pretensões correlacionadas ou de mesma natureza previstas em outras leis

Uma questão que se levanta, após a edição da Lei n. 12.846/2013, diz respeito a como devem ser processadas, de forma coerente e harmônica, as pretensões punitiva e de reparação integral de dano previstos na referida lei e as **pretensões administrativas correlacionadas ou de mesma natureza previstas em outras normas legais**.

A própria Lei n. 12.846/2013, em seu art. 30, prevê que a aplicação das sanções previstas em seus dispositivos não afeta os processos de responsabilização e aplicação de penalidades decorrentes dos **atos de improbidade administrativa de que trata a Lei n. 8.429/92** e dos **atos ilícitos alcançados pela Lei n. 8.666/93 ou por outras normas de licitações e contratos da Administração Pública**, inclusive no tocante ao Regime Diferenciado de Contratações Públicas (RDC) instituído pela Lei n. 12.462/2011.[5]

Além da legislação expressamente referenciada no art. 30 da Lei n. 12.846/2013, há outras normas legais que também tratam de outros processos administrativos de responsabilização e aplicação de sanções decorrentes do cometimento, por pessoa jurídica, de ato lesivo à Administração Pública.

---

3 Nesse sentido o julgamento do Supremo Tribunal Federal em sede de Recurso Ordinário em *Habeas Corpus* n. 117.988/RS (2ª T., sessão de 16.12.2014, rel. Min. Celso de Mello).

4 Nesse sentido o julgamento do Supremo Tribunal Federal em sede de Agravo Regimental na Reclamação n. 10.771/RJ (1ª T., sessão de 04.02.2014; rel. Min. Marco Aurélio; *DJe* 26.02.2015).

5 As Leis ns. 8.666/93 (integralmente) e 12.462/2011 (arts. 1º a 47-A), mencionadas no art. 30, II, da Lei n. 12.846/2013, foram revogadas pela Lei n. 14.133/2021.

Um desses processos administrativos é a **tomada de contas especial**, prevista na **Lei n. 8.443/92.**[6] Trata-se de instrumento que serve à realização das pretensões punitiva e de reparação do erário contra pessoa jurídica se o ato lesivo e danoso à Administração Pública tiver sido cometido pela pessoa jurídica **em concorrência com pessoa a que se tenha confiado a gestão pública.** Nessa hipótese, o tomador de contas deverá, de acordo com os termos da referida lei, proceder à apuração dos fatos, à identificação dos responsáveis (todos eles, uma vez que a lei não limita a responsabilização aos gestores públicos) e à quantificação do dano.[7]

A mesma Lei n. 8.443/92 prevê, também, a possibilidade de o Tribunal de Contas da União, ao proceder ao julgamento de contas, fixar a **responsabilidade solidária do gestor público e do terceiro** – pessoa física ou jurídica – pelo dano ao erário a que tenham dado causa, bem como a possibilidade de **punir todos os responsáveis pelo dano mediante aplicação de multas.**[8]

Os vários instrumentos administrativos previstos nas normas legais suprarreferidas, bem como em outras, para tratar do cometimento de ato lesivo à Administração Pública por pessoa jurídica, sugerem que poderá ocorrer **redundância de esforços** na persecução da satisfação de pretensões estatais correlacionadas ou de mesma natureza. Além disso, essa situação poderá resultar em **decisões conflitantes ou incoerentes** nos desfechos dos distintos instrumentos administrativos.

É de esperar que a prática administrativa acabe por levar à adoção de medidas que possam minimizar a aludida redundância de esforços e evitar a ocorrência de decisões conflitantes. Talvez uma dessas medidas passe pela indicação, sempre que possível, de

---

6 Lei n. 8.443/92: "Art. 8º Diante da omissão no dever de prestar contas, da não comprovação da aplicação dos recursos repassados pela União, na forma prevista no inciso VII do art. 5º desta Lei, da ocorrência de desfalque ou desvio de dinheiros, bens ou valores públicos, ou, ainda, da prática de qualquer ato ilegal, ilegítimo ou antieconômico de que resulte dano ao Erário, a autoridade administrativa competente, sob pena de responsabilidade solidária, deverá imediatamente adotar providências com vistas à instauração da tomada de contas especial para apuração dos fatos, identificação dos responsáveis e quantificação do dano".

7 A propósito, sobre a concorrência de gestor público e de pessoa jurídica para a prática de ato lesivo à Administração Pública, vale lembrar que a Lei n. 12.846/2013 teve vetado o inciso X de seu art. 7º, mediante o qual se estabelecia que, ao aplicar sanções à pessoa jurídica infratora, haveria de se considerar, entre outros aspectos, "o grau de eventual contribuição da conduta de servidor público para a ocorrência do ato lesivo". Com esse veto, buscou-se que a dosagem das sanções a serem aplicadas à pessoa jurídica infratora se realize ignorando-se a conduta ou a participação de gestores públicos na prática do ilícito. Porém, a prática administrativa tem evidenciado, à exaustão, que o comportamento de pessoas jurídicas que se relacionam com o Estado pode, sim, ser fortemente influenciado pela conduta – correta ou incorreta, proba ou ímproba – de gestores públicos. Essa evidência sugere que, na dosagem das sanções a serem aplicadas às pessoas jurídicas, haveria mesmo de ser considerada, como dispunha o dispositivo vetado, a contribuição da conduta de gestores públicos para a ocorrência do ato lesivo.

8 Lei n. 8.443/92: "Art. 16. As contas serão julgadas: [...] III – irregulares, quando comprovada qualquer das seguintes ocorrências: *a*) omissão no dever de prestar contas; *b*) prática de ato de gestão ilegal, ilegítimo, antieconômico, ou infração à norma legal ou regulamentar de natureza contábil, financeira, orçamentária, operacional ou patrimonial; *c*) dano ao Erário decorrente de ato de gestão ilegítimo ao antieconômico; *d*) desfalque ou desvio de dinheiros, bens ou valores públicos. [...] § 2º Nas hipóteses do inciso III, alíneas *c* e *d* deste artigo, o Tribunal, ao julgar irregulares as contas, fixará a responsabilidade solidária: *a*) do agente público que praticou o ato irregular, e *b*) do terceiro que, como contratante ou parte interessada na prática do mesmo ato, de qualquer modo haja concorrido para o cometimento do dano apurado. [...] "Art. 19. Quando julgar as contas irregulares, havendo débito, o Tribunal condenará o responsável ao pagamento da dívida atualizada monetariamente, acrescida dos juros de mora devidos, podendo, ainda, aplicar-lhe a multa prevista no art. 57 desta Lei, sendo o instrumento da decisão considerado título executivo para fundamentar a respectiva ação de execução. Parágrafo único. Não havendo débito, mas comprovada qualquer das ocorrências previstas nas alíneas *a*, *b* e *c* do inciso III, do art. 16, o Tribunal aplicará ao responsável a multa prevista no inciso I do art. 58, desta Lei".

única comissão para a condução dos processos previstos na Lei n. 12.846/2013 e de outros que, por força de lei, devam ser instaurados ante o cometimento de ato lesivo à Administração Pública por pessoa jurídica.

A multiplicidade de processos administrativos pode, ainda, acarretar ***bis in idem* na aplicação de sanções e na cobrança da reparação de danos** decorrentes de atos lesivos de que participe a pessoa jurídica. Sobre essa questão, Jorge Munhós de Souza observa que,

> [...] se a essência do princípio [*non bis in idem*] é evitar que alguém seja sancionado mais de uma vez pelos mesmos fatos, apenas após a existência de diversos títulos condenatórios por fato único é que será possível se cogitar da utilização de mecanismos de contenção de excessos.

Ressalva, porém, o referido autor que,

> [...] quando levamos em consideração a possibilidade de que a cumulação de sanções impostas em diferentes esferas de responsabilização possa implicar excessos no caso concreto, devemos partir da premissa já exposta de que a partir do momento que o legislador cria mais uma sanção de multa pela prática de um mesmo fato o que ele faz é exasperar as consequências sancionadoras daquela conduta ilícita.[9]

Art. 9º Competem à Controladoria-Geral da União – CGU a apuração, o processo e o julgamento dos atos ilícitos previstos nesta Lei, praticados contra a administração pública estrangeira, observado o disposto no Artigo 4 da Convenção sobre o Combate da Corrupção de Funcionários Públicos Estrangeiros em Transações Comerciais Internacionais, promulgada pelo Decreto n. 3.678, de 30 de novembro de 2000.

---

1. COMENTÁRIOS

No âmbito do Poder Executivo federal, a Controladoria-Geral da União (CGU) tem **competência concorrente** para **instaurar** PAR ou para **avocar** os processos instaurados por órgãos e entidades daquele poder, para exame de sua regularidade ou para lhes corrigir o andamento (art. 8º, § 2º, da Lei n. 12.846/2013). Também competem à CGU a apuração, o processo e o julgamento dos atos ilícitos praticados por pessoa jurídica contra a Administração Pública estrangeira, "[...] observado o disposto no Artigo 4[10] da Convenção sobre o Combate da Corrupção de Funcionários Públicos Estrangeiros em Transações Comerciais Internacionais, promulgada pelo Decreto n. 3.678, de 30 de novembro de 2000 (art. 9º da Lei n. 12.846/2013)".

---

9 SOUZA, Jorge Munhós. "Responsabilização administrativa na Lei Anticorrupção". In: SOUZA, Jorge Munhós; QUEIROZ, Ronaldo Pinheiro (orgs.). *Lei Anticorrupção*, 2015, p. 176-7.

10 Convenção sobre o Combate da Corrupção de Funcionários Públicos Estrangeiros em Transações Comerciais Internacionais: "Artigo 4. Jurisdição – 1. Cada Parte deverá tomar todas as medidas necessárias ao estabelecimento de sua jurisdição em relação à corrupção de um funcionário público estrangeiro, quando o delito é cometido integral ou parcialmente em seu território. 2. A Parte que tiver jurisdição para processar seus nacionais por delitos cometidos no exterior deverá tomar todas as medidas necessárias ao estabelecimento de sua jurisdição para fazê-lo em relação à corrupção de um funcionário público estrangeiro, segundo os mesmos princípios. 3. Quando mais de uma Parte tem jurisdição sobre um alegado delito descrito na presente Convenção, as Partes envolvidas deverão, por solicitação de uma delas, deliberar sobre a determinação da jurisdição mais apropriada para a instauração de processo. 4. Cada Parte deverá verificar se a atual fundamentação de sua jurisdição é efetiva em relação ao combate à corrupção de funcionários públicos estrangeiros, caso contrário, deverá tomar medidas corretivas a respeito".

Art. 10. O processo administrativo para apuração da responsabilidade de pessoa jurídica será conduzido por comissão designada pela autoridade instauradora e composta por 2 (dois) ou mais servidores estáveis.

§ 1º O ente público, por meio do seu órgão de representação judicial, ou equivalente, a pedido da comissão a que se refere o *caput*, poderá requerer as medidas judiciais necessárias para a investigação e o processamento das infrações, inclusive de busca e apreensão.

§ 2º A comissão poderá, cautelarmente, propor à autoridade instauradora que suspenda os efeitos do ato ou processo objeto da investigação.

§ 3º A comissão deverá concluir o processo no prazo de 180 (cento e oitenta) dias contados da data da publicação do ato que a instituir e, ao final, apresentar relatórios sobre os fatos apurados e eventual responsabilidade da pessoa jurídica, sugerindo de forma motivada as sanções a serem aplicadas.

§ 4º O prazo previsto no § 3º poderá ser prorrogado, mediante ato fundamentado da autoridade instauradora.

1. COMENTÁRIOS

Decidindo pela instauração do PAR, de imediato ou após a realização da investigação preliminar, a autoridade competente designará, para conduzir o processo, **comissão** composta por dois ou mais servidores estáveis (art. 10, *caput*, da Lei n. 12.846/2013). Em entidades da Administração Pública federal cujos quadros funcionais não sejam formados por servidores estatutários, a comissão será composta por dois ou mais empregados públicos, preferencialmente com, no mínimo, três anos de tempo de serviço na entidade (art. 5º, § 1º, do Decreto n. 11.129/2022). Na designação dos integrantes da comissão, valem as regras preconizadas na Lei n. 9.784/99, que regula o processo administrativo no âmbito da Administração Pública federal, sobre vedação à designação de servidor ou empregado por motivos de impedimento ou suspeição.[11]

Os atos do PAR serão **públicos**, assegurado, porém, o sigilo, sempre que necessário à elucidação dos fatos e à preservação da imagem dos envolvidos, ou, ainda, na defesa de interesse da Administração Pública (art. 5º, § 3º, do Decreto n. 11.129/2022).

Art. 11. No processo administrativo para apuração de responsabilidade, será concedido à pessoa jurídica prazo de 30 (trinta) dias para defesa, contados a partir da intimação.

1. COMENTÁRIOS

No desenvolvimento do PAR, deverão ser rigorosamente observados o **contraditório e a ampla defesa** (art. 8º, *caput*, da Lei n. 12.846/2013). Nesse sentido, a comissão designada para conduzir o processo deverá conceder à pessoa jurídica sob investiga-

11 Lei n. 9.784/99: "Art. 18. É impedido de atuar em processo administrativo o servidor ou autoridade que: I – tenha interesse direto ou indireto na matéria; II – tenha participado ou venha a participar como perito, testemunha ou representante, ou se tais situações ocorrem quanto ao cônjuge, companheiro ou parente e afins até o terceiro grau; III – esteja litigando judicial ou administrativamente com o interessado ou respectivo cônjuge ou companheiro. Art. 19. A autoridade ou servidor que incorrer em impedimento deve comunicar o fato à autoridade competente, abstendo-se de atuar. Parágrafo único. A omissão do dever de comunicar o impedimento constitui falta grave, para efeitos disciplinares. Art. 20. Pode ser arguida a suspeição de autoridade ou servidor que tenha amizade íntima ou inimizade notória com algum dos interessados ou com os respectivos cônjuges, companheiros, parentes e afins até o terceiro grau. Art. 21. O indeferimento de alegação de suspeição poderá ser objeto de recurso, sem efeito suspensivo".

ção o prazo de 30 dias para apresentar sua defesa, contado esse prazo a partir da data da intimação da pessoa jurídica (art. 11 da Lei n. 12.846/2013). Consoante o disposto no art. 6º, *caput*, do Decreto n. 11.129/2022, a defesa da pessoa jurídica deverá ser apresentada por escrito. Além disso, havendo deferimento de pedido de produção de novas provas – desde que essas provas não se revelem ilícitas, impertinentes, desnecessárias, protelatórias ou intempestivas –, ou de juntada de provas julgadas indispensáveis pela comissão, a pessoa jurídica poderá se manifestar no prazo de dez dias (art. 8º do Decreto n. 11.129/2022). Se a pessoa jurídica apresentar, em sua defesa, informações e documentos referentes à existência e ao funcionamento de **programa de integridade,**[12] a comissão processante deverá examiná-lo para fins de dosagem das sanções a serem aplicadas (art. 8º, § 2º, do Decreto n. 11.129/2022).

Para instruir o processo administrativo de responsabilização da pessoa jurídica, a comissão pode valer-se de diversos instrumentos que normalmente são utilizados em apurações de natureza administrativa, a exemplo de exames de documentos, oitivas de testemunhas, acareações, perícias técnicas e vistorias.

A comissão encarregada de conduzir o PAR também pode se valer dos **instrumentos que a Lei n. 12.846/2013 lhe proporcionou com vistas a garantir a adequada investigação dos fatos e a evitar que se prolonguem os efeitos dos atos lesivos em apuração.** Dessa forma, pode a comissão solicitar que o órgão ou a entidade, por meio de seu representante judicial ou órgão equivalente, requeira, em juízo, as medidas – inclusive de busca e apreensão – necessárias à investigação e ao processamento das infrações (art. 10, § 1º). Pode, também, a comissão propor à autoridade instauradora que, em caráter cautelar, suspenda os efeitos do ato ou do processo sob investigação (art. 10, § 2º).

Caso a comissão entenda ser necessário o acesso a **informações fiscais** dos investigados, poderá solicitá-las diretamente à Fazenda Pública, sem necessidade, pois, de obtenção de uma autorização judicial para tanto. Essa possibilidade de acesso direto a informações fiscais está prevista no Código Tributário Nacional (Lei n. 5.172/66).[13] Todavia, para ter acesso a **informações bancárias** dos investigados, a comissão terá de solicitar ao órgão ou à entidade que, por meio de seu representante

---

12 O programa de integridade consiste no conjunto de mecanismos e procedimentos internos adotados pela pessoa jurídica com o fim de controle de gestão e de depuração de irregularidades, mediante aplicação efetiva de códigos de ética e de conduta, bem como de políticas e de diretrizes que possibilitem detectar e sanar desvios, fraudes, irregularidades e atos ilícitos praticados contra a Administração Pública, nacional ou estrangeira.

13 "Art. 198. Sem prejuízo do disposto na legislação criminal, é vedada a divulgação, por parte da Fazenda Pública ou de seus servidores, de informação obtida em razão do ofício sobre a situação econômica ou financeira do sujeito passivo ou de terceiros e sobre a natureza e o estado de seus negócios ou atividades. § 1º Excetuam-se do disposto neste artigo, além dos casos previstos no art. 199, os seguintes: I – requisição de autoridade judiciária no interesse da justiça; II – solicitações de autoridade administrativa no interesse da Administração Pública, desde que seja comprovada a instauração regular de processo administrat ivo, no órgão ou na entidade respectiva, com o objetivo de investigar o sujeito passivo a que se refere a informação, por prática de infração administrativa. § 2º O intercâmbio de informação sigilosa, no âmbito da Administração Pública, será realizado mediante processo regularmente instaurado, e a entrega será feita pessoalmente à autoridade solicitante, mediante recibo, que formalize a transferência e assegure a preservação do sigilo. § 3º Não é vedada a divulgação de informações relativas a: I – representações fiscais para fins penais; II – inscrições na Dívida Ativa da Fazenda Pública; III – parcelamento ou moratória. Art. 199. A Fazenda Pública da União e as dos Estados, do Distrito Federal e dos Municípios prestar-se-ão mutuamente assistência para a fiscalização dos tributos respectivos e permuta de informações, na forma estabelecida, em caráter geral ou específico, por lei ou convênio. Parágrafo único. A Fazenda Pública da União, na forma estabelecida em tratados, acordos ou convênios, poderá permutar informações com Estados estrangeiros no interesse da arrecadação e da fiscalização de tributos".

judicial ou órgão equivalente, demande esse acesso em juízo, em conformidade com o que dispõe a Lei Complementar n. 105/2001.[14]

Art. 12. O processo administrativo, com o relatório da comissão, será remetido à autoridade instauradora, na forma do art. 10, para julgamento.

1. COMENTÁRIOS

A comissão designada deverá concluir o processo no prazo de 180 dias, contados da data da publicação do ato que a instituir. Esse prazo poderá ser prorrogado, mediante ato fundamentado expedido pela autoridade instauradora do PAR. Ao final dos trabalhos, a comissão deverá elaborar **relatório** sobre os fatos apurados e sobre a eventual responsabilidade da pessoa jurídica, com **sugestão motivada das sanções**, se for o caso, que a ela deverão ser aplicadas (art. 10, §§ 3º e 4º, da Lei n. 12.846/2013).

O desfecho do PAR pode acarretar a aplicação, à pessoa jurídica infratora, das penas previstas no art. 6º da Lei n. 12.846/2013: **multa**, no valor de 0,1% a 20% do faturamento bruto do último exercício anterior ao da instauração do processo administrativo, excluídos os tributos, mas nunca inferior ao valor da vantagem indevidamente auferida; e **publicação extraordinária da decisão condenatória**.

Se concluir pela responsabilização da pessoa jurídica infratora, a comissão deverá considerar, na **dosagem das sanções cabíveis** (art. 7º da Lei n. 12.846/2013):

- A gravidade da infração.
- A vantagem auferida ou pretendida com a infração.
- A consumação ou não da infração.
- O grau de lesão ou perigo de lesão à Administração Pública.
- O efeito negativo produzido pela infração.
- A situação econômica da pessoa jurídica infratora.
- A cooperação da pessoa jurídica para a apuração das infrações.
- A existência, no âmbito da pessoa jurídica, de mecanismos e procedimentos internos de integridade, auditoria e incentivo à denúncia de irregularidades e a aplicação efetiva de códigos de ética e de conduta.
- O valor dos contratos mantidos pela pessoa jurídica com o órgão ou a entidade pública lesados.

Antes de julgar o PAR, a autoridade julgadora deverá colher a **manifestação do órgão de assistência jurídica** competente (art. 13 do Decreto n. 11.129/2022). Na hipótese de a autoridade julgadora decidir contrariamente às conclusões do relatório da comissão, deverá o julgamento ser fundamentado com base nas provas produzidas no PAR (art. 13, parágrafo único, do Decreto n. 11.129/2022).

---

14 Lei Complementar n. 105/2001: "Art. 3º Serão prestadas pelo Banco Central do Brasil, pela Comissão de Valores Mobiliários e pelas instituições financeiras as informações ordenadas pelo Poder Judiciário, preservado o seu caráter sigiloso mediante acesso restrito às partes, que delas não poderão servir-se para fins estranhos à lide. § 1º Dependem de prévia autorização do Poder Judiciário a prestação de informações e o fornecimento de documentos sigilosos solicitados por comissão de inquérito administrativo destinada a apurar responsabilidade de servidor público por infração praticada no exercício de suas atribuições, ou que tenha relação com as atribuições do cargo em que se encontre investido. § 2º Nas hipóteses do § 1º, o requerimento de quebra de sigilo independe da existência de processo judicial em curso. § 3º Além dos casos previstos neste artigo o Banco Central do Brasil e a Comissão de Valores Mobiliários fornecerão à Advocacia-Geral da União as informações e os documentos necessários à defesa da União nas ações em que seja parte".

O recurso contra julgamento do PAR que se faça em desfavor da pessoa jurídica é previsto no art. 15 do Decreto n. 11.129/2022. De acordo com esse dispositivo, se, no julgamento do PAR, forem cominadas sanções à pessoa jurídica, da decisão administrativa que assim dispuser caberá **pedido de reconsideração**, com efeito suspensivo, interposto no prazo de dez dias, contado da data de publicação da decisão.

Caso não haja interposição do pedido de reconsideração, a pessoa jurídica contra a qual foram impostas sanções deverá cumpri-las no prazo de 30 dias, contado do fim do prazo para interposição do recurso.

Interposto, porém, o pedido de reconsideração, terá a autoridade julgadora o prazo de 30 dias para decidir sobre o recurso. Se mantida a decisão administrativa sancionadora, ou reformada apenas em parte, será concedido à pessoa jurídica novo prazo de 30 dias para cumprimento das sanções, contado esse prazo da data de publicação da nova decisão.

A **prescrição da pretensão punitiva** de que trata o processo administrativo de responsabilização da pessoa jurídica ocorre no prazo de cinco anos, contado do dia em que se tiver ciência da infração ou, no caso de infração permanente ou continuada, do dia em que tiver ela cessado, e interrompe-se com a instauração do PAR (art. 25 da Lei n. 12.846/2013).

Art. 13. A instauração de processo administrativo específico de reparação integral do dano não prejudica a aplicação imediata das sanções estabelecidas nesta Lei.

Parágrafo único. Concluído o processo e não havendo pagamento, o crédito apurado será inscrito em dívida ativa da fazenda pública.

---

1. COMENTÁRIOS

1.1. O processo administrativo específico para reparação integral de dano

Caso os atos lesivos praticados pela pessoa jurídica tenham acarretado **dano ao erário**, deverá ser instaurado **processo administrativo específico de reparação integral desse dano**. Isso, no entanto, não prejudica a imediata aplicação das sanções à pessoa jurídica eventualmente já decididas no PAR (art. 13, *caput*, da Lei n. 12.846/2013). Além disso, o desenvolvimento do PAR não interfere no seguimento regular do processo administrativo específico para reparação de dano, tenha ou não havido a participação de agente público (art. 66 do Decreto n. 11.129/2022).

Assim como no PAR, também no processo administrativo de reparação de dano deverão ser observados os princípios constitucionais do contraditório e da ampla defesa.

Ao cabo desse processo, confirmando-se o dano, e não tendo a pessoa jurídica efetuado o pagamento, deverá ser o valor devido **inscrito na dívida ativa da Fazenda Pública** (art. 13, parágrafo único, da Lei n. 12.846/2013).

Diferentemente do que se dá com a pretensão punitiva por responsabilização de pessoa jurídica de que trata a Lei n. 12.846/2013, a pretensão de reparação integral de dano de que trata a mesma lei é **imprescritível**, conforme interpretação dada ao dispositivo constitucional que trata da matéria[15] pelo Supremo Tribunal Federal.[16]

---

15 CF/88: "Art. 37. [...] § 5º A lei estabelecerá os prazos de prescrição para ilícitos praticados por qualquer agente, servidor ou não, que causem prejuízos ao erário, ressalvadas as respectivas ações de ressarcimento".

16 Julgamento proferido em sede do Mandado de Segurança n. 26.210/DF (Tribunal Pleno, sessão de 04.09.2008, rel. Min. Ricardo Lewandowski; *DJe* 10.10.2008).

Art. 14. A personalidade jurídica poderá ser desconsiderada sempre que utilizada com abuso do direito para facilitar, encobrir ou dissimular a prática dos atos ilícitos previstos nesta Lei ou para provocar confusão patrimonial, sendo estendidos todos os efeitos das sanções aplicadas à pessoa jurídica aos seus administradores e sócios com poderes de administração, observados o contraditório e a ampla defesa.

1. COMENTÁRIOS

1.1. As hipóteses de desconsideração da personalidade jurídica

Caso se constate, no PAR ou no processo administrativo específico de reparação de dano, que a personalidade jurídica foi utilizada para **encobrir ou dissimular a prática dos ilícitos ou para provocar confusão patrimonial**, poderá ela ser **desconsiderada**, de modo a que se estendam aos administradores e sócios com poderes de administração todos os efeitos das sanções aplicadas à pessoa jurídica (art. 14 da Lei n. 12.846/2013).

As hipóteses de desconsideração da personalidade jurídica previstas na Lei n. 12.846/2013 são as mesmas estabelecidas no art. 50 do Código Civil.[17] Diferentemente, porém, da legislação civil, a Lei n. 12.846/2013 permite que a desconsideração da personalidade jurídica **prescinda de decisão judicial**. Cabe à comissão condutora do PAR ou do processo de reparação integral do dano propor essa medida e à autoridade competente decidir ou não por sua ratificação. Importante ressaltar – e a Lei n. 12.846/2013 assim dispõe expressamente – que adesconsideração da personalidade jurídica é medida que deve ser adotada após observados o contraditório e a ampla defesa das pessoas envolvidas.

A desconsideração da personalidade jurídica decidida pela própria Administração constitui, no entender de Modesto Carvalhosa, uma aberração, porque "não existe, em nosso Ordenamento, essa competência administrativa para decretar a desconsideração da personalidade jurídica, e nem poderia, com efeito, haver num Estado Democrático de Direito", pois somente o Poder Judiciário pode decidir nesse sentido, "para determinados e específicos efeitos, mediante o devido processo legal".[18]

Art. 15. A comissão designada para apuração da responsabilidade de pessoa jurídica, após a conclusão do procedimento administrativo, dará conhecimento ao Ministério Público de sua existência, para apuração de eventuais delitos.

1. COMENTÁRIOS

Concluído o relatório, a comissão o remeterá à autoridade instauradora, para **julgamento** (art. 12 da Lei n. 12.846/2013). Além disso, a comissão deverá dar **conhecimento do PAR ao Ministério Público**, para apuração da eventual prática de crimes (art. 15 da Lei n. 12.846/2013). De se notar, pois, que o encaminhamento dessa informação ao Ministério Público constitui encargo da comissão e independe do desfecho do PAR.

---

17 Código Civil: "Art. 50. Em caso de abuso da personalidade jurídica, caracterizado pelo desvio de finalidade, ou pela confusão patrimonial, pode o juiz decidir, a requerimento da parte, ou do Ministério Público quando lhe couber intervir no processo, que os efeitos de certas e determinadas relações de obrigações sejam estendidos aos bens particulares dos administradores ou sócios da pessoa jurídica".

18 CARVALHOSA, Modesto. *Considerações sobre a Lei Anticorrupção das pessoas jurídicas*: Lei 12.846/2013, 2015, p. 364.

CAPÍTULO V
DO ACORDO DE LENIÊNCIA

Art. 16. A autoridade máxima de cada órgão ou entidade pública poderá celebrar acordo de leniência com as pessoas jurídicas responsáveis pela prática dos atos previstos nesta Lei que colaborem efetivamente com as investigações e o processo administrativo, sendo que dessa colaboração resulte:

I – a identificação dos demais envolvidos na infração, quando couber; e

II – a obtenção célere de informações e documentos que comprovem o ilícito sob apuração.

§ 1º O acordo de que trata o *caput* somente poderá ser celebrado se preenchidos, cumulativamente, os seguintes requisitos:

I – a pessoa jurídica seja a primeira a se manifestar sobre seu interesse em cooperar para a apuração do ato ilícito;

II – a pessoa jurídica cesse completamente seu envolvimento na infração investigada a partir da data de propositura do acordo;

III – a pessoa jurídica admita sua participação no ilícito e coopere plena e permanentemente com as investigações e o processo administrativo, comparecendo, sob suas expensas, sempre que solicitada, a todos os atos processuais, até seu encerramento.

§ 2º A celebração do acordo de leniência isentará a pessoa jurídica das sanções previstas no inciso II do art. 6º e no inciso IV do art. 19 e reduzirá em até 2/3 (dois terços) o valor da multa aplicável.

§ 3º O acordo de leniência não exime a pessoa jurídica da obrigação de reparar integralmente o dano causado.

§ 4º O acordo de leniência estipulará as condições necessárias para assegurar a efetividade da colaboração e o resultado útil do processo.

§ 5º Os efeitos do acordo de leniência serão estendidos às pessoas jurídicas que integram o mesmo grupo econômico, de fato e de direito, desde que firmem o acordo em conjunto, respeitadas as condições nele estabelecidas.

§ 6º A proposta de acordo de leniência somente se tornará pública após a efetivação do respectivo acordo, salvo no interesse das investigações e do processo administrativo.

§ 7º Não importará em reconhecimento da prática do ato ilícito investigado a proposta de acordo de leniência rejeitada.

§ 8º Em caso de descumprimento do acordo de leniência, a pessoa jurídica ficará impedida de celebrar novo acordo pelo prazo de 3 (três) anos contados do conhecimento pela administração pública do referido descumprimento.

§ 9º A celebração do acordo de leniência interrompe o prazo prescricional dos atos ilícitos previstos nesta Lei.

§ 10. A Controladoria-Geral da União – CGU é o órgão competente para celebrar os acordos de leniência no âmbito do Poder Executivo federal, bem como no caso de atos lesivos praticados contra a administração pública estrangeira.

---

1. COMENTÁRIOS

A enorme dificuldade existente na investigação dos casos de corrupção decorre, *a priori*, da própria ilicitude das práticas que os caracterizam, do emaranhado de agentes públicos e privados envolvidos, bem como da assimetria de informações existente entre tais agentes, o que demanda do Estado a busca de mecanismos cada vez mais eficientes de investigação.

No Brasil, particularmente no âmbito do sistema de proteção à concorrência, o acordo de leniência ganhou enorme relevância, ao longo do tempo, tornando-se um dos principais instrumentos de investigação utilizados com o fim de, mais rapidamente, elucidar e, via de consequência, eliminar condutas contrárias à livre concorrência.

No referido sistema, a possibilidade de se firmarem acordos de leniência foi introduzida pela Lei n. 10.149, de 21 de dezembro de 2000, que acrescentou à Lei n. 8.884, de 11 de junho de 1994, o art. 35-B, possibilitando à União, por intermédio da então Secretaria de Direito Econômico do Ministério da Justiça (SDE/MJ), celebrar tais acordos com pessoas físicas e jurídicas que fossem autoras de infração à ordem econômica e que estivessem dispostas a colaborar efetivamente com as investigações, em troca da extinção da punibilidade ou da redução da pena. O instituto segue previsto na Lei de Defesa da Concorrência, atual Lei n. 12.529, de 30 de novembro de 2011, precisamente nos arts. 86 e 87 do Capítulo VII.

Diante da experiência exitosa desse instrumento na área concorrencial, a Lei Anticorrupção Empresarial adotou, para a celebração dos acordos de leniência previstos em seu art. 16, requisitos similares aos indicados no art. 86, § 1º, da Lei n. 12.529/2011.

Os acordos de leniência foram incorporados à Lei Anticorrupção Empresarial, visando conferir maior rapidez e menor custo investigatório ao procedimento, em especial pela obtenção dos necessários meios de prova para a comprovação dos atos lesivos praticados contra a Administração Pública e pela identificação das pessoas jurídicas responsáveis pela prática dos ilícitos, tudo isso com o fim de atingir a verdade material acerca dos fatos, além de facilitar, primordialmente, a pronta reparação de eventuais danos com a condenação, no âmbito administrativo e até judicial, de todos os infratores (ou do maior número possível deles).

Essencialmente, o programa de leniência previsto no art. 16 da Lei n. 12.846/2013 confere às autoridades máximas de cada órgão ou entidade pública a possibilidade de concederem isenção e/ou atenuação de determinadas sanções criadas pela aludida lei às pessoas jurídicas responsáveis pela prática dos ilícitos previstos também na própria lei, em troca, precipuamente, da colaboração com as investigações e o processo administrativo.

Na forma da Lei n. 12.846/2013 e do Decreto n. 11.129, de 11 de julho de 2022, que a regulamenta, a concessão dos benefícios legais só poderá ser efetivada se, e somente se, da colaboração da pessoa jurídica efetivamente emergirem informações e documentos que, além de comprovarem o ato ilícito, permitirem a identificação dos demais agentes envolvidos, quando couber,[1] sejam eles outros agentes empresariais, sejam eles agentes públicos.

Além dessas condicionantes, o art. 16 da Lei n. 12.846/2013 traz, no § 1º, cumulativamente, os seguintes requisitos subjetivos para a celebração do acordo de leniência: a) a pessoa jurídica deve ser a primeira a se manifestar sobre seu interesse em cooperar para a apuração do ato ilícito; b) a pessoa jurídica deve cessar completamente seu envolvimento na infração investigada a partir da data de propositura do acordo; e c) a pessoa jurídica deve admitir sua participação no ilícito e cooperar plena e permanentemente com as investigações e o processo administrativo, comparecendo, sob suas expensas, sempre que solicitada, a todos os atos processuais, até seu encerramento.

---

1 Note-se que, apesar de a Lei n. 12.846/2013 e o Decreto n. 11.129/2022 ressalvarem que os demais agentes envolvidos deverão ser identificados "quando couber", a grande maioria das infrações discriminadas no art. 5º da referida lei pressupõe o concurso de agentes, públicos e/ou privados.

Importante destacar, nesse ponto, que a característica da Lei n. 12.846/2013 com relação aos acordos – parte da própria lógica do programa de leniência por ela inaugurado – é que a celebração dos acordos pode se dar após a identificação do ilícito pelas autoridades públicas, não havendo nenhuma disposição que exija que a pessoa jurídica deva manifestar seu interesse em celebrar acordo de leniência antes que a prática do ilícito seja descoberta.[2] Vejamos que, nos termos do art. 38, § 2º, do Decreto n. 11.129/2022, a proposta do acordo poderá ser feita até a conclusão do relatório a ser elaborado no âmbito do processo administrativo de responsabilização (PAR).[3] Essa conformação do programa de leniência da Lei Anticorrupção Empresarial evidencia que o propósito do aludido acordo não sobressai apenas do risco de detecção do ilícito pela Administração Pública, mas também do risco de punição para a indigitada empresa, o que tende a ampliar o grau de efetividade da mencionada lei.

Ainda como requisito para a celebração, a Lei n. 12.846/2013 institui que os acordos somente poderão ser celebrados com a **primeira pessoa jurídica a se manifestar sobre seu interesse em cooperar com a apuração do ato ilícito**. Ocorre que, nos termos do inciso I do art. 37 do Decreto n. 11.129/2022, tal condição é aplicável "quando relevante", o que poderia, à primeira vista, sugerir a ilegalidade desse dispositivo.

Essa estratégia – de propiciar benefícios apenas ao primeiro que manifestar interesse em contribuir para as investigações – é fundamentada na teoria dos jogos e no dilema do prisioneiro,[4] aplicáveis, de forma consagrada, aos casos de cartel, em que há necessariamente conluio entre duas ou mais empresas concorrentes em um mesmo mercado, e, em teoria, cada empresa participante do cartel detém todas as informações necessárias para incriminar as demais.[5]

---

2 O reconhecimento do ilícito pelas autoridades públicas e/ou a iminência em sua detecção costumam ser impeditivos estabelecidos por alguns programas de leniência para que se concedam eventuais benefícios a empresas dispostas a cooperar com as investigações. Exemplo desse tipo de programa é o que foi adotado pelo governo norte-americano, até 2008, no âmbito do regulamento federal de aquisições na área de Defesa (*Defense Federal Acquisition Regulation Supplement* – DFARS). Naquele caso, as empresas contratadas eram incentivadas a reportar às autoridades públicas quaisquer suspeitas acerca da violação das leis atinentes às contratações governamentais e a colaborar com as investigações. Porém, essa colaboração – e a concessão de determinados benefícios à colaboradora – somente era admitida se não tivesse sido motivada pela iminência na detecção do ilícito pelas autoridades públicas (cf. ESTADOS UNIDOS. General Accounting Office. *DOD procurement*: use and administration of DOD's voluntary disclosure program: report to the Chairman, Subcommittee on Administrative Oversight and the Courts, Committee on the Judiciary, U.S. Senate. Washington, D.C.: The Office, Feb. 1996. 31 p.: ill. Disponível em: http://www.gao.gov/archive/1996/ns96021.pdf. Acesso em: 11 nov. 2015).

3 Nos termos do art. 2º do Decreto n. 11.129/2022, o processo administrativo de responsabilização (PAR) destina-se à apuração da responsabilidade administrativa de pessoa jurídica – essa apuração pode resultar na aplicação das sanções previstas no art. 6º da Lei n. 12.846/2013.

4 O dilema do prisioneiro é o mais conhecido jogo de estratégia em ciências sociais, que representa bem o dilema entre a cooperação e a competição nos negócios, na política e em ambientes sociais. Na versão tradicional do jogo, a polícia prende dois suspeitos, separa-os em salas diferentes e oferece a ambos o mesmo acordo. Os prisioneiros não podem combinar a decisão (visto que estão em salas isoladas e sem comunicação) e devem escolher simultaneamente. Cada jogador quer ficar preso o menor tempo possível, de modo que cada um buscará maximizar seu resultado individual. Considerando os incentivos desse jogo (os valores das penas para cada combinação de decisões na matriz), a decisão racional a tomar será trair. Em Teoria dos Jogos, a traição é a *Estratégia Dominante*, ou seja, aquela que apresenta o melhor resultado independentemente da decisão do outro jogador (cf. "O dilema dos prisioneiros e os equilíbrios ineficientes". Disponível em: "O que é o Dilema dos Prisioneiros: estratégias de decisão". Acesso em: 10 mar. 2025).

5 Segundo Martinez, "nos diferentes modelos de delação premiada está presente a lógica 'da cenoura e do porrete' (*stick-and-carrot approach*): garantir um tratamento leniente (cenoura) para aquele que decide pôr fim à conduta e delatar a prática que de outra forma estaria exposta a sanções severas (porrete). A inspiração para o programa vem da teoria dos jogos e do clássico 'dilema do prisioneiro', explorando a natural desconfiança existente entre os membros de uma prática ilícita (não só entre as pessoas físicas, mas também entre pessoas

Nem todos os atos de corrupção envolvem necessariamente a colusão entre empresas, havendo casos em que os ilícitos se concretizam, via de regra, com a conivência de servidores públicos, como ocorre, por exemplo, no caso dos atos lesivos previstos nas alíneas *f* e *g* do inciso IV do art. 5º da Lei n. 12.846/2013, que tratam da obtenção de "vantagem ou benefício indevido, de modo fraudulento, de modificações ou prorrogações de contratos celebrados com a administração pública, sem autorização em lei, no ato convocatório da licitação pública ou nos respectivos instrumentos contratuais" e da manipulação ou fraude ao "equilíbrio econômico-financeiro dos contratos celebrados com a administração pública".

De todo modo, não vislumbramos, *a priori*, ilegalidade na disposição regulamentar que ressalvou a exigência de a empresa "ser a primeira a manifestar interesse em cooperar", desde que esse procedimento reserve à primeira interessada condições mais favoráveis que as oferecidas às demais e que as sucessivas colaboradoras efetivamente apresentem novos, inusitados e relevantes elementos de convicção sobre o ilícito perpetrado, pois, do contrário, a medida poderá servir apenas para romper o esquema da teoria dos jogos, inviabilizando a efetiva colaboração.

O segundo requisito para a celebração dos acordos de leniência, previsto no inciso II do § 1º da Lei n. 12.846/2013, diz respeito à **cessação do envolvimento da pessoa jurídica na infração investigada**. Esse é um ponto importante da norma que, conformado pelas disposições regulamentares trazidas pelo Decreto n. 11.129/2022, está diretamente relacionado a um dos pilares da política anticorrupção inaugurada pela Lei n. 12.846/2013: o fomento à adoção de mecanismos e procedimentos internos de integridade, auditoria e incentivo à denúncia de irregularidades e à aplicação efetiva de códigos de ética e de conduta.

Na Lei n. 12.846/2013, a existência desses mecanismos e procedimentos internos vem indicada no art. 7º apenas como circunstância a ser considerada na dosimetria das sanções nela previstas. Ocorre, todavia, que o Decreto n. 11.129/2022, além de pontuar que a dosimetria das sanções deve considerar, de forma mais específica, a efetividade do programa de integridade em relação ao ato lesivo objeto de apuração (art. 57, *caput* e § 2º, c/c art. 7º, VIII, da Lei n. 12.846/2013), indica explicitamente que a adoção, aplicação ou aperfeiçoamento de programas dessa natureza deve ser objeto de cláusula do próprio acordo de leniência, conforme o inciso IV do art. 45.

O terceiro e último requisito relacionado no § 1º do art. 16 da Lei n. 12.846/2013 – replicado nos incisos III e IV do art. 37 do Decreto n. 11.129/2022 – prevê a **obrigatoriedade de a pessoa jurídica admitir sua responsabilidade objetiva no ilícito e cooperar plena e permanentemente com as investigações e o processo administrativo**, comparecendo, sob suas expensas, sempre que solicitada, a todos os atos processuais, até seu encerramento. A forma de cooperação da pessoa jurídica está indicada na própria lei e consiste no fornecimento de informações, documentos e elementos que comprovem o ilícito e identifiquem os demais agentes envolvidos, públicos ou privados, devendo possibilitar que se alcance o resultado útil do processo, na forma prevista no art. 44 do Decreto n. 11.129/2022.

Como já mencionado de início, a Lei Anticorrupção Empresarial sofreu fortes influências da Lei de Defesa da Concorrência, tendo a Lei n. 12.846/2013 incorporado ao § 1º do art. 16 os mesmos requisitos indicados pelo art. 86, § 1º, da Lei 12.529/2011, para a celebração dos acordos de leniência pelo Conselho Administrativo de Defesa Econômica

físicas ou jurídicas, ou entre pessoas jurídicas) e sua consequente instabilidade" (MARTINEZ, Ana Paula. "Desafios do acordo de leniência na Lei n. 12.846/2013". *Revista do Advogado*, ano XXXIV, dez. 2014, n. 125).

(CADE), à exceção do previsto no inciso III do referido dispositivo, que se refere à exigência de a Superintendência-Geral do CADE não dispor de provas suficientes para assegurar a condenação da empresa ou pessoa física por ocasião da propositura do acordo.

Não nos parece que tenha sido adequado que a Lei n. 12.846/2013 tenha deixado de indicar explicitamente, dentre os requisitos para a celebração dos acordos de leniência, que a autoridade não disponha, por ocasião de sua propositura, de informações e documentos para comprovar o ilícito sob apuração e aplicar as devidas sanções legais à pessoa jurídica.

Como visto, a concessão dos benefícios legais da leniência depende fundamentalmente de a pessoa jurídica fornecer informações e documentos que comprovem o ato lesivo e permitam a identificação dos demais agentes envolvidos. Porém, só haverá interesse legítimo para o Estado se a dita colaboração agregar fatos e documentos novos, assim entendidos aqueles que não sejam do conhecimento ou não estejam ao alcance da autoridade que celebrará o acordo, ou mesmo de qualquer outra autoridade da Administração Pública, devendo, então, a lei ser interpretada por esse sentido teleológico.

Em vista da ausência de dispositivo legal nesse sentido e diante da sistemática instalada pela legislação para a celebração de acordos, torna-se evidente a necessidade de atuação integrada e coordenada dos diversos órgãos investigativos no processo de leniência, especialmente, no âmbito federal, da Controladoria-Geral da União (CGU) e do Ministério Público Federal (MPF), para garantir, por exemplo, que as provas ofertadas à CGU pela interessada já não sejam do conhecimento do MPF, além, é claro, da efetiva atuação do Tribunal de Contas da União (TCU), no que concerne, principalmente, à apuração do efetivo dano ao erário.

Discutidas as vantagens para a Administração Pública e os requisitos impostos para a celebração dos acordos de leniência, identificamos as possíveis consequências jurídicas em favor da empresa que prestar colaboração, previstas no § 2º do art. 16 da lei e replicadas no art. 40 do decreto regulamentar, quais sejam: a) isenção da publicação extraordinária da decisão administrativa sancionadora (sanção administrativa prevista no inciso II do art. 6º da lei); b) isenção da proibição de receber incentivos, subsídios, subvenções, doações ou empréstimos de órgãos ou entidades públicos e de instituições financeiras públicas ou controladas pelo Poder Público (sanção judicial prevista no art. 19, IV, da lei); e c) redução, no limite de até 2/3, do valor final da multa aplicável (sanção administrativa pecuniária prevista no inciso I do art. 6º da lei).

Tratando especificamente da multa passível de ser aplicada à pessoa jurídica responsabilizada, vemos que ela pode variar desde 0,1% até 20% do faturamento bruto do último exercício anterior ao da instauração do PAR, excluídos os tributos. Nos termos do art. 6º da Lei, essa sanção pecuniária nunca deverá ser inferior à vantagem auferida pela empresa, quando for possível sua estimação (inciso I), e seu valor máximo não ultrapassará R$ 60 milhões, na impossibilidade de se utilizar o critério do valor do faturamento bruto (§ 4º). Destacamos, porém, que, por força de disposição contida no Decreto n. 11.129/2022 (art. 27, § 1º), o acordo de leniência poderá prever a redução da multa, fixando-a em valores inferiores ao mínimo de 0,1%, sendo possível inferir, diante disso, que a sanção pecuniária poderá terminar sendo inferior à vantagem auferida pela empresa. Não nos parece que tal circunstância contrarie a Lei n. 12.846/2013, até mesmo porque a multa não tem por objetivo a recomposição do dano ao erário. De qualquer modo, esse ponto será retomado mais adiante, quando da discussão a respeito da flexibilização do poder sancionatório da Administração Pública.

As referidas consequências jurídicas do acordo de leniência poderão ser estendidas às empresas que integrarem o mesmo grupo econômico, de fato e de direito, desde que tenham firmado o acordo em conjunto e respeitadas as condições nele estabelecidas, conforme o § 2º do art. 50 do decreto regulamentar, sendo imperioso ressaltar que, segundo a Lei, a celebração do acordo não poderá eximir a pessoa jurídica da obrigação de reparar integralmente o dano causado e que, ainda, interromperá o prazo prescricional dos atos ilícitos previstos na Lei.

Com relação à competência para a celebração dos acordos de leniência, deflui da leitura do *caput* do art. 16 da Lei n. 12.846/2013, conjugado com o art. 3º do decreto regulamentar, que ela pertence à autoridade responsável para a instauração e o julgamento do PAR, ou seja, à autoridade máxima da entidade em face da qual foi praticado o ato lesivo.

Na esfera federal, a celebração dos acordos no âmbito do Poder Executivo e também nos casos de atos lesivos contra a Administração Pública estrangeira compete especificamente à CGU, por força do art. 16, § 10, da Lei e dos arts. 34 e 46 do Decreto n. 11.129/2022, passando a CGU a deter, então, o *status* de superministério, já que manteria posição de superioridade em relação a todos os demais ministérios e órgãos do Poder Executivo federal.

A confidencialidade na propositura e na condução dos acordos é de fundamental importância, razão pela qual a Lei, conformada particularmente pelos arts. 38, § 3º, e 48, § 1º, do decreto regulamentar, define que a proposta e a identidade da signatária somente se tornarão públicas após a efetivação do respectivo acordo, salvo no interesse das investigações e do processo administrativo ou se a própria proponente autorizar a divulgação ou o compartilhamento de sua existência ou de seu conteúdo. Ressaltamos que, com as ressalvas da Lei, a confidencialidade dos procedimentos preliminares é essencial para o sucesso da colaboração, sobretudo porque a indevida e antecipada exposição da colaboradora pode resultar no afastamento de futuras colaboradoras em acordos de leniência vindouros.

Quanto à rejeição e à desistência da proposta de acordo, o art. 43 do Decreto n. 11.129/2022 indica expressamente que não importarão no reconhecimento da prática do ato lesivo investigado. Há que se reconhecer, portanto, que tanto a desistência quanto a rejeição do acordo não darão ensejo ao reconhecimento processual da prática do ato ilícito. Anotamos, nesse ponto, que, para melhor assegurar o cumprimento das disposições legais, a dita etapa preliminar do acordo deve guardar ainda mais confidencialidade e ser conduzida por um número bem reduzido de agentes públicos, gerando, assim, ambiente mais favorável para a procura e o estabelecimento preliminar da celebração do acordo.

O descumprimento do acordo tem, por óbvio, consequências jurídicas diversas, ficando a pessoa jurídica impedida de celebrar novo pacto de colaboração pelo prazo de três anos, contados do conhecimento do descumprimento pela Administração Pública, e perdendo, ainda, os benefícios ajustados no próprio acordo (art. 16, § 8º, da Lei c/c o art. 53, I, do decreto regulamentar). No caso de ter sido pactuada eventual redução da multa, o descumprimento ensejará ainda a cobrança do valor integral, encontrado antes da redução, descontando-se as quantias eventualmente já pagas, conforme o § 2º do art. 27 do Decreto. Não nos parece que o descumprimento do acordo deva ser entendido apenas como o não fornecimento dos documentos e provas prometidos, pois o decreto regulamentar, além de exigir que a pessoa jurídica cesse completamente seu envolvimento no ilícito a partir da data da propositura do acordo, ainda requer a adoção, aplicação ou aperfeiçoamento de programas de integridade, conforme os parâmetros estabelecidos na legislação e no próprio acordo.

Quanto ao formato ou prazo para negociação das propostas de acordo, a Lei n. 12.846/2013 não trouxe regras a respeito, deixando tais providências, dentre outras, para o Decreto n. 11.129/2022, como as destacadas a seguir:

- A proposta de celebração de acordo poderá ser feita de forma escrita, devendo, na oportunidade, a pessoa jurídica proponente declarar expressamente que foi orientada a respeito de seus direitos, garantias e deveres legais e de que o não atendimento às determinações e solicitações da CGU durante a etapa de negociação importará a desistência da proposta (art. 38, *caput*, do decreto regulamentar).
- Será firmado memorando de entendimentos com a pessoa jurídica proponente para formalizar a proposta e definir os parâmetros do acordo de leniência (§ 1º do art. 39 do Decreto).
- Uma vez proposto o acordo de leniência, a CGU poderá avocar os autos de processos administrativos em curso em outros órgãos ou entidades da Administração Pública federal relacionados aos fatos objeto do acordo (art. 41 do Decreto).
- A negociação a respeito da proposta do acordo de leniência deverá ser concluída no prazo de 180 dias, podendo tal prazo ser prorrogado a critério da CGU, caso presentes circunstâncias que o exijam (art. 42 do Decreto).
- A CGU poderá conduzir e julgar os processos administrativos que apurem infrações administrativas previstas na Lei n. 12.846/2013, e na Lei n. 14.133/2021, além de outras normas de licitações e contratos, cujos fatos tenham sido noticiados por meio do acordo de leniência (art. 46 do Decreto).

Notamos que a regulamentação trazida pelo Decreto n. 11.129/2022, assim como o decreto regulamentar que o antecedeu, trouxe diversas referências à CGU em seus arts. 32 a 55, ao tratar especificamente dos acordos de leniência, apesar de a competência desse órgão de controle ficar adstrita aos acordos firmados no âmbito do Poder Executivo federal e aos casos de atos lesivos contra a Administração Pública estrangeira. Especificamente com relação aos tribunais de contas, não há qualquer referência no texto original da Lei n. 12.846/2013, ou no decreto regulamentar, quanto à sua participação no processo de celebração ou mesmo na fiscalização dos acordos de leniência.

Em respeito aos ditames constitucionais, notadamente os relacionados com a autonomia dos órgãos do Legislativo, Judiciário, Tribunal de Contas da União, Ministério Público e Defensoria Pública, a CGU não teria mesmo competência para atuar unilateralmente em processos externos ao Executivo federal, podendo atuar, todavia, em colaboração com o sistema de controle interno dos órgãos autônomos, mediante a correspondente anuência desses órgãos, pela celebração, por exemplo, de acordos de cooperação técnica.

Especificamente em relação à jurisdição do TCU, a celebração de acordos de leniência por órgãos e entidades da Administração Pública federal é ato administrativo sujeito a sua legalidade, legitimidade e economicidade, nos termos do art. 70 da Constituição Federal.

1.1. A participação dos Tribunais de Contas na fiscalização dos acordos de leniência

O TCU adotou a iniciativa de assegurar o exercício de suas competências constitucionais em 2015, com a edição a Instrução Normativa n. 74, de 11 de fevereiro de 2015.[6]

6 BRASIL. Tribunal de Contas da União. Instrução Normativa n. 74, de 11 de fevereiro de 2015. Dispõe sobre a fiscalização do Tribunal de Contas da União, com base no art. 3º da Lei n. 8.443/92, quanto à organização do processo de celebração de acordo de leniência pela administração pública federal, nos termos da Lei n. 12.846/2013. *Diário Oficial da União*, Brasília, DF, 18 de fev. 2015. Seção 1, p. 91.

Atualmente, dois são os documentos que tratam da atuação da Corte Federal de Contas nessa seara: o Acordo de Cooperação Técnica (ACT) celebrado em 6 de agosto de 2020, e a Instrução Normativa-TCU n. 95, de 21 de fevereiro de 2024.

O referido acordo foi firmado entre a Controladoria-Geral da União (CGU), a Advocacia-Geral da União (AGU), o TCU e o Ministério da Justiça e Segurança Pública (MJSP), sob a coordenação do Supremo Tribunal Federal (STF), com a finalidade de definir diretrizes e ações em matéria de combate à corrupção, especialmente em relação aos acordos de leniência previstos na Lei n. 12.846/2013 – "Lei Anticorrupção".

Já a IN-TCU n. 95/2024, aprovada pelo Acórdão n. 239/2024-TCU-Plenário,[7] regulamentou o ACT/2020 e definiu as diretrizes, regras e ações do TCU em matéria de celebração e negociação de acordos de leniência previstos na Lei n. 12.846/2013.

A instrução normativa em questão detalhou, em especial, os procedimentos de recebimento das informações compartilhadas pela CGU e a AGU e de estimação dos danos decorrentes dos fatos sujeitos à jurisdição do TCU, além de trazer a parametrização de metodologia específica para apuração do dano em negociação para acordo.

Sob a égide desses novos regramentos, destaca-se que dois benefícios dos acordos de leniência podem ser alcançados: a alavancagem investigativa e a possibilidade de inclusão nos acordos dos danos ao Erário.

Consoante a IN-TCU n. 95/2024 (art. 1º, parágrafo único, V), considera-se dano ao Erário o "prejuízo causado aos cofres públicos, estimado de acordo com a metodologia vigente no roteiro de auditoria do TCU para a quantificação de superfaturamento, conforme o tipo de irregularidade revelada, podendo ser usados outros critérios acolhidos pela jurisprudência do TCU, tais como a estimativa por técnicas econométricas".

Já a alavancagem investigativa diz respeito à finalidade do instituto do acordo de leniência em si, que consiste em proporcionar avanço significativo na investigação e redução de assimetria de informações, por meio da disponibilização de vasto conjunto de informações e documentos obtidos durante o processo de colaboração.

Essa documentação, se pertinente, pode vir a ser utilizada em processos de controle externo no TCU para viabilizar encaminhamentos mais eficazes e ágeis, como a resolução de litígios, a formulação de instruções processuais e outras medidas pertinentes para saneamento dos autos processuais. No contexto do TCU, esses processos de controle externo destinados à apuração de danos ao Erário são, em regra, formalizados como Tomadas de Contas Especiais (TCEs).

A alavancagem investigativa é fornecida, portanto, pela empresa colaboradora para responsabilização, dela e de eventuais terceiros partícipes, pelos ilícitos praticados contra a Administração, sendo mitigada a responsabilização da empresa, não sendo, assim, a mera arrecadação dos valores acordados um fim em si (voto do Acórdão n. 239/2024-TCU-Plenário, que aprovou a IN-TCU n. 95/2024):

> Afinal, não se pode olvidar que os acordos de leniência anticorrupção foram criados para aumentar a eficiência e a eficácia do sistema punitivo estatal, especialmente em face das empresas jurídicas que tenham praticado atos ilícitos contra a administração pública.
>
> A propósito do assunto, é importante destacar que os acordos de leniência anticorrupção, tais como os instrumentos de idêntico nome pactuados pelo MPF e os acordos

7 A IN-TCU n. 95/2024 é aplicável aos processos de acordo de leniência instaurados após a celebração do ACT/2020.

> de colaboração premiada, são reconhecidos pela doutrina e pela jurisprudência como instrumentos de auxílio à apuração administrativa e investigação civil/penal, ou seja, como meios de obtenção de prova.
>
> Segundo a OCDE, o principal objetivo dos programas de leniência é descobrir esquemas fraudulentos que, de outra forma, não iriam ser detectados.[8]

A inclusão de dispositivos sobre a alavancagem administrativa (sétimo princípio específico do ACT) nos regulamentos supracitados vai ao encontro dos princípios da eficiência e da racionalidade administrativa e encontra alinhamento com a estrutura de controle modelada pela Constituição de 1988, bem como à administração pública gerencial, mais moderna, em que os órgãos se organizam a fim de dar celeridade à comunicação e à tomada de decisão.

Na IN-TCU n. 95/2024, o regramento relacionado à alavancagem de ações de controle em relação a terceiros vem no Capítulo IV, do Título II:

> CAPÍTULO IV
> DA QUARTA AÇÃO OPERACIONAL
> ALAVANCAGEM DE AÇÕES DE CONTROLE EM RELAÇÃO A TERCEIROS
>
> Art. 13. A documentação compartilhada com o TCU pela CGU/AGU, após a celebração do acordo de leniência, será constituída pela integralidade das informações, documentos e demais elementos de prova fornecidos pela empresa colaboradora, nos termos do item 2 da quarta ação operacional do ACT.
>
> § 1º A unidade técnica responsável para atuar nos acordos de leniência, na condição de coordenadora da matéria prevista nesta instrução normativa, deverá estabelecer conjuntamente com as equipes técnicas da CGU e da AGU o prazo para recebimento das informações mencionadas no *caput*, o que deverá ser formalizado em ata, em até cinco dias do conhecimento da assinatura do acordo.
>
> § 2º A documentação enviada pela CGU/AGU deverá conter a identificação dos valores de ressarcimento acordados e das sanções aplicadas, discriminadas por irregularidade e acompanhadas das respectivas memórias de cálculo, associando-os aos processos de controle externo eventualmente existentes no TCU.
>
> Art. 14. Os elementos de que tratam o artigo anterior serão enviados à unidade técnica responsável para atuar nos acordos de leniência, na condição de coordenadora da matéria prevista nesta instrução normativa, que verificará se os valores de ressarcimento previstos no acordo incluem os valores dos danos estimados pelo TCU, conforme o capítulo anterior.
>
> Art. 15. Caso os valores apurados de dano pelo TCU, nos termos dos Arts. 9º e 10 desta instrução normativa, estejam contemplados no acordo de leniência, a unidade técnica responsável para atuar nos acordos de leniência, conforme o caso, submeterá ao(s) relator(es) do(s) processo(s) de controle externo pertinente(s):
>
> I – proposta de sobrestamento dos processos em relação ao colaborador, quanto às irregularidades contempladas no escopo do acordo, nos casos em que for acordado o pagamento parcelado dos débitos, com a futura quitação condicionada ao pleno cumprimento do acordo;
>
> II – proposta de arquivamento dos processos em relação ao colaborador, quanto às irregularidades contempladas no escopo do acordo, desde que comprovado o efetivo pagamento dos respectivos danos em parcela única; e

---

8 Organisation for Economic Cooperation and Development (OECD). Working Party n. 3 on Co-operation and Enforcement. Use of Markers in Leniency Programmes. DAF/COMP/WP3(2014)9. 24 mar. 2015, p. 3. Disponível em: https://www.oecd.org/officialdocuments/publicdisplaydocumentpdf/?cote=DAF/COMP/WP3(2014)9&doclanguage=en. Acesso em: 5 mar. 2025.

> III – proposta de instauração de processo de acompanhamento do cumprimento do acordo de leniência, nos casos em que for acordado o pagamento parcelado dos débitos relativos a irregularidades não constantes de processo de controle externo; e
>
> IV – proposta de não instauração de ação de controle externo quanto às irregularidades que constituam o escopo do acordo e sobre as quais não haja processo de controle externo aberto, desde que comprovado o efetivo pagamento dos respectivos danos em parcela única.
>
> § 1º O Tribunal não aplicará medida sancionadora de sua competência à colaboradora relacionada aos ilícitos constantes do escopo do acordo de leniência, desde que a colaboradora se mantenha adimplente em relação às obrigações assumidas no acordo; e
>
> § 2º No caso do inciso I, o Tribunal efetuará o acompanhamento do pagamento das parcelas do dano, em autos apartados aos respectivos processos.
>
> Art. 16. Caso os valores de ressarcimento previstos no acordo de leniência não contemplem os valores dos danos estimados pelo TCU e informados à CGU/AGU, nos termos do capítulo anterior, não haverá a quitação integral dos valores apurados nos processos de controle externo correspondentes no TCU, com o consequente prosseguimento destes ou instauração de tomada de contas especial, nesta hipótese, se presentes os pressupostos regimentais para tanto.
>
> Parágrafo único. Também neste caso, o Tribunal não aplicará medida sancionadora de sua competência à colaboradora relacionada aos ilícitos constantes do escopo do acordo de leniência, desde que a colaboradora se mantenha adimplente em relação às obrigações assumidas no acordo.

Nesse sentido, a partir da regulamentação do ACT/2020 e da IN-TCU n. 95/2024, o TCU consignou a possibilidade de se manifestar sobre a inclusão de danos ao Erário nos acordos de leniência. Isso pode impactar processos de controle externo já existentes ou futuros.

Além disso, a regulamentação veio para reforçar a importância da cooperação interinstitucional para assegurar celeridade, eficiência e alinhamento entre os órgãos envolvidos na celebração dos acordos de leniência.

1.2. Os acordos de leniência como espécie de acordos substitutivos

A possibilidade de celebração de acordos de leniência reflete tendência que vem se configurando no exercício da atividade administrativa sancionadora: a de celebração de acordos substitutivos como via mais eficaz para se alcançarem as finalidades pretendidas pela Administração Pública.[9]

Os dispositivos legais que permitem a celebração desse tipo de acordo promovem verdadeira flexibilização do procedimento sancionatório na esfera administrativa, uma vez que permitem ao poder público abandonar ou suspender a prerrogativa de punir ou, ainda, renunciar parcialmente à aplicação de determinada penalidade, de sorte a tutelar, de forma mais eficiente, o interesse público primário que está a seu encargo.

A sanção tem, antes de tudo, caráter pedagógico, porquanto representa a resposta educativa do poder público à transgressão da norma jurídica. Ocorre, porém, que a

9 Cf. SUNDFELD, Carlos Ari; CÂMARA, Jacintho Arruda. "Acordos substitutivos nas sanções regulatórias". *Revista de Direito Público da Economia – RDPE*, Belo Horizonte, ano 9, n. 34, p. 133-51, abr./jun. 2011; MARQUES NETO, Floriano de Azevedo; CYMBALISTA, Tatiana Matiello. "Os acordos substitutivos do procedimento sancionatório e da sanção". *Revista Brasileira de Direito Público – RBDP*, Belo Horizonte, ano 8, n. 31, p. 51-68, out./dez. 2010; e OLIVEIRA, Rafael Carvalho Rezende; NEVES, Daniel Amorim Assumpção. "O sistema brasileiro de combate à corrupção e a Lei n. 12.846/2013 (Lei Anticorrupção)". *Revista Brasileira de Direito Público – RBDP*, Belo Horizonte, ano 12, n. 44, p. 9-21, jan./mar. 2014.

sanção não tem fim em si mesmo, sendo, na verdade, instrumento destinado a alcançar finalidades mais amplas, que reforcem os valores protegidos pelo ordenamento jurídico e, em última instância, representem ganhos à coletividade.

A possibilidade de realização de acordos substitutivos vem calcada nos princípios constitucionais da legalidade e da eficiência, de modo que somente a partir de permissivo legal e de manifesto interesse público, traduzido em efetivos ganhos de qualidade na aplicação da norma, a Administração Pública poderá adotar soluções mais ágeis ou alternativas à sanção, desde que adequadas ao atingimento dos propósitos tutelados pelo ordenamento jurídico.

A legislação brasileira abriga algumas modalidades de acordos substitutivos, por exemplo, os que se seguem, dentre outros previstos em regulamentos de agências reguladoras setoriais: a) compromisso de cessação e acordo de leniência previstos nos arts. 85 e 86 da Lei n. 12.529/2011 (Lei de Defesa da Concorrência); b) termo de ajustamento de conduta previsto no art. 5º, § 6º, da Lei n. 7.347/85 (Lei de Ação Civil Pública); e c) termo de compromisso previsto no § 5º do art. 11 da Lei n. 6.385/76 (Lei da Comissão de Valores Mobiliários).

Constitui-se, também, como modalidade de acordo substitutivo o acordo de leniência previsto no art. 16 da Lei n. 12.846/2013, visto que a autoridade administrativa está autorizada a conceder anistia e/ou atenuação de determinadas sanções[10] às pessoas jurídicas responsáveis pela prática dos ilícitos previstos nessa Lei, desde que cessem seu envolvimento na prática irregular, cooperem plenamente com as investigações e o processo administrativo – identificando os demais envolvidos e apresentando provas do ilícito em apuração – e adotem, apliquem ou aperfeiçoem programa de integridade.[11]

A despeito de a Lei n. 12.846/2013 ter nascido do esforço do Estado brasileiro no sentido de tornar mais efetivo o combate à corrupção, é certo que o fim pretendido por essa norma não se reduz à aplicação cega de sanções às pessoas jurídicas infratoras, dado que, editada em cumprimento a compromissos internacionais,[12] está também calcada em lógica preventiva e dissuasória.[13]

10 Lembramos que, por força de expressa disposição contida no Decreto n. 11.129/2022 (art. 27, § 1º), o acordo de leniência poderá prever a redução da multa, fixando-a em valores inferiores ao mínimo de 0,1% fixado na lei, podendo, inclusive, a sanção pecuniária terminar sendo inferior à vantagem auferida pela empresa na prática do ilícito.

11 Como já tratado anteriormente, o inciso IV do art. 45 do Decreto n. 11.129/2022 indica explicitamente que a adoção, aplicação ou aperfeiçoamento de programas dessa natureza deve ser objeto de cláusula do próprio acordo de leniência.

12 Tais compromissos consistem na Convenção sobre Combate à Corrupção de Funcionários Públicos Estrangeiros em Transações Comerciais Internacionais, aprovada no âmbito da Organização para a Cooperação e o Desenvolvimento Econômico (OCDE); a Convenção Interamericana contra Corrupção, aprovada, em 1996, no âmbito da Organização dos Estados Americanos (OEA); e a Convenção das Nações Unidas contra Corrupção, assinada em 2003; todas ratificadas pelo Brasil, respectivamente, por meio do Decreto n. 3.678, de 30 de novembro de 2000; Decreto n. 4.410, de 7 de outubro de 2002; Decreto n. 5.687, de 31 de janeiro de 2006.

13 Segundo Moreira e Bagatin, a racionalidade da Lei Anticorrupção está no fato de que ela não pretende "carregar nas penas e sofrimentos, mas sim nos incentivos à prevenção". Para os autores, a lógica do Direito Ambiental pode ajudar a esclarecer a da Lei n. 12.846/2013: "na medida em que os danos ambientais podem ser irreversíveis (p. ex., a extinção de uma espécie animal; a destruição de fósseis imemoriais – os quais jamais seriam compensados pela indenização em dinheiro), a prioridade é a prevenção. Deve-se adotar, ativamente, o mais completo rol de condutas que permitam a adequação do sujeito às expectativas normativas – visando-se a impedir que sequer se cogite da conduta porventura danosa" (MOREIRA, Egon Bockmann; BAGATIN, Andreia Cristina. "Lei Anticorrupção e quatro de seus principais temas: responsabilidade objetiva, desconsideração societária, acordos de leniência e regulamentos administrativos". *Revista de Direito Público da Economia – RDPE*, Belo Horizonte, ano 12, n. 47, p. 55-84, jul./set. 2014).

É nesse contexto, então, que a autoridade pública administrativa está autorizada a promover juízo de proporcionalidade e utilidade na aplicação das sanções indicadas na Lei, confrontando os custos e benefícios da condução do processo administrativo sancionatório com os ganhos – diretos e indiretos – advindos a partir da colaboração da empresa infratora, os quais devem consistir, necessariamente, na maximização do esforço investigativo do poder público e na consecução das demais finalidades subjacentes à política anticorrupção, sobretudo a de restauração da moralidade administrativa.

1.3. A efetividade do programa de leniência previsto na Lei Anticorrupção Empresarial

A despeito de se constituírem os acordos de leniência como instrumentos à disposição da Administração para a consecução do interesse público – e não como direito das pessoas jurídicas infratoras ao abrandamento de penas –, é certo que a adesão a esses acordos passa por detida análise por parte das empresas acerca dos riscos e proveitos que eles possam lhes oferecer, o que pode, ao fim e ao cabo, terminar interferindo na própria efetividade do programa.

Não se pode deixar de considerar que a decisão da pessoa jurídica em colaborar com as investigações envolve toda sorte de fatores, inclusive as potenciais perdas financeiras, até mesmo porque, eventualmente, a celebração do acordo pode terminar dando fim ao seu envolvimento em negócios (ilícitos) bastante rentáveis ou, ainda, isolá-la no mercado em razão de possível prejuízo à sua reputação, dado que ela poderá passar a ser vista como "delatora".[14] Nesse contexto de perdas potenciais, é de imaginar que elas só estarão dispostas a efetivamente colaborar se as vantagens a serem obtidas com o acordo superarem os riscos que assumirão ao prestar as informações e documentos comprobatórios do ilícito.

Uma análise pouco aprofundada da lei poderia conduzir à interpretação de que o acordo de leniência é benéfico às infratoras, na medida em que a empresa envolvida em determinado ilícito, **mesmo após ter sido descoberta pelas autoridades públicas**,[15] pode vir a ser favorecida com redução substancial no valor da multa a ser paga ou ainda ficar anistiada da proibição de receber incentivos, subsídios, subvenções, doações ou empréstimos de órgãos ou entidades públicos e de instituições financeiras públicas ou controladas pelo poder público.[16]

Ocorre que, na forma atual da Lei, as pessoas jurídicas que aderirem ao acordo – ou mesmo seus dirigentes ou administradores – não estão livres de serem processadas civil ou criminalmente pelo Ministério Público exatamente em razão da prática dos atos ilícitos cujas provas elas mesmas entregarem à autoridade administrativa, uma

---

14 Segundo Martinez, "um dos maiores desafios para o Programa de Leniência no Brasil é a resistência cultural à delação, pelo estigma do delator. Com efeito, a delação premiada – da qual o Programa de Leniência da Lei n. 12.846/2013 é espécie – recebe críticas por incentivar a traição, o que traria implicações ético-morais" (op. cit., 2014).

15 Como discutido anteriormente, característica do programa de leniência inaugurado pela Lei n. 12.846/2013 é que a celebração dos acordos pode se dar após a identificação do ilícito pelas autoridades públicas, não havendo nenhuma disposição que exija que a pessoa jurídica deva manifestar seu interesse em celebrar acordo de leniência antes que a prática do ilícito seja descoberta.

16 A nosso ver, a publicação extraordinária da decisão administrativa sancionadora não é sanção forte o suficiente para evitar a transgressão da norma, de modo que a isenção dessa sanção jamais será fator de estímulo à celebração de acordo de leniência (NOVAES, Ana Cristina Siqueira. *A theoretical discussion regarding the Brazilian leniency agreement as an instrument for revealing corrupt and fraudulent acts.* 2015. 32 f. Trabalho de Conclusão de Curso de Especialização (Minerva Program) – Institute of Brazilian Business and Public Management Issues, George Washington University. Washington, D.C., 2015. Disponível em: http://www.gwu.edu/~ibi/minerva/Spring2015/Ana_Novaes.pdf. Acesso em: 24 nov. 2015).

vez que, a despeito da celebração do acordo, o MP poderá ingressar com ação visando à aplicação das demais sanções previstas no art. 19, ou ainda com outras ações cíveis e penais, inclusive para a aplicação das penalidades decorrentes de ato de improbidade administrativa nos termos da Lei n. 8.429, de 2 de junho de 1992.

Diante dessa conformação legal, as empresas podem não se sentir estimuladas a celebrar qualquer pacto de colaboração na esfera administrativa – a não ser que elas já estejam sendo investigadas ou processadas perante o Poder Judiciário por fatos que também configurem ilícitos previstos na Lei Anticorrupção Empresarial[17] –, o que pode, ao fim, terminar retirando as reais possibilidades de o programa de leniência dessa Lei alcançar a sua plena efetividade.

Por conseguinte, parece-nos que a extensão dos efeitos dos acordos de leniência à esfera judicial, com a plena participação do MP em todas as etapas dos acordos, mostra-se como condição necessária para garantir que o programa instituído pela Lei n. 12.846/2013 ganhe melhores contornos e efetivamente se firme como instrumento destinado a alavancar o processo investigativo.

Ao contrário do que se poderia cogitar, a ampliação do escopo de consequências jurídicas em favor das pessoas jurídicas colaboradoras, ou mesmo das pessoas físicas signatárias do acordo, não caracteriza, em tese, ofensa aos princípios da supremacia e da indisponibilidade do interesse público, porquanto, como já discutido, a sanção não tem fim em si mesma, não podendo ser considerada a única forma para consecução do interesse público. Assim é que, havendo outras vias alternativas efetivamente mais eficientes para alcançar as finalidades da Lei, sem que isso reduza a busca da probidade ou se traduza em estímulo à impunidade, o alcance do interesse público poderá consistir exatamente na celebração do acordo de leniência.

Não é demais reforçar que a celebração dos acordos de leniência jamais deve se dar de forma indiscriminada, ou por conveniência da empresa, apenas com vistas a aliviar as sanções que deverão ser aplicadas aos infratores, devendo partir de detido e escorreito juízo de proporcionalidade e utilidade na aplicação das sanções por parte da Administração Pública, com aprofundado exame, por parte de todos os entes públicos potencialmente envolvidos, acerca dos custos e benefícios da utilização dos mecanismos tradicionais de repressão, em confronto com os demais objetivos almejados pela Lei.

Art. 17. A administração pública poderá também celebrar acordo de leniência com a pessoa jurídica responsável pela prática de ilícitos previstos na Lei n. 8.666, de 21 de junho de 1993, com vistas à isenção ou atenuação das sanções administrativas estabelecidas em seus arts. 86 a 88.

---

1. COMENTÁRIOS

1.1. Apontamentos iniciais

De início, vale lembrar que a Lei n. 8.666/93 foi revogada expressamente pela Lei n. 14.133, de 1º de abril de 2021, que traz as sanções administrativas em seu art. 156.

---

17 De todo modo, nesse caso, há que se considerar que eventual proposta de acordo de leniência oferecida por empresa que já esteja sendo processada pelo Poder Judiciário demandará da CGU – tratando-se da esfera federal – a realização de trabalhos em conjunto com o MPF, pois, como já defendido, só haverá interesse legítimo para a celebração do acordo na esfera administrativa se a colaboração agregar fatos e documentos novos, assim considerados aqueles que não sejam do conhecimento ou não estejam ao alcance de qualquer outra autoridade da Administração Pública.

Apesar de a Lei n. 12.846/2013 tratar dos requisitos para a celebração dos acordos de leniência apenas no art. 16, o Decreto n. 11.129/2022 tratou de conformar as disposições legais, incluindo, já na cabeça do art. 33, referência à situação descrita no art. 17 da Lei, conforme se segue:

> Art. 33. O acordo de leniência será celebrado com as pessoas jurídicas responsáveis pela prática dos atos lesivos previstos na Lei n. 12.846, de 2013, e dos ilícitos administrativos previstos na Lei n. 14.133, de 2021, e em outras normas de licitações e contratos, com vistas à isenção ou à atenuação das respectivas sanções, desde que colaborem efetivamente com as investigações e o PAR, devendo resultar dessa colaboração:
> I – a identificação dos demais envolvidos nos ilícitos, quando couber; e
> II – a obtenção célere de informações e documentos que comprovem a infração sob apuração.

Como já tratado ao discorrer sobre o art. 16 da Lei n. 12.846/2013, a celebração dos acordos de leniência, e a consequente anistia ou atenuação de sanções às pessoas jurídicas colaboradoras, jamais poderá se dar fora dos limites legais e ao bel-prazer da Administração Pública para a mera conveniência da empresa. Por essa razão, a flexibilização do procedimento sancionatório deverá atender sempre a rigorosos critérios, para que se traduza inequivocamente em medidas que, alinhadas aos propósitos da norma e ao interesse público envolvido, sejam mais eficientes ou menos custosas que a aplicação da sanção.

Vimos que, no caso da Lei Anticorrupção Empresarial, há toda uma sorte de requisitos para a celebração dos acordos de leniência, que, também no caso do art. 17, jamais poderão ser negligenciados. São eles: a) a colaboração da pessoa jurídica deve efetivamente agregar informações e documentos que, além de comprovarem o ato ilícito, devem permitir a identificação dos demais agentes envolvidos, sejam eles outros agentes empresariais, sejam eles agentes públicos; b) a pessoa jurídica deve ser a primeira a se manifestar sobre seu interesse em cooperar para a apuração do ato ilícito; c) a pessoa jurídica deve cessar completamente seu envolvimento na infração investigada a partir da data de propositura do acordo; e d) a pessoa jurídica deve admitir sua participação no ilícito e cooperar plena e permanentemente com as investigações e o processo administrativo, comparecendo, sob suas expensas, sempre que solicitada, a todos os atos processuais, até seu encerramento.

Portanto, apesar de a Lei n. 12.846/2013 ter destinado artigo específico para tratar da celebração dos acordos de leniência com a pessoa jurídica responsável pela prática de ilícitos administrativos previstos na Lei n. 14.133/2021, não há que se falar em lacuna quanto à definição dos requisitos para a celebração desses acordos. Noutros termos, não há que se falar em maior espaço para discricionariedade da autoridade pública para conceder anistia ou atenuação das sanções do art. 156 da Lei n. 14.133/2021, uma vez que os requisitos indicados para a celebração do acordo de que trata o art. 17 da Lei são exatamente os mesmos previstos no art. 16.

Em verdade, a nosso sentir, a Lei Anticorrupção Empresarial abriga não dois,[18] mas um único tipo de acordo de leniência, o qual, a partir de idênticos requisitos, poderá abrigar a negociação da anistia ou a atenuação das sanções previstas na própria Lei e/

18 Ferraz defende a existência de dois tipos de acordo de leniência no âmbito da Lei n. 12.846/2013, um previsto no art. 16 e outro, no art. 17 (FERRAZ, Luciano. "Acordos de leniência da Lei Anticorrupção cumprem diferentes papéis". *Revista Consultor Jurídico,* 23 jul. 2015. Disponível em: http://www.conjur.com.br/2015-jul-23/interesse-publico-acordos-leniencia-lei-anticorrupcao-cumprem-diferentes-papeis. Acesso em: 24 nov. 2015).

ou das sanções indicadas no art. 156 da Lei n. 14.133/2021, a depender da tipificação dos ilícitos praticados pelas pessoas jurídicas.

As sanções administrativas indicadas nos referidos artigos da Lei de Licitações e Contratos consistem basicamente em: I – advertência; II – multa; III – impedimento de licitar e contratar; IV – declaração de inidoneidade para licitar ou contratar.

Assim, em nosso entender, em razão do princípio da tipicidade administrativa aberta, pode ser admitido que a celebração de acordos de leniência inclua eventual atenuação dessas sanções, ou de outras que não sejam exatamente as indicadas no art. 156 da Lei n. 14.133/2021. Consideramos, assim, que, nesse ponto, o Decreto n. 11.129/2022 não extrapolou necessariamente seu poder regulamentar ao incluir no *caput* do art. 33 a possibilidade de o acordo de leniência ser firmado com vistas à anistia ou atenuação de sanções previstas "em outras normas de licitações e contratos".

No entanto, por outras razões e considerando, ainda, que o acordo de leniência não tem repercussão na esfera judicial, não há que se falar em eventual atenuação das penas cominadas em relação aos crimes tipificados na Lei n. 14.133/2021, nem mesmo da aplicação pelo TCU da declaração de inidoneidade para licitar com a Administração federal, prevista no art. 46 da Lei n. 8.443/92.

1.2. Aproximações comparativas entre o Brasil e os Estados Unidos

No regramento estabelecido pela Lei n. 14.133/2021, o impedimento e a declaração de inidoneidade para licitar ou contratar com a Administração Pública são medidas que visam tanto punir infrações à ordem jurídica como proteger a Administração Pública de futuras contratações com empresas que representem riscos à integridade dos certames e contratos.

No sistema jurídico norte-americano, porém, esse tipo de medida não guarda caráter estritamente punitivo – ao menos esse é o entendimento de alguns doutrinadores –, sendo o seu objetivo essencial resguardar o governo, a fim de que somente efetue contratações com empresas tidas como "responsáveis".[19]

Nesse contexto, o programa que atualmente promove incentivos à delação de ilícitos relacionados a contratos mantidos pelo poder público – e se baseia, dentre outros fundamentos, na aplicação das medidas de suspensão e impedimento de contratar com o governo – guarda características bastante distintas em relação ao programa de leniência da Lei Anticorrupção brasileira.

Até o ano de 2008, o regulamento federal de aquisições na área de Defesa (*Defense Federal Acquisition Regulation Supplement* – DFARS[20]) abrigava programa de colaboração voluntária, no qual as empresas contratadas eram incentivadas a reportar às autoridades públicas quaisquer suspeitas acerca da violação das leis atinentes às contratações governamentais e a colaborar com as investigações. Essa colaboração – e a

---

19 Para Tillipman, o impedimento à contratação (*debarment*, em inglês) "é um remédio administrativo que permite às agências excluírem contratantes do sistema federal de contratações públicas somente para proteger o governo de dano iminente" (TILLIPMAN, Jessica. "A house of cards falls: why 'Too Big to Debar' is all slogan and little substance". *Fordham Law Review Res Gestae*. Paper 7. 13 jan. 2012 – tradução livre. Disponível em: http://ir.lawnet.fordham.edu/cgi/viewcontent.cgi?article=1007&context=res_gestae. Acesso em: 24 nov. 2015).

20 O Regulamento Federal de Aquisições do governo norte-americano (*Federal Acquisition Regulation* – FAR) consiste em um conjunto de normas destinadas a regular o processo de compras efetivadas pelo governo federal, as quais têm o propósito de assegurar a padronização e a imparcialidade nos procedimentos adotados. O DFARS, por sua vez, é um suplemento do FAR, que regulamenta as aquisições no âmbito do Departamento de Defesa (*Department of Defense* – DoD). O FAR e o DFARS podem ser encontrados, respectivamente, nos seguintes endereços eletrônicos: https://www.acquisition.gov/?q=browsefar e http://www.dcaa.mil/dfars.html.

consequente concessão de benefícios à colaboradora – somente era admitida se não tivesse sido motivada pela iminência na detecção do ilícito pelas autoridades públicas. Ocorre que esse programa foi considerado pouco efetivo pelas autoridades públicas, uma vez que o número de colaborações obtidas durante sua existência se mostrou aquém do esperado e as quantias recuperadas, pouco expressivas.[21]

Em 2008, esse programa foi abandonado, passando o regulamento geral de aquisições do governo federal (*Federal Acquisition Regulation* – FAR) a abrigar nova sistemática, que, além de impor novos requisitos às contratadas no âmbito do Código de Ética e Conduta Empresarial (*Contractor Code of Business Ethics and Conduct*), instituiu nova política para delação de irregularidades relacionadas às contratações públicas, a qual é reconhecida, nos Estados Unidos, como *mandatory disclosure policy*.

De acordo com essa política, as empresas contratadas pelo governo federal assumem a obrigação de relatar às autoridades determinados ilícitos relacionados aos contratos que mantêm, de modo que, se não o fizerem, podem ser suspensas ou impedidas de celebrar novos contratos com o governo norte-americano. De acordo com os itens 9.406-2 e 9.407-2 do FAR,[22] são causas que podem dar ensejo à suspensão ou ao impedimento de contratar (*causes for suspension or debarment*) a suspeita ou a evidência, respectivamente, de as contratadas terem deixado de reportar às autoridades públicas a ocorrência de ilícitos relacionados a quaisquer contratos que mantêm com o governo, tais como: a) violações das leis penais federais envolvendo fraude, conflito de interesses, suborno ou pagamento de gratificações, conforme previsto no Título 18 do *United States Code*; b) violações de disposições contidas no *False Claims Act*; e c) significativo superfaturamento no contrato.

Importante ressaltar que, pelo fato de o sistema não ser concebido para punir as empresas, a suspensão e o impedimento de contratar, no âmbito do FAR, só alcançam contratos futuros e eventuais prorrogações, não impactando contratos em execução, ressalvadas algumas poucas exceções. Demais disso, por serem medidas de exceção, a existência de causa para a suspensão ou impedimento de contratar não requer necessariamente que tais medidas sejam implementadas, devendo as autoridades competentes adotarem-nas somente depois de consideradas outras medidas corretivas ou de mitigação de riscos.[23]

A despeito das consideráveis diferenças existentes na concepção e na finalidade desse tipo de medida no Brasil e nos EUA, é certo que, sob diferentes perspectivas, elas são peças centrais tanto do programa de leniência da Lei Anticorrupção brasileira, como as sanções passíveis de anistia em troca de colaboração, como da política de delação constante do FAR, como as medidas passíveis de aplicação, em razão da não colaboração.

Isso sinaliza para o fato de que, em ambos os países, tais medidas são rigorosas e podem ser instrumentos importantes para a busca da moralidade e da probidade nas contratações públicas.

---

21 Segundo Miller, os dados mostram que, logo após o início desse programa em 1986, o governo norte-americano recebeu 58 colaborações em um ano e, ao final de 2008, menos de 10 colaborações ao ano (MILLER, Brian D. *The Federal Acquisition Regulation Mandatory Disclosure Rule Program at the U.S. General Services Administration Office of Inspector General*. Jun. 2012. Disponível em: http://www.gsaig.gov/?LinkServID=DA-671464-E1CB-543C-4E17C0DADEEE5485. Acesso em: 26 nov. 2015).

22 Subpart 9.4 – *Debarment, Suspension, and Ineligibility*. acquisition.gov.

23 Cf. Tillipman, op. cit., 2012.

CAPÍTULO VI
DA RESPONSABILIZAÇÃO JUDICIAL

Art. 18. Na esfera administrativa, a responsabilidade da pessoa jurídica não afasta a possibilidade de sua responsabilização na esfera judicial.

1. COMENTÁRIOS

Estabelece o presente artigo que a responsabilidade na esfera administrativa não afasta aquela aplicável em sede judicial. Trata-se de respostas estatais autônomas, celebrando o modelo da reiteração punitiva. Nesse sentido, trata-se de dispositivo que consagra o princípio da independência de instâncias, o qual, como regra, deve prevalecer. Prosseguindo esse raciocínio, uma mesma conduta infracional poderá dar ensejo à responsabilização apenas administrativa, por não restarem configurados, por exemplo, ilícitos de natureza cível ou penal, os quais deverão ser apurados em ações próprias.[1] Por outro lado, a mesma conduta pode levar ao apenamento em todas essas esferas, sem que considere *bis in idem*, aplicando-se o princípio mencionado antes. É nessa toada que o presente artigo opera sentido: a pessoa jurídica pode ser sancionada, com base na Lei Anticorrupção, em âmbito administrativo e judicial ou em apenas um deles.

Importante notar que o artigo sob testilha versa sobre a responsabilização judicial da pessoa jurídica causadora do dano à Administração Pública. Quanto a isso, ressalva-se que o dispositivo em tela se encontra topograficamente localizado no Capítulo VI, que trata da responsabilização judicial, em oposição ao Capítulo III, que versa sobre a responsabilização administrativa. Nesses moldes, ele se refere às sanções previstas no art. 19 (que serão analisadas à frente), ao passo que as penalidades administrativas, consistentes na aplicação de multa e publicação extraordinária da decisão condenatória possuem regime distinto, nos termos dos arts. 8º a 15 da Lei Anticorrupção. Nesses moldes, leciona Maria Sylvia Zanella Di Pietro:

> O art. 6º define as sanções cabíveis na esfera administrativa, a saber, a multa e publicação extraordinária da decisão condenatória.
>
> Os arts. 8º a 15 estabelecem normas sobre o processo administrativo de responsabilização, inclusive sobre a competência para a instauração e julgamento e sobre as várias fases em que se desenvolve o procedimento.
>
> Nos arts. 18 a 21 são estabelecidas normas sobre responsabilização judicial.
>
> O art. 18, que ora se comenta, é o que consagra a duplicidade de esferas de apuração de responsabilidade da pessoa jurídica que causa dano à Administração Pública: a administrativa e a judicial.
>
> Fundamentalmente, a responsabilização judicial tem por objetivo a aplicação das sanções previstas no art. 19, que diferem das sanções administrativas relacionadas no art. 6º.[2]

Não obstante, é oportuno ressaltar que a ação judicial também poderá compreender a aplicação das sanções administrativas:

---

1 Cf. MARINELA, Fernanda; PAIVA, Fernando; RAMALHO, Tatiany. *Lei Anticorrupção*: Lei n. 12.846, de 1º de agosto de 2013, 2015, p. 89.

2 DI PIETRO, Maria Sylvia Zanella. "Comentários ao art. 18". In: DI PIETRO, Maria Sylvia Zanella; MARRARA, Thiago. *Lei Anticorrupção comentada*, 2021a, p. 247.

- Nas hipóteses do art. 20 da Lei n. 12.846/2013, ou seja, no ajuizamento de ações pelo Ministério Público, quando constatada a omissão das autoridades competentes para promover a responsabilização administrativa.
- Quando a autoridade administrativa competente determinar a instauração de procedimento disciplinar para fins de apuração, e eventual punição do servidor que praticou a ilicitude administrativa.

Seguindo adiante, há outros pontos que merecem atenção. São eles: a competência legislativa para o estabelecimento do procedimento a ser adotado e a independência de instâncias. Comecemos pela competência legislativa.

No que tange ao procedimento, há de se destacar uma diferença considerável entre a responsabilização administrativa e a judicial: enquanto os entes federados têm competência para legislar sobre as regras aplicáveis aos processos administrativos em seus respectivos âmbitos, no que tange ao processo judicial, aplica-se o regime da Lei n. 12.846/2013, por se tratar de lei nacional.[3] Quanto a isso, destaca-se que, em última análise, compete privativamente à União legislar sobre direito processual, nos termos do art. 22 da Constituição da República Federativa do Brasil de 1988.

Por derradeiro, no que se refere à independência de instâncias, revisita-se o tema para apontar a lição de Gilson Dipp e Manoel Volkmer de Castilho, que consideram ambígua a redação do dispositivo estudado. Segundo os doutrinadores, em vez de afirmar que a responsabilidade administrativa da pessoa jurídica não afasta a possibilidade de sua responsabilidade judicial, seria mais preciso referir-se a eventual não responsabilização administrativa, uma vez que essa é "indicação quase certa da responsabilidade a apurar civil ou penalmente em juízo".[4]

Não obstante, fato é que, conforme dito, o mesmo ato (condutas mencionadas no art. 5º da Lei n. 12.846/2013) pode levar à responsabilidade tanto no âmbito administrativo quanto no judicial, sem que seja considerado *bis in idem*, aliás, a lei em questão traz, inclusive, penas distintas no que se refere a cada âmbito (podendo ainda o réu responder por eventual crime ou ato de improbidade administrativa, ressalte-se). Assim, a princípio, existe uma cisão.

Nesse diapasão, forçoso lembrar que o art. 30 da Lei Anticorrupção franqueia que a aplicação das sanções nela previstas não afeta os processos de responsabilização e aplicação de penalidades decorrentes de ato de improbidade administrativa e de atos ilícitos alcançados pela Lei n. 14.133/2021 ou outras normas de licitações e contratos da Administração Pública.

Ressalta-se que as disposições em tela nem mesmo seriam necessárias, uma vez que sua aplicação às hipóteses fáticas enquadráveis em seu âmbito normativo independeria de qualquer permissão da Lei n. 12.846/2013. No entanto, um fato interessante se refere à reforma perpetrada pela Lei n. 14.230/2021 na Lei n. 8.429/92, segundo a qual, na nova redação do § 2º do art. 3º da Lei de Improbidade Administrativa, as sanções desta não se aplicarão à pessoa jurídica caso o ato de improbidade administrativa seja também sancionado como ato lesivo à Administração Pública de que trata a Lei n. 12.846, de 1º de agosto de 2013. Nesses termos, pode-se identificar uma hipótese em que, por expressa disposição legal, os diplomas deverão dialogar para evitar o *bis in idem*.

3 Cf. DI PIETRO, op. cit., 2021a, p. 248.
4 DIPP, Gilson; CASTILHO, Manoel Lauro Volkmer de. *Comentários sobre a Lei Anticorrupção*, 2016, p. 92.

Convém lembrar que, de fato, o Superior Tribunal de Justiça admite a aplicação da Lei de Improbidade Administrativa às pessoas jurídicas[5] contudo mais adequado seria estabelecer o seguinte: a aplicação da Lei n. 8.429/92 às pessoas físicas e da Lei n. 12.846/2013 às pessoas jurídicas. O dispositivo em questão parece apontar nessa direção. A propósito, a nova redação do § 7º do art. 12 da Lei n. 8.429/92, conforme alteração promovida pela Lei n. 14.230/2021, fixa orientação nesse sentido ao estabelecer que as sanções aplicadas a pessoas jurídicas com base na Lei de Improbidade e na Lei Anticorrupção deverão observar o princípio constitucional do *non bis in idem*. Nesse diapasão, arremata o § 2º do art. 3º da Lei n. 8.429/92 (já mencionado acima) que as sanções dessa lei não se aplicarão à pessoa jurídica caso o ato de improbidade administrativa seja também sancionado como ato lesivo à Administração Pública de que trata a Lei Anticorrupção.[6]

Como último apontamento, merece ser observado que a multiplicidade de julgamentos pode até configurar *bis in idem, pois* instâncias julgadoras, múltiplas e às vezes conflitantes poderão acarretar decisões incoerentes e excesso punitivo.[7] Em respeito aos princípios da razoabilidade e da proporcionalidade, vetores a serem observados pelo aplicador da lei, para que uma punição se materialize como justa e racional, legitimando-a, necessário se faz observar uma verdadeira interdependência das instâncias (judicial e administrativa), pois os diversos processos de responsabilização devem, na medida do possível, se comunicar e, até, permitir influxos inter-relacionais, com a exclusiva finalidade de coibir o arbítrio estatal, diminuir a insegurança jurídica e afastar intentos punitivos desmedidos. Essa é a razão, aliás, por ter se criado o § 3º do art. 22 da Lei de Introdução às Normas do Direito Brasileiro, pois as sanções aplicadas ao agente deverão ser consideradas na dosimetria das demais sanções de mesma natureza e relativas ao mesmo fato.

---

5 REsp n. 970.393/CE, 1ª T., rel. Min. Benedito Gonçalves, j. 21.06.2012.

6 A propósito, válido mencionar a doutrina de Maria Sylvia Zanella Di Pietro, que já defendia essa posição antes mesmo da reforma da Lei de Improbidade Administrativa: "O meu entendimento é o de que a Lei de Improbidade Administrativa foi concebida para punir a pessoa física, ou seja, o agente público ou o particular que se beneficie ou induza à prática do ilícito. O particular só é punido se induziu ou concorreu para a prática do ato de improbidade ou dele se beneficiou sob qualquer forma direta ou indireta (art. 3º da Lei n. 8.492/920. No entanto, o Ministério Público, no afã de punir também as pessoas jurídicas, na ausência de lei própria para fundamentar essa punição, passou a estender o alcance das leis às pessoas jurídicas, enquadrando-as no conceito de agente do referido dispositivo legal. Agora veio a Lei Anticorrupção prevendo a responsabilização das pessoas jurídicas, suprindo uma omissão da legislação anterior. Se ela já é punida com fundamento na lei anticorrupção, não há fundamento legal para que, pelos mesmos atos ilícitos, possa ser punida duplamente, até porque muitas das sanções previstas na Lei de Improbidade Administrativa são inaplicáveis a pessoas jurídicas, como a perda da função pública e a suspensão dos direitos políticos; quando muito, poder-se-ia cogitar de aplicar essas penalidades aos administradores e diretores da empresa" (DI PIETRO, Maria Sylvia Zanella. Comentários ao art. 19. In: DI PIETRO, Maria Sylvia Zanella; MARRARA, Thiago. *Lei Anticorrupção comentada*, 2021b, p. 256).

7 ARAUJO, Valter Shuenquener de. "O princípio da interdependência das instâncias punitivas e seus reflexos no direito administrativo sancionador". *Revista Jurídica da Presidência*, Brasília, DF, v. 23, n. 131, p. 629-53, out. 2021/jan. 2022. Disponível em: https://www.google.com/search?q=INDEPENDENCIA+DE+INST%C3%82NCIAS&oq=INDEPENDENCIA+DE+INST%C3%82NCIAS&gs_lcrp=EgZjaHJvbWUyBggAEEUYOTIICAEQABgWGB4yCAgCEAAYFhgeMggIAxAAGBYYHtIBCTY0MTFqMGoxNagCALACAA&sourceid=chrome&ie=UTF-8. Acesso em: 10 ago. 2023; GODOY, Arnaldo Sampaio de Moraes. "*Sanções e Penas* analisa os limites da independência entre instâncias julgadoras". *Consultor Jurídico*, 2 abr. 2023. Disponível em: https://www.conjur.com.br/2023-abr-02/embargos-culturais-sancoes-penas-antonio-rodrigo-machado. Acesso em: 10 out. 2023.

Art. 19. Em razão da prática de atos previstos no art. 5º desta Lei, a União, os Estados, o Distrito Federal e os Municípios, por meio das respectivas Advocacias Públicas ou órgãos de representação judicial, ou equivalentes, e o Ministério Público, poderão ajuizar ação com vistas à aplicação das seguintes sanções às pessoas jurídicas infratoras:

I – perdimento dos bens, direitos ou valores que representem vantagem ou proveito direta ou indiretamente obtidos da infração, ressalvado o direito do lesado ou de terceiro de boa-fé;

II – suspensão ou interdição parcial de suas atividades;

III – dissolução compulsória da pessoa jurídica;

IV – proibição de receber incentivos, subsídios, subvenções, doações ou empréstimos de órgãos ou entidades públicas e de instituições financeiras públicas ou controladas pelo poder público, pelo prazo mínimo de 1 (um) e máximo de 5 (cinco) anos.

§ 1º A dissolução compulsória da pessoa jurídica será determinada quando comprovado:

I – ter sido a personalidade jurídica utilizada de forma habitual para facilitar ou promover a prática de atos ilícitos; ou

II – ter sido constituída para ocultar ou dissimular interesses ilícitos ou a identidade dos beneficiários dos atos praticados.

§ 2º (*Vetado.*)

§ 3º As sanções poderão ser aplicadas de forma isolada ou cumulativa.

§ 4º O Ministério Público ou a Advocacia Pública ou órgão de representação judicial, ou equivalente, do ente público poderá requerer a indisponibilidade de bens, direitos ou valores necessários à garantia do pagamento da multa ou da reparação integral do dano causado, conforme previsto no art. 7º, ressalvado o direito do terceiro de boa-fé.

1. COMENTÁRIOS

A partir da análise sistemática dos arts. 5º, 6º e 20 da Lei n. 12.846/2013, pode-se afirmar que a prática das condutas elencadas no art. 5º pode vir a ensejar a aplicação, na esfera administrativa, das penalidades previstas no art. 6º (multa ou publicação extraordinária da decisão condenatória), ao passo que, na esfera judicial, aplicam-se as sanções tratadas no artigo sob análise.

Ressalta-se que as penas previstas no art. 19 têm natureza civil.[8] Não obstante, antes de analisá-las propriamente, façamos algumas observações acerca da legitimidade para a propositura da ação civil pública. Nesse sentido, em razão da prática de atos previstos no art. 5º da Lei Anticorrupção, a União, os estados, o Distrito Federal e os municípios, por meio das respectivas Advocacias Públicas ou órgãos de representação judicial (ou equivalentes), e o Ministério Público, poderão ajuizar ação com vistas à aplicação das sanções previstas no art. 19 às pessoas jurídicas infratoras.

No entanto, o art. 21 da mesma lei reza que, nas ações de responsabilização judicial, será adotado o rito previsto na Lei n. 7.347, de 24 de julho de 1985 (Lei de Ação Civil Pública), que traz como legitimados para o ajuizamento de ações civis públicas o Ministério Público, a União, os estados, o Distrito Federal e os municípios; a autarquia, empresa pública, fundação ou sociedade de economia mista, bem como a asso-

8 DI PIETRO, Maria Sylvia Zanella. "Comentários ao art. 19". In: DI PIETRO, Maria Sylvia Zanella; MARRARA, Thiago. *Lei Anticorrupção comentada*, 2021b, p. 251.

ciação que, concomitantemente, esteja constituída há pelo menos um ano nos termos da lei civil e inclua entre suas finalidades institucionais a proteção ao patrimônio público e social, ao meio ambiente, ao consumidor, à ordem econômica, à livre concorrência, aos direitos de grupos raciais, étnicos ou religiosos ou ao patrimônio artístico, estético, histórico, turístico e paisagístico. Dessa maneira, poderia surgir a dúvida acerca dos legitimados, ou seja, se o rol da Lei Anticorrupção deveria estar restrito àqueles previstos no art. 19 ou se deveria ser expandido, nos termos da Lei n. 7.347/85. Entendemos que, por um critério de especialidade, deve prevalecer o rol previsto na Lei n. 12.846/2013, ou seja, apenas União, estados, Distrito Federal, municípios e o Ministério Público. No mesmo sentido leciona Fernanda Marinela:

> Frise-se, portanto, que, segundo a redação do artigo, a Lei não incluiu no rol do *caput* do art. 19 as pessoas jurídicas que compõem a Administração Indireta como legitimadas ativas, o que nos leva a concluir que caso estas sejam vítimas de atos lesivos aos seus patrimônios, deverão cada qual na sua esfera, através dos seus órgãos competentes, provocar as Advocacias Públicas ou órgãos de representação judicial da União, dos Estados, do Distrito Federal e dos Municípios, para que estes tomem providências no sentido de representá-las judicialmente, não obstante serem pessoas jurídicas com personalidade própria e autonomia.[9]

No que tange às sanções previstas no artigo sob comento, a lei ressalta primeiramente que podem ser aplicadas de forma isolada ou cumulativa. Ou seja, as penas elencadas nos respectivos incisos do art. 19 não se excluem entre si a não ser por um critério lógico. É o caso das penas de dissolução compulsória da pessoa jurídica e de suspensão ou interdição parcial de suas atividades. Ora, se já houve a dissolução da empresa, não seria razoável determinar a suspensão de suas atividades.

Acrescente-se ser defensável que, por se tratar de uma pena mais grave, a dissolução compulsória seria aplicável apenas após o trânsito em julgado da ação. É o que afirmam Gilson Dipp e Manoel Lauro Volkmer de Castilho, ao reputarem que "é indiscutível que tais penas só surtirão efeito depois de esgotados os recursos cabíveis que, na atual quadra, constituem um bom acervo de defesas, demoradas e custosas, que podem oferecer uma sobrevida confortável ao infrator".[10] Não obstante, reputa-se possível que, antes da aplicação da dissolução, haja a determinação da suspensão ou interdição parcial de suas atividades.

Sobre as penas em si, comecemos pelo perdimento dos bens, direitos ou valores que representem vantagem ou proveito direta ou indiretamente obtidos da infração, ressalvado o direito do lesado ou de terceiro de boa-fé, destacando que essa penalidade se volta à "vantajosidade"[11] obtida pela empresa infratora. Nesses termos, aquele bem obtido por meio da atitude ilícita deverá ser perdido, de modo que, valendo-nos dos exemplos e da doutrina de Marcio Pestana,[12] caso a vantagem consista em um automóvel, importará sua perda; na hipótese de consistir em algum contrato celebrado com a Administração, a perda consistirá na rescisão do ajuste e no ressarcimento do resultado positivo a partir daí obtido, e, na hipótese de consistir em valores, em pecúnia, importará sua perda em favor do órgão ou entidade da Administração Pública vítima

---

9 MARINELA, Fernanda; PAIVA, Fernando; RAMALHO, Tatiany. *Lei Anticorrupção*: Lei n. 12.846, de 1º de agosto de 2013, 2015, p. 90.

10 DIPP, Gilson; CASTILHO, Manoel Lauro Volkmer de. *Comentários sobre a Lei Anticorrupção*, 2016, p. 98.

11 PESTANA, Marcio. *Lei Anticorrupção*: exame sistematizado da Lei n. 12.846/2013, 2016, p. 132.

12 Ibidem, p. 132.

da prática de corrupção. Nesse diapasão, oportuno ressaltar que "[...] tanto a pessoa jurídica como os seus dirigentes ou administradores que tenham obtido bens, direitos ou valores que representem vantagem ou proveito direta ou indiretamente obtidos da infração estão sujeitos à perda de bens".[13]

Doutra ponta, a suspensão parcial das atividades revela-se medida extrema, voltada a

> [...] desarmar aplicação concreta do comando de direito constitucional assegurador da livre-iniciativa, da livre concorrência e do direito de propriedade empresarial, cumprida a função social de gerar emprego, tributos e benefícios sociais aos empregados e colaboradores.[14]

Desse modo, sua utilização deve se revestir das maiores cautelas possíveis.

A terceira pena é a mais grave delas: consiste na determinação da dissolução compulsória da empresa. É preciso ressaltar que, conforme dito acima, essa é medida excepcional, que pressupõe o trânsito em julgado da demanda. Outrossim, a própria lei estabelece requisitos específicos para tanto, atinentes à comprovação de que a personalidade jurídica vinha sendo utilizada de forma habitual para facilitar ou promover a prática de atos ilícitos; ou ter sido a *persona* constituída para ocultar ou dissimular interesses ilícitos ou a identidade dos beneficiários dos atos praticados. Nesses termos, pressupõe-se o abuso de forma jurídica, hipótese em que "a pessoa jurídica é constituída ou utilizada para a obtenção de fins ilícitos, caracterizando-se desvio de finalidade".[15] Assim, é preciso reconhecer sua excepcionalidade, fazendo-se necessário que "os autos apresentem provas contundentes desta prática para que a morte da empresa seja declarada".[16]

Ainda, prevê o inciso IV do art. 19 que pode ser aplicada a pena de proibição de receber incentivos, subsídios, subvenções, doações ou empréstimos de órgãos ou entidades públicas e de instituições financeiras públicas ou controladas pelo poder público, pelo prazo mínimo de um ano e máximo de cinco anos. Os incentivos se referem à noção de "atividades de fomento por parte da Administração Pública, consistentes no estímulo de iniciativas, no ponto, dos administrados, que se revertam em favor do interesse público",[17] ao passo que os subsídios dizem respeito a "medidas econômicas, com o fim de auxiliar determinado segmento econômico ou social, fruto de uma valoração positiva do poder público no tocante ao interesse público".[18] Já as doações são "contratos por meio dos quais o doador transfere bens ou direitos, a título gratuito, ao donatário",[19] e os empréstimos consistem na "cessão, onerosa ou não, de coisas fungíveis ou não fungíveis".[20] Basicamente, referidas medidas visam impedir que a pessoa jurídica infratora que por meio de suas ações violou princípios e regras caros à Administração Pública, venha a ser beneficiada por medidas positivas do Poder Público, em clara contradição àquilo que a presente lei busca impor.

---

13 DI PIETRO, op. cit., 2021b, p. 252.
14 PESTANA, op. cit., 2016, p. 133.
15 DI PIETRO, op. cit., 2021b, p. 253.
16 MARINELA, PAIVA e RAMALHO, op. cit., 2015, p. 93.
17 PESTANA, op. cit., 2016, p. 138.
18 Ibidem, p. 139.
19 Ibidem, p. 139.
20 Ibidem, p. 139.

Por derradeiro, o § 4º da norma em comento estabelece a possibilidade de os legitimados para o ajuizamento da ação civil pública plasmada na Lei Anticorrupção (Ministério Público e Advocacia Pública ou órgão de representação judicial, ou equivalente, do ente público) requererem a indisponibilidade de bens, direitos ou valores necessários à garantia do pagamento da multa ou da reparação integral do dano causado, ressalvado o direito do terceiro de boa-fé. Sobre esse assunto, é importante destacar que a indisponibilidade de bens teve seu regime severamente alterado quando da reforma da Lei de Improbidade Administrativa, o que pode trazer um norte hermenêutico para o presente diploma, por meio de um diálogo de fontes.

Importante esclarecer, ainda, que o Código de Processo Civil prevê tutelas de evidência e tutelas de urgência (da qual são espécie as tutelas antecipada e cautelar). Nesses termos, a indisponibilidade de bens é tutela de natureza acautelatória (cautelar, portanto), que, como tal, visa impedir a dilapidação patrimonial daquele sobre o qual recai a medida. Trata-se, portanto, de medida de extrema gravidade, que interfere no direito fundamental de propriedade dos indivíduos, e, dessa forma, deve ser revestida das maiores cautelas. Com efeito, a jurisprudência do Superior Tribunal de Justiça (STJ) considerava, pacificamente, que a decretação de referida medida não dependia da demonstração do *periculum in mora*. Este, em verdade, seria presumido. Nesses termos, citamos a tese abaixo, proferida no bojo do Tema Repetitivo 701 daquela Corte:

> É possível a decretação da indisponibilidade de bens do promovido em Ação Civil Pública por Ato de Improbidade Administrativa, quando ausente (ou não demonstrada) a prática de atos (ou a sua tentativa) que induzam a conclusão de risco de alienação, oneração ou dilapidação patrimonial de bens do acionado, dificultando ou impossibilitando o eventual ressarcimento futuro.[21]

No entanto, em claro efeito *backlash*, o legislador, por meio da Lei n. 14.230/2021, determinou claramente que o pedido de indisponibilidade de bens apenas será deferido mediante a demonstração no caso concreto de perigo de **dano irreparável ou de risco ao resultado útil do processo**, desde que o juiz se convença da probabilidade da ocorrência dos atos descritos na petição inicial com fundamento nos respectivos elementos de instrução, após a oitiva do réu em cinco dias (art. 16, § 3º, da Lei n. 8.429/92). Ou seja, passou a ser essencial a demonstração tanto do *fumus boni iuris* quanto do *periculum in mora* como requisito essencial à decretação da indisponibilidade de bens, em clara superação à jurisprudência do STJ. Pensamos que essa é a interpretação mais acertada, a ser utilizada também no bojo da Lei Anticorrupção, uma vez sejam esses diplomas análogos. Neste diapasão, asseveramos que o legislador reformador nada mais fez do que esclarecer aquilo que a doutrina já vinha pontuando fortemente: a necessidade de cautela na aplicação de referido instituto.

Art. 20. Nas ações ajuizadas pelo Ministério Público, poderão ser aplicadas as sanções previstas no art. 6º, sem prejuízo daquelas previstas neste Capítulo, desde que constatada a omissão das autoridades competentes para promover a responsabilização administrativa.

---

21 BRASIL. Superior Tribunal de Justiça. *Recurso Especial n. 1.366.721/BA*. Recorrentes: União e Ministério Público Federal. Recorrido: C C de S. Relator: Min. Napoleão Nunes Maia Filho, 19 de setembro de 2014. Disponível em: https://processo.stj.jus.br/repetitivos/temas_repetitivos/pesquisa.jsp?novaConsulta=true&tipo_pesquisa=T&cod_tema_inicial=701&cod_tema_final=701. Acesso em: 2 out. 2023.

1. COMENTÁRIOS

O art. 20 versa sobre a aplicação judicial das sanções administrativas previstas no art. 6º da Lei Anticorrupção, consistentes em multa e publicação extraordinária da decisão condenatória. Trata-se, nesses termos, da "cumulativa, subsidiária e condicionada dedução em juízo, exclusivamente, pelo Ministério Público, de pretensão visando à aplicação de sanções administrativas previstas no art. 6º de mencionado diploma legal".[22]

Acerca do dispositivo em questão, é importante notar que, como pressuposto para o ajuizamento de ação civil pública pelo Ministério Público, com o fito de aplicação das sanções administrativas previstas na Lei Anticorrupção, o diploma sob espeque exige a inação dos entes legitimados para a apuração da infração administrativa. Nesse sentido, o *Parquet* passaria a ter legitimidade apenas e tão somente caso tais colegitimados quedassem inertes, atuando, neste caso, como fiscal da lei. Nesses moldes, configurada a inércia, o órgão ministerial poderá requerer a aplicação das sanções administrativas tanto em ação autônoma quanto na própria ação civil pública que visa à aplicação das sanções previstas no art. 19 da Lei Anticorrupção.[23]

Com efeito, a lei se refere às omissões do administrador público sem, todavia, tecer grandes considerações acerca das consequências jurídicas de referida inação, de cunho grave e contrária ao interesse público. Diante desse contexto, é importante destacar que, à vista da indisponibilidade dos direitos tutelados por quem exerce função pública, uma omissão de tal natureza não pode ser simplesmente ignorada sem grandes consequências. Conforme destaca a doutrina, faz-se necessário "averiguar os motivos que levaram a omissão das autoridades competentes para tomar providência quanto aos fatos que estão sendo apurados no âmbito do Ministério Público e que ensejaram o ajuizamento da ação",[24] uma vez que "tais autoridades têm o dever de agir, o dever de apurar, não lhe sendo facultado omitir-se diante de supostas irregularidades que afetem o respectivo patrimônio".[25] Nesse sentido, é defensável que poderia o próprio Ministério Público buscar também "a responsabilidade civil ou penal da autoridade competente para a ação de responsabilidade, instaurando de ofício, ou determinando-o à autoridade policial, investigação para apuração da falta de providências compatíveis com a ocorrência de lesão".[26]

Uma vez reconhecido que a identificação da inércia pode levar à tomada de providências com o fito de obter a penalização daquele que se omitiu quando deveria ter agido em defesa do interesse público, volvemos o raciocínio para uma questão prejudicial: como configurar essa omissão condicionante? Conforme ensina Wallace Paiva Martins Júnior, também coautor desta obra, essa inação restará caracterizada pelo "inequívoco comportamento demonstrativo do abandono do exercício de função ou da execução de dever",[27] o que poderia ser demonstrado tanto pela ausência de instauração do processo administrativo a partir do conhecimento do fato quanto pelo escoamento do prazo prescricional de cinco anos previsto no art. 25 da Lei n. 12.846/2013.[28]

---

22 MARTINS JÚNIOR, Wallace Paiva. "Comentários ao art. 20". In: DI PIETRO, Maria Sylvia Zanella; MARRARA, Thiago. *Lei Anticorrupção comentada*, 2021, p. 262.

23 Cf. MARTINS JÚNIOR, op. cit., p. 262.

24 MARINELA, Fernanda; PAIVA, Fernando; RAMALHO, Tatiany. *Lei Anticorrupção*: Lei n. 12.846, de 1º de agosto de 2013, 2015, p. 95.

25 MARINELA, PAIVA e RAMALHO, op. cit., 2015, p. 95.

26 DIPP, Gilson; CASTILHO, Manoel Lauro Volkmer de. *Comentários sobre a Lei Anticorrupção*, 2016, p. 102.

27 Op. cit., 2021, p. 262.

28 Ibidem, p. 262.

Por fim, importante ressaltar que nem toda denúncia encaminhada à Administração Pública levará, necessariamente à instauração de processo administrativo. Nesses termos, conhecido o fato, deve a autoridade responsável instaurar procedimento preliminar, com o fito de buscar indícios de autoria e materialidade, de modo que apenas identificado um mínimo indiciário nesse sentido é que deverá ser dado seguimento ao processo disciplinar. Acerca desse procedimento inquisitorial, citamos a doutrina:

> [...] o PAR somente poderá ser instaurado quando já carreados elementos mínimos de autoria e materialidade a fundamentar a inauguração da seara processual contraditória. Quando ainda inexistentes tais elementos, muito embora a peça de denúncia ou representação, pela plausibilidade das informações externadas, não possa ser de plano desconsiderada, inicia-se o desenvolvimento de uma fase investigativa e inquisitorial a atender o processo, cujo escopo se destina à coleta de maiores indícios da ocorrência de atos lesivos à Administração Pública nacional e estrangeira.[29]

Essa investigação preliminar está prevista no art. 3º do Decreto n. 11.129, de 11.07.2022.

Feitas essas considerações, forçoso concluir que o administrador pode, ao final, concluir pelo arquivamento do procedimento preliminar, ou, por outro lado, instaurar-se o respectivo processo administrativo de responsabilização, previsto nos arts. 4º e seguintes do mesmo Decreto mencionado no parágrafo anterior.

Nesses moldes, apenas na ocorrência de algum vício é que pode ser configurada a responsabilidade por omissão daquele, uma vez que ainda lhe sobra algum grau de discricionariedade para a interpretação dos fatos apresentados. Em outras palavras, a simples divergência hermenêutica não deve levar à necessária responsabilização do agente omisso, não obstante justifique o ajuizamento da ação pelo Ministério Público. Por outro lado, caso o administrador venha a tomar ciência da infração e nem sequer determine a instauração de apuração preliminar, incidindo a prescrição quinquenal sobre a respectiva pretensão, neste caso haverá fortes indícios de omissão dolosa, que poderá ser devidamente apurada na ação ajuizada pelo Ministério Público, ou mesmo pela pessoa jurídica lesada.

Art. 21. Nas ações de responsabilização judicial, será adotado o rito previsto na Lei n. 7.347, de 24 de julho de 1985.

Parágrafo único. A condenação torna certa a obrigação de reparar, integralmente, o dano causado pelo ilícito, cujo valor será apurado em posterior liquidação, se não constar expressamente da sentença.

---

1. COMENTÁRIOS

Segundo o art. 21, ora comentado, deve ser utilizado o rito da Lei de Ação Civil Pública para fins de processamento das ações ajuizadas com base na Lei n. 12.846/2013. Trata-se de medida acertada, por estarem essas ações incluídas no chamado "microssistema processual civil de proteção de valores republicanos ligados à gestão dos negócios públicos",[30] do qual fazem parte também a Lei de Improbidade Administrativa

---

29 RIBEIRO, Márcio de Aguiar. *Responsabilização administrativa de pessoas jurídicas à luz da Lei Anticorrupção Empresarial*, 2017, p. 86.

30 MARTINS JÚNIOR, op. cit., p. 267.

e o Código de Defesa do Consumidor, naquilo que se refere à tutela dos direitos difusos, coletivos e individuais homogêneos.[31]

Nesse sentido, deverá ser aplicado o rito da Lei n. 7.347/85, naquilo em que a Lei Anticorrupção for omissa. Ou seja, a Lei n. 12.846/2013 será considerada norma especial em relação à Lei de Ação Civil Pública, de modo que "serão aplicadas as normas da Lei n. 12.846/2013 por conta do princípio da especialidade e havendo lacuna haverá a incidência de regras processuais das Leis n. 7.347/95 e n. 8.429/92". Ainda, de forma complementar, aplicar-se-á o Código de Processo Civil naquilo em que este não contrariar o quanto determinado nos diplomas referenciados.[32]

Assim, devido à aplicação subsidiária da Lei de Ação Civil Pública, no que tange à competência para o ajuizamento de referida ação, será necessário observar "o local em que foram praticados os atos que atentaram contra patrimônio público nacional ou estrangeiro, contra princípios da administração pública ou contra os compromissos internacionais assumidos pelo Brasil".[33] A propósito disso, é importante denotar que o Supremo Tribunal Federal declarou inconstitucional o art. 16 da Lei de Ação Civil Pública, que limitava a eficácia das sentenças proferidas em ações dessa natureza à competência territorial do órgão que a proferir.[34] Nesse sentido, é defensável que, em tese, decisões proferidas com base na Lei Anticorrupção tenham eficácia em todo o território nacional. Isso teria um efeito prático, por exemplo, em relação à penalidade de proibição de receber incentivos, subsídios, subvenções, doações ou empréstimos de órgãos ou entidades públicas e de instituições financeiras públicas ou controladas pelo poder público, pelo prazo mínimo de um e máximo de cinco anos. Interpretando os dispositivos de forma sistemática, é defensável que essa vedação se dê em todo o território nacional.

Por derradeiro, dispõe o parágrafo único do art. 21 que a condenação torna certa a obrigação de reparar, integralmente, o dano causado pelo ilícito, cujo valor será apurado em posterior liquidação, se não constar expressamente da sentença. Com efeito, "a reparação do dano não é tecnicamente sanção, senão consequência reagente à prática de ilícito com resultado material negativo".[35] A propósito, a confusão conceitual que existia na Lei de Improbidade Administrativa fora corrigida pela Lei n. 14.230/2021, o que deve ser encarado da mesma forma no âmbito da Lei Anticorrupção. Sobre essa alteração, comenta a doutrina:

> [...] o ressarcimento ao erário não é mais previsto como sanção – como de fato não é. Trata-se de consequência aplicável a todo aquele que causa prejuízo à Administração Pública – e a qualquer pessoa –, seja por ato de improbidade ou não, já que aquele que, por ato ilícito, causar dano a outrem, fica obrigado a repará-lo (art. 927, CC).

31 Cf. ibidem, p. 262.

32 Cf. RIBEIRO, Márcio de Aguiar. *Responsabilização administrativa de pessoas jurídicas à luz da Lei Anticorrupção Empresarial*, 2017, p. 143.

33 MARINELA, Fernanda; PAIVA, Fernando; RAMALHO, Tatiany. *Lei Anticorrupção*: Lei n. 12.846, de 1º de agosto de 2013, 2015, p. 96.

34 BRASIL. Supremo Tribunal Federal. *Recurso Extraordinário n. 1.101.937/SP*. Recorrentes: Caixa Econômica Federal e Banco Bradesco S/A. Recorrido: Instituto Brasileiro de Defesa do Consumidor. Relator: Min. Alexandre de Moraes, 14 de junho de 2021. Disponível em: https://portal.stf.jus.br/processos/detalhe.asp?incidente=5336275. Acesso em: 4 out. 2023.

35 MARTINS JÚNIOR, op. cit., p. 271.

> A própria sentença condenatória quanto a atos de enriquecimento ilícito ou de prejuízo ao erário, porém, deve condenar o réu a ressarcir os danos, além da perda de bens e valores ilicitamente adquiridos, sempre em favor da pessoa jurídica prejudicada (sujeito passivo do ato de improbidade).[36]

Diante disso, possível concluir que o regime da ação civil pública será aplicado subsidiariamente, naquilo que não contrariar as disposições específicas da Lei Anticorrupção, ressaltando-se que o ressarcimento ao erário será consequência da decisão condenatória, que tornará certa referida obrigação, a ser posteriormente liquidada.

36 FERNANDES, Felipe Gonçalves; PENNA, Rodolfo Breciani; PORTO, José Roberto Mello. *Manual de improbidade administrativa*, 2022, p. 60.

CAPÍTULO VII
DISPOSIÇÕES FINAIS

Art. 22. Fica criado no âmbito do Poder Executivo federal o Cadastro Nacional de Empresas Punidas - CNEP, que reunirá e dará publicidade às sanções aplicadas pelos órgãos ou entidades dos Poderes Executivo, Legislativo e Judiciário de todas as esferas de governo com base nesta Lei.

§ 1º Os órgãos e entidades referidos no *caput* deverão informar e manter atualizados, no Cnep, os dados relativos às sanções por eles aplicadas.

§ 2º O Cnep conterá, entre outras, as seguintes informações acerca das sanções aplicadas:

I - razão social e número de inscrição da pessoa jurídica ou entidade no Cadastro Nacional da Pessoa Jurídica - CNPJ;

II - tipo de sanção; e

III - data de aplicação e data final da vigência do efeito limitador ou impeditivo da sanção, quando for o caso.

§ 3º As autoridades competentes, para celebrarem acordos de leniência previstos nesta Lei, também deverão prestar e manter atualizadas no Cnep, após a efetivação do respectivo acordo, as informações acerca do acordo de leniência celebrado, salvo se esse procedimento vier a causar prejuízo às investigações e ao processo administrativo.

§ 4º Caso a pessoa jurídica não cumpra os termos do acordo de leniência, além das informações previstas no § 3º, deverá ser incluída no Cnep referência ao respectivo descumprimento.

§ 5º Os registros das sanções e acordos de leniência serão excluídos depois de decorrido o prazo previamente estabelecido no ato sancionador ou do cumprimento integral do acordo de leniência e da reparação do eventual dano causado, mediante solicitação do órgão ou entidade sancionadora.

---

1. COMENTÁRIOS

1.1. Cadastro Nacional de Empresas Punidas (CNEP)

O art. 22 da Lei n. 12.846/2013 (Lei de Combate à Corrupção - LCC, também chamada de Lei Anticorrupção - LA) instituiu um cadastro exclusivo para o sistema de responsabilização nela estabelecido e denomina-o "Cadastro Nacional de Empresas Punidas - CNEP". Toda empresa punida, seja com as penas de multa e/ou publicação extraordinária - previstas nos incisos I e II do art. 6º da LCC, que podem ser impostas na instância administrativa e, na omissão da Administração, na instância jurisdicional -, seja com as penas de perdimento de bens, direitos ou valores, suspensão ou interdição de suas atividades, dissolução compulsória ou proibição de receber incentivos, subsídios, subvenções, doações ou empréstimos de órgãos ou entidades públicas - previstas nos incisos I a IV do art. 19 da LCC, que podem ser impostas apenas na instância jurisdicional -, deve ser cadastrada no CNEP. Por força do § 3º do art. 22 são cadastradas também as empresas que celebrarem acordo de leniência, nos termos do art. 16 da LCC. Sendo um cadastro exclusivo do sistema da Lei n. 12.846/2013, que tem por objeto a responsabilização de pessoas jurídicas pela prática dos atos de corrupção arrolados em seu art. 5º, não se admite o cadastro de pessoas físicas.

1.2. Crítica à denominação

A denominação é passível de crítica, pois gera confusão com o Cadastro Nacional dos Entes Públicos (CNEP), instituído pela Resolução n. 76/2009 do Conselho Nacional de Justiça (CNJ), cadastro esse que tem por objetivo facilitar a identificação de entes públicos demandantes e demandados no Judiciário.[1] Como esse cadastro é anterior ao CNEP instituído pelo art. 22, ora comentado, deveria o legislador federal ter atribuído outra sigla. Como não o fez, diante da hierarquia das fontes normativas, é recomendável ao CNJ que altere a denominação do cadastro instituído pela referida Resolução n. 76/2009.

1.3. Conteúdo do cadastro

Por força do § 2º do art. 22 ora comentado, deve constar do cadastro:

- A razão social da empresa punida ou que celebrou acordo de leniência, bem como seu número de inscrição no CNPJ (inciso I do § 2º).
- O tipo de sanção (inciso II do § 2º).
- A data da aplicação e, quando for o caso, a data inicial e a data final da vigência do efeito limitador ou impeditivo da sanção (inciso III do § 2º).

O inciso III do § 2º não prevê expressamente a inserção da data inicial da vigência do efeito limitador ou impeditivo, mas, por interpretação, é possível supor que a exige. O inciso VI do art. 60 do Decreto n. 11.129/2022, regulamentador da Lei n. 12.846/2013, tornou a exigência expressa.

A sanção jurisdicional de proibição de receber incentivos, subsídios, subvenções, doações ou empréstimos, prevista no inciso IV do art. 19, dá-se pelo prazo de um a cinco anos, prazo fixado pelo magistrado na dosimetria da pena. Logo, se for aplicada essa sanção, devem ser registradas no cadastro a data inicial e a data final da vigência do efeito impeditivo. A sanção de suspensão ou interdição parcial de atividades, estabelecida no inciso II do art. 19, apesar da falta de previsão legal expressa, também pode ser limitada no tempo. Se for, a data final do efeito limitador deve ser inserida no cadastro.

Por força do art. 60 do Decreto federal n. 11.129/2022 também devem ser incluídos no cadastro, sem prejuízo de outros dados a serem estabelecidos pela Controladoria-Geral da União:

- A fundamentação legal da sanção.
- O número do processo no qual está fundamentada a sanção.
- O nome do órgão ou da entidade sancionadora.
- Quando aplicada a sanção de multa, o respectivo valor.

Por força dos §§ 3º e 4º do art. 22 da Lei n. 12.846/2013, devem, também, constar do cadastro:

- As informações sobre o acordo de leniência celebrado.
- As informações sobre o descumprimento do acordo de leniência.
- O escopo de abrangência da sanção, quando couber (sobre a abrangência da sanção, *vide* os comentários ao art. 22).

---

1 O cadastro é acessado no *site*: https://www.cnj.jus.br/cadastro-nacional-de-entes-publicos-cnep-resolucao-n-762009/. Acesso em: 30 maio 2023.

1.4. Portal do cadastro

O cadastro é mantido pela Controladoria-Geral da União (CGU), e seu acesso é restrito aos entes públicos. O § 1º do art. 22 da Lei de Combate à Corrupção criou para todos os órgãos e entes públicos que apliquem as sanções nela previstas a obrigação de informar e manter o cadastro atualizado. É discutível a possibilidade de a União estabelecer essa obrigatoriedade às demais entidades federativas. Na verdade, o dispositivo legal estabelece mais uma **exortação** do que propriamente uma **determinação**, pois, caso a entidade federativa descumpra o comando, não fica sujeita a qualquer consequência jurídica. Se, por exemplo, a multa prevista no inciso I do art. 6º da LCC foi imposta pela Prefeitura "X" ou pelo estado "Y", **recomenda-se** ao respectivo ente que cadastre a imposição no CNEP. Caso a imposição se dê pela via jurisdicional, **recomenda-se** ao órgão jurisdicional efetuar o cadastro ou oficiar ao Executivo para que o faça.

A CGU unificou o CNEP com o Cadastro Nacional de Empresas Inidôneas e Suspensas (CEIS), previsto no art. 23 da LCC.[2] O sistema está disponível no sítio http://www.ceiscadastro.cgu.gob.br. Ambos foram disciplinados pela Instrução Normativa n. 2, de 7 de abril de 2015, da CGU. Nos termos do art. 5º da resolução, as informações constantes dos cadastros são divulgadas no Portal da Transparência do Governo Federal, disponível no sítio http://www.portaltransparencia. gov.br/ceis/. Pelo que se extrai dos sites, o acesso ao cadastro é **restrito** aos órgãos públicos, mas o acesso ao portal de transparência é aberto a todos os administrados.

1.5. Finalidade do cadastro e interpretação dela decorrente

O direito à **imagem**, seguindo a classificação proposta por Luiz Alberto David Araujo, desdobra-se em:

- **Imagem-retrato**, decorrente da expressão física do indivíduo, protegida pelo inciso X do art. 5º da CF/88.
- **Imagem-atributo**, decorrente das características apresentadas socialmente por determinado indivíduo, protegida pelo inciso V do mesmo art. 5º.[3]

Enquanto as pessoas físicas possuem ambas as imagens, as pessoas jurídicas só possuem a imagem-atributo. Não obstante, trata-se, talvez, de um bem mais valioso para as pessoas jurídicas do que para as físicas, tanto que, muitas vezes, as pessoas jurídicas dependem de sua imagem para sobreviver. Com efeito, dependendo do caso, o dano à imagem-atributo da pessoa jurídica acarreta sua própria extinção. Imagine-se uma empresa produtora de alimentos que possua a imagem consagrada de ser uma desrespeitadora de normas sanitárias; dificilmente sobreviverá.

Justamente por isso uma das sanções previstas na Lei n. 12.846/2013 é a da **publicação extraordinária** da decisão condenatória (art. 6º, II), consistente na publicação do extrato da sentença, a expensas da pessoa jurídica, em meio de comunicação de grande circulação na área da prática da infração e de atuação da apenada ou, na sua falta, em publicação de circulação nacional, bem como na afixação de edital, com prazo mínimo de 30 dias, no próprio estabelecimento ou no local de exercício da atividade, de modo visível ao público, e no sítio eletrônico da rede mundial de computado-

2 O acesso dá-se no *site*: http://www.cgu.gov.br/assuntos/responsabilizacao-de-empresas/sistema-integrado-de-registro-do-ceis-cnep. Acesso em: 30 maio 2023.

3 ARAUJO, Luiz Alberto David. *A proteção constitucional da própria imagem*, 1996, p. 27-32.

res (art. 6º, § 5º). A publicação da decisão que condena a pessoa jurídica por atos de corrupção macula sua imagem-atributo e, pois, consiste em verdadeira **pena**. A lei tanto reconhece a gravidade da sanção que possibilita à empresa, por meio da celebração do acordo de leniência, afastá-la. Deveras, um dos motivos para a empresa celebrar o acordo e, pois, colaborar com as investigações é justamente o afastamento da sanção de publicação extraordinária (art. 16, § 2º).

Pressupõe-se que as normas jurídicas fazem parte de um sistema coerente.[4] Atribuída ao art. 22, em assonância com a maioria da doutrina, a exegese de que deva ser dado ao CNEP acesso a todos os administrados, resta indagar: qual o sentido da sanção da publicação extraordinária e de sua isenção pela celebração do acordo de leniência? Perceba-se: a lei deixa claro que a sanção de multa pode ser imposta **sem** cumulação com a publicação extraordinária. A publicação extraordinária dá-se no sítio eletrônico por 30 dias. O acordo de leniência evita a publicação, justamente para não acarretar dano à imagem-atributo da empresa. Ora, nada disso faz sentido se, uma vez punida, ela passa a constar de um cadastro, cujos dados são divulgados ao público em geral. Sua imagem-atributo será, independentemente da aplicação da sanção de publicação extraordinária, sempre comprometida. E mais: a isenção prevista no § 2º do art. 16, em decorrência da celebração do acordo de leniência, não teria o mínimo sentido, tendo em vista que a empresa, por força da celebração, é inserida no cadastro, nos termos do § 3º do art. 22.

Por essas razões, a única interpretação possível a ser dada ao art. 22 é que o CNEP, nele instituído, não permitirá, **jamais**, o acesso público. As informações nele registradas não podem ser divulgadas à sociedade. Caso sejam, estar-se-á criando uma **sanção** não prevista na Lei n. 12.846/2013 e, na hipótese de celebração do acordo de leniência, violando a isenção estabelecida no § 2º do art. 16, em flagrante atentado à lealdade e à boa-fé. A divulgação das informações registradas no CNEP importará em **dano moral** à pessoa jurídica objeto do cadastro, por violação à sua **imagem-atributo**. Dito isso, registra-se: por um lado, agiu bem a CGU ao restringir o acesso ao cadastro aos entes e órgãos públicos; por outro, agiu mal ao estabelecer, no art. 5º da Instrução Normativa n. 2/2015, a divulgação no Portal da Transparência do Governo Federal das informações constantes do cadastro. Enfatiza-se: a divulgação das informações do CNEP no Portal da Transparência é **ilícita** e gerará dano moral à pessoa jurídica por ofensa à sua imagem-atributo.

Discorda-se, pois, de Antonio Araldo Ferraz Dal Pozzo, Augusto Neves Dal Pozzo, Beatriz Neves Dal Pozzo e Renan Marcondes Facchinatto, para quem a finalidade do CNEP é dar "ampla publicidade a respeito das empresas que tenham celebrado acordo de leniência ou que tenham sido condenadas pela prática de ato lesivo à Administração Pública".[5] A finalidade é dar conhecimento da condenação ou da celebração de

4 Adota-se a teoria da interpretação criativa de DWORKIN, Ronald. *O império do direito*, 2003.

5 DAL POZZO, Antonio Araldo Ferraz et al. *Lei Anticorrupção*: apontamentos sobre a Lei n. 12.846/2013, 2015, p. 226. Os autores, por outro lado, consideram a sanção de publicação extraordinária de "constitucionalidade duvidosa", por expressar "caráter de pessoalidade" (p. 220). Pouco adiante, asseveram sobre a referida sanção: "a pena de publicação extraordinária não passa de uma potencial excrescência cujo único propósito há de ser o de humilhar e expor, ainda mais, a condenação da pessoa jurídica, para lhe causar verdadeira associação à imagem de 'corrupta'" (p. 222). Sem desprestigiá-los, discorda-se. A sanção é grave, mas é proporcional. A depender do comportamento da pessoa jurídica, em especial de seu esforço na efetivação de um programa de integridade, a pena de publicação extraordinária não será aplicada. Sua aplicação decorre de uma atuação, por parte da empresa, pouco comprometida com o combate à corrupção. Por outro lado, a ampla publicidade do CNEP pode gerar uma superexposição tão ou mais intensa do que a gerada pela publicação extraordinária.

acordo de leniência, ou a violação deste, apenas aos **entes** e **órgãos** públicos. Discorda-se, também, de Guilherme de Souza Nucci, para quem, caso se concentre o cadastro ao âmbito interno da própria Administração, ele terá "pouca utilidade".[6] A utilidade do cadastro é manifesta, por força de três fatores.

Primeiro: ele informa a todos os entes e órgãos públicos se a pessoa jurídica já foi punida por ato de corrupção, informação relevante para a **dosimetria** da sanção. O inciso V do art. 22 do Decreto n. 11.129/2022 determina, para o cálculo do valor da multa prevista no inciso I do art. 6º da Lei n. 12.846/2013, a soma de 3% do faturamento bruto da pessoa jurídica, no último exercício, em decorrência da reincidência, entendida esta como a ocorrência de nova infração tipificada no art. 5º da Lei n. 12.846/2013, em menos de cinco anos, contados da publicação do julgamento da infração anterior. Só a consulta ao CNEP permitirá ao aplicador da sanção apurar se houve ou não condenação nos últimos cinco anos.

Segundo: o cadastro informa se houve descumprimento do acordo de leniência e, assim, se a pessoa jurídica está impedida de celebrar novo acordo. Dessarte, reza o § 8º do art. 16 da Lei de Combate à Corrupção que o descumprimento do acordo de leniência impede a pessoa jurídica de celebrar novo acordo pelo prazo de três anos, contados do conhecimento pela Administração Pública do referido descumprimento. Só a consulta ao CNEP permitirá à autoridade saber se houve ou não descumprimento do acordo.

Terceiro: o cadastro interfere no exercício da competência discricionária da Administração. O fato de a pessoa jurídica constar do cadastro como sancionada ou como descumpridora do acordo de leniência não autoriza a Administração Pública a impedi-la de participar de certames licitatórios. É, porém, um elemento a ser considerado quando da escolha discricionária da contratante em hipóteses de contratação direta por dispensa ou inexigibilidade de licitação. Com efeito, havendo a possibilidade de escolher entre duas ou mais empresas, estando uma cadastrada no CNEP, por ter sido punida ou por ter descumprido acordo de leniência, deverá o agente público, regra geral, escolher outra. Isso porque o exercício da discricionariedade impõe ao agente público a escolha da **melhor** solução para o interesse público.[7] Logo, configurando-se a competência discricionária para a escolha entre duas ou mais empresas, o fato de uma empresa ter sido punida por ato de corrupção ou o fato de ter descumprido acordo de leniência impede sua escolha. É a consulta ao CNEP que permitirá ao agente administrativo bem exercer a competência discricionária nas hipóteses de contratação direta.

1.6. Pressupostos para inserção no cadastro

Vicente Greco Filho e João Daniel Rossi afirmam que a inserção no cadastro só pode dar-se quando a decisão se torne definitiva no âmbito administrativo ou quando haja

---

6 NUCCI, Guilherme de Souza. *Corrupção e anticorrupção*, 2015, p. 202. Apesar disso, segundo o penalista, caso se admita que os dados sejam exibidos ao público em geral, a medida pode se tornar uma "via de mão única para a completa dissolução da empresa" (p. 202). E, logo em seguida, reconhece que, nesse caso, a pena pode transformar-se em "pena perpétua, de caráter irrecuperável" (p. 202). Justamente por esses motivos não se pode admitir a exibição ao público dos dados inseridos no CNEP.

7 Nesse sentido, afirma Celso Antônio Bandeira de Mello: "A discrição é a mais completa prova de que a lei sempre impõe o comportamento ótimo" (*Discricionariedade administrativa e controle jurisdicional*, 1996, p. 32). E pouco adiante: "A discrição nasce precisamente do propósito normativo de que só se tome a providência excelente, e não a providência sofrível e eventualmente ruim, porque, se não fosse por isso, ela teria sido redigida vinculadamente" (p. 35).

o trânsito em julgado no âmbito jurisdicional.[8] Discorda-se: uma vez aplicada a sanção, a empresa deve ser inserida no cadastro, ressalvada a possibilidade de haver **suspensão da decisão**. Nesse caso, de duas, uma: ou se retira a empresa do cadastro, ou se insere a informação de que a sanção foi suspensa, não podendo ser considerada, enquanto perdurar a suspensão, para os três efeitos dantes referidos.

Na instância administrativa, nos termos do art. 61 da Lei n. 9.784/99, a regra é que o **recurso administrativo** não tenha efeito suspensivo, sendo essa regra afastada quando:

- Houver expressa previsão legal em sentido contrário.
- A autoridade recorrida ou a imediatamente superior, de ofício ou a pedido do recorrente, der efeito suspensivo ao recurso.

Se o recurso administrativo não suspendeu os efeitos da decisão punitiva, não há razão jurídica obstante da inserção da pessoa jurídica no cadastro. Na instância jurisdicional, se, por um lado, a regra é que a apelação tenha efeito suspensivo (CPC/2015, art. 1.012, *caput*), por outro, a regra é que os recursos especial e extraordinário não o tenham (CPC/2015, art. 1.029, § 5º). Condicionar a inserção no CNEP ao trânsito em julgado é atribuir, em desrespeito aos respectivos dispositivos legais, efeito suspensivo aos recursos que não o tenham.

1.7. Exclusão do cadastro

A exclusão está disciplinada no § 5º do art. 22 da Lei de Combate à Corrupção. O dispositivo distingue duas hipóteses:

- A exclusão depois de decorrido o prazo previamente estabelecido no ato sancionador.
- A exclusão após o cumprimento integral do acordo de leniência e da reparação do dano causado.

Nas duas hipóteses a exclusão deve ser requerida pelo órgão ou entidade sancionadora. Evidente que a pessoa jurídica interessada deve requerer ao órgão público a exclusão e o órgão, verificado o cumprimento das exigências legais – decurso do prazo ou cumprimento do acordo e reparação integral do dano –, deve requerê-la à CGU.

Quando imposta uma sanção da Lei de Combate à Corrupção, seja pela autoridade administrativa, seja pela autoridade jurisdicional, o aplicador deve estabelecer o prazo em que a sanção deve permanecer no cadastro. Nos termos já expostos, durante o período de cinco anos, contados da aplicação da sanção, a empresa pode ser considerada **reincidente** (Decreto n. 11.129/2022, art. 22, V). O agente público não pode estabelecer prazo menor para a permanência do registro no CNEP, pois, do contrário, estaria, por via transversa, afastando a reincidência. Passado o referido prazo, a pessoa jurídica continuará cadastrada se tiver ocorrido dano ao erário e ela não tiver efe-

8 GRECO FILHO, Vicente; RASSI, João Daniel. *O combate à corrupção e comentários à Lei de Responsabilidade de Pessoas Jurídicas*, 2015, p. 208. Explicam os autores: "Os efeitos das decisões, quer a administrativa, quer a judicial, são muito graves e, portanto, enquanto mutáveis, por via de recurso, não devem constar de cadastro público e dada publicidade geral. O respeito à integridade da pessoa e renome, inclusive da pessoa jurídica, exige essa cautela eis que não se pode esquecer que pessoas físicas podem também eventualmente ser punidas com sanções da Lei" (p. 208).

tuado a integral reparação, ou se tiver descumprido o acordo de leniência.[9] Ficará eternamente no registro? Daí a finalidade do estabelecimento de prazo no ato sancionador: caberá a este estabelecer o prazo, respeitado o prazo mínimo de cinco anos em que subsistirá o registro.

Suponha-se que o ato sancionador estabeleça que o registro permanecerá pelo prazo de oito anos. Passados os oito anos, mesmo não havendo reparação integral do dano, cumprimento integral do acordo ou pagamento integral da multa, o registro é suprimido. Suponha-se, nesse caso, que após cinco anos – prazo durante o qual a pessoa jurídica é considerada reincidente – tenha ocorrido a reparação integral do dano e, caso celebrado, o cumprimento integral do acordo de leniência. Nessa hipótese, a despeito de não ter decorrido o prazo estabelecido na decisão sancionadora, tem a empresa direito à **reabilitação** e, com ela, à exclusão do cadastro. Essa é a interpretação correta do dispositivo legal.

O regulamento estabeleceu outro regime, próximo do previsto no art. 163 da Lei n. 14.133/2021, e, ao fazê-lo, violou a disciplina legal. Por força do art. 62 do Decreto n. 11.129/2022, a exclusão se dá em duas hipóteses:

- Com o fim do efeito limitador ou impeditivo da sanção ou depois de decorrido o prazo previamente estabelecido no ato sancionador.
- A pedido da pessoa jurídica interessada, após a publicação da decisão de reabilitação da pessoa sancionada, o cumprimento integral do acordo de leniência, a reparação do dano causado, a quitação da multa aplicada e o cumprimento da pena de publicação extraordinária da decisão administrativa sancionadora.

A disciplina é inválida, não apenas por violar a previsão do § 5º do art. 22 da lei federal, mas por estabelecer um regime incoerente. Dessarte, pelo regime regulamentar, ao término do efeito limitador ou impeditivo, a sanção é excluída de ofício do cadastro. Assim, suponha-se que a empresa seja sancionada com a proibição de receber incentivos, subsídios etc., pelo prazo de um ano. Ao final do prazo, a sanção é suprimida do cadastro, nos termos do inciso I do art. 62 do Decreto n. 11.129/2022. Nesse caso, como apurar a reincidência? Perceba-se: a exclusão não pode ocorrer antes de completados cinco anos, pois durante esse período a empresa pode ser considerada reincidente.

1.8. Comunicação à pessoa jurídica cadastrada

Afirmou-se que, em respeito à imagem-atributo da pessoa jurídica, o CNEP deve ser restrito aos órgãos e entidades públicas. A empresa cadastrada, contudo, tem **direito subjetivo** de ter integral conhecimento de todo os dados a seu respeito inseridos no cadastro. Efetuada a inserção das informações, deve o Poder Público comunicar o fato ao cadastrado. Concorda-se com Vicente Greco Filho e João Daniel Rossi quando afirmam a aplicação do regime estabelecido na Lei n. 9.507/97.[10]

Se não for comunicada ou se desconfiar que não lhe foi informado tudo que fora cadastrado a seu respeito, tem a pessoa jurídica o direito de solicitar o acesso às informações. A recusa ou o não deferimento no prazo de dez dias, contados do requerimento, assegura-lhe o interesse de agir para impetração de *habeas data* (Lei n. 9.507/97, art. 8º, parágrafo único, I). Se constatar alguma incorreção ou omissão de dados no re-

---

9 Discorda-se, pois, de Vicente Greco Filho e João Daniel Rassi quando sustentam, por analogia ao art. 25 da Lei n. 12.846/2013, que o registro deve perdurar pelo máximo de cinco anos (op. cit., 2015, p. 209).

10 Op. cit., 2015, p. 209.

gistro, tem o direito de solicitar a retificação ou a inserção da informação, e, não atendido o pedido no prazo de 15 dias, caracteriza-se, também, o interesse de agir para impetração de *habeas data* (art. 8º, parágrafo único, II e III). Finalmente, com o decurso do prazo fixado no ato sancionador ou, no caso de celebração de acordo, com o cumprimento do acordo e a reparação integral do dano, tem a pessoa jurídica o direito de solicitar a exclusão. Se indeferida ou não efetuada a exclusão no prazo de 15 dias, contado do requerimento, também se caracteriza o interesse de agir para impetração do *habeas data*.

Art. 23. Os órgãos ou entidades dos Poderes Executivo, Legislativo e Judiciário de todas as esferas de governo deverão informar e manter atualizados, para fins de publicidade, no Cadastro Nacional de Empresas Inidôneas e Suspensas – CEIS, de caráter público, instituído no âmbito do Poder Executivo federal, os dados relativos às sanções por eles aplicadas, nos termos do disposto nos arts. 87 e 88 da Lei n. 8.666, de 21 de junho de 1993.

---

1. COMENTÁRIOS

1.1. Cadastro Nacional de Empresas Inidôneas e Suspeitas (CEIS)

O Cadastro Nacional de Empresas Inidôneas e Suspeitas (CEIS) foi inicialmente instituído pela Portaria n. 516, de 15 de março de 2010, da Controladoria-Geral da União (CGU). A Lei n. 12.846/2013 pretendeu impor a todos os entes e órgãos públicos o dever de informar a CGU sobre as sanções impostas aos licitantes e contratados da Administração Pública. Reitera-se o afirmado em relação ao CNEP: considera-se que o legislador federal não tem competência para impor essa obrigatoriedade às demais entidades federativas. Trata-se de uma **exortação** legal e não de uma **determinação**, pois, caso as demais entidades descumpram a "determinação", não serão sancionadas. A obrigatoriedade só é, de fato, vinculante aos entes e órgãos federais.

Apesar da redação do art. 23 da Lei n. 12.846/2013, o CNEP abrange todas as sanções administrativas obstativas de participação em licitações públicas ou procedimentos assemelhados e de contratação com a Administração. O art. 23 reporta-se apenas aos arts. 87 e 88 da Lei n. 8.666/93 – correspondentes aos art. 156 da Lei n. 14.133/2021 –, mas o CNEP abrange, nos termos do art. 58 do Decreto federal n. 11.129/2022:

- A suspensão temporária de participação em licitação e impedimento de contratar com a Administração prevista no inciso III do art. 87 da Lei n. 8.666/93 – correspondente ao inciso III do art. 156 da Lei n. 14.133/2021.
- A declaração de inidoneidade para licitar e contratar com a Administração prevista no inciso IV do art. 87 da Lei n. 8.666/93 – correspondente ao inciso IV do art. 156 da Lei n. 14.133/2021.
- O impedimento de licitar e contratar com a Administração previsto no art. 7º da Lei n. 10.520/2002 (Lei do Pregão – revogada), no art. 47 da Lei n. 12.462/2011 (Lei do regime diferenciado de licitações e contratos – RDC – revogada) e no inciso III do *caput* do art. 156 da Lei 14.133/2021).
- A suspensão temporária de participação em licitação e o impedimento de contratar com a Administração, bem como a declaração de inidoneidade, previstos, respectivamente, nos incisos IV e V do art. 33 da Lei n. 12.527/2011 (Lei do Acesso à Informação);
- A declaração de inidoneidade para participar de licitação prevista no art. 46 da Lei n. 8.443/92 (Lei Orgânica do TCU).

- A proibição de contratar com o Poder Público estabelecida no art. 12 da Lei n. 8.429/92 (Lei de Improbidade Administrativa).
- A proibição de contratar e participar de licitações com o Poder Público, prevista no art. 10 da Lei n. 9.605/98 (Lei de Crimes Ambientais).
- A declaração de inidoneidade prevista no inciso V do *caput* do art. 78-A c/c o art. 78-I da Lei n. 10.233/2001.

A enumeração é meramente exemplificativa. Perceba-se que no decreto não há menção expressa:

- À suspensão temporária/impedimento de contratar e à declaração de inidoneidade previstas na letra *g* do inciso II do art. 45 da Lei do RDC.[11]
- À suspensão temporária de participar de chamamento público/impedimento de celebrar parceria e a declaração de inidoneidade para participar de chamamento/celebrar parceria previstas, respectivamente, nos incisos II e III do art. 73 da Lei n. 13.019/2014 (Lei de parcerias com as organizações da sociedade civil).

Não constam da enumeração do art. 58, mas devem ser registradas no cadastro. É bem apropriada, por isso, a regra estabelecida no art. 58, parágrafo único, do Decreto n. 11.129/2022, que admite o registro de todas as sanções que impliquem restrição ao direito de participar de licitações ou de celebrar contratos com a Administração Pública, "ainda que não sejam de natureza administrativa".

A ressalva final do art. 58, parágrafo único, do Decreto n. 11.129/2022 tem em vista a controvérsia referente ao conceito de "sanção administrativa". Para a maioria da doutrina, a nota diferencial da sanção administrativa está na competência: é a sanção imposta por agente no exercício de função administrativa.[12] Segundo esse conceito, a sanção de improbidade não seria uma sanção administrativa, pois é imposta por magistrado no exercício de função jurisdicional. Em decorrência do caráter problemático do critério diferenciador, concorda-se com José Roberto Pimenta Oliveira: na verdade, existem vários sistemas, esferas ou instâncias de responsabilidade.[13] Dito isso, reconhece-se: deve ser inserida no CEIS toda sanção que impeça a participação em licitações públicas (ou procedimentos assemelhados, como os chamamentos públicos) e a contratação com a Administração Pública.

1.2. Finalidade do CEIS

A finalidade do CEIS é dar publicidade à aplicação das sanções obstativas de participação em licitação e contratação com a Administração. Há nessa finalidade um problema. Ela dá a entender que, quando há o cadastro no CEIS, a cadastrada fica impedida de participar de qualquer licitação e de contratar com qualquer órgão ou ente público. Tal conclusão, porém, é de supina improcedência. Boa parte da doutrina de-

11 Ao intérprete apressado pode parecer que no RDC não são aplicáveis as sanções previstas nos incisos III e IV do art. 87 da Lei n. 8.666/93. A letra *g* do inciso II do art. 45 impõe o entendimento contrário. Sobre o tema, *vide*: MARTINS, Ricardo Marcondes. "Sanções administrativas no regime diferenciado de contrações públicas. RDC". *Revista Brasileira de Infraestrutura - RBINF*, Belo Horizonte, ano 4, n. 8, p. 47-88, jul.-dez. 2015b, p. 62.

12 Por todos: BANDEIRA DE MELLO, Celso Antônio. *Curso de direito administrativo*, 2015, p. 871; VITTA, Heraldo Garcia. *A sanção no direito administrativo*, 2003, p. 32; OLIVEIRA, Regis Fernandes de. *Infrações e sanções administrativas*, 2005, p. 52. *Vide* em especial: MARTINS, op. cit., 2015b, p. 49 et seq.

13 OLIVEIRA, José Roberto Pimenta. *Improbidade administrativa e sua autonomia constitucional*, 2009, p. 85-6.

fendia, na vigência da Lei n. 8.666/93, a tese de que a **suspensão temporária** se restringe ao órgão que a impõe, enquanto a **declaração de inidoneidade** se estende a todos os entes federativos.[14] A tese fundamentava-se na **literalidade** dos incisos III e IV do art. 87 da Lei n. 8.666/93: na utilização da palavra "Administração" no inciso III e da expressão "Administração Pública" no inciso IV. E isso porque, segundo o inciso XI do art. 6º da Lei n. 8.666/93, "Administração Pública" compreendia a administração direta e indireta da União, estados, DF e municípios, e, segundo o inciso XII do referido art. 6º, "Administração" consistia no "órgão, entidade ou unidade administrativa pela qual a Administração Pública opera e atua concretamente".

Na jurisprudência também havia controvérsia: o STJ firmou o entendimento de que ambas as sanções têm a mesma extensão – impedem o infrator de participar de licitações e contratar com a Administração em qualquer entidade federativa.[15] O TCU acolheu a posição da doutrina dominante e reconheceu a restrição da suspensão temporária ao órgão ou entidade que a aplica.[16] Apesar de minoritária, considera-se, nesse tema, a posição de Francisco Zardo[17] e de Joel Niebuhr[18] a mais acertada. Argumenta Zardo que a competência atribuída literalmente ao Ministro e ao Secretário, no § 3º do art. 87 da Lei n. 8.666/93, não impedia, por exemplo, que o Presidente de um Tribunal punisse os licitantes nas licitações realizadas perante o Poder Judiciário, pois o Poder Judiciário tem autonomia administrativa.[19] Lembra a lição de Marcelo Madureira Prates,[20] segundo a qual o limite material para imposição da sanção administrativa é a "pertinência entre a pena imposta e as atribuições desempenhadas pela autoridade que a aplica",[21] e concluiu que um ministro de Estado não pode impor sanção ao administrado de modo a impedi-lo de contratar com o Poder Judiciário ou com o Poder Legislativo.

A diferença de **extensão** entre a **suspensão temporária** e a **declaração de inidoneidade** dava-se não em decorrência da literalidade do texto legal – Administração Pública e Administração –, mas em decorrência do âmbito de abrangência da competência da autoridade que impõe a sanção: a **suspensão temporária** incide apenas sobre o órgão ou entidade contratante. Assim, uma suspensão temporária imposta pelo Diretor de uma Autarquia restringir-se-á à Autarquia; imposta por um Secretário, restringir-se-á à Secretaria; imposta por um Ministro, restringir-se-á ao Ministério; imposta por um Diretor, restringir-se-á ao Departamento; se imposta pelo Presidente da Re-

---

14 Por todos: SANTOS, Márcia Walquiria Batista dos. "Sanções administrativas: suspensão temporária e declaração de inidoneidade – extensão". In: DI PIETRO, Maria Sylvia Zanella et al. *Temas polêmicos sobre licitações e contratos*, 2001, p. 338; PEREIRA JUNIOR, Jessé Torres. *Comentários à Lei das Licitações e Contratações da Administração Pública*, 2003, p. 826.

15 STJ, RMS n. 32.628/SP, 2ª T., rel. Min. Mauro Campbell Marques, j. 06.09.2011, *DJe* 14.09.2011. Consta da ementa: "Não é demais destacar que neste Tribunal já se pontuou a ausência de distinção entre os termos Administração e Administração Pública, razão pela qual a sanção de impedimento de contratar estende-se a qualquer órgão ou entidade daquela". No mesmo sentido: STJ, REsp n. 151.567/RJ, 2ª T., rel. Min. Francisco Peçanha Martins, j. 25.02.2003, *DJ* 14.04.2003, p. 208, *RSTJ* 170/167.

16 TCU, Pleno, TC-016737/1999-7, Decisão n. 36/2001, rel. Min. Walton Alencar Rodrigues, j. 07.02.2001, *DOU* 23.02.2001. No mesmo sentido: TCU n. 017.801/1995-8, Decisão n. 352/98, rel. Min. Bento José Bugarin, j. 10.06.1998.

17 ZARDO, Francisco. *Infrações e sanções em licitações e contratos administrativos*, 2015, p. 177-83.

18 NIEBUHR, Joel de Menezes. *Licitação pública e contrato administrativo*, 2013, p. 1.017-9.

19 ZARDO, op. cit., 2015, p. 178.

20 PRATES, Marcelo Madureira. *Sanção administrativa geral*: anatomia e autonomia, 2005, p. 125.

21 ZARDO, op. cit., 2015, p. 178.

pública, restringir-se-á à Administração direta do Executivo federal etc. Esse parecia ser o entendimento do TCU.[22]

Já a **declaração de inidoneidade**, de competência exclusiva, nos termos do § 3º do art. 87 da Lei n. 8.666/93 - correspondente ao § 6º do art. 155 da Lei n. 14.133/2021 –, do Ministro ou do Secretário, estende-se a todos os órgãos da Administração direta e indireta do Poder Executivo da respectiva entidade federativa, mas não se estende aos outros Poderes, nem às outras entidades federativas. Tal entendimento observa duas diretrizes:

- Por força do **princípio federativo** um ente federativo não pode ser obrigado a aceitar a penalidade imposta administrativamente por outro.[23]
- Por força do **princípio da separação dos poderes**, a Administração de um poder não pode ser obrigada a aceitar a penalidade imposta, no controle interno, pela Administração de outro poder.[24]

Justamente por força dessas duas diretrizes são inconstitucionais os §§ 4º e 5º da Nova Lei de Licitações e Contratos Administrativos (Lei n. 14.133/2021), que acolheram a posição da doutrina majoritária. Por força da literalidade do § 4º, a sanção de impedimento de licitar e contratar impede o responsável de licitar e contratar no âmbito da Administração Pública direta e indireta do ente federativo que tiver aplicado a sanção, pelo prazo máximo de três anos. Por força da literalidade do § 5º, a sanção de declaração de inidoneidade para licitar e contratar impede o responsável de licitar ou contratar no âmbito da Administração Pública direta e indireta de todos os entes federativos, pelo prazo mínimo de três anos e máximo de seis anos. A única exegese que viabiliza a manutenção de ambas as sanções no ordenamento jurídico é restringir o âmbito de incidência de ambas, em uma interpretação conforme a Constituição: a primeira só se aplica ao órgão ou entidade que a impôs; a segunda só se aplica à Administração do Poder que a impôs.

Esse entendimento torna perfeitamente coerente a sanção de proibição de contratar com a Administração por até 14, 12 e 4 anos, imposta, respectivamente, aos atos de improbidade administrativa por enriquecimento ilícito, prejuízo ao erário e violação dos princípios da Administração, nos termos, também respectivamente, dos incisos I, II e III do art. 12 da Lei n. 8.429/92 (Lei de Improbidade), com a redação dada pela Lei n. 14.230/2021. Trata-se de sanção imposta pela autoridade jurisdicional,

---

22 TCU, Pleno, TC-033.867/2011-9, Decisão n. 3439/12, rel. Min. Valmir Campelo, j. 10.12.2012. Transcreve-se o afirmado no voto do Relator: "5. No que se refere à sugestão da representante do Ministério Público de suscitar incidente de uniformização de jurisprudência, na forma do art. 91 do Regimento Interno, entendo não ser o caso, visto que as deliberações do Plenário são praticamente uniformes no sentido de que 'a suspensão do direito de licitar abrange apenas o órgão ou a entidade contratante que aplicou a penalidade', conferindo, portanto, interpretação restritiva aos ditames legais previstos na Lei de Licitações e Contratos".

23 Cf. NIEBUHR, op. cit., 2013, p. 1.018; ZARDO, op. cit., 2015, p. 180.

24 Cf. NIEBUHR, op. cit., 2013, p. 1.018; ZARDO, op. cit., 2015, p. 181. Fazem-se ressalvas às diretrizes mencionadas por Niebuhr e Zardo. À afirmação de que "um ente federativo não pode ser obrigado a aceitar penalidade imposta por outro" acresce-se "administrativamente". A penalidade imposta pelo Judiciário da União impõe-se, sim, aos estados e aos municípios. À afirmação de que "um poder não pode ser compelido a aceitar penalidade administrativa imposta por outro" acresce-se "a Administração de um poder" e "no controle interno". O Tribunal de Contas pertence ao Poder Legislativo e exerce função administrativa (cf. MARTINS, Ricardo Marcondes. *Efeitos dos vícios do ato administrativo*, 2008, p. 369-72). A declaração de inidoneidade imposta pelo TCU, com fundamento no art. 46 da Lei n. 8.443/93, impõe-se ao Poder Executivo Federal. Assim, a sanção administrativa estabelecida pela Administração de um Poder, no exercício de controle externo, impõe-se, sim, à Administração de outro Poder. Sobre o tema, *vide*: MARTINS, op. cit., 2015b, p. 67-70.

mais grave do que as sanções administrativas estabelecidas nas leis de licitação, pois em razão dela o ímprobo fica proibido de contratar com a Administração de qualquer dos Poderes e de qualquer dos entes federativos.[25] Vale notar que a Lei de Combate à Corrupção não estabeleceu sanção tão grave: a sanção jurisdicional prevista no inciso IV do art. 19 da Lei n. 12.846/2013 consiste na proibição, pelo prazo de um a cinco anos, de receber incentivos, subsídios, subvenções, doações e empréstimos do poder público, não abrangendo o direito de participar de licitação e de ser contratado pela Administração.[26]

Posto isso, só a sanção de improbidade se estende a todos os entes e órgãos públicos. Todas as demais sanções obstativas de participação em licitação, a partir de uma correta compreensão do ordenamento, têm eficácia limitada. Logo, o fato de a entidade estar cadastrada no CEIS não implica, automaticamente, a impossibilidade de participar de licitação ou de ser diretamente contratada pela Administração. Há que examinar a extensão da sanção aplicada. Por isso, é de fundamental importância que constem do CEIS informações que possibilitem identificar a espécie de sanção, dentre elas o respectivo fundamento legal. Caso haja omissão na identificação ou informação equivocada, aplica-se, também aqui, o regime da Lei do *Habeas Data* (Lei n. 9.507/97), nos termos já referidos quando do exame do CNEP.

Apesar dessa ressalva, não se impõe ao CEIS a mesma restrição imposta ao CNEP. Nos termos já explicados, dar ampla publicidade ao CNEP, possibilitando que todo administrado tenha acesso às informações nele cadastradas, viola a Lei n. 12.846/2013, pois configura grave sanção não prevista em lei. Ao revés, nada impede que todo administrado tenha acesso ao CEIS. A divulgação da informação de que foi obstada de participar de licitação ou de contratar com a Administração não importa em grave violação à imagem-atributo da pessoa jurídica. Pelo contrário, a divulgação é condição necessária para que o administrado possa impugnar a participação indevida no certame ou a contratação indevida. Assim, em relação às sanções do CEIS não só é permitida a divulgação como é devida, sob pena de ineficácia da própria sanção. Essa interpretação encontra amparo no texto normativo: o art. 23 da Lei n. 12.846/2013 expressamente atribui ao CEIS o "caráter público"; o art. 22 não faz o mesmo em relação ao CNEP. Aplica-se o argumento *a contrario*: caso se pretendesse atribuir ao CNEP caráter público, a expressão também constaria do *caput* do art. 22.[27]

A CGU, por meio da Instrução Normativa n. 2/2015, unificou os cadastros, criando, no art. 2º, um sistema integrado de registro de CEIS/CNPE, mas restringiu o acesso aos órgãos públicos. De modo que, diante da restrição de acesso, a unificação não é inválida. Em contrapartida, o art. 5º da Instrução Normativa n. 2/2015 preceitua que as informações constantes do Sistema sejam divulgadas no Portal da Transparência do Governo Federal, de amplo acesso a todos os administrados. Essa divulgação só é válida, pelos motivos expostos, em relação às informações do CEIS.

1.3. Finalidade do art. 23 da Lei n. 12.846/2013

O art. 23 estabelece uma norma heterotópica: apesar de integrar a Lei de Combate à Corrupção, não está diretamente relacionada com o sistema de responsabilização

---

25 Cf. ZARDO, op. cit., 2015, p. 181.

26 Por todos: PETRELLUZZI, Marco Vinicio; RIZEK JUNIOR, Rubens Naman. *Lei Anticorrupção*: origens, comentários e análise da legislação correlata, 2014, p. 98-9.

27 Sobre o argumento *a contrario*, *vide*: MARTINS, Ricardo Marcondes. *Regulação administrativa à luz da Constituição Federal*, 2011, p. 66-71.

nela estabelecido. A heterotopia normativa gera insegurança jurídica,[28] daí a regra do inciso II do art. 7º da Lei Complementar n. 95/98, segundo a qual a lei não deve conter matéria estranha a seu objeto, ou a ele não vinculada por afinidade, pertinência ou conexão. Não há, porém, violação do referido dispositivo, pois é inegável a conexão entre o CEIS e o sistema de responsabilização instituído na Lei Anticorrupção. Boa parte das condutas tipificadas no art. 5º diz respeito à participação em licitação ou à contratação com a Administração Pública. Dito isso, reitera-se: as sanções estabelecidas na Lei de Combate à Corrupção não obstam a participação em licitação ou a contratação com a Administração.

Discorda-se, portanto, da respeitável posição de Modesto Carvalhosa. Segundo ele, extrai-se do art. 23 que, uma vez punida por qualquer das sanções previstas na Lei n. 12.846/2013, a pessoa jurídica deve ser cadastrada no CEIS e, por conseguinte, ser considerada obstada de participar de certames licitatórios e de ser contratada diretamente pela Administração.[29] Essa seria, para o ínclito jurista, "a razão útil do dispositivo contido no art. 23". Sem desprestigiá-lo, inexiste qualquer elemento textual que dê amparo a esse entendimento. Se essa fosse a intenção legal, certamente o efeito estaria previsto no inciso IV do art. 19. Calha à fiveleta, na exegese do referido inciso IV, o argumento *a contrario*: se não consta da enumeração, é porque intencionalmente não é para constar. Noutras palavras, se a sanção implica a proibição de "receber incentivos, subsídios, doações ou empréstimos de órgãos ou entidades públicas e instituições financeiras públicas ou controladas pelo poder público", *a contrario sensu*, não implica a proibição de participar de licitação e ser contratado pela Administração. O texto normativo, conforme difundido por todos os métodos concretistas, é o **limite da interpretação.**[30] Para que as sanções estabelecidas na Lei n. 12.846/2013 tivessem esse grave efeito, seria necessário previsão expressa. Contudo, se houvesse previsão expressa, seria de duvidosa constitucionalidade, tendo em vista a ofensa ao postulado da proporcionalidade. Nos termos já explicados, a mácula à imagem-atributo da pessoa jurídica pode levar à sua extinção. Nesses termos, rejeita-se a proposta interpretativa de Carvalhosa: as sanções estabelecidas na Lei n. 12.846/2013 não têm por efeito obstaculizar a participação em certames licitatórios e a contratação pela Administração Pública. O único efeito do art. 23 é exortar os entes e órgãos públicos a manter atualizado o CEIS, instituído no âmbito do Poder Executivo federal.

Art. 24. A multa e o perdimento de bens, direitos ou valores aplicados com fundamento nesta Lei serão destinados preferencialmente aos órgãos ou entidades públicas lesadas.

---

1. COMENTÁRIOS

1.1. Destinação preferencial às entidades públicas lesadas

Estabelece o art. 24 da LCC que a multa, prevista no inciso I do art. 6º, e o perdimento de bens ou valores, previsto no inciso I do art. 19, serão destinados preferencialmente aos órgãos ou entidades públicas lesados. O dispositivo diz respeito à **vinculação de receitas públicas**. O inciso IV do art. 167 da CF/88 positivou o chamado princípio da não vinculação de receitas, mas, conforme bem lembrado por André Cas-

28 Por todos: Ávila, Humberto. *Teoria da segurança jurídica*, 2014, p. 327.
29 Carvalhosa, Modesto. *Considerações sobre a Lei Anticorrupção das pessoas jurídicas*, 2015, p. 421.
30 Por todos: Hesse, Konrad. *Temas fundamentais do direito constitucional*, 2009, p. 117.

tro Carvalho, em preciosa monografia sobre o tema, esse princípio se restringe aos impostos.[31] Nada impede, portanto, o legislador de vincular as receitas decorrentes de sanções da Lei de Combate à Corrupção.

Seguiu uma regra corrente: as receitas das sanções decorrentes de ilícitos administrativos devem destinar-se ao ente lesado. Nesse sentido, por exemplo, reza o art. 18 da Lei de Improbidade Administrativa (Lei n. 8.429/92, com a redação dada pela Lei n. 14.230/2021): "a sentença que julgar procedente a ação fundada nos arts. 9º e 10 desta Lei condenará ao ressarcimento dos danos e à perda ou à reversão dos bens e valores ilicitamente adquiridos, conforme o caso, em favor da pessoa jurídica prejudicada pelo ilícito".[32]

A referência ao órgão, por evidente, só se aplica à União. Descabe ao legislador federal efetuar vinculação de receitas estaduais e municipais. Assim, se o ato de corrupção lesou o Ministério "X" da União, preferencialmente os recursos devem ser destinados ao referido Ministério. Agora, se o ato lesou a Secretaria "Y" de um estado ou de um município, os recursos devem ser destinados ao estado e ao município. Cabe ao legislador estadual/municipal a decisão de impor a vinculação da receita à Secretaria "Y". Considerar que o art. 24 estabelece a vinculação também para os órgãos estaduais e municipais importa em indiscutível ofensa à autonomia federativa de estados e municípios.

Discorda-se de Vicente Greco Filho e João Daniel Rassi quando afirmam que, como o direito financeiro disciplina a receita em categorias tendo em vista sua origem ou natureza, a norma "não tem eficácia e é mais uma regra meramente figurativa".[33] Discorda-se, também, quando afirmam que "um órgão, sem personalidade jurídica, não pode ter receita".[34] Nada há de figurativo: o dispositivo, nos termos expostos, estabelece, ao menos preferencialmente, a vinculação da receita – para o ente lesado e, em relação à União, para o órgão lesado. Se a lei orçamentária da União destinar a receita à rubrica orçamentária alheia ao órgão lesado, estará violando a determinação do art. 22, ora comentado.

O advérbio "preferencialmente" permite afastar, por meio de motivação específica, a vinculação. Deixa claro que há apenas uma razão *prima facie* em prol dela. Logo, na falta de boas razões, a vinculação deve ser efetivada. Noutros termos, a não destinação exige motivação específica e razões, nela apresentadas, justificantes do afastamen-

---

31 Nas palavras dele: "Pode-se dizer que a não afetação de receitas públicas proclama a vedação do estabelecimento de vínculo – entre uma fonte a determinado destino – a fim de que o total das receitas faça frente às despesas de forma genérica. No Brasil, é inscrito constitucionalmente no art. 167, inciso IV, da Constituição Federal, circunscrevendo esta proibição somente à espécie tributária 'imposto'" (CARVALHO, André Castro. *Vinculação de receitas públicas*, 2001, p. 182).

32 Fernanda Marinela, Fernando Paiva e Tatiany Ramalho observam que tanto a Lei de Combate à Corrupção como a Lei de Improbidade Administrativa não seguiram a sistemática da Lei de Ação Civil Pública (Lei n. 7.347/85), cujo art. 13 estabelece que, havendo condenação em dinheiro, a indenização pelo dano causado reverterá a um fundo (*Lei Anticorrupção*, 2015, p. 227-8). Não haveria, contudo, sentido em estender o regime da Lei n. 7.347/85 à Lei n. 12.846/2013. Agiu, nesse ponto, bem o legislador ao adotar o regime da Lei n. 8.429/92: tanto a Lei de Improbidade como a Lei de Combate à Corrupção estabelecem *sistemas punitivos*; já a Lei de Ação Civil Pública não estabelece um sistema punitivo, mas um sistema de tutela de direitos difusos, coletivos e individuais homogêneos. Dito isso, impende observar: a comunidade jurídica parece esquecer do estabelecido no art. 36 do Ato das Disposições Constitucionais Transitórias (ADCT), que determinou a extinção dos fundos existentes na data da promulgação da Constituição, se não fossem ratificados pelo Congresso Nacional no prazo de dois anos. Salvo engano, até outubro de 1990 o Congresso não ratificou o fundo previsto no art. 13 da Lei n. 7.347/85.

33 GRECO FILHO, Vicente; RASSI, João Daniel. *O combate à corrupção e comentários à Lei de Responsabilidade de Pessoas Jurídicas*, 2015, p. 211.

34 Ibidem, p. 211.

to da razão *prima facie*. Marco Vinicio Petrelluzzi e Rubens Naman Rizek Junior vislumbram, em decorrência do referido advérbio, a possibilidade de os recursos não serem repassados para a entidade federativa lesada.[35] O repasse a entidade federativa diversa, porém, exige expressa aquiescência da entidade federativa lesada. E mais: pelo princípio da indisponibilidade do interesse público, faz-se necessária autorização legislativa. Por exemplo: se o ente lesado for um município, os recursos só podem ser repassados à União ou ao Estado se a respectiva Câmara Municipal autorizar; se o ente lesado for a União, os recursos só podem ser repassados a um estado ou a um município se o Congresso Nacional autorizar. Do contrário, haveria óbvia violação da autonomia federativa e do princípio da indisponibilidade do interesse público.

Art. 25. Prescrevem em 5 (cinco) anos as infrações previstas nesta Lei, contados da data da ciência da infração ou, no caso de infração permanente ou continuada, do dia em que tiver cessado.

Parágrafo único. Na esfera administrativa ou judicial, a prescrição será interrompida com a instauração de processo que tenha por objeto a apuração da infração.

1. COMENTÁRIOS

1.1. Prescrição

O art. 25 estabelece o prazo prescricional de cinco anos para as infrações previstas na Lei Anticorrupção. Modesto Carvalhosa afirma que o prazo se refere às penas de multa e de publicidade, previstas no art. 6º.[36] Não há fundamento para a restrição, de modo que o prazo também se refere às sanções previstas no art. 19. O tema da **prescrição** envolve muitas controvérsias jurídicas, nem sempre enfrentadas pela doutrina. Prevalece o entendimento de que a prescrição é direito material, e não direito processual.[37] Não sendo matéria processual, o prazo prescricional para responsabilização administrativa, regra geral, é matéria de direito administrativo e, pois, de competência de cada entidade federativa.[38] Daí a pergunta: tem o legislador federal competência para estabelecer o prazo prescricional para infrações administrativas estaduais e municipais? A comunidade jurídica brasileira é praticamente silente em relação ao enfrentamento do tema, tomando como óbvia a competência federal. As características do Federalismo brasileiro, de formação centrífuga, e sociologicamente avesso à autonomia de tantas entidades - União, DF, 26 estados, 5.570 municípios –,[39] explicam a difundida aceitação da competência federal.

Especificamente em relação ao art. 26 ora comentado, a fixação do prazo prescricional deve ser aceita por dois motivos. Primeiro: como já afirmado, boa parte das condutas tipificadas no art. 5º refere-se à participação em licitação ou à contratação com a Administração Pública e, nos termos do inciso XXVII do art. 22 da CF/88, a União tem competência privativa para editar normas gerais de licitação e contratação com o Poder Público.[40] Logo, tem competência para estabelecer o prazo prescricional de in-

35 PETRELLUZZI, Marco Vinicio; RIZEK JUNIOR, Rubens Naman. *Lei Anticorrupção*: origens, comentários e análise da legislação correlata, 2014, p. 102.

36 CARVALHOSA, Modesto. *Considerações sobre a Lei Anticorrupção das pessoas jurídicas*, 2015, p. 422.

37 Por todos: MARTINS, Ricardo Marcondes. *Efeitos dos vícios do ato administrativo*, 2008, p. 447.

38 Ibidem, p. 447.

39 Sobre o tema *vide*: MARTINS, Ricardo Marcondes. *Estudos de direito administrativo neoconstitucional*, 2015a, p. 85-7.

40 Sobre o conceito de norma geral, *vide* MARTINS, op. cit., 2015a, p. 107-21.

frações relacionadas à licitação e aos contratos administrativos. Segundo: para a doutrina majoritária, nas relações com a Administração Pública, na falta de norma legal expressa sobre prescrição, extrai-se, da análise global das normas de direito público vigentes que o prazo prescricional é de cinco anos,[41] de modo que o prazo estabelecido no art. 25 coincide com o prazo subsidiário apregoado pela doutrina.

Os argumentos não são definitivos: por um lado, idiossincrasias locais ou regionais podem justificar norma específica sobre licitações e contratos; por outro, a regra subsidiária só se aplica na falta de regra legislativa expressa. Feitas essas ressalvas, há que se reconhecer: na prática, dificilmente o legislador estadual ou municipal proporá prazo de prescrição diferente, a ensejar discussão sobre a validade do art. 25. Sem embargo, existe campo para discussão.

1.2. Início do prazo

Estabelece o art. 25 que, regra geral, o prazo prescricional se inicia "da data da ciência da infração". Apesar de ser corrente, sobretudo nos estatutos de servidores públicos, a assinalação desse termo inicial é muito problemática. Quando se considera que há ciência da infração? Fixam-se algumas diretrizes.

Primeira: na data em que a informação é formalmente levada a conhecimento, ou seja, na data do respectivo protocolo. Assim, quando o administrado, por meio do direito de petição, informa a Administração da prática do ato de corrupção, o prazo se inicia a partir da data do protocolo da petição. Quando qualquer servidor público comunica seu superior da prática da infração, a data da respectiva manifestação é o termo inicial do prazo. Quando a informação decorre de comunicação efetuada pelo Tribunal de Contas ou pelo Ministério Público (MP), inicia-se o prazo na data do recebimento da respectiva informação.

Segunda: como a Administração Pública pode agir de ofício – independentemente da provocação de administrado, Corte de Contas, MP ou servidor público –, o prazo também se inicia quando, de modo objetivo, qualquer autoridade pública tiver ciência das condutas típicas. Assim, se, pelo que se extrai dos elementos do processo administrativo, o membro de comissão de licitação, o gestor do contrato, a assessoria jurídica etc. tiverem conhecimento do fato, o prazo se inicia da respectiva ciência.

Terceira: quando houver divulgação pública da suspeita da prática da infração, pois, nesse caso, diante da divulgação, não é razoável supor que os agentes competentes não tiveram ciência dos fatos.[42]

Suponha-se, contudo, que nenhum desses três critérios ocorra em lapso de tempo razoável. A conduta deu-se na data "X", e a ciência da conduta só ocorre 50 anos depois. É correto supor que o prazo prescricional só se iniciará 50 anos depois da prática da infração? Óbvio que não, o que evidencia o caráter problemático da cláusula legal. O art. 54 da Lei federal n. 9.784/99 (Lei do Processo Administrativo Federal) estabelece que o direito da Administração de invalidar os atos de que decorram efeitos favoráveis para os destinatários decai em cinco anos, salvo comprovada má-fé. A redação do dispositivo evidencia que o prazo não se aplica aos atos de que decorram efeitos desfavoráveis para o destinatário e para os atos praticados com má-fé. Qual o prazo decadencial nesse caso? A lei não prevê, e, na falta de previsão legal, não é pos-

---

41 Por todos: MARTINS, op. cit., 2008, p. 460-6.

42 Cf. GRECO FILHO, Vicente; RASSI, João Daniel. *O combate à corrupção e comentários à Lei de Responsabilidade de Pessoas Jurídicas*, 2015, p. 211-2.

sível invocar a regra subsidiária preconizada pela doutrina, pois a própria lei afirma que não se aplica o prazo de cinco anos. Dentre as várias posições existentes,[43] a mais correta é a que defende a aplicação, por analogia ao art. 205 do Código Civil, do prazo de dez anos.[44] Trata-se de uma **regra subsidiária de segundo nível**: na falta de previsão legal, o prazo prescricional/decadencial nas relações com a Administração é de cinco anos; quando incabível esse prazo, o prazo é de dez anos.

Invoca-se essa regra para a exegese do art. 25, ora comentado. Logo, o prazo de cinco anos inicia-se na data da **ciência da infração**, respeitado o limite máximo de dez anos, contados da data da **ocorrência da infração**. Assim, após dez anos da prática da infração, ainda que a Administração não tenha dela tomado ciência, haverá prescrição. Do mesmo modo, se a Administração tomar ciência oito anos após a prática da infração, o prazo de prescrição ocorrerá dois anos após a ciência. Assim, por força da segurança jurídica, o art. 25, considerando a regra implícita, preceitua: prescrevem em cinco anos as infrações previstas nesta lei, contados da data da ciência da infração, observado o prazo máximo de dez anos, contados da data da ocorrência da conduta típica.[45]

O dispositivo estabelece uma exceção: quando se trata de infração permanente ou continuada, a regra é outra; o prazo se inicia do dia em que tiver cessado a permanência ou a continuidade. O legislador valeu-se de institutos do direito penal. Quanto ao tempo da consumação, os delitos classificam-se em instantâneos e permanentes: os primeiros consumam-se num momento determinado, sem que haja qualquer tipo de prolongação no tempo; os últimos são aqueles em que a consumação, por vontade do agente, prolonga-se no tempo.[46] Típico exemplo de delito instantâneo é o furto, e de delito permanente é o sequestro. Não se confundem os delitos permanentes com os instantâneos de efeitos permanentes: nestes, havendo cessado a conduta delituosa, perduram no tempo, independentemente da vontade do agente, as consequências do delito, por exemplo, o homicídio e a lesão corporal. Adotou-se, na Lei de Combate à Corrupção, a regra estabelecida no art. 111, III, do Código Penal (CP): nos delitos permanentes, a prescrição começa a correr no dia em que cessou a permanência.

Perceba-se a falta de coerência legislativa. A regra do inciso III do art. 111 do CP só faz sentido tendo em vista a regra do inciso I do mesmo dispositivo. Se a regra é que o prazo prescricional comece a correr na data da consumação do delito, no delito permanente, como a consumação se prolonga no tempo, o prazo começa a correr na data em que cessa a permanência. Contudo, a Lei n. 12.846/2013 estabelece, no *caput* do art. 25, conforme explicado, outra regra: o prazo começa a correr na data em que a Administração tem ciência da infração, e não na data da consumação. Se a exceção for interpretada isoladamente, leva a uma consequência absurda: o prazo prescricional da

---

43 Sobre elas *vide*: MARTINS, op. cit., 2008, p. 466-71.

44 É a posição, dentre muitos, de BANDEIRA DE MELLO, Celso Antônio. *Curso de direito administrativo*, 2015, p. 496-7.

45 Leonardo Vasconcellos Braz Galvão, sem preconizar a interpretação aqui proposta, manifesta-se pela inconstitucionalidade do termo inicial fixado no art. 25 da Lei de Combate à Corrupção ("A inconstitucionalidade do art. 25 da Lei Anticorrupção". *Fórum Administrativo - FA*, Belo Horizonte, ano 15, n. 173, p. 23-30, jul. 2015).

46 Cf. GOMES, Luiz Flávio; GARCÍA-PABLOS DE MOLINA, Antonio. *Direito penal*: Parte Geral - v. 2, 2007, p. 525-6; BARROS, Flávio Augusto Monteiro de. *Direito penal*: Parte Geral - v. 1, 2001, p. 118-9.

infração instantânea pode se iniciar bem depois do prazo prescricional da infração permanente, o que não faz sentido.[47]

Suponha-se, por exemplo, que a permanência dure um mês, mas a Administração só tenha ciência da infração quatro anos depois. Se a infração fosse instantânea, o prazo começaria a correr quatro anos depois da consumação; como é permanente, se adotado esse entendimento, começaria a correr um mês depois do início da prática da conduta. Por evidente, essa interpretação não faz sentido. Por isso, deve-se pressupor uma **vinculação** entre a exceção e a regra: caso a Administração tenha ciência da prática da conduta, nos delitos permanentes, antes de cessada a consumação, o prazo prescricional só inicia após a cessação do comportamento delituoso. Ao revés, se a ciência se deu após a cessação da permanência, segue-se a regra geral e o prazo se inicia na data da ciência.

Dito isso, deve-se observar que:

- Se a conduta do agente é interrompida e outra é repetida, o que se configura é reiteração da conduta e não conduta única permanente.
- Se o resultado é interrompido e outro é obtido, tem-se reiteração de resultado e não resultado único permanente.[48]

Assim, se, mediante uma fraude, o agente obtém a indevida prorrogação do contrato administrativo e, por força da mesma fraude, obtém, posteriormente, nova prorrogação, ou seja, por conduta única ele consegue a reiteração do resultado, inexiste delito permanente, mas concurso formal de delitos.

O dispositivo estabelece a mesma exceção para os delitos continuados. A continuidade delitiva está definida no art. 71 do CP: dá-se quando o agente pratica dois ou mais delitos da mesma espécie e, pelas condições de tempo, lugar, maneira de execução e outras semelhantes, os subsequentes são considerados continuação do primeiro para certos efeitos. No direito penal o assunto é controverso. Como a continuidade delitiva é regida pelo art. 119 do CP, a doutrina defende, em relação a ela, que: "para efeitos da prescrição os crimes são considerados isoladamente, iniciando-se o curso daquela a partir da consumação de cada um deles".[49] Por força da regra expressa do art. 25, ora comentado, no sistema instituído pela Lei n. 12.846/2013, a regra é outra: o prazo prescricional, na continuidade delitiva, segue a regra do delito permanente e só se inicia, caso a Administração tenha ciência da infração antes de cessada a continuidade, a partir do fim desta. Guilherme de Souza Nucci afirma que o dispositivo segue a jurisprudência majoritária, mas não traz julgados à colação.[50] Há, importante registrar, julgados em sentido contrário.[51]

---

47 Como ensina Carlos Maximiliano: *interpretatio illa sumenda quae absurdum evitetur* – adota-se aquela interpretação que evite o absurdo (*Hermenêutica e aplicação do direito*, 1997, p. 166, § 179, rodapé 1). E explica: "*Deve o Direito ser interpretado inteligentemente*: não de modo que a ordem legal envolva um *absurdo*, prescreva inconveniências, vá ter a conclusões inconsistentes ou impossíveis" (p. 166, § 179).

48 Cf. GOMES e GARCÍA-PABLOS DE MOLINA, op. cit., 2007, p. 526.

49 Cf. FAYET JÚNIOR, Ney. *Do crime continuado*, 2020, p. 437. PRADO, Luiz Regis. *Curso de direito penal brasileiro*: Parte Geral, 2000, p. 335. No mesmo sentido: JESUS, Damásio E. de. *Prescrição penal*, 1997, p. 52.

50 NUCCI, Guilherme de Souza. *Corrupção e anticorrupção*, 2015, p. 205.

51 "Consolidado entendimento de que, no crime continuado, o termo inicial da prescrição é considerado em relação a cada delito componente, isoladamente" (STJ, RHC n. 6.502/MG, 5ª T., rel. Min. José Dantas, j. 05.02.1998, *DJU* 16.03.1998, p. 186). Aparentemente em sentido contrário: "Segundo o cânon inscrito no art. 119, no concurso de crimes a extinção da punibilidade incidirá sobre a pena de cada um isoladamente, não dispondo o preceito sobre a prescrição na hipótese do crime continuado. Sendo o crime continuado um delito único, ao qual se impõe uma só sanção, o benefício legal que reduz o prazo prescricional tem aplicação mesmo na hipótese em que o réu atinge a maioridade no curso da continuidade delitiva" (STJ, RHC n. 10.182/SP, 6ª T., rel. Min. Vicente Leal, j. 04.09.2001, *DJ* 01.10.2001, p. 246, *RT* 797/541).

1.3. Prescrição da reparação de danos

Considera-se, em que pese a posição contrária da doutrina majoritária, que a reparação de dano causado à Administração temi natureza de sanção administrativa.[52] Daí a pertinência da pergunta: o prazo estabelecido no art. 25 aplica-se à reparação de danos, prevista no § 3º do art. 6º? Diverge a doutrina. Muitos respondem negativamente, considerando-a imprescritível, em decorrência do § 5º do art. 37 da CF/88.[53] Antonio Araldo Ferraz Dal Pozzo, Augusto Neves Dal Pozzo, Beatriz Neves Dal Pozzo e Renan Marcondes Facchinatto a consideram prescritível, mas não sujeita ao prazo do art. 25.[54] Adotam a exegese proposta por Celso Antônio Bandeira de Mello, segundo a qual o § 5º do art. 37 da CF/88 pretendeu apenas separar os prazos prescricionais do ilícito penal ou administrativo do prazo prescricional da reparação de danos.[55] Por conseguinte, estabelecendo o art. 25 um prazo para os ilícitos, não se aplicaria, argumentam os ilustres administrativistas, à reparação. Invocam, então, também seguindo as lições de Celso Antônio, por analogia, o disposto no art. 54 da Lei n. 9.784/99: o prazo da reparação será de cinco anos, se não houver má-fé, e de dez anos, caso haja má-fé.[56]

De início, há que se indagar se o referido § 5º do art. 37 da CF/88 aplica-se a toda reparação de danos. A resposta é negativa. Reza o dispositivo: "a lei estabelecerá os prazos de prescrição para ilícitos praticados por qualquer **agente**, servidor ou não, que causem prejuízos ao erário, ressalvadas as respectivas ações de ressarcimento". O preceito exige interpretação **estrita**. Bem por isso, o signo utilizado – "agente" – não deve ser desprezado pelo intérprete. Por certo, o dispositivo refere-se aos **agentes públicos**, não incidindo em relação aos danos causados por administrado que não esteja no exercício de função pública.

Agente público é gênero que abrange todos os que exercem função pública, e não apenas os profissionais da Administração, os servidores, conforme, aliás, a redação do § 5º do art. 37 da CF/88 enfatiza. Caso se acolha a classificação de Celso Antônio Bandeira de Mello, a expressão abrange:

- Agentes políticos.
- Agentes honoríficos.
- Servidores estatais.
- Particulares em colaboração com a Administração.[57]

---

52 Cf. MARTINS, op. cit., 2008, cap. XI-rodapé 7, p. 606-7. Em sentido contrário, considerando tratar-se de sanção civil, por todos: OSÓRIO, Fábio Medina. *Direito administrativo sancionador*, 2011, p. 107.

53 É posição majoritária, dentre os comentadores da Lei n. 12.846/2013: GRECO FILHO e RASSI, op. cit., 2015, p. 212; MARINELA et al., op. cit., 2015, p. 205.

54 DAL POZZO, Antonio Araldo Ferraz et al. *Lei Anticorrupção*: apontamentos sobre a Lei n. 12.846/2013, 2015, p. 232-5.

55 Op. cit., 2015, p. 1.093.

56 DAL POZZO et al., op. cit., 2015, p. 234-5.

57 BANDEIRA DE MELLO, op. cit., 2015, p. 253-8. Em sentido contrário, Carmen Lúcia Antunes Rocha recusa qualificar os particulares colaboradores como agentes públicos, sob o argumento de que eles não integram a Administração (*Princípios constitucionais dos servidores públicos*, 1999, p. 60-1). Apesar de procedente o argumento, não lhe assiste a razão: os particulares em colaboração podem, por exemplo, ser autoridade para fins da impetração de mandado de segurança, suscitam a responsabilidade estatal por seus atos, podem praticar abuso de autoridade, nos termos da Lei n. 4.898/65. Submetem-se, pois, ao regime dos agentes públicos. Contudo, conforme a seguir exposto a classificação de Celso Antônio precisa ser revista, pois ela abrange todos que exercem atividade administrativa. Em rigor, só é agente público quem exerce *função administrativa* e não quem exerce *atividade administrativa*.

Entre os últimos estão os contratados por locação civil de serviços, os concessionários e os permissionário de serviço público. Dito isso, seguindo essa classificação, as pessoas jurídicas sujeitas à reparação de danos, estabelecida no § 3º do art. 6º da Lei n. 12.846/2013, estariam sujeitas ao § 5º do art. 37 da CF/88 tão somente quando fossem agentes públicos, e o seriam quando atuassem como particulares em colaboração com Administração, ou seja, quando fossem contratadas por locação civil de serviços, permissionárias, concessionárias; quando não fossem agentes públicos, não se sujeitariam ao referido dispositivo constitucional. Por conseguinte, o **licitante** não seria agente público, mas o **contratado** da Administração seria.

A classificação do ínclito Professor, porém, deve ser revista: sem o desprestigiar, não é cientificamente correto considerar **agente público** quem não exerce **função administrativa**, mas sim **atividade administrativa**. Contratados de locação civil, permissionários e concessionários não são, tecnicamente, agentes públicos, pois, insiste-se, não exercem função pública, mas tão somente atividade administrativa.[58]

Dito isso, considera-se que a pessoa jurídica passível de ser responsabilizada pela Lei Anticorrupção, ainda que seja particular em colaboração com a Administração, não será agente público, sujeita ao referido § 5º do art. 37 da CF/88. Logo, qual é o prazo prescricional da reparação de danos? Considera-se aplicável aqui não o art. 54 da Lei de Processo Administrativo Federal, mas sim o inciso V do § 3º do art. 206 do Código Civil: a pretensão de reparação civil prescreve em três anos. Conclui-se: o ajuizamento da ação condenatória de indenização dos danos causados por administrado, que não seja agente público, prescreve em três anos, regra aplicável à pessoa jurídica responsável pelas infrações tipificadas na Lei n. 12.846/2013.

Em relação aos agentes públicos, sujeitos ao § 5º do art. 37 da CF/88, qual é o prazo prescricional da reparação? Nesse caso, discorda-se da exegese proposta por Bandeira de Mello: o referido dispositivo não pretendeu apenas dissociar os prazos de prescrição. A redação evidencia que, na ponderação efetuada pelo constituinte originário entre os valores que justificam a prescrição da reparação civil e os valores que justificam a reparação do erário, deu-se primazia aos últimos. Sem embargo, não se considera haver aí uma **regra constitucional definitiva**, segundo a qual a reparação deve ser buscada sempre, independentemente das circunstâncias fáticas e jurídicas. O postulado da segurança jurídica exige considerar essa regra constitucional abstrata uma forte razão *prima facie* contrária ao estabelecimento de limite temporal à responsabilização civil do agente pelos danos causados ao erário.[59] Isso significa que, havendo fortíssimas razões contrárias à responsabilização, ou seja, a depender do valor do débito, do tempo decorrido, da existência ou não de boa-fé, é possível considerar o débito prescrito. Feitas essas considerações, não é possível estabelecer, no plano abstrato, uma resposta definitiva. Existe uma forte razão *prima facie*, de ordem constitucional, contrária ao reconhecimento da prescrição, razão essa que, à luz da ponderação efetuada perante o caso concreto, pode ser afastada.

---

58 Sobre a diferença entre função administrativa e atividade administrativa, *vide*: MARTINS, Ricardo Marcondes. *Regulação administrativa à luz da Constituição Federal*, 2011, p. 202-3.

59 Cf. MARTINS, op. cit., 2008, p. 608-11.

1.4. Interrupção da prescrição

Nos termos do parágrafo único do art. 25, a prescrição é interrompida, na esfera administrativa ou judicial, com a instauração do processo que tenha por objeto a apuração da infração. O § 9º do art. 16 estabelece outra causa interruptiva: a formalização da proposta de acordo de leniência. A Medida Provisória n. 703/2015 transformou o parágrafo único do art. 25 em § 1º e a interrupção prevista no § 9º do art. 16 em causa suspensiva. Ocorre que a referida medida provisória não foi convertida em lei, tendo sua vigência encerrada em 29 de maio de 2016. A interrupção faz zerar a contagem, reiniciando-a; a suspensão apenas paralisa a contagem, fazendo com que, cessada a causa suspensiva, o prazo volte a correr, computando-se o tempo já decorrido.[60] Com plena razão, Vicente Greco Filho e João Daniel Rassi lembram que a instauração de sindicância investigativa[61] ou de inquérito civil não interrompe o prazo prescricional.[62]

Interrompida a prescrição, o prazo de cinco anos volta a correr. Trata-se da chamada **prescrição intercorrente**, que sobrevém no curso do processo administrativo ou jurisdicional. Assim, se instaurado o processo administrativo ou o processo jurisdicional e a decisão final sobrevier após cinco anos, há de se reconhecer a ocorrência da prescrição.[63] Inexiste elemento normativo textual incitativo de que o prazo prescricional fique suspenso durante toda a tramitação do processo. A ocorrência da prescrição intercorrente independe de culpa estatal no atraso da tramitação. Assim, suponha-se que a pessoa jurídica, no exercício do contraditório, solicite, no processo jurisdicional, a oitiva de várias testemunhas em território estrangeiro, e a oitiva não seja impertinente, desnecessária ou protelatória, de modo que se faça necessária a expedição de várias rogatórias. Ainda assim, se a sentença for proferida após cinco anos da instauração do processo, terá ocorrido a prescrição intercorrente. Na instância jurisdicional, proferida a sentença, a execução deve ser promovida no prazo de cinco anos. Na instância administrativa, proferida a decisão final, a multa e a reparação de dano devem ser inscritas na dívida ativa no prazo de cinco anos, e, uma vez inscritas, a execução fiscal deve ser ajuizada no mesmo prazo.[64] Finalmente, imposta, na instância administrativa, a sanção de publicação extraordinária, caso a pessoa jurídica não cumpra a decisão, deve a Administração obter a execução forçada em juízo; se não propuser a medida judicial no prazo de cinco anos, estará prescrita a pretensão punitiva.

Apesar da omissão da lei, era possível invocar, por analogia, a causa suspensiva prevista no art. 23, I, da Lei de Improbidade Administrativa (Lei n. 8.429/92): as infrações

---

60 Sobre o tema, por todos: LEAL, Antônio Luís da Câmara. *Da prescrição e da decadência*, 1982, p. 158-9.

61 Não se deve confundir a **sindicância investigativa**, instaurada para apurar fatos, sem caráter acusatório, com a **sindicância punitiva**, prevista no art. 145 da Lei n. 8.112/90, espécie de processo disciplinar. O Estatuto dos Servidores Federais diferencia a **sindicância** (punitiva) do processo disciplinar pelo procedimento e pelo objeto: a sindicância tem por objeto as faltas sujeitas à advertência e à suspensão de até 30 dias, o prazo para sua conclusão não excederá 30 dias, podendo ser prorrogado por igual período; o processo disciplinar tem por objeto as faltas sujeitas às demais sanções, seu prazo para conclusão não excederá 60 dias, também admitida a prorrogação por igual prazo. Refere-se, aqui, à sindicância investigativa, conceituada por Antonio Carlos Alencar Carvalho nestes termos: "Sindicância quer dizer investigação, procedimento para esclarecer fatos, para coleta de elementos de informação, a fim de elucidar questões não suficientemente claras para a adoção de providências imediatas do ponto de vista disciplinar" (*Manual de processo administrativo disciplinar e sindicância*, 2012, p. 453).

62 Op. cit., 2015, p. 212.

63 Admitem a prescrição intercorrente: GRECO FILHO e RASSI, op. cit., 2015, p. 212; NUCCI, op. cit., 2015, p. 205.

64 Cf. GRECO FILHO e RASSI, op. cit., 2015, p. 212.

cometidas durante o mandato, cargo de comissão ou função de confiança têm o prazo de prescrição suspenso enquanto não findo o respectivo mandato, cargo de comissão ou função de confiança.[65] Assim, *v.g.*, a prescrição dos atos de corrupção praticados em conluio com o Prefeito ficava suspensa durante o respectivo mandato; a prescrição dos atos de corrupção praticados em conluio com um Ministro ou um Secretário ficava suspensa enquanto ele estivesse no cargo. Lamentavelmente, o referido dispositivo foi revogado pela Lei n. 14.230/2021. Tornou-se extremamente difícil sustentar a vigência, no ordenamento jurídico brasileiro, dessa causa de suspensão da prescrição sem texto normativo expresso. Logo, em inequívoco retrocesso ao combate à corrupção, o prazo de prescrição, atualmente, flui durante o exercício do mandato cargo de comissão e função de confiança do infrator.

1.5. Prazo prescricional estabelecido no § 2º do art. 25

A Medida Provisória n. 703/2015 havia incluído o § 2º ao art. 25, estabelecendo mais uma norma heterotópica: determinava a aplicação do prazo estabelecido no *caput* e da causa interruptiva estabelecida no § 1º aos ilícitos previstos nas normas de licitação e contratos administrativos. Tratava-se, indiscutivelmente, de norma geral de licitações e contratos. Tanto a Lei Geral de Licitações (Lei n. 8.666/93), como a Lei do Pregão (Lei n. 10.520/2002), como também a Lei do RDC (Lei n. 12.462/2011), eram omissas em relação à previsão do prazo prescricional das sanções nelas estabelecidas. Conforme enfatizado, a referida medida provisória perdeu a vigência em 29 de maio de 2016. Contudo, prevalecia na doutrina que as sanções previstas nesses diplomas normativos prescrevem no prazo de cinco anos, seguindo-se a já referida **regra subsidiária**. A doutrina divergia sobre o fundamento: Jessé Torres Pereira Junior e Marinês Restellatto Dotti invocavam o art. 54 da Lei n. 9.784/99;[66] Daniel Wunder Hachem e Regeane Brasin Quetes invocavam o Decreto n. 20.910/32.[67]

A nova Lei de Licitações e Contratos Administrativos (Lei n. 14.133/2021) tornou a questão superada ao tratar expressamente do tema no § 4º do art. 158, segundo o qual a prescrição das sanções administrativas nela previstas ocorrerá em cinco anos, contados da ciência da infração pela Administração, e será:

- Interrompida pela instauração do processo de responsabilização.
- Suspensa pela celebração de acordo de leniência previsto na Lei n. 12.846/2013.
- Suspensa por decisão judicial que inviabilize a conclusão da apuração administrativa.

---

65 Sobre o tema, afirmamos em outra oportunidade: "O Direito é um conjunto de normas voltadas para determinada realidade, não se reduz a uma **abstração**; é um meio destinado a um fim. Por isso, a compreensão das normas exige a avaliação da realidade. É evidente que o governo que praticou atos inválidos com má-fé não tem interesse de corrigi-los; pelo contrário, fará tudo para dar aparência de validade ao ato editado" (MARTINS, op. cit., 2008, p. 473). E, pouco adiante: "Em face disso, nas hipóteses de aplicação do prazo de cinco anos para o exame da invalidade dos atos praticados com má-fé extrai-se uma causa suspensiva implícita no sistema: o prazo decadencial para o exame do ato não corre durante o exercício do mandado político do Chefe do Executivo" (p. 475).

66 PEREIRA JUNIOR, Jessé Torres; DOTTI, Marinês Restelatto. "Responsabilidade do contratado na administração de compras, serviços e obras". *Fórum de Contratação e Gestão Pública – FCGP*, Belo Horizonte, ano 11, n. 122, p. 22-49, fev. 2012, item 6.

67 HACHEM, Daniel Wunder; QUETES, Regeane Brasil. "O regime jurídico-constitucional das sanções administrativas aplicáveis aos licitantes e contratados". *Fórum de Contratação e Gestão Pública – FCGP*, Belo Horizonte, ano 10, n. 120, p. 47-59, dez. 2011, item 4.4.

Art. 26. A pessoa jurídica será representada no processo administrativo na forma do seu estatuto ou contrato social.

§ 1º As sociedades sem personalidade jurídica serão representadas pela pessoa a quem couber a administração de seus bens.

§ 2º A pessoa jurídica estrangeira será representada pelo gerente, representante ou administrador de sua filial, agência ou sucursal aberta ou instalada no Brasil.

1. COMENTÁRIOS

1.1. Representação da pessoa jurídica no processo administrativo

A exegese do art. 26 da LCC não vai além da literalidade. Pessoas jurídicas formalmente constituídas são representadas nos termos de seu estatuto ou contrato social; sociedades sem personalidade jurídica são representadas pela pessoa a quem couber a administração de seus bens; pessoas jurídicas estrangeiras são representadas pelo gerente, representante ou administrador de sua filial, agência ou sucursal aberta ou instalada no Brasil. O dispositivo estabelece para o processo administrativo a mesma disciplina que o Código de Processo Civil estabelece para o jurisdicional (Lei n. 13.105/2015, art. 75, VIII, IX e X). A única diferença é que, segundo a lei processual, na falta de previsão no estatuto ou no contrato social, a pessoa jurídica é representada por seus diretores, regra também aplicável ao processo administrativo, mesmo na omissão da Lei n. 12.846/2013.

Art. 27. A autoridade competente que, tendo conhecimento das infrações previstas nesta Lei, não adotar providências para a apuração dos fatos será responsabilizada penal, civil e administrativamente nos termos da legislação específica aplicável.

1. COMENTÁRIOS

1.1. Responsabilidade da autoridade administrativa omissa

O direito disciplinar dos servidores públicos, do modo como vem sendo compreendido pela comunidade jurídica brasileira, tornou-se um verdadeiro instrumento do que Agustín A. Gordillo chamou de **Administração Paralela**:[68] um conjunto normativo muito severo, rigoroso, que permanece vigente, apesar de descumprido por todos, com o beneplácito da Administração; quando alguém incomoda os interesses da Administração paralela, esta invoca contra o incomodador as normas vigentes, e o sanciona gravemente.[69] Posto isso, o art. 27 exige uma interpretação cautelosa. Ele não transforma todo servidor público em um controlador geral dos atos de corrupção, não o obriga a investigar a prática das condutas tipificadas, nem a representar a seus superiores hierárquicos caso tenha dela conhecimento como cidadão. O dever imposto pelo dispositivo configura-se quando, no exercício de suas

---

68 Cf. GORDILLO, Agustín A. *La administración paralela*, 1997. A Administração paralela consiste na Administração que atua paralelamente ao direito, mas se vale deste para propósitos ilícitos. Nas palavras de Gordillo: "*El parasistema no está entonces en guerra declarada contra el sistema, sino que es parasitario de él, lo usa y lo debilita. El uso que el parasistema hace del sistema reside, entre otras cosas, en que el aparato formal del Estado concurre con su mecanismo de sanciones para castigar no al que meramente viola el sistema, que casi todo el mundo lo hace, sino en verdad al que transgrede el parasistema*" (p. 99).

69 Sobre a instrumentalização do direito disciplinar pela Administração paralela, *vide*: MARTINS, Ricardo Marcondes. "Responsabilização de agentes públicos e improbidade administrativa: uma história conturbada". *Sequência*, Florianópolis, v. 43, n. 90, 2022.

funções, a autoridade competente tenha conhecimento das infrações tipificadas no art. 5º. Quer dizer, pressupõe:

- A figura da "autoridade" – vale dizer, que se trate de alguém com poder decisório.
- A "competência" – que a autoridade tome conhecimento das infrações no exercício de sua competência.
- O "conhecimento" – que, comprovadamente, a autoridade tenha tomado ciência da prática da infração.

Por evidente, se uma autoridade, no exercício de sua competência, toma ciência da prática de atos de corrupção e não adota as providências necessárias à apuração, comete, na instância administrativa, falta grave; na instância penal, crime de prevaricação (art. 319 do CP) e, se envolvido subordinado, de condescendência criminosa (art. 320 do CP).

Se a infração casou dano ao erário e a omissão da autoridade obstou a reparação, a autoridade passa a ser responsável pelo dano. Nos termos expostos, a reparação do dano causado pela pessoa jurídica privada prescreve em três anos. Havendo a prescrição da infração por omissão da autoridade administrativa, esta passa a ser responsável pela reparação, e, em relação a ela, aplica-se o § 5º do art. 37 da CF/88, ou seja, incide a razão *prima facie* contrária à prescrição. Se ainda não tiver ocorrido a prescrição, a autoridade omissa é responsável pelos prejuízos decorrentes do atraso na obtenção da reparação do dano.

Art. 28. Esta Lei aplica-se aos atos lesivos praticados por pessoa jurídica brasileira contra a administração pública estrangeira, ainda que cometidos no exterior.

1. COMENTÁRIOS

1.1. Atos lesivos praticados por pessoas brasileiras contra Administração estrangeira

O art. 28 foi editado em cumprimento a três convenções internacionais:

1. A Convenção das Nações Unidas contra a corrupção, adotada pela Assembleia Geral das Nações Unidas em 31 de outubro de 2003, aprovada pelo Decreto Legislativo n. 348/2005 e promulgada pelo Decreto n. 5.687/2006, por força da qual o Estado brasileiro comprometeu-se a punir, nos termos do art. 16, o "suborno de funcionários públicos estrangeiros e de funcionários de organizações internacionais públicas", bem como a responsabilizar, nos termos do art. 26, as pessoas jurídicas brasileiras pela prática das demais infrações dispostas na Convenção.
2. A Convenção sobre o Combate da corrupção de funcionários públicos estrangeiros em transações comerciais internacionais, adotada em Paris pela Organização para Cooperação e o Desenvolvimento Econômico (OCDE), em 17 de dezembro de 1997, aprovada pelo Decreto Legislativo n. 125/2000 e promulgada pelo Decreto n. 3.678/2000, pela qual o Estado brasileiro se comprometeu, nos termos do art. 4º, a adotar todas as medidas necessárias à responsabilização de pessoas jurídicas pela corrupção de funcionário público estrangeiro.
3. A Convenção interamericana contra a corrupção, adotada em Caracas pela Organização dos Estados Americanos (OEA), em 29 de março de 1996, aprovada pelo Decreto Legislativo n. 152/2002 e promulgada pelo Decreto n. 4.410/2002, pela qual o Brasil se comprometeu, nos termos do artigo VII, a tipificar como delito atos de corrupção praticados contra Administração estrangeira e, especificamente, a punir o "suborno internacional", tipificado no artigo VIII.

Os atos de corrupção podem ser praticados contra a Administração estrangeira dentro do território brasileiro e fora do território brasileiro. No segundo caso, o dispositivo estabelece a aplicação extraterritorial da Lei n. 12.846/2013, quer dizer, a aplicação da lei brasileira a atos praticados fora do território pátrio. O tema é disciplinado no art. 7º do Código Penal. Segundo a doutrina, a extraterritorialidade se submete a quatro princípios de delimitação:

1. **Princípio territorial**, segundo o qual a lei de um país atinge todos os delitos que venham a ser praticados dentro de seu território.
2. **Princípio da personalidade** ou **da nacionalidade**, segundo o qual a lei do país acompanha o seu nacional onde ele esteja e, pois, aplica-se aos ilícitos que pratica fora do território nacional.
3. **Princípio real**, **de defesa** ou **de proteção**, segundo o qual se aplica a lei do país do titular do bem jurídico ofendido.
4. **Princípio da justiça penal universal** ou **da extraterritorialidade absoluta** ou **da justiça cosmopolita**, segundo o qual se aplica a lei do país em que for detido o criminoso.[70]

O art. 28, ora comentado, determina a aplicação da lei brasileira à pessoa jurídica brasileira que tenha cometido ilícitos no exterior. Trata-se, pois, de aplicação do princípio da personalidade ou da nacionalidade, em sua modalidade ativa: o Estado tem o direito de exigir que os nacionais, no território estrangeiro, observem certas proibições ou obrigações impostas pela legislação nacional.

É de obviedade ululante que o dispositivo não autoriza Estados estrangeiros a punirem empresas brasileiras por prática de supostos atos de corrupção no território brasileiro, que não envolvam o respectivo Estado estrangeiro. A atuação estrangeira nesse caso consiste em atentado grave à soberania brasileira.

A redação do art. 28 parece indicar que a Lei Anticorrupção estabelece uma hipótese de **extraterritorialidade incondicionada**, semelhante à estabelecida no inciso I do art. 7º do Código Penal, em que a aplicação da lei brasileira independe do preenchimento de qualquer condição, e ocorre mesmo se o agente foi absolvido ou condenado no estrangeiro.[71] Essa interpretação, porém, não faz sentido. A extraterritorialidade estabelecida no art. 28 é **condicionada**, aplicando-se a ela, mesmo que na falta de previsão expressa, com as ressalvas adiante fixadas, as cinco condições estabelecidas no § 2º do art. 7º do Código Penal.

Primeira: é necessário que o infrator entre no território nacional (CP, art. 7º, § 2º, *a*). Quando se tratar de pessoa jurídica regularmente constituída, essa condição estará sempre preenchida, pois a empresa brasileira tem que ter, necessariamente, a sede de sua administração no Brasil, nos termos do *caput* do art. 60 do Decreto-lei n. 2.627/40. De outra parte, como a Lei Anticorrupção se aplica às pessoas de fato, a responsabilização da entidade exige, quando a pessoa a quem couber a administração de seus bens não possuir domicílio no Brasil, que ela ingresse no território nacional.

---

70 Cf. BRUNO, Aníbal. *Direito penal*: Parte Geral - tomo I, 2003, p. 138-40; MIRABETE, Julio Fabrini. *Manual de direito penal*, 1996. v. 1, p. 72; CARVALHOSA, Modesto. *Considerações sobre a Lei Anticorrupção das pessoas jurídicas*, 2015, p. 115-9.

71 Sobre a extraterritorialidade incondicionada, *vide*, por todos: GOMES, Luiz Flávio; GARCÍA-PABLOS DE MOLINA, Antonio. *Direito penal*: Parte Geral - v. 2, 2007, p. 113.

Segunda: que o fato seja punível também no país em que foi praticado (CP, art. 7º, § 2º, *b*). Se a conduta realizada no estrangeiro não é ilícita no estrangeiro, não há motivo jurídico para que o Brasil puna a pessoa jurídica. Mesmo que se reconheça a improbabilidade de que as condutas estabelecidas no art. 5º sejam consideradas lícitas no direito estrangeiro, não é possível afirmar, de plano, a impossibilidade teórica de que isso ocorra. Se o for, descabe a responsabilização.[72]

Terceira: estar o crime incluído entre aqueles pelos quais a lei brasileira autoriza a extradição (CP, art. 7º, § 2º, *c*). A Lei n. 13.445/2017 (Lei de Migração) proíbe, nos incisos II e IV do art. 82, a extradição quando o fato que motivar o pedido não for considerado crime no Brasil ou no Estado requerente, e a lei brasileira impuser ao crime a pena de prisão igual ou inferir a dois anos.[73] Se fosse aplicável essa exigência, estaria obstada a incidência do art. 28 da Lei Anticorrupção. Com efeito: há uma incompatibilidade lógica entre o art. 28 e os incisos II e IV do art. 82 da Lei n. 13.445/2017 combinados com a letra *c* do § 2º do art. 7º do CP, de modo a afastar a referida condição à extraterritorialidade. Afora isso, o inciso LII do art. 5º da CF/88 veda a extradição quando o fato configure crime político ou de opinião. Crime de opinião é o decorrente de abuso da liberdade de expressão.[74] Nenhuma das condutas arroladas no art. 5º da Lei n. 12.846/2013 pode configurar crime de opinião. O conceito de crime político é controverso, exigindo exame mais cuidadoso.

Há três orientações:

1. Objetiva, que leva em consideração o bem jurídico atingido, sendo crime político o praticado contra a ordem política estatal, mais precisamente contra os bens jurídicos arrolados na Lei n. 14.197/2021 (Lei dos Crimes contra o Estado Democrático de Direito), que substituiu a Lei n. 7.170/83 (Lei dos Crimes contra a Segurança Nacional).
2. Subjetiva, que leva em consideração o móvel do agente, sendo o crime político o praticado com finalidade política.
3. Mista, que procede à junção dos dois critérios, sendo crime político tanto o praticado contra bens jurídicos da organização político-social como o motivado por razões político-ideológicas.[75]

Distinguem-se, ainda, os crimes políticos puros ou próprios dos crimes políticos impuros ou impróprios: os primeiros atingem apenas a ordem política; os últimos atingem também outros bens ou interesses individuais ou públicos.[76]

Fixados esses conceitos, há que se reconhecer: é perfeitamente possível que as condutas previstas no art. 5º da Lei Anticorrupção caracterizem crimes políticos impróprios ou impuros. Imagine-se, por exemplo, o suborno de agente público estrangeiro realizado por motivação indiscutivelmente política. Nessa hipótese, aplica-se a extraterritorialidade estabelecida no art. 28 ora comentado? Sim, se for possível a extradição da pessoa física responsável pela conduta. O Supremo Tribunal Federal adotou o

---

72 Modesto Carvalhosa parece chegar à mesma conclusão: "Essa teoria jusinternacionalista deve, com efeito, orientar a aplicação da presente Lei, de forma que o Direito estrangeiro seja consultado sobre a natureza dos atos praticados sobre o seu território antes de aplicar ultraterritorialmente a Lei brasileira" (op. cit., 2015, p. 141).

73 Sobre o tema, por todos, *vide*: CAHALI, Yussef Said. *Estatuto do Estrangeiro*, 2010, p. 282-8.

74 Cf. GOMES e GARCÍA-PABLOS DE MOLINA, op. cit., 2007, p. 530.

75 Cf. SOUZA, Artur de Brito Gueiros. *As novas tendências do direito extradicional*, 2013, p. 186.

76 Por todos: MIRABETE, op. cit., 1996, p. 133-4.

sistema da *prevalência* ou da **preponderância**, também chamado de **cláusula suíça**, para definir a possibilidade ou não da extradição para crimes políticos impróprios: "caso prevaleça o caráter político dos fatos, a extradição não será permitida; ao revés, se a gravidade da lesão ao bem jurídico de natureza comum for maior do que a do bem jurídico político-estatal, restará autorizada a entrega extradicional".[77] É plenamente possível, pelo critério da preponderância, que as infrações tipificadas no art. 5º, como o suborno internacional, caracterizem crime político. Nesse caso, inaplicável a punição da pessoa jurídica, por força da incidência da letra *c* do § 2º do art. 7º do CP, obstativa da extraterritorialidade.

Quarta: não ter sido o agente absolvido no estrangeiro ou não ter lá cumprido a pena (CP, art. 7º, § 2º, *d*). Se a pessoa jurídica brasileira já tiver sido punida no estrangeiro pela prática do ato de corrupção, puni-la novamente no Brasil, pelo mesmo fato, configura inequívoco atentado à proibição de *bis in idem*. Na hipótese de a pessoa jurídica ter sido processada no estrangeiro e lá absolvida, também estará obstada a aplicação da lei brasileira.

Suponha-se que a pessoa física tenha sido absolvida. Considera-se que a **autonomia de instâncias** estabelecida no § 1º do art. 3º da Lei Anticorrupção é **relativa**: a responsabilização da pessoa jurídica independe da responsabilização da pessoa física, mas a absolvição desta pode repercutir sobre a condenação daquela. Suponha-se que a pessoa física seja absolvida no estrangeiro pela prova da inexistência do fato ou por agir acobertada por uma excludente de antijuridicidade. A absolvição, nesses casos, impede a responsabilização da pessoa jurídica. Nem toda absolvição repercute: se a pessoa física for absolvida por falta de provas, o fato em nada interfere na condenação posterior da pessoa jurídica. Assim, se o autor tiver sido absolvido no estrangeiro, a depender da hipótese de absolvição, estará obstada a aplicação da legislação brasileira. Por fim, caso a pessoa física infratora tenha sido condenada no estrangeiro e tenha cumprido a pena, o fato não obsta a punição, no Brasil, da pessoa jurídica, em decorrência da independência das instâncias de responsabilização estabelecida no referido § 1º do art. 3º.

Quinta: não ter sido o agente perdoado no estrangeiro ou, por outro motivo, não estar extinta a punibilidade, segundo a lei mais favorável (CP, art. 7º, § 2º, *e*). O perdão da pessoa física ou a extinção da punibilidade desta, pelos motivos já referidos, não obsta a incidência do art. 28. Ao revés, se a pessoa jurídica for perdoada no estrangeiro ou estiver extinta, no direito estrangeiro, sua punibilidade, obstada estará sua punição no Brasil. Suponha-se, por exemplo, que a legislação estrangeira também puna a pessoa jurídica pela prática da infração, mas estabeleça prazo prescricional menor do que a lei brasileira. Estando prescrita a pretensão punitiva no estrangeiro, não é possível a punição no direito brasileiro.

---

77 Cf. SOUZA, op. cit., 2013, p. 191. Afirmou o Min. Celso de Mello na Extradição n. 855/CL: "naquelas hipóteses em que o fato dominante – ainda que impregnado por motivação política – constitua, principalmente, infração da lei penal comum, será lícito, a esta Corte, mediante concreta ponderação das situações peculiares de cada caso ocorrente, reconhecer a preponderância do delito comum, para efeito de deferimento do pedido extradicional" (STF, Pleno, rel. Min. Celso de Mello, j. 26.08.2004, *DJ* 01.07.2005, p. 5). Na Extradição n. 1.085, o Min. Cezar Peluso assim se pronunciou: "Retira-se da jurisprudência do Supremo, dessa forma, a conjugação de alguns critérios, que vêm norteando a análise dos sempre difíceis casos referentes aos denominados crimes políticos relativos. Na abordagem caso a caso (*case by case approach*), o Tribunal tem se valido, especialmente, do sistema da preponderância e do critério da atrocidade dos meios, sem deixar de valorar todas as circunstâncias fáticas e jurídicas presentes na situação, com especial relevo para o contexto histórico, político e jurídico em que praticadas as infrações" (STF, Pleno, rel. Min. Cezar Peluso, j. 16.12.2009, *DJe* 67, 16.04.2010).

Art. 29. O disposto nesta Lei não exclui as competências do Conselho Administrativo de Defesa Econômica, do Ministério da Justiça e do Ministério da Fazenda para processar e julgar fato que constitua infração à ordem econômica.

1. COMENTÁRIOS

1.1. Ato de corrupção e infrações à ordem econômica

O art. 29 ressalva as competências do Sistema Brasileiro de Defesa da Concorrência (SBDC), instituído pelo art. 3º da Lei n. 12.529/2011 (Nova Lei do CADE), formado pelo Conselho Administrativo de Defesa Econômica (CADE), autarquia federal vinculada ao Ministério da Justiça, e pela Secretaria de Acompanhamento Econômico (SEAE), órgão do Ministério da Fazenda que tem por missão prevenir e reprimir, no âmbito administrativo, as infrações contra a ordem econômica. O sistema de responsabilização, instituído pela Lei n. 12.529/2011,[78] tem sensíveis semelhanças com o sistema instituído pela Lei n. 12.846/2013: ambos estabelecem um **sistema objetivo de responsabilização**. Dessarte, nos termos do art. 36 da Lei n. 12.529/2011, as infrações à ordem econômica, de modo similar às infrações tipificadas no art. 5º da Lei Anticorrupção, independem de culpa. Ademais, em ambos os sistemas há previsão de acordo de leniência: na Lei n. 12.846/2013, nos arts. 16 e 17; na Lei n. 12.529/2011, nos arts. 86 e 87.

Feita essa observação, reconhece-se: é perfeitamente possível a **identidade típica**, de modo que a mesma conduta seja ato lesivo à Administração Pública, nos termos do art. 5º da Lei n. 12.846/2013, e ato lesivo à ordem econômica, nos termos do art. 36 da Lei n. 12.529/2011. A título de exemplo, se duas pessoas jurídicas fazem prévio acordo sobre o preço no processo licitatório, incidem na letra *a* do inciso IV do art. 5º da Lei Anticorrupção e na letra *d* do inciso I do § 3º do art. 36 da Lei do CADE. O *caput* do art. 29 reza que a instauração do processo administrativo de responsabilização, nos termos dos arts. 8º a 12, não impede a instauração dos processos administrativos previstos no art. 48 da Lei do CADE.

Impõe-se, pelos motivos adiante expostos, uma interpretação conforme a Constituição: não há impedimento à instauração de dois processos de apuração desde que não haja simultaneamente identidade típica e imputação de sanções da mesma natureza. Respeitados esses pressupostos, retomados adiante, entre as duas esferas de responsabilização há, por força de expressa disposição legal, uma **autonomia de instâncias**.

Para quem admite a imposição do duplo sancionamento, surge um problema prático: ambos os órgãos podem estabelecer um acordo de leniência? A Medida Provisória n. 703/2015 pretendeu resolver esse problema: inseriu os §§ 1º e 2º no art. 29 para estabelecer uma **exceção** à referida autonomia e impedir a dupla instauração. Como ela não foi convertida em lei, havendo identidade típica ou concurso material entre as infrações, e instaurados dois processos de responsabilização, um na respectiva entidade federativa e outro no CADE, por força do art. 29 da LCC, nada impediria a celebração de dois acordos de leniência.

78 A Lei n. 12.529/2011, conhecida como nova Lei do CADE, substituiu a Lei n. 8.888/94. A nova lei, ao contrário da antiga, tem forte inclinação *neoliberal*. Para uma análise do regime antitruste tendo por base a Lei n. 8.884/94, *vide*, por todos: MARTINS, Ricardo Marcondes. *Regulação administrativa à luz da Constituição Federal*, 2011, p. 242 et seq. Para uma análise do regime antitruste tendo por base a Lei n. 12.529/2011, *vide*, por todos: MARRARA, Thiago. *Sistema brasileiro de defesa da concorrência*, 2015.

Suponha-se que a Controladoria-Geral da União (CGU) tenha instaurado um processo administrativo para apurar as infrações previstas na Lei Anticorrupção, o CADE tenha instaurado outro processo para apurar as infrações previstas na Lei do CADE e haja **identidade típica**. Pela literalidade do art. 29 seria possível tanto à CGU como ao CADE e a SEAE celebrar acordo de leniência simultaneamente, gerando dois acordos. Impõe-se, porém, uma interpretação conforme a Constituição: essa dupla instauração é obstada pela proibição de *bis in idem* adiante examinada.

Art. 30. A aplicação das sanções previstas nesta Lei não afeta os processos de responsabilização e aplicação de penalidades decorrentes de:

I - ato de improbidade administrativa nos termos da Lei n. 8.429, de 2 de junho de 1992; e

II - atos ilícitos alcançados pela Lei n. 8.666, de 21 de junho de 1993, ou outras normas de licitações e contratos da administração pública, inclusive no tocante ao Regime Diferenciado de Contratações Públicas - RDC instituído pela Lei n. 12.462, de 4 de agosto de 2011.

---

1. COMENTÁRIOS

1.1. Autonomia relativa de instâncias de responsabilização

O art. 30 preceitua a **autonomia das instâncias** em relação à:

- Esfera de responsabilização por improbidade administrativa instituída pela Lei n. 8.429/92.
- Esfera de responsabilização referente à participação em licitação e contratação com a Administração, relativa às sanções instituídas pelas Leis ns. 8.666/93 (Lei Geral de Licitações), 10.520/2002 (Lei do Pregão), 12.462/2011 (RDC), 13.019/2014 (Lei de parcerias com as organizações da sociedade civil); 8.443/92 (Lei Orgânica do TCU).

A Medida Provisória n. 703/2015 havia alterado o dispositivo e incluído um terceiro inciso para incluir a instância de responsabilização por infração à ordem econômica, instituída pela Lei n. 12.529/2011. Apesar de não ter sido convertida em lei, essa inclusão está implícita, em decorrência do art. 29 já examinado. A medida provisória havia, também, alterava o *caput* para mencionar a exceção à autonomia das instâncias estabelecida, por ela, nos §§ 1º e 2º do art. 29: no caso de identidade típica entre o ato de corrupção e a infração à ordem econômica, o acordo de leniência deveria abranger ambas as infrações. Não convertida em lei, admitem-se, com as ressalvas adiante estabelecidas, dois acordos de leniência. Vale lembrar que a Nova Lei de Licitações e Contratos Administrativos (Lei n. 14.133/2021) substituiu as Leis n. 8.666/93, 10.520/2002 e 12.462/2011.

Para Modesto Carvalhosa não faz sentido a "ressalva revocatória" referente à Lei n. 8.429/92, pois esta trata da responsabilização do agente público por ato de improbidade, enquanto a Lei n. 12.846/2013 trata da responsabilização da pessoa jurídica por ato de corrupção, sistemas inconfundíveis. Segundo ele, a última não alcança "nem os dirigentes dela, nem os agentes públicos envolvidos".[79] A afirmativa é verdadeira para a maioria das hipóteses de incidência da Lei de Improbidade: ela se destina, de fato, a punir os agentes públicos e não as pessoas jurídicas.

---

79 CARVALHOSA, Modesto. *Considerações sobre a Lei Anticorrupção das pessoas jurídicas*, 2015, p. 424-5.

A doutrina, porém, por força do art. 3º da Lei n. 8.429/92 – que estende as disposições da lei aos terceiros que induzam ou concorram com o agente público para a prática de ato de improbidade ou dele se beneficiem sob qualquer forma direta ou indireta –, admite a responsabilização de pessoa jurídica privada por ato de improbidade administrativa.[80] Por evidente, não seria possível falar na aplicação da sanção de perda da função pública, mas seria plenamente cabível a sanção de perda de bens acrescidos ilicitamente ao patrimônio, multa e proibição de contratar com o Poder Público e receber incentivos fiscais ou creditícios. Nessa hipótese, caso a conduta também se subsuma ao art. 5º da Lei n. 12.846/2013, o art. 30, I, longe está de ser despiciendo.

Em relação à Lei de Improbidade Administrativa (Lei n. 8.429/92), a questão está superada, em decorrência do § 2º introduzido no art. 3º pela Lei n. 14.230/2021, segundo o qual: "as sanções desta Lei não se aplicarão à pessoa jurídica, caso o ato de improbidade administrativa seja também sancionado como ato lesivo à administração pública de que trata a Lei 12.846/2013". Perceba-se: o dispositivo afasta expressamente o *bis in idem* entre a Lei de Improbidade e a Lei Anticorrupção.

Sem embargo, pretendeu o legislador, no art. 30 ora comentado, estabelecer uma autonomia de esferas de responsabilização. Sua pretensão envolve o problema da proibição de *bis in idem*. O princípio nunca impediu a cumulação de sanções de natureza **diversa**. Assim, o princípio não impede a cumulação de uma sanção administrativa com uma sanção penal; também não impede a cumulação de duas sanções administrativas quando a cumulação é expressamente prevista em lei e não ofender a proporcionalidade, como ocorre com a sanção de multa e a de advertência, multa e suspensão temporária e multa e inidoneidade (art. 86, § 1º, e 87, § 2º, da Lei n. 8.666/93; art. 156, § 7º, da Lei n. 14.133/2021). Nesses casos, a cumulação é possível desde que não ofenda a proporcionalidade.[81] O problema surge quando as sanções são da **mesma natureza**, como a sanção de multa. Quem pratica um conluio em uma licitação pode ser obrigado a pagar várias multas? Na doutrina espanhola, por exemplo, pacificou-se o entendimento de que essa imposição não é possível, em decorrência da proibição do *bis in idem*.[82] Na doutrina brasileira, o tema é ainda bastante controverso.

Mesmo quem rejeita o princípio da proibição do *bis in idem* no direito brasileiro há de reconhecer: o legislador brasileiro abusou da possibilidade do cúmulo de sanções. Suponha-se o conluio entre duas empresas na fixação de preço em certame licitatório. Nos termos já explicados, trata-se de ato de corrupção, passível de punição nos termos da Lei Anticorrupção, e infração à ordem econômica, passível de punição nos termos da Lei do CADE. É também um ilícito administrativo tipificado como crime no art. 337-F do Código Penal (dispositivo introduzido pelo art. 178 da Lei n. 14.133/2021, em substituição ao art. 90 da Lei n. 8.666/93). Supondo que haja conluio com agente administrativo, a pessoa jurídica também podia, até a entrada em vi-

---

80 Nesse sentido: SANTOS, Kleber Bispo dos. *Acordo de leniência na Lei de Improbidade Administrativa e na Lei Anticorrupção*, 2018, p. 43-7; OLIVEIRA, José Roberto Pimenta. *Improbidade administrativa e sua autonomia constitucional*, 2009, p. 356; OSÓRIO, Fábio Medina. *Teoria da improbidade administrativa*, 2007, p. 304.

81 Por todos: MELLO, Rafael Munhoz de. *Princípios constitucionais de direito administrativo sancionador*, 2007, p. 169 et seq. Para Kleber Bispo dos Santos o correto respeito à proporcionalidade afasta o *bis in idem* (op. cit., 2018, p. 72-4).

82 Por todos: GARCIA DE ENTERRÍA, Eduardo. *La Constitución como norma y el Tribunal Constitucional*, 2001, p. 245-8.

gor da Lei n. 14.230/2021, ser responsabilizada por improbidade administrativa. Ora, pelo mesmo fato, seguindo a autonomia de esferas instituída pelo art. 30 ora comentado, podiam ser impostas à pessoa jurídica nada menos que três *multas*:

- A prevista no art. 6º, I, da Lei Anticorrupção.
- A prevista no art. 37, I, da Lei do CADE.
- A prevista no art. 12 da Lei de Improbidade.

Com a vigência da Lei n. 14.230/2021, afastada está a última: **duas** multas. Outrossim, é possível cogitar da imposição às pessoas jurídicas da sanção de suspensão temporária ou da declaração de inidoneidade, previstas, respectivamente, nos incisos III e IV do art. 87 da Lei n. 8.666/93 – substituído pelos incisos III e IV do art. 156 da Lei n. 14.133/2021. Tudo pelo mesmo fato. O exemplo evidencia o abuso da cumulação.

Para quem considera inexistente no ordenamento brasileiro a proibição de *bis in idem*, essa cumulação é ilícita por ofender a **proporcionalidade.** A quantidade de esferas autônomas e a possibilidade de tantas sanções pelo mesmo fato indica que a legislação brasileira de combate à corrupção configura o que Eduardo Carone Costa Júnior chama de "legislação simbólica".[83] Em vez de instituir sistemas autônomos de responsabilização e estabelecer uma série infindável de sanções cumulativas, deveria o Estado brasileiro preocupar-se em tornar efetivo um sistema e, a partir dele, diminuir a impunidade.

Sem embargo, após muita reflexão, considera-se que o ordenamento jurídico brasileiro acolhe, sim, a proibição de *bis in idem*. Por força desse princípio, não se admite a imposição de sanções da **mesma natureza** pelo mesmo fato. Não há divergência quando se trata de sanção privativa de liberdade: nenhum jurista admite que pelo mesmo fato seja imposta mais de uma pena privativa de liberdade.[84] Há sanções que são ontologicamente incompatíveis com o *bis in idem*: se o agente perdeu a função pública, não é possível impor, novamente, a perda da mesma função. A controvérsia se dá, principalmente, em relação à sanção de multa. Contudo, não há razão lógica para não se estender a proibição a todas as sanções.

Adotado o entendimento de que é proibida a imposição de mais de uma sanção da mesma natureza ao mesmo fato, como interpretar a competência comum de vários órgãos, estabelecida nos arts. 29 e 30 da Lei n. 12.846/2013? Nos casos de identidade típica, a não conversão da Medida Provisória n. 703/2015 não gerou o efeito pretendido, pois a norma introduzida se encontra, ao menos parcialmente, implícita no sistema. Trata-se de uma decorrência da interpretação conforme a Constituição. Com efeito: se um órgão público instaurou expediente para apurar uma infração jurídica, havendo identidade típica sujeita à sanção da mesma natureza, é vedado a outro órgão instaurar outro expediente para apurar a mesma infração. Essa proibição só ocorre se estiverem presentes os dois pressupostos:

83 COSTA JÚNIOR, Eduardo Carone. *A legislação simbólica como fator de envenenamento do ordenamento jurídico*, 2011, p. 139 et seq.

84 O princípio do *ne bis in idem*, em relação às sanções penais, já foi reconhecido pelo STF: "A adoção do princípio do *ne bis in idem* pelo ordenamento jurídico penal complementa os direitos e as garantias individuais previstos pela Constituição da República, cuja interpretação sistemática leva à conclusão de que o direito à liberdade, com apoio em coisa julgada material, prevalece sobre o dever estatal de acusar" (STF, *HC* n. 86.606, 1ª T., rel. Min. Cármen Lúcia, j. 22.05.2007, *DJe*-072, divulg. 02.08.2007).

- Identidade típica.
- Previsão de sanção da mesma natureza.

Nesse caso, o órgão que instaurou o expediente fica **prevento** e os demais têm o dever de **colaborar** com ele. Logo, só um acordo de leniência poderá ser celebrado. O órgão prevento, porém, ao realizar o acordo de leniência, deverá ouvir os demais órgãos que possuem competência para apurar a infração.

Para que fique claro: diante de um crime de corrupção, praticado por um agente público, nada impede a instauração de um inquérito policial e de um processo disciplinar, tendo em vista que as sanções imputadas têm natureza diversa. O impedimento só ocorre, insiste-se, quando haja identidade típica cumulada com imputação de sanção da mesma natureza. Dito isso, conclui-se: a autonomia de esferas de responsabilização, estabelecida no art. 30 da LCC, é inconstitucional por violação da proibição de *bis in idem* quando houver **identidade típica** e **imputação de sanção da mesma natureza.**

Art. 31. Esta Lei entra em vigor 180 (cento e oitenta) dias após a data de sua publicação.

---

1. COMENTÁRIOS

1.1. Vigência e *vacatio*

O art. 31 estabeleceu 180 dias de *vacatio legis*. Antonio Araldo Ferraz Dal Pozzo, Augusto Neves Dal Pozzo, Beatriz Neves Dal Pozzo e Renan Marcondes Facchinatto lembram que, por força do § 1º do art. 8º da Lei Complementar n. 95/98, a contagem do prazo para entrada em vigor das leis que estabeleçam período de vacância inclui a data da publicação e o último dia do prazo, entrando em vigor no dia subsequente à sua consumação integral.[85] Assim, a contagem do prazo de 180 dias iniciou-se em 2 de agosto de 2013, data da publicação da Lei n. 12.846, e findou em 28 de janeiro de 2014. Ela entrou em vigor, portanto, em 29 de janeiro de 2014.

Brasília, 1º de agosto de 2013; 192º da Independência e 125º da República.

DILMA ROUSSEFF
José Eduardo Cardozo
Luís Inácio Lucena Adams
Jorge Hage Sobrinho

---

85 DAL POZZO, Antonio Araldo Ferraz et al. *Lei Anticorrupção*: apontamentos sobre a Lei n. 12.846/2013, 2015, p. 238.

ÍNDICE ALFABÉTICO-REMISSIVO DA LEI N. 12.846/2013

REFERÊNCIAS BIBLIOGRÁFICAS
PARTE I

CAPÍTULO I – DISPOSIÇÕES GERAIS

ANTUNES VARELA, João de Matos. *Das obrigações em geral*. Coimbra: Almedina, 1998.

BOTTINI, Pierpaolo Cruz; TAMASAUSKAS, Igor Sant'Anna. A controversa responsabilidade objetiva na Lei n. 12.846/2013. *Revista do Advogado*, Associação dos Advogados de São Paulo (AASP), n. 125, 2014.

CONFEDERAÇÃO NACIONAL DA INDÚSTRIA (CNI). *Informativo sobre a Lei Anticorrupção*. Brasília, DF, 2015.

CUEVA, Ricardo Villas Bôas. *A implementação da Lei Anticorrupção no Brasil*. Palestra proferida no Encontro Brasil – Reino Unido: Gestão e imagem da Justiça, proferida no Superior Tribunal de Justiça em 18 de novembro de 2015. Disponível em: http://www.stj.jus.br/static_files/STJ/Midias/arquivos/Lei%20Anticorrup%C3%A7%C3%A3o_Br-UK_Cueva.pdf. Acesso em: 14 abr. 2024.

GONÇALVES, Carlos Roberto. *Responsabilidade civil*. 6.ed. São Paulo, Saraiva, 1995.

GRICOLI IOKOI, Pedro Ivo. O novo modelo de combate à corrupção. *Revista do Advogado*, Associação dos Advogados de São Paulo (AASP), n. 125, 2014.

OLIVEIRA FREITAS, Arystóbolo de; RODRIGUES ALVES, Joyce Ruiz. Hipóteses de responsabilidade solidária e decorrentes de sucessão empresarial na Lei da Empresa Limpa e impacto nas operações societárias. *Revista do Advogado*, Associação dos Advogados de São Paulo (AASP), n. 125, 2014.

PEREIRA NETO, Miguel. Lei Anticorrupção e ética. *Revista do Advogado*, Associação dos Advogados de São Paulo (AASP), n. 125, 2014.

PINTO SERRANO, Pedro Estevam Alves. A responsabilidade objetiva da Lei Anticorrupção. *Revista do Advogado*, Associação dos Advogados de São Paulo (AASP), n. 125, 2014.

CAPÍTULO II – DOS ATOS LESIVOS À ADMINISTRAÇÃO PÚBLICA NACIONAL OU ESTRANGEIRA

BANDEIRA DE MELLO, Celso Antônio. 26.ed. *Curso de direito administrativo*. São Paulo, Malheiros, 2009.

CARVALHO FILHO, José dos Santos. *Manual de direito administrativo*. 25. ed. São Paulo, Atlas, 2012.

DINIZ, Maria Helena. *Código Civil anotado*. 11.ed. São Paulo, Saraiva, 2005.

FERREIRA, Daniel. *Sanções administrativas*. São Paulo, Malheiros, 2001.

GODINHO, Thiago José Zanini. Contribuições do direito internacional ao combate à corrupção. *Revista da Faculdade de Direito da Universidade Federal de Minas Gerais*, Belo Horizonte, n. 58, p. 347-86, jan./jun. 2011.

HOLANDA, Sérgio Buarque de. *Raízes do Brasil*. 26.ed. São Paulo, Companhia das Letras, 2009.

JUSTEN FILHO, Marçal. *Comentários à Lei de Licitações e Contratos Administrativos*. 15.ed. São Paulo, Dialética, 2012.

MARTINS JUNIOR, Wallace Paiva. *Probidade administrativa*. 4.ed. São Paulo, Saraiva, 2009.

MOREIRA NETO, Diogo de Figueiredo; FREITAS, Rafael Véras de. A juridicidade da Lei Anticorrupção: reflexões e interpretações prospectivas. *Revista Fórum Administrativo*, Belo Horizonte: Fórum, ano 14, n. 156, fev. 2014.

NASCIMENTO, Carlos Valder do. In: MARTINS, Ives Gandra da Silva; NASCIMENTO; Carlos Valder (org.). *Comentários à Lei de Responsabilidade Fiscal*. São Paulo, Saraiva, 2001.

OSÓRIO, Fábio Medina. *Direito administrativo sancionador*. São Paulo, Revista dos Tribunais, 2000.

ROCHA, Cármen Lúcia Antunes. *Princípios constitucionais dos servidores públicos*. São Paulo, Saraiva, 1999.

CAPÍTULO III – DA RESPONSABILIZAÇÃO ADMINISTRATIVA

BANDEIRA DE MELLO, Celso Antônio. *Curso de direito administrativo*. 32.ed. rev. e atual. São Paulo, Malheiros, 2015.

BRANDT, Felipe Barbosa; ROCHA, Renata Ferreira da. *Os elementos da responsabilidade objetiva prevista na Lei Anticorrupção*. Coletânea de artigos correcionais da CGU. Publicado em 29 nov. 2022.

BRASIL. Ação Declaratória de Constitucionalidade 43 do Distrito Federal. Disponível em: https://www.stf.jus.br/arquivo/cms/noticiaNoticiaStf/anexo/ADC43MCM.pdf. Acesso em: 13 abr. 2024.

__________. Constituição da República Federativa do Brasil de 1988. Disponível em: https://www.planalto.gov.br/ccivil_03/constituicao/constituicao.htm. Acesso em: 13 abr. 2024.

__________. Decreto 2.681, de 7 de dezembro de 1912. Regula a responsabilidade civil das estradas de ferro. Disponível em: http://www.planalto.gov.br/ccivil_03/decreto/d2681_1912.htm. Acesso em: 13 abr. 2024.

__________. Decreto n. 11.129, de 11 de julho de 2022. Regulamenta a Lei n. 12.846, de 1º de agosto de 2013, que dispõe sobre a responsabilização administrativa e civil de pessoas jurídicas pela prática de atos contra a administração pública, nacional ou estrangeira. Disponível em: https://www.planalto.gov.br/ccivil_03/_Ato2019-2022/2022/Decreto/D11129.htm. Acesso em: 13 abr. 2024.

__________. Decreto n. 66.183, de 5 de fevereiro de 1970. Regulamenta o Decreto-lei n. 923, de 10 de outubro de 1969, que dispõe sobre a comercialização do leite cru. Disponível em: http://www.planalto.gov.br/ccivil_03/decreto/1970-1979/d66183.htm. Acesso em: 13 abr. 2024.

__________. Decreto-lei n. 2.848, de 7 de dezembro de 1940. Código Penal. Disponível em: https://www.planalto.gov.br/ccivil_03/decreto-lei/del2848compilado.htm. Acesso em: 13 abr. 2024.

__________. Lei n. 8.078, de 11 de setembro de 1990. Dispõe sobre a proteção do consumidor e dá outras providências. Disponível em: https://www.planalto.gov.br/ccivil_03/leis/l8078compilado.htm. Acesso em: 13 abr. 2024.

__________. Lei n. 8.429, de 2 de junho de 1992. Dispõe sobre as sanções aplicáveis em virtude da prática de atos de improbidade administrativa [...]. Disponível em: https://www.planalto.gov.br/ccivil_03/leis/l8429.htm. Acesso em: 13 abr. 2024.

__________. Lei n. 10.406, de 10 de janeiro de 2002. Institui o Código Civil. Disponível em: https://www.planalto.gov.br/ccivil_03/leis/2002/l10406compilada.htm. Acesso em: 13 abr. 2024.

__________. Lei n. 12.527/2011. Regula o acesso a informações previsto no inciso XXXIII do art. 5º [...]. Disponível em: https://www.planalto.gov.br/ccivil_03/_ato2011-2014/2011/lei/l12527.htm. Acesso em: 13 abr. 2024.

__________. Lei n. 12.529, de 30 de novembro de 2011 [Lei Antitruste]. Estrutura o Sistema Brasileiro de Defesa da Concorrência; dispõe sobre a prevenção e repressão às infrações contra a ordem econômica; [...]. Disponível em: https://www.planalto.gov.br/ccivil_03/_ato2011-2014/2011/lei/l12529.htm. Acesso em: 13 abr. 2024.

__________. Lei n. 12.683, de 9 de julho de 2012. Altera a Lei n. 9.613, de 3 de março de 1998, para tornar mais eficiente a persecução penal dos crimes de lavagem de dinheiro. Disponível em: https://www.planalto.gov.br/ccivil_03/_Ato2011-2014/2012/Lei/L12683.htm#art2. Acesso em: 13 abr. 2024.

__________. Lei n. 12.846, de 1º de agosto de 2013 [Lei Anticorrupção]. Dispõe sobre a responsabilização administrativa e civil de pessoas jurídicas pela prática de atos contra a administração pública, nacional ou estrangeira, e dá outras providências. Disponível em: https://www.planalto.gov.br/ccivil_03/_ato2011-2014/2013/lei/l12846.htm. Acesso em: 13 abr. 2024.

__________. Lei n. 12.850, de 2 de agosto de 2013 [Lei das Organizações Criminosas]. Define organização criminosa e dispõe sobre a investigação criminal, os meios de obtenção da prova, infrações penais correlatas e o procedimento criminal [...]. Disponível em: https://www.planalto.gov.br/ccivil_03/_ato2011-2014/2013/lei/l12850.htm. Acesso em: 13 abr. 2024.

__________. Câmara dos Deputados. Projeto de Lei n. 6.826/2010. Dispõe sobre a responsabilização administrativa e civil de pessoas jurídicas pela prática de atos contra a administração pública, nacional ou estrangeira e dá outras providências. Disponível em: https://www.camara.leg.br/proposicoesWeb/fichadetramitacao?idProposicao=466400. Acesso em: 13 abr. 2024.

CARVALHO, Guilherme; GUIMARÃES, Raphael. Calculadora de multa de PAR: louvável contribuição da CGU. *Conjur*, 14 abr. 2023. Disponível em: https://www.conjur.com.br/2023-abr-14/licitacoes-contratos-calculadora-multa-par-louvavel-contribuicao-cgu. Acesso em: 26 maio 2023.

CARVALHO FILHO, José dos Santos. *Manual de direito administrativo*. 36.ed. Barueri, Atlas, 2022. *E-book*.

CHILE. *Lei 20393*. Establece la responsabilidad penal de las personas jurídicas en los delitos que indica. Disponível em: https://www.bcn.cl/leychile/navegar?idNorma=1008668&idParte=8811454&idVersion=2020-06-20. Acesso em: 29 maio 2023.

CUNHA, Rogerio Sanches; SOUZA, Renee. *Lei Anticorrupção Empresarial*. 3.ed. rev. atual. e ampl. Salvador, Juspodivm, 2020.

DAL POZZO, Augusto Neves. Compliance *no direito administrativo*. São Paulo, Thomson Reuters Brasil, 2020 (Col. Compliance, v. 1).

DI PIETRO, Maria Sylvia Zanella; MARRARA, Thiago. *Lei Anticorrupção comentada*. Belo Horizonte, Fórum, 2017.

ESTADOS UNIDOS DA AMÉRICA. *Foreign Corrupt Practices Act*. Disponível em: https://www.justice.gov/criminal-fraud/foreign-corrupt-practices-act. Acesso em: 29 maio 2023.

FACCHINI NETO, Eugênio. Da responsabilidade civil no novo Código. *Rev TST*, Brasília, DF, v. 76, n. 1, jan./mar. 2010. p. 22-23. Disponível em: https://juslaboris.tst.jus.br/handle/20.500.12178/13478. Acesso em: 23 maio 2023.

GIPP, Gilson; CASTILHO, Manoel L. Volkmer de. *Comentários sobre a Lei Anticorrupção*. São Paulo, Saraiva, 2016.

LAMY, Anna Carolina Franco. Compliance *empresarial*. Rio de Janeiro, Forense, 2022.

MARINELA, Fernanda et al. *Lei Anticorrupção*: Lei n. 12.846, de 1º de agosto de 2013. São Paulo, Saraiva, 2015. *E-book.*

NIETO, Alejandro. *Derecho administrativo sancionador*. 4.ed. Madrid, Tecnos, 2008.

NUCCI, Guilherme de Souza. *Criminologia*. Rio de Janeiro, Forense, 2021. *E-book*.

OLIVEIRA, José Roberto Pimenta; GROTTI, Dinorá Adelaide Musetti. Direito administrativo sancionador brasileiro: breve evolução, identidade, abrangência e funcionalidades. *Interesse Público – IP*, Belo Horizonte, ano 22, n. 120, p. 83-126, mar./abr. 2020. Disponível em: https://www.prefeitura.sp.gov.br/cidade/secretarias/upload/CEJUR%20-%20PGM/CEJUR%20Clipping/5%C2%AA%20Edi%C3%A7%C3%A3o/Artigos/3.pdf. Acesso em: 3 out. 2023.

ORDEM DOS ADVOGADOS DO BRASIL. *OAB realiza balanço dos 10 anos da Lei Anticorrupção em debate*. 12 de abril de 2023. Disponível em: https://www.oab.org.br/noticia/60889/oab-realiza-balanco-dos-10-anos-da-lei-anticorrupcao-em-debate#:~:text=Em%20agosto%20de%202023%2C%20celebram,compliance%20e%20acordos%20de%20leni%C3%AAncia. Acesso em: 24 maio 2024.

PESTANA, Marcio. *Leis anticorrupção*: exame sistematizado da Lei n. 12.846/2013. Barueri: Manole, 2016. *E-book*.

REINO UNIDO. *The Bribery Act 2010*. Disponível em: https://www.justice.gov.uk/downloads/legislation/bribery-act-2010-guidance.pdf. Acesso em: 29 maio 2023.

REPOSITÓRIO CADE. *Decisão proferida pelo Conselheiro-Relator Mauricio Oscar Bandeira Maia nos autos do Processo Administrativo n. 08012.006130/2006-22*, em 16 de agosto de 2017. Disponível em: https://sei.cade.gov.br/sei/modulos/pesquisa/md_pesq_documento_consulta_externa.php?DZ2uWeaYicbuRZEFhBt-n3BfPLlu9u7akQAh8mpB9yNe4yEJvxA-nowlLrStToxZQIRA78ttPhV18V-huiBeUNu6U_SB80gig1vr0728D-6PEzFfRrHe-sARj9hb2l-Db. Acesso em: 13 abr. 2024.

REPOSITÓRIO CGU. *Atos Administrativos*: correição. Disponível em: https://repositorio.cgu.gov.br/handle/1/45833. Acesso em: 13 abr. 2024.

REPOSITÓRIO CGU. *Lei Anticorrupção*. Disponível em: https://www.gov.br/corregedorias/pt-br/assuntos/painel-de-responsabilizacao/responsabilizacao-entes-privados/lei-anticorrupcao-1. Acesso em: 26 maio 2023.

REPOSITÓRIO CGU. *Manual prático de cálculo de sanções da Lei Anticorrupção:* cálculo e dosimetria [versão atualizada até setembro de 2020]. Disponível em: https://repositorio.cgu.gov.br/handle/1/46569. Acesso em: 25 maio 2023.

REPOSITÓRIO CGU. *Nota Técnica n. 2198/2021/COREP*. Disponível em: https://repositorio.cgu.gov.br/bitstream/1/73693/7/Nota_Tecnica_2198-2021_Telemikro.pdf. Acesso em: 25 maio 2023.

REPOSITÓRIO CGU. *Parecer n. 00094/2022/CONJUR-CGU/CGU*. Disponível em: https://repositorio.cgu.gov.br/bitstream/1/73508/2/Parecer_CONJUR_00094_2022_Morales%20Treinamento%20e%20Desenvolvimento%20Profissional%20e%20Gerencial%20Ltda.pdf. Acesso em: 25 maio 2023.

REPOSITÓRIO CGU. *Relatório Final Processo 00190.105384/2018-01*. Disponível em: https://repositorio.cgu.gov.br/bitstream/1/73530/3/Relatorio%20Final_Madero%20Industria%20e%20Comercio%20SA.pdf. Acesso em: 25 maio 2023.

REPOSITÓRIO CGU. *Relatório Final Processo 00190.102238/2020-31*. Disponível em: https://repositorio.cgu.gov.br/bitstream/1/73572/3/Relatorio_Final_Delta.pdf. Acesso em: 25 maio 2023.

REPOSITÓRIO CGU. *Relatório Final Processo 00190.110835/2020-39*. Disponível em: https://repositorio.cgu.gov.br/bitstream/1/76647/5/Relatorio_Final_FIX.pdf. Acesso em: 25 maio 2023.

REPOSITÓRIO CGU. *Relatório Final Processo 00190.105349/2020-07*. Disponível em: https://repositorio.cgu.gov.br/bitstream/1/73594/3/Relatorio_Final_Decal.pdf. Acesso em: 25 maio 2023.

REPOSITÓRIO DO GOVERNO DO ESTADO DO ESPÍRITO SANTO. *Processo n. 2019-K66KC.* Decisão proferida pelo Secretário de Estado de Controle e Transparência em 6 de dezembro de 2022. Disponível em: https://bancodoconhecimento.conaci.org.br/handle/123456789/612. Acesso em: 8 jun. 2022.

REPOSITÓRIO GOV.BR. *Cálculo da multa de PAR.* Disponível em: https://epad.cgu.gov.br/Publico/calculadora/calcPAR.html. Acesso em: 25 maio 2023.

REPOSITÓRIO GOV.BR. *CGU aplica sanções anticorrupção a duas empresas envolvidas em atos ilícitos na Administração Pública.* 19 de abril de 2023. Disponível em: https://www.gov.br/cgu/pt-br/assuntos/noticias/2023/04/cgu-aplica-sancoes-anticorrupcao-a-duas-empresas-envolvidas-em-atos-ilicitos-na-administracao-publica. Acesso em: 13 abr. 2024.

REPOSITÓRIO GOV.BR. *CGU ganha nova estrutura para aprimorar o combate à corrupção e a execução das políticas públicas.* 30 de janeiro de 2023. Disponível em: https://www.gov.br/cgu/pt-br/assuntos/noticias/2023/01/cgu-ganha-nova-estrutura-para-aprimorar-o-combate-a-corrupcao-e-a-execucao-das-politicas-publicas. Acesso em: 13 abr. 2024.

REPOSITÓRIO GOV.BR. Conselho Administrativo de Defesa Econômica. *TCU arquiva processo sobre aplicação de vantagem auferida pelo CADE.* 23 de março de 2020. Disponível em: https://www.gov.br/cade/pt-br/assuntos/noticias/tcu-arquiva-processo-sobre-aplicacao-de-vantagem-auferida-pelo-cade. Acesso em: 8 jun. 2023.

REPOSITÓRIO GOV.BR. *Governo Federal anuncia medidas de fortalecimento da transparência pública.* 16 de maio de 2023. Disponível em: https://www.gov.br/cgu/pt-br/assuntos/noticias/2023/05/governo-federal-anuncia-medidas-de-fortalecimento-da-transparencia-publica. Acesso em: 13 abr. 2024.

REPOSITÓRIO GOV.BR. *Manual prático de avaliação de programa de integridade em PAR.* Setembro de 2018. Disponível em: https://www.gov.br/cgu/pt-br/centrais-de-conteudo/publicacoes/integridade/arquivos/manual-pratico-integridade-par.pdf. Acesso em: 13 abr. 2024.

REPOSITÓRIO GOV.BR. Controladoria-Geral da União. *Programa de integridade*: diretrizes para empresas privadas. Setembro de 2015. Disponível em: https://www.gov.br/cgu/pt-br/centrais-de-conteudo/publicacoes/integridade/arquivos/programa-de-integridade-diretrizes-para-empresas-privadas.pdf. Acesso em: 24 maio 2023.

REPOSITÓRIO STJ. *Presidente do STJ destaca segurança jurídica como base para alavancar desenvolvimento econômico.* 23 de junho de 2022. Disponível em: https://www.stj.jus.br/sites/portalp/Paginas/Comunicacao/Noticias/23062022-Presidente-do-STJ-destaca-seguranca-juridica-como-base-para-alavancar-desenvolvimento-economico-.aspx. Acesso em: 13 abr. 2024.

REVISTA CONSULTOR JURÍDICO. *Consórcio de Curitiba deu prejuízo de R$ 600 bilhões ao país.* 31 de janeiro de 2022. Disponível em: https://www.conjur.com.br/2022-jan-31/consorcio-curitiba-deu-prejuizo-600-bilhoes-pais. Acesso em: 26 maio 2023.

SILVEIRA, Renato de Mello J. Compliance, *direito penal e lei anticorrupção.* São Paulo, Saraiva, 2015.

VENOSA, Sílvio de Salvo. A responsabilidade objetiva no novo Código Civil. *Migalhas*, 8 jan. 2023. Disponível em: https://www.migalhas.com.br/depeso/916/a-responsabilidade-objetiva-no-novo-codigo-civil. Acesso em: 23 maio 2023.

ZIMMER JUNIOR, Aloísio. Compliance *anticorrupção e das contratações públicas.* São Paulo, Thomson Reuters Brasil, 2021 (Col. *Compliance*, v. II).

CAPÍTULO IV – DO PROCESSO ADMINISTRATIVO DE RESPONSABILIZAÇÃO

BRASIL. Constituição da República Federativa do Brasil, de 5 de outubro de 1988. *Diário Oficial da União*, Brasília, DF, 6 out. 1988.

__________. Decreto n. 3.678, de 30 de novembro de 2000. Promulga a Convenção sobre o Combate da Corrupção de Funcionários Públicos Estrangeiros em Transações Comerciais Internacionais, concluída em Paris, em 17 de dezembro de 1997. *Diário Oficial da União*, Brasília, DF, 1º dez. 2000.

__________. Decreto n. 8.420, de 18 de março de 2015. Regulamenta a Lei n. 12.846, de 1º de agosto de 2013, que dispõe sobre a responsabilização administrativa de pessoas jurídicas pela prática de atos contra a administração pública, nacional ou estrangeira e dá outras providências. *Diário Oficial da União*, Brasília, DF, 19 mar. 2015.

__________. Lei n. 5.172, de 25 de outubro de 1966. Dispõe sobre o Sistema Tributário Nacional e institui normas gerais de direito tributário aplicáveis à União, Estados e Municípios. *Diário Oficial da União*, Brasília, DF, 27 out. 1966.

__________. Lei n. 8.429, de 2 de junho de 1992. Dispõe sobre as sanções aplicáveis aos agentes públicos nos casos de enriquecimento ilícito no exercício de mandato, cargo, emprego ou função na administração pública direta, indireta ou fundacional e dá outras providências. *Diário Oficial da União*, Brasília, DF, 3 jun. 1992.

__________. Lei n. 8.443, de 16 de julho de 1992. Dispõe sobre a Lei Orgânica do Tribunal de Contas da União e dá outras providências. *Diário Oficial da União*, Brasília, DF, 17 jul. 1992.

__________. Lei n. 8.666, de 21 de junho de 1993. Regulamenta o art. 37, inciso XXI, da Constituição Federal, institui normas para licitações e contratos da Administração Pública e dá outras providências. *Diário Oficial da União*, Brasília, DF, 22 jun. 1993.

__________. Lei n. 9.784, de 29 de janeiro de 1999. Regula o processo administrativo no âmbito da Administração Pública Federal. *Diário Oficial da União*, Brasília, DF, 1º fev. 1999.

__________. Lei n. 10.406, de 10 de janeiro de 2002. Institui o Código Civil. *Diário Oficial da União*, Brasília, DF, 11 jan. 2002.

__________. Lei n. 12.462, de 4 de agosto de 2011. Institui o Regime Diferenciado de Contratações Públicas - RDC; [...]. *Diário Oficial da União*, Brasília, DF, 5 ago. 2011.

__________. Lei n. 12.846, de 1º de agosto de 2013. Dispõe sobre a responsabilização administrativa e civil de pessoas jurídicas pela prática de atos contra a administração pública, nacional ou estrangeira, e dá outras providências. *Diário Oficial da União*, Brasília, DF, 2 ago. 2013.

CARVALHOSA, Modesto. *Considerações sobre a Lei Anticorrupção das pessoas jurídicas*: Lei 12.846/2013. São Paulo, Revista dos Tribunais, 2015.

SOUZA, Jorge Munhós; QUEIROZ, Ronaldo Pinheiro (org.). *Lei Anticorrupção*. Salvador, Juspodivm, 2015.

CAPÍTULO V – DO ACORDO DE LENIÊNCIA

BRASIL. Congresso. Câmara dos Deputados. Projeto de Lei n. 3.636, de 2015. Altera a Lei n. 12.846, de 1º de agosto de 2013, e a Lei n. 8.429, de 2 de junho de 1992, para permitir que o Ministério Público e a Advocacia Pública celebrem acordo de leniência, de forma isolada ou em conjunto, no âmbito da Lei n. 12.846, de 1º de agosto de 2013, e dá outras providências. Disponível em: http://www2.camara.leg.br/proposicoesWeb/fichadetramitacao?idProposicao=2055350. Acesso em: 19 nov. 2015.

__________. Congresso. Senado. Comissão de Constituição, Justiça e Cidadania. Parecer n. 1.018, de 2015, sobre o Projeto de Lei do Senado n. 105, de 2015, do Senador Ricardo Ferraço, que acrescenta parágrafo ao artigo 16 da Lei n. 12.846, de 1º de agosto de 2013, determinando que os acordos de leniência celebrados por entes da Administração Pública sejam homologados pelo Ministério Público. Disponível em http://www.senado.leg.br/atividade/rotinas/materia/getPDF.asp?t=182536&tp=1. Acesso em: 17 nov. 2015.

__________. Congresso. Senado. Projeto de Lei n. 105, de 2015. Acrescenta parágrafo ao artigo 16 da Lei n. 12.846, de 1º de agosto de 2013, determinando que os acordos de leniência celebrados por entes da Administração Pública sejam homologados pelo Ministério Público. Disponível em: http://www25.senado.leg.br/web/atividade/materias/-/materia/120017. Acesso em: 17 nov. 2015.

__________. Decreto n. 8.420, de 18 de março de 2015. Regulamenta a Lei n. 12.846, de 1º de agosto de 2013, que dispõe sobre a responsabilização administrativa de pessoas jurídicas pela prática de atos contra a administração pública, nacional ou estrangeira e dá outras providências. Brasília, DF, 2015. Disponível em: http://www.planalto.gov.br/ccivil_03/_Ato2015-2018/2015/Decreto/D8420.htm. Acesso em: 4 nov. 2015.

__________. Lei n. 10.520, de 17 de julho de 2002. Institui, no âmbito da União, Estados, Distrito Federal e Municípios, nos termos do art. 37, inciso XXI, da Constituição Federal, modalidade de licitação denominada pregão, para aquisição de bens e serviços comuns, e dá outras providências. Brasília, DF, 2002. Disponível em: http://www.planalto.gov.br/ccivil_03/leis/2002/L10520.htm. Acesso em: 21 nov. 2015.

__________. Lei n. 12.462, de 4 de agosto de 2011. Institui o Regime Diferenciado de Contratações Públicas – RDC, dentre outras providências. Brasília, DF, 2011. Disponível em: http://www.planalto.gov.br/ccivil_03/_ato2011-2014/2011/Lei/L12462.htm. Acesso em: 21 nov. 2015.

__________. Tribunal de Contas da União. Acórdão n. 824/2015. Plenário. Relator: Ministro João Augusto Ribeiro Nardes. Sessão de 15.04.2015. Disponível em: http://www.tcu.gov.br/Consultas/Juris/Docs/judoc/Acord/20150507/AC_0824_13_15_P.doc. Acesso em: 17 nov. 2015.

__________. Tribunal de Contas da União. Acórdão n. 1.207/2015. Plenário. Relator: Ministro João Augusto Ribeiro Nardes. Sessão de 20.05.2015. Disponível em: http://www.tcu.gov.br/Consultas/Juris/Docs/judoc/Acord/20150528/AC_1207_18_15_P.doc. Acesso em: 17 nov. 2015.

__________. Tribunal de Contas da União. Acórdão n. 239/2024. Plenário. Relator: Ministro Benjamin Zymler. Sessão de 21.02.2024. Disponível em: https://contas.tcu.gov.br/sagas/SvlVisualizarRelVotoAcRtf?codFiltro=SAGAS-SESSAO-ENCERRADA&seOcultaPagina=S&item0=848981. Acesso em: 10.03.2025.

__________. Tribunal de Contas da União. Instrução Normativa n. 74, de 11 de fevereiro de 2015. Dispõe sobre a fiscalização do Tribunal de Contas da União, com base no art. 3º da Lei n. 8.443/1992, quanto à organização do processo de celebração de acordo de leniência pela administração pública federal, nos termos da Lei n. 12.846/2013. *Diário Oficial da União*, Brasília, DF, 18 de fev. 2015. Seção 1, p. 91.

__________. Tribunal de Contas da União. Instrução Normativa-TCU n. 71, de 28 de novembro de 2012. Dispõe sobre a instauração, a organização e o encaminhamento ao Tribunal de Contas da União dos processos de tomada de contas especial. *Diário Oficial da União*, Brasília, DF, 5 dez. 2012. Seção 1, p. 120.

__________. Tribunal de Contas da União. Instrução Normativa-TCU n. 95, de 21 de fevereiro de 2024. Disciplina a atuação do Tribunal de Contas da União decorrente do Acordo de Cooperação Técnica (ACT) celebrado, em 6 de agosto de 2020, com a Controladoria-Geral da União (CGU), a Advocacia-Geral da União (AGU) e o Ministério da Justiça e Segurança Pública (MJSP), sob a coordenação do Presidente do Supremo Tribunal Federal, voltado ao combate à corrupção no Brasil, especialmente em relação aos acordos de leniência previstos na Lei n. 12.846, de 1º de agosto de 2013, nos termos da Ordem de Serviço TCU n. 2, de 8 de março de 2021. *Boletim do Tribunal de Contas da União – BTCU Especial*, Brasília, DF, 22 fev. 2024.

ESTADOS UNIDOS. General Services Administration; Department of Defense; National Aeronautics and Space Administration. *Federal Acquisition Regulation*. v. 1, parts 1 to 51, [*s. l.*]: GSA, Mar. 2015. Disponível em: https://www.acquisition.gov/?q=browsefar>. Acesso em: 27 nov. 2015.

__________. Defense Contract Audit Agency. *Defense Federal Acquisition Regulation Supplement:* DFARS. Virginia: DCAA, 17 Aug., 1998. Disponível em: http://www.dcaa.mil/dfars.html. Acesso em: 27 nov. 2015.

__________. General Accounting Office. *DOD procurement*: use and administration of DOD's voluntary disclosure program: report to the Chairman, Subcommittee on Administrative Oversight and the Courts, Committee on the Judiciary, U.S. Senate. Washington, D.C.: The Office, Feb. 1996. 31 p.: ill. Disponível em: http://www.gao.gov/archive/1996/ns96021.pdf. Acesso em: 11 nov. 2015.

__________. General Services Administration; Department of Defense; National Aeronautics and Space Administration. *Federal Acquisition Regulation*. v. 1, parts 1 to 51, [*s. l.*]: GSA, Mar. 2015. Disponível em: https://www.acquisition.gov/?q=browsefar. Acesso em: 27 nov. 2015.

FERRAZ, Luciano. Acordos de leniência da Lei Anticorrupção cumprem diferentes papéis. *Revista Consultor Jurídico*, 23 jul. 2015. Disponível em: http://www.conjur.com.br/2015-jul-23/interesse-publico-acordos-leniencia-lei-anticorrupcao-cumprem-diferentes-papeis. Acesso em: 24 nov. 2015.

__________. Reflexões sobre a Lei n. 12.846/2013 e seus impactos nas relações público-privadas: lei de improbidade empresarial e não lei anticorrupção. *Revista Brasileira de Direito Público – RBDP*, Belo Horizonte, ano 12, n. 47, p. 33-43, out./dez. 2014.

FORGIONI, Paula A. *Os fundamentos do antitruste*. 7.ed. rev. e atual. São Paulo, Revista dos Tribunais, 2014.

GILBERTO, André Marques. *O processo antitruste sancionador*: aspectos processuais na repressão das infrações à concorrência no Brasil. São Paulo, Lex, 2010.

MARINANGELO, Rafael. Acordo de leniência: vai pegar? *Revista Infraestrutura Urbana*, São Paulo, n. 37, mar. 2014. Disponível em: http://infraestruturaurbana.pini.com.br/solucoes-tecnicas/37/artigo308755-1.aspx. Acesso em: 4 nov. 2015.

MARQUES NETO, Floriano de Azevedo; CYMBALISTA, Tatiana Matiello. Os acordos substitutivos do procedimento sancionatório e da sanção. *Revista Brasileira de Direito Público – RBDP*, Belo Horizonte, ano 8, n. 31, p. 51-68, out./dez. 2010.

MARTINEZ, Ana Paula. Desafios do acordo de leniência na Lei n. 12.846/2013. *Revista do Advogado*, ano XXXIV, dez. 2014, n. 125.

MELLO, Shirlei Silmara de Freitas; MAIOLI, Patrícia Lopes; ABATI, Leandro de Paula Assunção. O acordo de leniência como corolário do princípio da consensualidade no processo antitruste brasileiro. *Revista de Direito Público da Economia – RDPE*, Belo Horizonte, ano 12, n. 45, p. 153-67, jan./mar. 2014.

MILLER, Brian D. *The Federal Acquisition Regulation Mandatory Disclosure Rule Program at the U.S. General Services Administration Office of Inspector General*. Jun, 2012. Disponível em: http://www.gsaig.gov/?LinkServID=DA671464-E1CB-543C-4E17C0DADEEE5485. Acesso em: 26 nov. 2015.

MOREIRA, Egon Bockmann; BAGATIN, Andreia Cristina. Lei Anticorrupção e quatro de seus principais temas: responsabilidade objetiva, desconsideração societária, acordos de leniência e regulamentos administrativos. *Revista de Direito Público da Economia – RDPE*, Belo Horizonte, ano 12, n. 47, p. 55-84, jul./set. 2014.

MOREIRA NETO, Diogo de Figueiredo; FREITAS, Rafael Véras de. A juridicidade da Lei Anticorrupção: reflexões e interpretações prospectivas. *Fórum Administrativo*, Belo Horizonte, v. 14, n. 156, p. 9-20, fev. 2014. Disponível em: http://www.editoraforum.com.br/ef/wp-content/uploads/2014/01/ART_Diogo-Figueiredo-Moreira-Neto-et-al_Lei-Anticorrupcao.pdf. Acesso em: 23 nov. 2015.

NOVAES, Ana Cristina Siqueira. *A theoretical discussion regarding the Brazilian leniency agreement as an instrument for revealing corrupt and fraudulent acts*. 2015. 32 f. Trabalho de Conclusão de Curso de Especialização (Minerva Program) – Institute of Brazilian Business and Public Management Issues, George Washington University. Washington, D.C., 2015. Disponível em: http://www.gwu.edu/~ibi/minerva/Spring2015/Ana_Novaes.pdf. Acesso em: 24 nov. 2015.

O DILEMA dos Prisioneiros e os Equilíbrios Ineficientes. Disponível em: http://www.cienciadaestrategia.com.br/teoriadosjogos/capitulo.asp?cap=m6. Acesso em: 6 nov. 2015.

OLIVEIRA, Rafael Carvalho Rezende; NEVES, Daniel Amorim Assumpção. O sistema brasileiro de combate à corrupção e a Lei n. 12.846/2013 (Lei Anticorrupção). *Revista Brasileira de Direito Público - RBDP*, Belo Horizonte, ano 12, n. 44, p. 9-21, jan./mar. 2014.

ORGANISATION FOR ECONOMIC COOPERATION AND DEVELOPMENT (OECD). Working Party N. 3 on Co-operation and Enforcement. Use of Markers in Leniency Programmes. DAF/COMP/WP3(2014)9. 24-Mar2015, p. 3. Disponível em: https://www.oecd.org/officialdocuments/publicdisplaydocumentpdf/?cote=DAF/COMP/WP3 (2014)9&doclanguage=en. Acesso em: 5 mar. 2025

PEREIRA, Cesar; SCHWIND, Rafael Wallbach. Autossaneamento (*self-cleaning*), inidoneidade e suspensão do direito de licitar: lições do direito europeu e norte-americano. *Fórum de Contratação e Gestão Pública - FCGP*, Belo Horizonte, ano 14, n. 165, p. 23-9, set. 2015.

SUNDFELD, Carlos Ari; CÂMARA, Jacintho Arruda. Acordos substitutivos nas sanções regulatórias. *Revista de Direito Público da Economia - RDPE*, Belo Horizonte, ano 9, n. 34, p. 133-51, abr./jun. 2011.

TILLIPMAN, Jessica. A house of cards falls: why "Too Big to Debar" is all slogan and little substance. *Fordham Law Review Res Gestae*. Paper 7. 13 jan., 2012. Disponível em: http://ir.lawnet.fordham.edu/cgi/viewcontent.cgi?article=1007&context=res_gestae. Acesso em: 24 nov. 2015.

CAPÍTULO VI – DA RESPONSABILIZAÇÃO JUDICIAL

ARAUJO, Valter Shuenquener de. O princípio da interdependência das instâncias punitivas e seus reflexos no direito administrativo sancionador. *Revista Jurídica da Presidência,* Brasília, DF, v. 23, n. 131, p. 629-53, out. 2021/jan. 2022. Disponível em: https://www.google.com/search?q=INDEPENDENCIA+DE+INST%C3%82NCIAS&oq=INDEPENDENCIA+DE+INST%C3%82NCIAS&gs_lcrp=EgZjaHJvbWUyBggAEEUYOTIICAEQABgWGB4yCAgCEAAYFhgeMggIAxAAGBYYHtIBCTY0MTFqMGoxNagCALACAA&sourceid=chrome&ie=UTF-8. Acesso em: 10 ago. 2023.

BRASIL. Superior Tribunal de Justiça. Recurso Especial n. 1.366.721/BA. Recorrentes: União e Ministério Público Federal. Recorrido: C C de S. Relator: Min. Napoleão Nunes Maia Filho, 19 de setembro de 2014. Disponível em: https://processo.stj.jus.br/repetitivos/temas_repetitivos/pesquisa.jsp?novaConsulta=true&tipo_pesquisa=T&cod_tema_inicial=701&cod_tema_final=701. Acesso em: 2 out. 2023.

__________. Supremo Tribunal Federal. Recurso Extraordinário n. 1.101.937/SP. Recorrentes: Caixa Econômica Federal e Banco Bradesco S/A. Recorrido: Instituto Brasileiro de Defesa do Consumidor. Relator: Min. Alexandre de Moraes, 14 de junho de 2021. Disponível em: https://portal.stf.jus.br/processos/detalhe.asp?incidente=5336275. Acesso em: 4 out. 2023.

DI PIETRO, Maria Sylvia Zanella. "Comentários ao art. 18". In: DI PIETRO, Maria Sylvia Zanella; MARRARA, Thiago. *Lei Anticorrupção comentada.* 3.ed. Belo Horizonte, Fórum, 2021a.

__________. "Comentários ao art. 19". In: DI PIETRO, Maria Sylvia Zanella; MARRARA, Thiago. *Lei Anticorrupção comentada.* 3.ed. Belo Horizonte, Fórum, 2021b.

DIPP, Gilson; CASTILHO, Manoel Lauro Volkmer de. *Comentários sobre a Lei Anticorrupção.* São Paulo, Saraiva, 2016.

FERNANDES, Felipe Gonçalves; PENNA, Rodolfo Breciani; PORTO, José Roberto Mello. *Manual de improbidade administrativa.* Belo Horizonte, Casa do Direito, 2022.

GODOY, Arnaldo Sampaio de Moraes. *Sanções e Penas* analisa os limites da independência entre instâncias julgadoras. *Consultor Jurídico*, 2 abr. 2023. Disponível em: https://www.conjur.com.br/2023-abr-02/embargos-culturais-sancoes-penas-antonio-rodrigo-machado. Acesso em: 10 out. 2023.

MARINELA, Fernanda; PAIVA, Fernando; RAMALHO, Tatiany. *Lei Anticorrupção*: Lei n. 12.846, de 1º de agosto de 2013. São Paulo, Saraiva, 2015.

MARTINS JÚNIOR, Wallace Paiva. "Comentários ao art. 20". In: DI PIETRO, Maria Sylvia Zanella; MARRARA, Thiago. *Lei Anticorrupção comentada*. 3.ed. Belo Horizonte, Fórum, 2021.

PESTANA, Marcio. *Lei Anticorrupção*: exame sistematizado da Lei n. 12.846/2013. Barueri, Manole, 2016.

RIBEIRO, Márcio de Aguiar. *Responsabilização administrativa de pessoas jurídicas à luz da Lei Anticorrupção Empresarial*. Belo Horizonte, Fórum, 2017.

CAPÍTULO VII – DISPOSIÇÕES FINAIS

ARAUJO, Luiz Alberto David. *A proteção constitucional da própria imagem*. Belo Horizonte, Del Rey, 1996.

ÁVILA, Humberto. *Teoria da segurança jurídica*. 3.ed. São Paulo, Malheiros, 2014.

BANDEIRA DE MELLO, Celso Antônio. *Curso de direito administrativo*. 32.ed. São Paulo, Malheiros, 2015.

__________. *Discricionariedade administrativa e controle jurisdicional*. 2.ed. 2. tir. São Paulo, Malheiros, 1996.

BARROS, Flávio Augusto Monteiro de. *Direito penal*: Parte Geral – v. 1. 2.ed. São Paulo, Saraiva, 2001.

BRUNO, Aníbal. *Direito penal*: Parte Geral – tomo I. 5.ed. Rio de Janeiro, Forense, 2003.

CAHALI, Yussef Said. *Estatuto do Estrangeiro*. 2.ed. São Paulo, Revista dos Tribunais, 2010.

CARVALHO, André Castro. *Vinculação de receitas públicas*. São Paulo, Quartier Latin, 2001.

CARVALHO, Antonio Carlos Alencar. *Manual de processo administrativo disciplinar e sindicância*. Belo Horizonte, Fórum, 2012.

CARVALHOSA, Modesto. *Considerações sobre a Lei Anticorrupção das pessoas jurídicas*. São Paulo, Revista dos Tribunais, 2015.

COSTA JÚNIOR, Eduardo Carone. *A legislação simbólica como fator de envenenamento do ordenamento jurídico*. Belo Horizonte, Fórum, 2011.

DAL POZZO, Antonio Araldo Ferraz; DAL POZZO, Augusto Neves; DAL POZZO, Beatriz Neves; FACCHINATTO, Renan Marcondes. *Lei Anticorrupção*: apontamentos sobre a Lei n. 12.846/2013. 2.ed. São Paulo, Contracorrente, 2015.

DWORKIN, Ronald. *O império do direito*. Tradução Jefferson Luiz Camargo. São Paulo, Martins Fontes, 2003.

FAYET JÚNIOR, Ney. *Do crime continuado*. 9.ed. Porto Alegre, Aspas, 2020.

GALVÃO, Leonardo Vasconcellos Braz. A inconstitucionalidade do art. 25 da Lei Anticorrupção. *Fórum Administrativo – FA*, Belo Horizonte, ano 15, n. 173, p. 23-30, jul. 2015.

GARCIA DE ENTERRÍA, Eduardo. *La Constitución como norma y el Tribunal Constitucional*. 3.ed., reimpr. Madrid, Civitas, 2001.

GOMES, Luiz Flávio; GARCÍA-PABLOS DE MOLINA, Antonio. *Direito penal*: Parte Geral – v. 2. São Paulo, Revista dos Tribunais, 2007.

GORDILLO, Agustín A. *La administración paralela*. 1.ed., reimpr. Madrid, Civitas, 1997.

GRECO FILHO, Vicente; RASSI, João Daniel. *O combate à corrupção e comentários à Lei de Responsabilidade de Pessoas Jurídicas*. São Paulo, Saraiva, 2015.

HACHEM, Daniel Wunder; QUETES, Regeane Brasil. O regime jurídico-constitucional das sanções administrativas aplicáveis aos licitantes e contratados. *Fórum de Contratação e Gestão Pública – FCGP*, Belo Horizonte, ano 10, n. 120, p. 47-59, dez. 2011.

HESSE, Konrad. *Temas fundamentais do direito constitucional*. Tradução Carlos dos Santos Almeida et al. São Paulo, Saraiva, 2009.

JESUS, Damásio E. de. *Prescrição penal*. 11.ed. São Paulo, Saraiva, 1997.

LEAL, Antônio Luís da Câmara. *Da prescrição e da decadência*. 4.ed. Rio de Janeiro, Forense, 1982.

MARINELA, Fernanda; PAIVA, Fernando; RAMALHO, Tatiany. *Lei Anticorrupção*. São Paulo, Saraiva, 2015.

MARRARA, Thiago. *Sistema brasileiro de defesa da concorrência*. São Paulo, Atlas, 2015.

MARTINS, Ricardo Marcondes. *Efeitos dos vícios do ato administrativo*. São Paulo, Malheiros, 2008.

__________. *Estudos de direito administrativo neoconstitucional*. São Paulo, Malheiros, 2015a.

__________. *Regulação administrativa à luz da Constituição Federal*. São Paulo, Malheiros, 2011.

__________. Responsabilização de agentes públicos e improbidade administrativa: uma história conturbada. *Sequência*, Florianópolis, v. 43, n. 90, 2022.

__________. Sanções administrativas no regime diferenciado de contrações públicas. RDC. *Revista Brasileira de Infraestrutura* – RBINF, Belo Horizonte, ano 4, n. 8, p. 47-88, jul.-dez. 2015b.

MAXIMILIANO, Carlos. *Hermenêutica e aplicação do direito*. 16.ed. Rio de Janeiro, Forense, 1997.

MELLO, Rafael Munhoz de. *Princípios constitucionais de direito administrativo sancionador*. São Paulo, Malheiros, 2007.

MIRABETE, Julio Fabrini. *Manual de direito penal*. São Paulo, Atlas, 1996. v. 1.

NIEBUHR, Joel de Menezes. *Licitação pública e contrato administrativo*. 3.ed. Belo Horizonte, Fórum, 2013.

NUCCI, Guilherme de Souza. *Corrupção e anticorrupção*. Rio de Janeiro, Forense, 2015.

OLIVEIRA, José Roberto Pimenta. *Improbidade administrativa e sua autonomia constitucional*. Belo Horizonte, Fórum, 2009.

OLIVEIRA, Regis Fernandes de. *Infrações e sanções administrativas*. 2.ed. São Paulo, Revista dos Tribunais, 2005.

OSÓRIO, Fábio Medina. *Direito administrativo sancionador*. 4.ed. São Paulo, Revista dos Tribunais, 2011.

__________. *Teoria da improbidade administrativa*. São Paulo, Revista dos Tribunais, 2007.

PEREIRA JUNIOR, Jessé Torres. *Comentários à Lei das Licitações e Contratações da Administração Pública*. 6.ed. Rio de Janeiro, Renovar, 2003.

__________; DOTTI, Marinês Restelatto. Responsabilidade do contratado na administração de compras, serviços e obras. *Fórum de Contratação e Gestão Pública – FCGP*, Belo Horizonte, ano 11, n. 122, p. 22-49, fev. 2012.

PETRELLUZZI, Marco Vinicio; RIZEK JUNIOR, Rubens Naman. *Lei Anticorrupção*: origens, comentários e análise da legislação correlata. São Paulo, Saraiva, 2014.

PRADO, Luiz Regis. *Curso de direito penal brasileiro*: Parte Geral. 2.ed. São Paulo, Revista dos Tribunais, 2000.

PRATES, Marcelo Madureira. *Sanção administrativa geral*: anatomia e autonomia. Coimbra, Almedina, 2005.

ROCHA, Carmen Lúcia Antunes. *Princípios constitucionais dos servidores públicos*. São Paulo, Saraiva, 1999.

SANTOS, Kleber Bispo dos. *Acordo de leniência na Lei de Improbidade Administrativa e na Lei Anticorrupção*. Rio de Janeiro, Lumen Juris, 2018.

SANTOS, Márcia Walquiria Batista dos. Sanções administrativas: suspensão temporária e declaração de inidoneidade – extensão. In: DI PIETRO, Maria Sylvia Zanella et al. *Temas polêmicos sobre licitações e contratos*. 5.ed. São Paulo, Malheiros, 2001.

SOUZA, Artur de Brito Gueiros. *As novas tendências do direito extradicional*. 2.ed. Rio de Janeiro, Renovar, 2013.

VITTA, Heraldo Garcia. *A sanção no direito administrativo*. São Paulo, Malheiros, 2003.

ZARDO, Francisco. *Infrações e sanções em licitações e contratos administrativos*. São Paulo, Revista dos Tribunais, 2015.

PARTE II
TEMAS CORRELATOS

Capítulo 1. O princípio do *non bis in idem* na Lei Anticorrupção: uma reflexão a partir da reforma da Lei de Improbidade Administrativa

Vinícius Marques de Carvalho
Flávio Rezende Dematté

INTRODUÇÃO

Tendo recebido o apelido de "Lei Anticorrupção" desde o seu nascimento e editada sobretudo em cumprimento a convenções internacionais firmadas pelo Brasil no início deste século, a Lei n. 12.846, de 2013, veio para complementar o aparato normativo estatal brasileiro de combate à corrupção, que se ressentia de uma ferramenta jurídico-normativa especial para lidar com a participação de pessoas jurídicas em atos lesivos à administração pública. Até então, basicamente elas só eram responsabilizadas por tais infrações: (i) quando houvesse alguma relação com irregularidades envolvendo licitações e contratos, sendo acionados, nesses casos, os controles previstos nas normas regentes sobre a matéria, ou (ii) quando elas figurassem como beneficiárias de um ato de improbidade administrativa, nos termos da antiga redação do art. 3º da Lei n. 8.429/92.[1]

Passados mais de dez anos desde a sua publicação, pode-se afirmar que a Lei n. 12.846/2013 se consolidou como um importante instrumento de enfrentamento à corrupção praticada por meio de pessoas jurídicas.

Dados do painel "Correição em Dados", mantido pela Controladoria-Geral da União (CGU), permitem vislumbrar a dimensão do alcance e da evolução da aplicação da referida lei pelos órgãos e entidades do Poder Executivo Federal. A título de exemplo, de janeiro de 2014 até dezembro de 2024, só por meio da atuação da CGU na seara do contencioso administrativo, foram instaurados 470 processos administrativos de responsabilização, dos quais 275 foram julgados, deles resultando a aplicação de 71 publicações extraordinárias da decisão condenatória e 166 multas, que, somadas, totalizam mais de R$ 817 milhões.[2]

---

1 Assim dispunha o referido dispositivo antes da reforma promovida pela Lei n. 14.230/2021: "Art. 3º As disposições desta lei são aplicáveis, no que couber, àquele que, mesmo não sendo agente público, induza ou concorra para a prática do ato de improbidade ou dele se beneficie sob qualquer forma direta ou indireta".

2 Informações disponíveis em: centralpaineis.cgu.gov.br/visualizar/corregedorias. Acesso em: 16.12.2024.

Esse impacto é ainda maior quando se verifica os valores negociados em acordos de leniência, matéria sobre a qual a Lei n. 12.846/2013 conferiu competência exclusiva à CGU no âmbito do Poder Executivo Federal. De acordo com o painel "Acordos de Leniência", de 2015 a 2024 foram celebrados 30 acordos de leniência, por meio dos quais foram negociados mais de R$ 18,8 bilhões, sendo que desses valores quase R$ 9,62 bilhões já foram pagos aos cofres públicos.[3]

Todavia, consciente do mencionado papel complementar e especial que a Lei Anticorrupção teria no ordenamento jurídico brasileiro, o legislador previu de forma expressa no art. 30 do seu texto que as sanções aplicadas com base nela não afetariam os processos e as penalidades decorrentes de atos de improbidade administrativa ou de infrações relacionadas a licitações e contratos. Assim, por meio de tal artigo, restou positivada nessa seara específica a independência entre as três referidas instâncias do direito administrativo sancionador.

Por outro lado, conforme será examinado de forma mais detida à frente, isso fez com que o referido dispositivo fosse objeto de questionamentos e críticas pela doutrina jurídica brasileira por permitir que de um mesmo fato pudessem resultar múltiplas sanções em diversas instâncias; ou seja, autorizava o *bis in idem* em matéria de responsabilização de pessoas jurídicas por atos de corrupção. Embora o tema não tenha ganhado na jurisprudência a mesma projeção que teve no campo das discussões doutrinárias, ele recentemente voltou à baila com a reforma da Lei n. 8.429/92 em 2021, que promoveu algumas importantes alterações legislativas que mitigaram a independência e a autonomia das instâncias previstas na Lei n. 12.846/2013. É sobre isso que se tratará neste capítulo, o qual é dividido em duas partes.

No primeiro tópico, será feito um breve excurso sobre a internalização do princípio do *non bis in idem* no Direito brasileiro e da solução que fora dada, sobretudo pela jurisprudência, para a questão de múltiplas respostas sancionatórias quando um mesmo fato constitui ilícitos em mais de uma esfera punitiva estatal: a tese denominada "independência de instâncias". Na mesma ocasião, serão brevemente examinadas algumas das raras iniciativas legislativas e jurisprudenciais adotadas nos últimos cinco anos que se propuseram a mitigar a postura dogmática e conservadora da referida tese.

O segundo tópico se dedicará exclusivamente à análise das mudanças feitas na Lei de Improbidade Administrativa que alteraram a relação entre as instâncias sancionatórias dessa lei e da Lei Anticorrupção. Considerando que o *non bis in idem* ganhou previsão expressa na Lei n. 8.429/92, com a sua reforma em 2021, serão apontados alguns desafios que essa determinação legal colocará para os operadores dos sistemas de responsabilização estabelecidos na Lei de Improbidade Administrativa e na Lei Anticorrupção.

3 Informações disponíveis em: www.gov.br/cgu/pt-br/assuntos/integridade-privada/acordo-leniencia. Acesso em: 16.12.2024.

NON BIS IN IDEM ENTRE AS ESFERAS PENAL E ADMINISTRATIVA E (*IN*)DEPENDÊNCIA DE INSTÂNCIAS

A expressão *non bis in idem* sintetiza o basilar princípio jurídico-criminal de que uma pessoa não pode ser punida ou processada mais de uma vez por um mesmo fato. Apesar da aparente simplicidade do sentido que a sua tradução literal denota – "não (incorrer) duas vezes no mesmo" –, cada um dos termos que compõem a locução latina traz consigo perguntas cujas respostas não podem ser dadas de forma simples ou imediata. Ao termo implícito "incorrer" está relacionada a questão "como não (*non*) se pode dar essa outra incorrência?". Já o termo *idem* (mesmo) apresenta a pergunta "qual o objeto sobre o qual não (*non*) se pode incorrer mais de uma vez?". Por fim, o termo *bis* (duas vezes) impõe o questionamento "o que e quando restará configurada a segunda incorrência?".

De todo modo, resta claro que do referido mandamento principiológico decorrem as duas vertentes que representam suas duas funções garantidoras. Ao passo que sua vertente material veda o múltiplo sancionamento, ou seja, não se pode punir criminalmente mais de uma vez a mesma pessoa pelo mesmo motivo, a vertente processual veda o múltiplo processamento, isto é, não se pode submeter a mesma pessoa a mais de uma relação penal-processual, seja ela sucessiva ou simultânea, pelos mesmos fatos. Em suma, o *non bis in idem* material impede que uma mesma situação fática seja considerada mais de uma vez na punição e o *non bis in idem* processual impede a instauração ou o prosseguimento de mais de uma persecução penal.

Não obstante os fundamentos do *non bis in idem* possam remeter a diversos corolários do Estado Democrático de Direito, como a legalidade, o devido processo legal, a imutabilidade da coisa julgada ou mesmo a dignidade da pessoa humana, a doutrina mais recente aponta a proporcionalidade e a segurança jurídica como as justificativas mais sólidas para, respectivamente, as vertentes material e processual. No tocante à proporcionalidade, o argumento é de que "se a pena cominada no preceito secundário de cada tipo penal é pensada como uma sanção em si mesma adequada àquele injusto, a múltipla punição de uma mesma conduta implicaria sancionamento em grau superior àquela proporcional ao ilícito".[4] No que diz respeito ao fundamento do *non bis in idem* processual, assenta-se na ideia de que ninguém pode viver sob um constante estado de inse-

---

4 MENDES, Gilmar; BUONICORE, Bruno Tadeu; DE-LORENZI, Felipe da Costa. "*Ne bis in idem* entre Direito Penal e Administrativo Sancionador: considerações sobre a multiplicidade de sanções e de processos em distintas instâncias". *Revista Brasileira de Ciências Criminais*, v. 192, ano 30, p. 75-112. São Paulo, RT, set.-out./2022. Ainda segundo os referidos autores, esses dois fundamentos do *non bis in idem* são a chave que possibilita a sua incidência em situações em que o mesmo fato configura um ilícito em mais de uma esfera, pois a pena do âmbito criminal e a sanção administrativa do âmbito administrativo teriam na proporcionalidade e na segurança uma identidade comum de fundamentos, já que a segunda espécie punitiva – tal como a primeira – também inflige, muitas vezes, "intervenções significativas sobre direitos dos cidadãos".

gurança e receio de se ver novamente processado pelo Estado por um fato que já fora julgado anteriormente.

Embora o *non bis in idem* não seja um princípio elencado de forma explícita dentre as garantias penais constantes da Constituição de 1988, trata-se de preceito jurídico que vigora plenamente no Brasil com *status* de norma supralegal, em razão de estar previsto de maneira expressa em dois tratados internacionais sobre direitos humanos dos quais o Estado brasileiro é signatário.[5] O primeiro deles é o Pacto Internacional sobre Direitos Civis e Políticos, promulgado pelo Decreto n. 592, de 06.07.1992, que prevê o *non bis in idem* em sua totalidade, já que no item 7 do seu art. 15 estabelece que "ninguém poderá ser processado ou punido por um delito pelo qual já foi absolvido ou condenado por sentença passada em julgado, em conformidade com a lei e os procedimentos penais de cada país". A Convenção Americana sobre Direitos Humanos (Pacto de São José da Costa Rica), promulgada pelo Decreto n. 678, de 06.11.1992, prevê no item 4 do seu art. 8, por sua vez, que o "acusado absolvido por sentença passada em julgado não poderá ser submetido a novo processo pelos mesmos fatos", assegurando, diferentemente do referido Pacto da ONU, apenas a vertente processual do princípio. Desse modo e complementado pelo § 2º do art. 5º da Constituição, é imperioso que se compreenda o *non bis in idem* como uma garantia assegurada pelo ordenamento jurídico brasileiro, haja vista ser decorrente dos referidos tratados internacionais que versam sobre direitos humanos.

Em âmbito penal infraconstitucional, é possível identificar a face material do *non bis in idem*, por exemplo, nas seguintes disposições do Código Penal: (i) a previsão de que a pena cumprida no estrangeiro atenua a pena imposta no Brasil pelo mesmo crime, quando diversas, ou nela é computada, quando idênticas (art. 8º); (ii) o instituto da detração penal, que consiste no cômputo, na pena privativa de liberdade e na medida de segurança, do tempo (ii.1) de prisão provisória, no Brasil ou no estrangeiro, (ii.2) de prisão administrativa e (ii.3) de internação em hos-

---

5 Vale lembrar que desde a decisão proferida no RE n. 466.343, julgado em 03.12.2008, em que se discutiu sobre a prisão civil do depositário infiel, o Supremo Tribunal Federal entende que possuem *status* jurídico supralegal os tratados internacionais sobre direitos humanos aos quais o Brasil tenha aderido, mas que não tenham sido aprovados pelo rito do § 3º do art. 5º para obter equivalência normativa de emendas constitucionais. No mesmo sentido, é o voto do Min. Luiz Fux na ADI n. 5.240, julgada em 20.08.2015, que examinou a constitucionalidade da audiência de custódia, prevista no item 4 do art. 7 da Convenção Americana sobre Direitos Humanos: "Esse caráter supralegal do tratado devidamente ratificado e internalizado na ordem jurídica brasileira – porém não submetido ao processo legislativo estipulado pelo art. 5º, § 3º, da CF/88 – foi reafirmado pela edição da Súmula Vinculante n. 25, segundo a qual 'é ilícita a prisão civil de depositário infiel, qualquer que seja a modalidade do depósito'. Tal verbete sumular consolidou o entendimento deste Tribunal de que o art. 7º, item 7, da CADH teria ingressado no sistema jurídico nacional com *status* supralegal, inferior à CF/88, mas superior à legislação interna, a qual não mais produziria qualquer efeito naquilo que conflitasse com a sua disposição de vedar a prisão civil do depositário infiel. Tratados e convenções internacionais com conteúdo de direitos humanos, uma vez ratificados e internalizados, ao mesmo passo em que criam diretamente direitos para os indivíduos, operam a supressão de efeitos de outros atos estatais infraconstitucionais que se contrapõem à sua plena efetivação".

pital de custódia e tratamento psiquiátrico ou estabelecimento semelhante;[6] e (iii) a determinação de que se uma circunstância é elementar do tipo penal básico ou qualificado, ela não poderá ser considerada para agravar a pena (*caput* do art. 61).

A vertente processual do princípio pode ser verificada, por exemplo, na vedação a múltiplos processos penais simultâneos, com base na litispendência (Código de Processo Penal, art. 95, III), ou na vedação para múltiplos processos penais sucessivos, com base na coisa julgada material (Constituição Federal, art. 5º, XXXVI, c/c o Código de Processo Penal, art. 95, V).

Se internamente ao âmbito penal aspectos referentes a algumas hipóteses de vedação à dupla punição e ao duplo processamento estão, em termos normativos, bem assentados, o mesmo não pode ser dito quanto à incidência do *non bis in idem* entre distintas esferas jurídicas quando ambas estabeleçam como ilícito um mesmo fato, o que é um muito comum entre os âmbitos do direito penal e do direito administrativo sancionador.

Historicamente, a resposta dada pela jurisprudência brasileira – com destaque para o STF e para o STJ – a tais situações que venham a ocorrer na zona de intersecção entre as esferas penal e administrativa é de que há uma independência e uma autonomia entre ambas, o que afastaria o argumento de incidência de um suposto *bis in idem*.[7]

Valter Shuenquener de Araújo criticamente aponta que a "independência das instâncias é considerada, tradicionalmente, um dogma indevassável, que valida uma separação quase completa dos processos administrativo e judicial e tem afastado a aplicação de princípios relevantes como o *non bis in idem*".[8] Helena Regina Lobo da Costa destaca que o paradigma da independência entre as instâncias é marcado pela inexistência de uma fundamentação científica convincente, o que resulta em "um modelo que pouco se coaduna com a ideia de unidade da ordem jurídica, como um sistema jurídico estruturado e dotado de racionalidade interna".[9] Críticas a essa postura tradicional e conservadora da tese da independência das instâncias são recorrentes em praticamente toda a doutrina brasileira.[10]

6 René Ariel Dotti é direto e claro sobre a característica de *non bis in idem* da detração penal: "Há um princípio clássico de justiça segundo o qual ninguém pode ser punido duas vezes pelo mesmo fato. A detração visa impedir que o Estado abuse de poder-dever de punir, sujeitando o responsável pelo fato punível a uma fração desnecessária da pena sempre que houver a perda da liberdade ou a internação em etapas anteriores à sentença condenatória" (DOTTI, René Ariel. *Curso de Direito penal*: Parte Geral).

7 Para uma lista exemplificativa, mas diversificada, de decisões desses dois Tribunais sustentando a referida tese, ver ARAÚJO, Valter Shuenquener de. "O princípio da interdependência das instâncias punitivas e seus reflexos no Direito Administrativo Sancionador". *Revista Jurídica da Presidência Brasília*, v. 23, n. 131, out. 2021/jan. 2022, p. 633.

8 Ibidem, p. 634.

9 COSTA, Helena Regina Lobo da. "Direito penal econômico e direito administrativo sancionador: *ne bis in idem* como medida de política sancionadora integrada". São Paulo, 2013. Tese (Livre-Docência em Direito Penal). Faculdade de Direito, Universidade de São Paulo, p. 119.

10 Como se observa também, por exemplo, em: BACH, Marion. "Multiplicidade sancionatória estatal pelo mesmo fato: *ne bis in idem* e proporcionalidade". Porto Alegre, 2021. Tese (Doutorado em Ciências Criminais). Pontifícia Universidade Católica do Rio Grande do Sul, p. 149; MACHADO, Maíra Rocha. "Independência como indiferença: *ne bis in idem* e múltipla incidência sancionatória em casos de corrupção". *Revista Direito, Estado*

O texto constitucional não é completamente omisso quanto ao assunto. O fato de a Constituição Federal empregar o termo "sem prejuízo da ação penal cabível" quanto à responsabilização por improbidade administrativa no § 4º do seu art. 37 e a expressão "sanções penais e administrativas" quanto a infrações ao meio ambiente no § 1º do seu art. 225 é um indicador forte de que o ordenamento jurídico brasileiro reconhece e autoriza a possibilidade de sobreposição de instâncias sancionatórias em determinadas situações.

A partir da interpretação desses dois dispositivos, é possível extrair as seguintes conclusões quanto ao tratamento constitucional dado à independência das instâncias no ordenamento jurídico brasileiro: (i) eles só se referem à improbidade administrativa e aos ilícitos ambientais; (ii) eles fazem referência expressa apenas à cumulação de sanções;[11] (iii) eles não dizem se essa cumulação punitiva será integral ou parcial; (iv) não dizem nada sobre a cumulação de processos; e (v) eles não proíbem o *bis in idem* em outras áreas ou âmbitos de responsabilização. Assim, tem-se que é descabido falar de uma completa vedação de múltiplo sancionamento no Direito brasileiro, já que a independência de instâncias não é juridicamente repelida pelo texto da Carta Magna.

É essa leitura constitucional que possibilita a previsão, em nível infraconstitucional, de disposições como o art. 125 da Lei n. 8.112/90, que prevê a cumulação, de forma independente entre si, de sanções civis, penais e administrativas ao servidor público que pratica irregularidades no exercício das suas atribuições, e o art. 30 da Lei n. 12.846/2013, que dispõe de forma expressa que a aplicação das sanções nela previstas não afeta os processos de responsabilização e aplicação de penalidades decorrentes de atos de improbidade administrativa ou de atos ilícitos tipificados em normas de licitações e contratos. Esta última disposição normativa será objeto de análise específica no próximo tópico deste capítulo.

Contudo, é possível identificar um movimento recente de atenuação desse paradigma tradicional de independência das instâncias, tanto por meio de algumas previsões normativas específicas como, de uma forma mais tímida, de algumas decisões judiciais pontuais do STF e do STJ.

No campo legislativo, a primeira modificação normativa digna de nota é o § 3º do art. 22 da Lei de Introdução às normas do Direito Brasileiro (LINDB), que integra os dez novos artigos inseridos neste diploma normativo pela Lei n. 13.655/2018, com o fim de conferir maior segurança jurídica e eficiência na criação e na aplicação do direito público. *In verbis*: "Art. 22. [...] § 3º As sanções aplicadas ao agente serão levadas em conta na dosimetria das demais sanções de mesma natureza e relativas ao mesmo fato".

---

e Sociedade, n. 55, p. 257-95, jul.-dez. 2019, p. 286; e TOJAL, Tarsila Fonseca. *Corrupção e princípio de* ne bis in idem, 2023, p. 176. Para uma visão a favor da tese da independência das instâncias como um corolário da separação de Poderes, ver OSÓRIO, Fábio Medina. *Direito administrativo sancionador*, 2011, p. 287.

11 Considerando as conclusões (i) e (ii), pode-se afirmar que não poderia o legislador infraconstitucional proibir a cumulação de sanções nessas duas áreas.

Decorrente de emenda apresentada pela senadora Simone Tebet, já que o referido artigo era composto apenas do *caput* (mantido na lei aprovada) e de um parágrafo único (convertido no § 1º da lei aprovada), o mencionado § 3º veicula determinação para que sanções anteriores aplicadas a um agente sejam consideradas para fins de dosimetria de eventuais outras sanções de mesma natureza e relativas ao mesmo fato. Embora o dispositivo não proíba o *bis in idem*[12] – na verdade o pressupõe – e não apresente nenhum detalhamento acerca de como tais sanções serão consideradas reciprocamente, não se pode deixar de reconhecer sua relevância normativa, seja por ser a materialização positivada de uma solução – pragmática, ainda que paliativa[13] – dada pelo legislador acerca do problema da multiplicidade sancionatória, seja por estar inserida em uma lei cujos efeitos incidem sobre todos os ramos do Direito. Essa também é a leitura que Floriano de Azevedo Marques Neto e Rafael Véras de Freitas – o primeiro foi um dos autores da proposta de projeto de lei que resultou nas alterações da LINDB – a respeito do § 3º do art. 22:

> A duplicidade de sanções não deve ser tolerada, muito menos legitimada. O que não evita que ela exista. Algo inevitável, diante da independência das instâncias competentes para punir, prevista no ordenamento jurídico pátrio (prevista, por exemplo, no artigo 125 da Lei n. 8.112/1990, que enseja que um mesmo agente possa ser responsabilizado funcional, administrativa, cível e criminalmente).
>
> Ciente disso, a nova LINDB vai de encontro aos efeitos provocados pelo *bis in idem*. [...]
>
> Reiteramos que o *bis in idem* já foi consagrado pelo ordenamento jurídico brasileiro. É uma realidade. O que o parágrafo comentado pretende é atenuar, com base no racional pragmático de toda a Lei n. 13.655/2018, os seus deletérios efeitos para os administrados.[14]

Ainda no âmbito legislativo, a profunda reforma da Lei de Improbidade Administrativa (Lei n. 8.429/92) – feita em outubro de 2021 pela Lei n. 14.230 – teve a mitigação da independência das instâncias como um dos seus pilares, o que é notadamente observado em sete novos dispositivos incluídos pela reforma, sendo cinco deles versando de forma mais ampla sobre a interrelação entre diversas instâncias sancionatórias, sobretudo a penal, e dois deles explícitos quanto à comunicabilidade obrigatória entre os sistemas de responsabilização da referida Lei e da Lei Anticorrupção (Lei n. 12.846/2013).

---

12 Essa era a intenção principal do legislador com a inclusão dos §§ 2º e 3º ao art. 22 da LINDB, conforme consta do parecer da Comissão de Constituição, Justiça e Cidadania do Senado Federal ao projeto de lei que resultou na Lei n. 13.655/2018. Ver: BRASIL. Senado Federal. *Parecer (SF) n. 22/2017*. Brasília, DF, Senado Federal, 2017, p. 9.

13 JORDÃO, Eduardo. *Estudos antirromânticos sobre controle da Administração Pública*, 2022, p. 64.

14 MARQUES NETO, Floriano de Azevedo; FREITAS, Rafael Véras de. *Comentários à Lei n. 13.655/2018 (Lei da Segurança para a Inovação Pública)*, 2019, p. 69.

Mitigação ampla	Mitigação específica
Art. 21, § 1º: Os atos do órgão de controle interno ou externo serão considerados pelo juiz quando tiverem servido de fundamento para a conduta do agente público.	**Art. 3º, § 2º:** As sanções desta Lei não se aplicarão à pessoa jurídica, caso o ato de improbidade administrativa seja também sancionado como ato lesivo à administração pública de que trata a Lei n. 12.846, de 1º de agosto de 2013.
Art. 21, § 2º: As provas produzidas perante os órgãos de controle e as correspondentes decisões deverão ser consideradas na formação da convicção do juiz, sem prejuízo da análise acerca do dolo na conduta do agente.	**Art. 12, § 7º:** As sanções aplicadas a pessoas jurídicas com base nesta Lei e na Lei n. 12.846, de 1º de agosto de 2013, deverão observar o princípio constitucional do *non bis in idem*.
Art. 21, § 3º: As sentenças civis e penais produzirão efeitos em relação à ação de improbidade quando concluírem pela inexistência da conduta ou pela negativa da autoria.	
Art. 21, § 4º: A absolvição criminal em ação que discuta os mesmos fatos, confirmada por decisão colegiada, impede o trâmite da ação da qual trata esta Lei, havendo comunicação com todos os fundamentos de absolvição previstos no art. 386 do Decreto-Lei n. 3.689, de 3 de outubro de 1941 (Código de Processo Penal).	
Art. 21, § 5º: Sanções eventualmente aplicadas em outras esferas deverão ser compensadas com as sanções aplicadas nos termos desta Lei.	

Embora este capítulo tenha por foco específico no próximo tópico os dois parágrafos que mencionam a Lei Anticorrupção, não se pode deixar de observar alguns aspectos relevantes nos cinco dispositivos do art. 21 acima transcritos.

Primeiramente, ao mencionar atos, provas e decisões produzidas no âmbito de órgãos controladores e determinar que elas deverão ser consideradas pelo juiz no seu processo de formação de convicção nos processos que tratem de improbidade administrativa, tem-se aqui que os novos §§ 1º e 2º reconhecem que a atividade de fiscalização da regularidade da atuação dos agentes públicos exercida na esfera controladora possui traços de especificidade e de tecnicidade que precisam ser relevados na esfera judicial para fins de responsabilização com base na Lei n. 8.429/92. Trata-se de direcionamento normativo que impõe um diálogo entre as instâncias controladora e judicial, o que é claramente inspirado nos novos artigos da LINDB, que diferenciaram ambas as esferas, ao lado, ainda, da administrativa.[15]

15 Comentando o novo art. 20 da LINDB, Marçal Justen Filho assim discorre sobre essa diferenciação da esfera controladora: "A crescente especialização dos órgãos de controle tem gerado dificuldades de enquadrá-los nas classificações de separação de poderes tradicionais. A referência expressa a essa esfera decorre do reconhecimento de que sua atuação não é idêntica àquela desempenhada pelos órgãos jurisdicionais e administrativos" (JUSTEN FILHO, Marçal. "Art. 20 da LINDB: dever de transparência, concretude e proporcionalidade nas decisões públicas". *Revista de Direito Administrativo*, [S. l.], 2018, p. 40).

Os novos §§ 3º e 4º, por sua vez, determinam que sentenças civis e criminais refletirão seus efeitos em ações de improbidade sobre os mesmos fatos, em especial as penais absolutórias. A principal inovação do § 3º é a previsão de que sentenças civis também produzirão os efeitos ali descritos, já que o reflexo, em outras instâncias, de sentenças criminais que concluam pela inexistência da conduta ou pela negativa da autoria não é uma novidade no ordenamento jurídico brasileiro.[16]

Já o § 4º inova de forma profunda e inédita a relação entre a instância penal e a do direito administrativo sancionador, pois determina, a rigor, que as sentenças penais que absolvam o réu sob qualquer um dos sete fundamentos previstos no art. 386 do Código de Processo Penal resultarão no impedimento imediato da pretensão punitiva pautada na Lei n. 8.429/92. Por conta dessa ampla mitigação entre as instâncias, o referido parágrafo consta como um dos dispositivos que são objeto da ADI n. 7.236, o qual teve a sua eficácia suspensa em razão de medida cautelar deferida pelo Ministro Alexandre de Moraes em 27.12.2022. Naquela ocasião, o ministro, embora tenha reconhecido a existência de mitigação na independência das instâncias, ponderou que "a comunicabilidade ampla pretendida pela norma questionada acaba por corroer a própria lógica constitucional da autonomia das instâncias".

Por fim, o § 5º replica especificamente no âmbito da responsabilização por improbidade administrativa o comando introduzido na LINDB pelo citado § 3º do seu novo art. 22, detalhando, contudo, que a harmonização entre as instâncias quanto às eventuais sanções distintas deverá se dar por meio de uma compensação entre elas.

Por outro lado, a jurisprudência do STF e do STJ tem seguido um ritmo bem mais lento do que as mudanças legislativas quando o assunto é a mitigação da independência de instâncias. Nos últimos três anos, apenas uma decisão da 2ª Turma do STF, de dezembro 2020, e outra da 5ª Turma do STJ, de março de 2023, enfrentaram de forma incisiva e direta o paradigma tradicional sobre o tema e endereçaram posicionamentos inovadores quanto à sua maior flexibilização.

No bojo da Reclamação n. 41.557, o STF se viu diante da questão se seria possível o ajuizamento de uma ação civil pública por ato de improbidade administrativa baseada no mesmo acervo fático-probatório de uma ação penal que fora anteriormente trancada pelo STF em sede de *habeas corpus*, trancamento esse fundamentado no reconhecimento da negativa de autoria do reclamante diante das condutas típicas a ele imputadas.

16 Nesse sentido, o art. 126 da Lei n. 8.112/90 ("A responsabilidade administrativa do servidor será afastada no caso de absolvição criminal que negue a existência do fato ou sua autoria"), o art. 66 do Código de Processo Penal ("Não obstante a sentença absolutória no juízo criminal, a ação civil poderá ser proposta quando não tiver sido, categoricamente, reconhecida a inexistência material do fato") e o art. 935 do Código Civil ("A responsabilidade civil é independente da criminal, não se podendo questionar mais sobre a existência do fato, ou sobre quem seja o seu autor, quando estas questões se acharem decididas no juízo criminal").

Superados os aspectos quanto ao cabimento da reclamação para análise do cotejo entre o acervo fático-probatório das duas ações e quanto à identidade do referido acervo em ambos os processos, os seguintes pontos foram demarcados pela 2ª Turma na decisão que proferiu nessa ação: (i) a Lei de Improbidade, por pertencer ao direito administrativo sancionador, em muito se aproxima do direito penal, considerando, assim, a ação civil por ato de improbidade administrativa uma extensão do poder punitivo estatal e do sistema criminal; (ii) o reconhecimento de que o direito administrativo sancionador e o direito penal são manifestações de uma mesma singularidade ou de uma mesma unidade do poder punitivo; (iii) a necessidade de transposição matizada à seara administrativa sancionadora das garantias individuais tipicamente penais e a existência de círculos concêntricos de ilicitude; e (iv) a possibilidade de comunicabilidade entre as instâncias estatais sancionadoras, por meio de uma independência mitigada entre essas esferas.

A tese principal firmada pelo Ministro Gilmar Mendes, relator do processo, para justificar a independência mitigada entre as esferas penal e administrativa neste caso foi a seguinte:

> [...] a mesma narrativa fático-probatória que deu ensejo a uma decisão de mérito definitiva na esfera penal, que fixa uma tese de inexistência do fato ou de negativa de autoria, não pode provocar novo processo no âmbito do direito administrativo sancionador – **círculos concêntricos de ilicitude não podem levar a uma dupla persecução e, consequentemente, a uma dupla punição, devendo ser o *bis in idem* vedado no que diz respeito à persecução penal e ao direito administrativo sancionador pelos mesmos fatos.**

Já a decisão do STJ se deu no bojo do Recurso Ordinário em *Habeas Corpus* n. 173.448 e também estabeleceu uma exceção à independência das instâncias, mas no "sentido inverso" ao da decisão do STF: o STJ precisou discutir os efeitos de uma decisão proferida no âmbito da improbidade administrativa sobre o âmbito penal. No caso, a paciente estava respondendo, pelos mesmos fatos, a uma ação penal por corrupção ativa e a uma ação de improbidade administrativa. Contudo, a paciente foi absolvida nesta última em virtude da ausência de comprovação do elemento subjetivo dos particulares, pois restara comprovado apenas o dolo do gestor público, o que a levou a pugnar pelo trancamento da ação penal.

Em sua decisão, a 5ª Turma relembrou a posição já sedimentada na Corte de respeito à independência e autonomia das instâncias, sobretudo quanto à não vinculação da seara criminal a decisões tomadas nos âmbitos administrativo ou cível, mas sublinhou que seria possível, em tese, considerar argumentos lançados nesses âmbitos como elementos de persuasão para se decidir um caso naquela seara sobre os mesmos fatos. Diante das particularidades do caso em comento, assim decidiu a Turma:

> Nessa linha de intelecção, não é possível que o dolo da conduta em si não esteja demonstrado no juízo cível e se revele no juízo penal, porquanto se trata do mesmo fato, na medida em que a ausência do requisito subjetivo provado interfere na caracterização da própria tipicidade do delito, mormente se se considera a doutrina finalista (que insere o elemento subjetivo no tipo), bem como que os fatos aduzidos na denúncia não admitem uma figura culposa, culminando-se, dessa forma em atipicidade, ensejadora do trancamento ora visado.

Veja-se que a decisão proferida pelo STJ neste RHC não vinculou a ação penal à ação civil, mas apenas a utilizou para a análise probatória da justa causa da primeira, uma vez que versavam sobre os mesmos fatos. Ou seja, o raciocínio desenvolvido nesse caso é que se for reconhecida a ausência de elemento subjetivo em ação de improbidade correlata sobre os mesmos fatos e sendo esse elemento subjetivo um dos elementos do tipo, a consequência é que deixa de existir uma das condições da ação penal. Contudo, o STJ explicitamente consignou no acórdão que se estava diante de uma situação que exigia a mitigação da independência entre as instâncias penal e administrativa sancionadora, tendo inclusive mencionado a referida decisão do STF na Reclamação n. 41.557.

Vale registrar que, de 15.12.2020, quando foi proferida pelo STF aquela emblemática decisão, até a última data de atualização deste capítulo (16.12.2024), em nenhuma outra ocasião os citados tribunais empregaram o raciocínio argumentativo desenvolvido pelo Min. Gilmar Mendes naquela Reclamação como *ratio decidendi* de outros casos.

Feitas essas breves considerações a respeito do princípio do *non bis in idem* e da independência das instâncias, solução tradicionalmente dada no Brasil para lidar com a multiplicidade de sanções e de processos a que alguém responde por um mesmo fato, e examinados os recentes – e poucos – avanços legislativos e jurisprudenciais em direção a uma mitigação desse dogma, passa-se a examinar como os sistemas de responsabilização da Lei Anticorrupção e da Lei de Improbidade Administrativa dialogam entre si, sobretudo considerando as recentes alterações realizadas nesta última no tocante à comunicabilidade de instâncias.

A RELAÇÃO ENTRE A LEI ANTICORRUPÇÃO E A LEI DE IMPROBIDADE ADMINISTRATIVA A PARTIR DA LEI N. 14.230/2021

De forma direta e explícita, a Lei n. 12.846/2013 expressamente prevê em seu art. 30 que o seu sistema de responsabilização independe tanto daquele previsto na Lei n. 8.429/92 como também daqueles previstos em normas de licitações e contratos públicos.

A título de histórico legislativo, vale lembrar que o texto original da proposta de projeto de lei encaminhada pelo Presidente da República em fevereiro de 2010 não continha nenhuma disposição com teor semelhante ao do referido artigo, o qual foi incorporado ao Projeto de Lei n. 6.826/2010 da Câmara dos Deputados no substitutivo apresentado pelo relator, Deputado Carlos Zarattini, durante as discussões parlamentares.[17] Em seu voto, o relator não se aprofundou acerca das razões para a inclusão do dispositivo em questão, limitando-se a assinalar que ele seria de "vital importância" para garantir que não houvesse incompatibilidade entre a nova lei e a legislação vigente acerca de improbidade administrativa e licitações e contratos administrativos. Desse modo, pode-se afirmar que a intenção do legislador com o art. 30 da Lei Anticorrupção foi de preservar a independência entre as instâncias ali mencionadas.

Da data de publicação da Lei n. 12.846/2013 ao advento da Lei n. 14.230/2021, que reformou a Lei n. 8.429/92, a relação entre os sistemas de responsabilização de ambas as leis foi de uma quase completa ausência de qualquer ponto de interseção entre si.[18] A única exceção ficou por conta da revogação, pela Medida Provisória n. 703, de 18.12.2015, do antigo § 1º do art. 17 da Lei n. 8.429/92, que vedava a transação, o acordo ou a conciliação nas ações de improbidade administrativa. A razão da referida revogação era possibilitar que os envolvidos em atos de improbidade administrativa também pudessem celebrar os acordos de leniência previstos na Lei n. 12.846/2013, quanto aos mesmos fatos, o que abria uma ponte entre as duas leis especificamente nesse aspecto. Ocorre que a referida medida provisória teve seu prazo de vigência encerrado em 29.05.2016, sem que houvesse a sua conversão em lei, o que acarretou a perda da sua eficácia desde a sua edição, conforme previsto nos §§ 3º e 4º do art. 62 da Constituição.

Indo adiante na discussão e partindo-se, agora, da categoria teórica de "programa jurídico sancionatório" desenvolvida por Maíra Rocha Machado,[19] tem-se que a Lei Anticorrupção e a Lei de Improbidade Administrativa constituem as duas grandes normas que possibilitam o enquadramento de pessoas jurídicas no programa jurídico sancionatório anticorrupção existente no Brasil.

---

17 Como o projeto de lei aprovado pela Câmara dos Deputados não sofreu nenhuma alteração no Senado Federal, onde foi protocolado como PLC n. 39/2013, os principais documentos a respeito das discussões que resultaram na Lei n. 12.846/2013 foram aqueles produzidos pelos deputados e estão disponíveis no endereço: www.camara.leg.br/proposicoesWeb/fichadetramitacao?idProposicao=466400.

18 No tocante à relação com o âmbito das normas de licitações e contratos, buscou-se conferir uma uniformização do processo administrativo sancionador por meio do art. 12 do Decreto n. 8.420/2015, que regulamentou a Lei n. 12.846/2013, o qual assim dispunha: "Art. 12. Os atos previstos como infrações administrativas à Lei n. 8.666, de 21 de junho de 1993, ou a outras normas de licitações e contratos da administração pública que também sejam tipificados como atos lesivos na Lei n. 12.846, de 2013, serão apurados e julgados conjuntamente, nos mesmos autos, aplicando-se o rito procedimental previsto neste Capítulo. § 1º Concluída a apuração de que trata o *caput* e havendo autoridades distintas competentes para julgamento, o processo será encaminhado primeiramente àquela de nível mais elevado, para que julgue no âmbito de sua competência, tendo precedência o julgamento pelo Ministro de Estado competente. § 2º Para fins do disposto no *caput*, o chefe da unidade responsável no órgão ou entidade pela gestão de licitações e contratos deve comunicar à autoridade prevista no art. 3º sobre eventuais fatos que configurem atos lesivos previstos no art. 5º da Lei n. 12.846, de 2013". O referido comando normativo foi replicado integralmente no art. 16 do Decreto n. 11.129/2022, que revogou o Decreto n. 8.420/2015, sendo que o seu *caput* também foi reproduzido no art. 159 da Lei n. 14.133/2021 ("Nova Lei de Licitações").

19 Op. cit., 2019, p. 260. Segundo a autora, os programas jurídicos sancionatórios descrevem "os arranjos normativos que se formam no interior de diferentes áreas do direito e que estabelecem, ao menos, normas de comportamento (as proibições), normas de sanção (as consequências) e normas de processo (quem e como pode afirmar que a proibição foi violada e impor uma consequência)".

Contudo, até a reforma da Lei n. 8.429/92, em 2021, não fora incluída nesta nenhuma norma de referência à Lei n. 12.846/2013, a qual, por sua vez, se referia à Lei de Improbidade Administrativa apenas para afirmar, como dito acima, que ambas eram completamente autônomas quanto ao sancionamento e ao processamento dos atos ilícitos tipificados em cada uma delas. Assim, para além de uma mera independência de instâncias, estava-se diante de um cenário normativo que poderia caracterizar aquilo que a mencionada penalista denomina "indiferença entre instâncias", ou seja, um absoluto bloqueio sobre como essas duas normas de um mesmo programa jurídico sancionatório deveriam "interagir e se relacionar quando incidentes sobre um mesmo fato".[20]

De todo modo, essa segmentação marcante estabelecida pelo inciso I do art. 30 da Lei Anticorrupção frente ao âmbito da improbidade administrativa não era nada distante do paradigma jurisprudencial predominante sobre independência das instâncias ao tempo em que foi editada. Além disso, não houve nenhuma decisão do STF ou do STJ nesses dez anos de edição da Lei 12.846/2013 que tenha enfrentado especificamente a forma como essa lei dispôs sobre o tema por meio do referido dispositivo.

Não obstante, o inciso em questão foi objeto de diversos entendimentos por parte da doutrina jurídica. Para Sebastião Botto de Barros Tojal, a Lei n. 12.846/2013, em razão da sua especialidade, promoveu uma derrogação tácita da aplicação da Lei n. 8.429/92 às pessoas jurídicas, a qual teria passado a incidir apenas às pessoas naturais.[21] Já Wallace Paiva Martins Júnior não chegou a defender a referida derrogação, mas entendeu que os âmbitos de incidência de ambas as leis se excluiriam mutuamente, no sentido de que ou a pessoa jurídica responderia pela Lei n. 8.429/92, na condição de beneficiária, coautora ou partícipe de um ato de improbidade praticado por um agente público, ou responderia de forma objetiva com base na Lei n. 12.846/2013, em razão de um ato lesivo a ela atribuído.[22] José Roberto Pimenta Oliveira, por sua vez, sustentou que as pessoas físicas (sejam elas agentes públicos ou dirigentes e administradores da pessoa jurídica) continuariam a responder de forma individualizada e subjetiva com base na Lei de Improbidade Administrativa, ao passo que a pessoa jurídica poderia responder nos dois âmbitos, desde que observado o *non bis in idem* das sanções a serem aplicadas a partir das duas leis.[23] Por fim, ao criticar o art. 30 da Lei Anticorrupção, Helena Regina Lobo da Costa apontou que esse horizonte de sobreposição normativa poderia resultar em "desperdício de recursos públicos, ao se promoverem diversas

20 Ibidem, p. 286.

21 TOJAL, Sebastião Botto de Barros. "Interpretação do artigo 30 da Lei n. 12.846/2013". *Revista dos Tribunais*, v. 947, ano 103, p. 281-92, set. 2014.

22 MARTINS JÚNIOR, Wallace Paiva. "Comentários ao art. 30". In: DI PIETRO, Maria Sylvia Zanella; MARRARA, Thiago. *Lei Anticorrupção comentada*, 2018, p. 332.

23 OLIVEIRA, José Roberto Pimenta. "Comentários ao art. 2º". In: DI PIETRO; MARRARA, op. cit., 2018, p. 45.

investigações paralelas, que serão levadas a cabo por distintas instâncias, com pouca ou inefetiva comunicação entre si, para se sancionar o mesmo fato".[24]

Embora a Lei n. 12.846/2013 permaneça em vigor ainda com o mesmo texto de quando foi promulgada há dez anos, a separação normativa entre os sistemas de responsabilização da Lei Anticorrupção e da Lei de Improbidade Administrativa foi bastante impactada com a reforma da Lei n. 8.429/92, em 2021. A inclusão, nesta última, do § 2º do art. 3º e do § 7º do art. 12 coloca de vez na agenda das discussões jurídicas a forma como se dará a (inter)dependência entre essas duas instâncias do programa jurídico sancionatório anticorrupção brasileiro, inclusive tendo em vista a menção expressa do *non bis in idem* como um princípio constitucional pela primeira vez em uma lei em sentido estrito:

> Art. 3º [...] § 2º As sanções desta Lei não se aplicarão à pessoa jurídica, caso o ato de improbidade administrativa seja também sancionado como ato lesivo à administração pública de que trata a Lei n. 12.846, de 1º de agosto de 2013. [...]
> Art. 12. [...] § 7º As sanções aplicadas a pessoas jurídicas com base nesta Lei e na Lei n. 12.846, de 1º de agosto de 2013, deverão observar o princípio constitucional do *non bis in idem*.[25]

Com isso, tem-se que agora há uma determinação legal clara de que as respostas punitivas dadas por ambas as leis deverão ser permeáveis entre si quanto à sua aplicação. Ou seja, os dois regimes de responsabilização precisam operar de forma intercambiante, de modo que o grau de aplicabilidade das sanções previstas em cada um deles observe os contornos mitigadores estabelecidos nos dois parágrafos acima, sobretudo em respeito ao *non bis in idem*.

É importante que se tenha isso em mente, pois uma leitura conjugada e harmônica dos dois noveis dispositivos da Lei de Improbidade Administrativa possibilita a construção de teses que podem variar entre dois extremos hermenêuticos: em uma ponta, uma interpretação de que eles teriam revogado tacitamente o inciso I do art. 30 da Lei Anticorrupção, o que resultaria numa responsabilização da pessoa jurídica apenas com base nesta última lei a partir de agora;[26] no outro extremo, uma interpretação de que ambos os regimes continuam a existir de forma au-

---

24 COSTA, Helena Regina Lobo da. "*Ne bis in idem* e Lei Anticorrupção: sobre os limites para a imposição de sanção pelo Estado". *Revista Fórum de Ciências Criminais*, Belo Horizonte, ano 2, n. 3, p. 73-90, jan./jun. 2015, p 88.

25 Curiosamente, tal como o art. 30 da Lei n. 12.846/2013, estes dois parágrafos só foram inseridos na redação que resultou na Lei n. 14.230/2021, durante o processo legislativo, já que não constavam do texto original que foi elaborado pela Comissão de Juristas para a Reforma da Lei de Improbidade Administrativa criada pela Presidência da Câmara dos Deputados em 2018. BRASIL. Câmara dos Deputados. *Projeto de Lei n. 2.505/2021 (numeração anterior: PL 10.887/2018). Inteiro teor*. Brasília, DF, Câmara dos Deputados, 2018.

26 Nesse sentido, ver: TOJAL, Tarsila Fonseca. Op. cit., 2023, p. 232; XAVIER, Marília Barros. *O modelo brasileiro de Direito Administrativo Sancionador*: do processo civil sancionador ao *ne bis in idem*, 2023, p. 258; e OLIVEIRA, José Roberto Pimenta; GROTTI, Dinorá Adelaide Musetti. "Panorama crítico da Lei de Improbidade Administrativa, com as alterações da Lei 14.230/2021". *Revista de Direito Administrativo, Infraestrutura, Regulação e Compliance*, n. 20, ano 6, p. 97-141, São Paulo, RT, jan./mar. 2022.

tônoma e independente, o que resultaria na responsabilização de pessoas jurídicas pelas referidas duas leis em algum grau.

Assim, considerando as inovações normativas promovidas por meio da chamada "Reforma da Lei de Improbidade Administrativa", em especial no tocante à responsabilização de pessoas jurídicas por atos de corrupção, é possível suscitar alguns desafios que precisarão ser enfrentados durante o caminho até a consolidação de um entendimento que harmonize os regimes previstos nas Leis ns. 8.429/92 e 12.846/2013.

Uma primeira questão que com se terá que lidar é acerca de qual vertente do *non bis in idem* foi tratada pelos parágrafos em comento: se apenas a material, se apenas a processual ou se ambas. Por um lado, pode-se compreender que os citados dispositivos colocam como objeto de sua atenção normativa a aplicação das sanções previstas nas duas leis ali referidas, de modo que haveria uma preocupação com o risco de múltiplas e idênticas punições em razão de um mesmo fato (vertente material), mas não com a possibilidade de processos sucessivos ou simultâneos quanto aos mesmos fatos, mas distintamente fundamentados em cada uma daquelas leis (vertente processual). Por outro lado, isso não redundaria, em tese, no fato de que esse eventual duplo processamento ficaria imune a restrições quanto ao seu regular andamento. Como visto acima, já há precedente no STF por meio do qual se obstou a persecução na via da improbidade em razão da existência de decisão de mérito definitiva que extinguiu a via penal pelos mesmos fatos, o que pode ser um indicador de que controle semelhante seria possível entre os âmbitos persecutórios da Lei n. 12.846/2013 e da Lei n. 8.429/92.

Quanto a esse aspecto sancionatório ainda, importante se atentar para o fato de que a literalidade do § 2º do art. 3º prevê a não aplicação das sanções por improbidade administrativa à pessoa jurídica no caso de ela também ser sancionada, pelos mesmos fatos, por ato lesivo contra a administração pública nos termos da Lei n. 12.846/2013. Aqui resta a dúvida de se estar diante de uma condicionante que precisaria ser aferida no caso concreto ou se essa é uma exclusão *a priori* e irrestrita de incidência das sanções da Lei n. 8.429/92, sobre a pessoa jurídica.

Outro desafio que se apresenta é a maneira como será realizada uma eventual compatibilização entre os regimes da Lei n. 8.429/92 e da Lei n. 12.846/2013, caso isso se faça necessário.

Por um lado, vale notar que não há uma correspondência total e exaustiva entre todos os tipos previstos nos arts. 9º, 10 e 11 da Lei de Improbidade Administrativa e aqueles previstos no art. 5º da Lei Anticorrupção. A título de exemplo, o ato lesivo previsto no inciso V do art. 5º desta última lei[27] não possui um cor-

27 "Art. 5º Constituem atos lesivos à administração pública, nacional ou estrangeira, para os fins desta Lei, todos aqueles praticados pelas pessoas jurídicas mencionadas no parágrafo único do art. 1º, que atentem contra o patrimônio público nacional ou estrangeiro, contra princípios da administração pública ou contra os compromissos internacionais assumidos pelo Brasil, assim definidos: [...] V – dificultar atividade de investigação ou fiscalização de órgãos, entidades ou agentes públicos, ou intervir em sua atuação, inclusive no âmbito das agências reguladoras e dos órgãos de fiscalização do sistema financeiro nacional."

respondente na primeira; já o tipo de ato de improbidade descrito no inciso XXII do art. 10 da Lei n. 8.429/92[28] também não possui uma tipificação minimante semelhante na Lei n. 12.846/2013; por fim, os tipos previstos nos incisos VIII e XIV do art. 10[29] e no inciso V do art. 11[30] da Lei de Improbidade Administrativa guardam grande similitude com algumas das infrações previstas no inciso IV do art. 5º[31] da Lei Anticorrupção, mas não se pode afirmar que haja uma completa e suficiente compatibilidade típica entre eles.[32] Assim, haverá determinadas situações em que os fatos serão tipificados como infrações em ambas as leis, mas com graus de semelhança muito variados, e outras que somente uma delas estabelecerá alguma tipificação.

Por outro lado, no tocante às sanções que podem ser aplicadas a pessoas jurídicas em ambos os regimes de responsabilização, há mais diferenças do que similitudes entre elas, sendo que mesmo aquelas que resultam em efeitos semelhantes possuem características que não correspondem integralmente umas com as outras. A tabela a seguir permite um melhor cotejamento da referida situação:

28 "Art. 10. Constitui ato de improbidade administrativa que causa lesão ao erário qualquer ação ou omissão dolosa, que enseje, efetiva e comprovadamente, perda patrimonial, desvio, apropriação, malbaratamento ou dilapidação dos bens ou haveres das entidades referidas no art. 1º desta Lei, e notadamente: [...] XXII – conceder, aplicar ou manter benefício financeiro ou tributário contrário ao que dispõem o *caput* e o § 1º do art. 8º-A da Lei Complementar n. 116, de 31 de julho de 2003."

29 "Art. 10. [...] VIII – frustrar a licitude de processo licitatório ou de processo seletivo para celebração de parcerias com entidades sem fins lucrativos, ou dispensá-los indevidamente, acarretando perda patrimonial efetiva; [...] XIV – celebrar contrato ou outro instrumento que tenha por objeto a prestação de serviços públicos por meio da gestão associada sem observar as formalidades previstas na lei."

30 "Art. 11. Constitui ato de improbidade administrativa que atenta contra os princípios da administração pública a ação ou omissão dolosa que viole os deveres de honestidade, de imparcialidade e de legalidade, caracterizada por uma das seguintes condutas: [...] V – frustrar, em ofensa à imparcialidade, o caráter concorrencial de concurso público, de chamamento ou de procedimento licitatório, com vistas à obtenção de benefício próprio, direto ou indireto, ou de terceiros."

31 "Art. 5º [...] IV – no tocante a licitações e contratos: *a)* frustrar ou fraudar, mediante ajuste, combinação ou qualquer outro expediente, o caráter competitivo de procedimento licitatório público; *b)* impedir, perturbar ou fraudar a realização de qualquer ato de procedimento licitatório público; *c)* afastar ou procurar afastar licitante, por meio de fraude ou oferecimento de vantagem de qualquer tipo; *d)* fraudar licitação pública ou contrato dela decorrente; *e)* criar, de modo fraudulento ou irregular, pessoa jurídica para participar de licitação pública ou celebrar contrato administrativo; *f)* obter vantagem ou benefício indevido, de modo fraudulento, de modificações ou prorrogações de contratos celebrados com a administração pública, sem autorização em lei, no ato convocatório da licitação pública ou nos respectivos instrumentos contratuais; ou *g)* manipular ou fraudar o equilíbrio econômico-financeiro dos contratos celebrados com a administração pública."

32 Veja-se que a infração prevista na alínea *g* se encontra apenas na Lei Anticorrupção, ao passo que o seu inciso IV não contempla infrações relacionadas a parcerias firmadas pela Administração Pública ou contratos de rateio de consórcio público, como se observa no incisos XV, XVIII, XIX e XX do art. 10 da Lei de Improbidade Administrativa.

Lei n. 8.429/92	Lei n. 12.846/2013
Perda dos bens ou valores acrescidos ilicitamente ao patrimônio	Perdimento dos bens, direitos ou valores que representem vantagem ou proveito direta ou indiretamente obtidos da infração
Multa civil equivalente: • ao valor do acréscimo patrimonial, para atos do art. 9º • ao valor do dano, para atos do art. 10 • a até 24 vezes o valor da remuneração percebida pelo agente, para atos do art. 11 • a multa pode ser aumentada até o dobro, se o juiz considerar que, em virtude da situação econômica do réu, o valor calculado for ineficaz para reprovação e prevenção do ato de improbidade	Multa: no valor de 0,1% a 20% do faturamento bruto do último exercício anterior ao da instauração do processo administrativo, excluídos os tributos, a qual nunca será inferior à vantagem auferida, quando for possível sua estimação; ou de R$ 6 mil a R$ 60 milhões, quando não for possível utilizar o critério do faturamento bruto
Proibição de contratar com o Poder Público, pelo prazo de até 14, 12 ou 4 anos, a depender se o ato constar dos arts. 9º, 10 ou 11, respectivamente	Sem correspondência
Proibição de receber benefícios ou incentivos fiscais ou creditícios, direta ou indiretamente, ainda que por intermédio de pessoa jurídica da qual seja sócio majoritário, pelo prazo de até 14, 12 ou 4 anos, a depender se o ato constar dos arts. 9º, 10 ou 11, respectivamente	Proibição de receber incentivos, subsídios, subvenções, doações ou empréstimos de órgãos ou entidades públicas e de instituições financeiras públicas ou controladas pelo Poder Público, pelo prazo de 1 a 5 anos
Sem correspondência	Publicação extraordinária da decisão condenatória, em jornais, na internet e no próprio estabelecimento
Sem correspondência	Suspensão ou interdição parcial de suas atividades
Sem correspondência	Dissolução compulsória da pessoa jurídica

Quatro aspectos merecem ser destacados na comparação entre o aparato sancionador de ambas as leis. O primeiro é que a proibição de contratar não é prevista como uma sanção autônoma pela Lei n. 12.846/2013, constando apenas das leis que dispõem sobre licitações e contratos e só sendo aplicável pelo rito procedimental da Lei Anticorrupção se o ato for tipificado como um ato lesivo nos termos do seu art. 5º e, simultaneamente, como infração a normas de licitações e contratos. Já na Lei n. 8.429/92, a referida punição é aplicável independentemente de o ato de improbidade praticado ter qualquer relação com a matéria licitatória ou contratual.

O segundo aspecto que chama atenção é a enorme diferença dos prazos de duração das sanções que resultam em restrição ao direito de receber benefícios, incentivos e correlatos, que na Lei Anticorrupção é de até cinco anos, mas na Lei de Improbidade Administrativa pode chegar a quase três vezes esse período (14 anos).[33]

33 Situação parecida se verifica quando se compara os prazos máximos para a proibição de licitar e contratar: até 14 anos na Lei de Improbidade Administrativa, mas apenas até 6 anos na Nova Lei de Licitações e Contratos, mesmo assim somente em casos mais graves (§ 5º do art. 156 da Lei n. 14.133/2021).

Em terceiro lugar, discrepância significativa também é verificada quanto à base de cálculo da multa, que tem o faturamento bruto da pessoa jurídica como parâmetro na Lei n. 12.846/2013 e que varia na Lei n. 8.429/92, de acordo com o ato de improbidade administrativa praticado.

Por fim, importante lembrar que as sanções por ato de improbidade administrativa são aplicadas apenas na esfera judicial, ao passo que aquelas resultantes do cometimento de atos lesivos à administração pública têm a sua aplicação distribuída entre duas instâncias: enquanto a multa e a publicação extraordinária da decisão condenatória competem à esfera administrativa, as demais são de incumbência exclusiva do Poder Judiciário.[34]

O rápido panorama comparativo acima apresentado a respeito dos atos tipificados na Lei de Improbidade Administrativa e na Lei Anticorrupção e das respostas sancionatórias dadas por cada uma delas demonstra, por um lado, o quão complexas podem ser as relações entre ambas as leis na área de intersecção dos seus respectivos sistemas de responsabilização, que juntos compõem, vale lembrar, o programa jurídico sancionatório anticorrupção brasileiro. Todavia, por outro lado, tais relações precisarão ser harmonizadas e simplificadas a fim de que o *bis in idem* positivado no § 7º do art. 12 da Lei n. 8.429/92 seja devidamente respeitado, considerando o *status* constitucional que o legislador reconheceu por ocasião da reforma dessa lei.

CONCLUSÃO

Em que pese o *non bis in idem* seja um princípio com amplo acolhimento na legislação criminal brasileira e vigore com *status* de norma supralegal em nosso ordenamento jurídico por força de tratados internacionais de direitos humanos dos quais o Brasil é signatário, é historicamente muito tímida e conservadora no Direito brasileiro a sua aplicação para restringir o duplo sancionamento ou processamento em caso de um mesmo fato configurar ilícitos no âmbitos penal e extrapenal. Criticada fortemente pela doutrina e mencionada reiteradamente pela jurisprudência, a tese de que as instâncias penal e administrativa sancionadora são independentes e autônomas entre si se sedimentou como um dogma jurídico que possibilitaria que múltiplas sanções e processos sobre um mesmo fato coexistissem sem afrontar o *non bis in idem*.

Não obstante alguns poucos e isolados avanços legislativos e jurisprudenciais, a relação entre o referido princípio e a tese da independência das instâncias voltou definitivamente ao centro da agenda das discussões sobre direito punitivo com a reforma da Lei de Improbidade Administrativa em 2021. Ao prever expressa-

34 Excepcionalmente as sanções administrativas também poderão ser pleiteadas pelo Ministério Público na esfera judicial, o que ocorrerá quando for constatada a omissão das autoridades competentes para promover a responsabilização administrativa (art. 20 da Lei n. 12.846/2013).

mente a necessidade de se observar o *non bis in idem* quanto às sanções aplicadas a pessoas jurídicas pela referida lei e pela Lei Anticorrupção e ao não revogar de forma taxativa a previsão de coexistência dos dois sistemas de responsabilização constantes do inciso I do art. 30 da Lei n. 12.846/2013, os operadores e intérpretes do programa jurídico sancionatório anticorrupção brasileiro precisarão enfrentar alguns desafios no tocante ao diálogo normativo quanto às instâncias da Lei de Improbidade Administrativa e da Lei Anticorrupção.

Se antes das mudanças feitas em 2021 na Lei n. 8.429/92 não havia muito espaço hermenêutico para se refutar a completa separação entre as instâncias da improbidade administrativa e dos atos lesivos à administração pública, sobretudo em razão do disposto no inciso I do art. 30 da Lei n. 12.846/2013, agora, com a inclusão do § 2º do art. 3º e do § 7º do art. 12 na Lei de Improbidade Administrativa, um leque de possibilidades interpretativas se abre quanto à forma e ao método de compatibilização entre os regimes de responsabilização de ambas as leis.

Mais do que nunca, o princípio do *non bis in idem* encontra-se expresso no Direito brasileiro em matéria de enfrentamento da corrupção. Por certo que não serão triviais os desafios que juízes, membros do Ministério Público, autoridades administrativas e advogados públicos, inclusive os que atuam no consultivo, enfrentarão para, no caso concreto, encontrar a justa e adequada sanção a ser imposta em razão de fatos que estiverem tipificados na zona cinzenta de ambas as leis, em especial no tocante à correta equalização da carga punitiva final para evitar o duplo sancionamento.

Mas, sob pena de incorrer em arbítrios e ilegalidades, não há outro caminho a ser trilhado pelo aplicador de qualquer norma sancionadora. De forma agora ainda mais contundente, a segurança jurídica e a proporcionalidade – fundamentos do *non bis in idem* – se apresentam como inafastáveis balizas normativas para a responsabilização de pessoas jurídicas por atos de corrupção.

BIBLIOGRAFIA

ARAÚJO, Valter Shuenquener de. “O princípio da interdependência das instâncias punitivas e seus reflexos no Direito Administrativo Sancionador”. *Revista Jurídica da Presidência*, Brasília, v. 23, n. 131, p. 629-53, out. 2021/jan. 2022. Disponível em: https://revistajuridica.presidencia.gov.br/index.php/saj/article/view/1875/1403. Acesso em: 25.07.2023.

BACH, Marion. “Multiplicidade sancionatória estatal pelo mesmo fato: *ne bis in idem* e proporcionalidade”. Porto Alegre, 2021. Tese (Doutorado em Ciências Criminais). Pontifícia Universidade Católica do Rio Grande do Sul.

BRASIL. Câmara dos Deputados. Projeto de Lei n. 2.505/2021 (numeração anterior: PL n. 10.887/2018). Inteiro teor. Brasília, DF: Câmara dos Deputados, 2018. Disponível em: www.camara.leg.br/proposicoesWeb/prop_mostrarintegra?codteor=1687121&filenam e=PL%202505/2021%20(N%C2%BA%20Anterior:%20pl%2010887/2018). Acesso em: 22.07.2023.

BRASIL. Senado Federal. Parecer (SF) n. 22, de 2017. Brasília, DF: Senado Federal, 2017, p. 9. Disponível em: https://legis.senado.leg.br/sdleg- getter/documento?dm=5205948&dispositi on=inline. Acesso em: 20.07.2023.

COSTA, Helena Regina Lobo da. "Direito penal econômico e direito administrativo sancionador: *ne bis in idem* como medida de política sancionadora integrada". São Paulo, 2013. Tese (Livre-Docência em Direito Penal). Faculdade de Direito, Universidade de São Paulo.

__________. "*Ne bis in idem* e Lei Anticorrupção: sobre os limites para a imposição de sanção pelo Estado". *Revista Fórum de Ciências Criminais*, Belo Horizonte, ano 2, n. 3, p. 73-90, jan./jun. 2015.

DOTTI, René Ariel. *Curso de Direito Penal*: Parte Geral. 8.ed. São Paulo, Thomson Reuters Brasil, 2022. [livro eletrônico]

JORDÃO, Eduardo. *Estudos Antirromânticos sobre controle da Administração Pública*. São Paulo, JusPodivm, 2022.

JUSTEN FILHO, Marçal. "Art. 20 da LINDB: dever de transparência, concretude e proporcionalidade nas decisões públicas". *Revista de Direito Administrativo*, [S. l.], p. 13-41, 2018. Disponível em: bibliotecadigital.fgv.br/ojs/index.php/rda/article/view/77648. Acesso em: 20.07.2023.

MACHADO, Maíra Rocha. "Independência como indiferença: *ne bis in idem* e múltipla incidência sancionatória em casos de corrupção". *Revista Direito, Estado e Sociedade*, n. 55, p. 257-95, jul.-dez. 2019.

MARQUES NETO, Floriano de Azevedo; FREITAS, Rafael Véras de. *Comentários à Lei n. 13.655/2018 (Lei da Segurança para a Inovação Pública)*. Belo Horizonte, Fórum, 2019.

MARTINS JÚNIOR, Wallace Paiva. "Comentários ao art. 30". In: DI PIETRO, Maria Sylvia Zanella; MARRARA, Thiago. *Lei Anticorrupção comentada*. 2.ed. Belo Horizonte, Fórum, 2018. p. 327-37.

MENDES, Gilmar; BUONICORE, Bruno Tadeu; DE-LORENZI, Felipe da Costa. "*Ne bis in idem* entre Direito Penal e Administrativo Sancionador: considerações sobre a multiplicidade de sanções e de processos em distintas instâncias". *Revista Brasileira de Ciências Criminais*, v. 192. ano 30, p. 75-112. São Paulo, RT, set.-out./2022. Disponível em: revistadostribunais.com.br/maf/app/document?stid=st- rql&marg=DTR-2022-15969. Acesso em: 25.07.2023.

OLIVEIRA, José Roberto Pimenta. "Comentários ao art. 2º". In: DI PIETRO, Maria Sylvia Zanella; MARRARA, Thiago. *Lei Anticorrupção comentada*. 2.ed. Belo Horizonte, Fórum, 2018. p. 21-46.

OLIVEIRA, José Roberto Pimenta; GROTTI, Dinorá Adelaide Musetti. "Panorama crítico da Lei de Improbidade Administrativa, com as alterações da Lei 14.230/2021". *Revista de Direito Administrativo, Infraestrutura, Regulação e Compliance*, n. 20, ano 6. p. 97-141. São Paulo, RT, jan./mar. 2022. Disponível em: revistadostribunais.com.br/maf/app/document?stid=st-rql&marg=DTR-2022-738. Acesso em: 01.08.2023.

OSÓRIO, Fábio Medina. *Direito administrativo sancionador*. 4.ed. São Paulo, Revista dos Tribunais, 2011.

TOJAL, Sebastião Botto de Barros. "Interpretação do artigo 30 da Lei 12.846/2013". *Revista dos Tribunais*, v. 947, ano 103, p. 281-92, set. 2014.

TOJAL, Tarsila Fonseca. *Corrupção e princípio de* ne bis in idem. São Paulo, Thomson Reuters Brasil, 2023.

XAVIER, Marília Barros. *O modelo brasileiro de Direito Administrativo Sancionador*: do processo civil sancionador ao *ne bis in idem*. Belo Horizonte, Fórum, 2023.

Capítulo 2. Há uma origem histórica para a corrupção administrativa no Brasil?

Glauco Martins Guerra

[...] pêla plenitude do poder Apostólico e com graça especial, vos concedemos a vós aos vossos ditos herdeiros e sucessores, que livre e licitamente em tudo e por tudo possais possuir e fruir essas ilhas e terras por vós achadas e por achar, com todas e cada uma das ditas graças, privilégios, isenções, liberdades, faculdades, imunidades e indultos [...]. (Bula *INTER* CETERA de Alexandre VI, de 3 de maio de 1493)

Se a monarquia absoluta como elemento político trouxe reformas necessárias; se é verdade que lhe devemos principalmente o haver dado nexo a este corpo moral chamado nação, o ter feito nascer e progredir até certo ponto a igualdade civil e a centralização administrativa; será porventura escusado o conhecimento da sua influência na organização social? (OPÚSCULOS – Carta V, de Alexandre Herculano)

INTRODUÇÃO

Assim termina a redação da Lei n. 12.846/2013, que ganhou o nome popular de "Lei Anticorrupção" no Brasil do século XXI: "Brasília, 1º de agosto de 2013; 192º da Independência e 125º da República". Para este breve ensaio, o destaque da singular anotação sobre a data da promulgação da lei são os 125 anos de republicanismo que nos separam de uma história imperial e, ainda mais recuada, de uma história colonial. As efemérides, que precisam e devem ser feitas pelos dez anos desse fundamental instituto legal, vão todas para a importância de se prever, perquirir, acusar, exercer a ampla defesa, julgar e punir ou absorver todo e qualquer ato que possa ser tipificado como um malfeito contra o Estado e a sociedade brasileiros.

Mas será que a corrupção, adotada essa nomenclatura como uma síntese dos "atos contra a administração pública, nacional ou estrangeira" previstos no art. 1º da decenária legislação, é um traço degenerativo de natureza "endêmica", "sistêmica" ou qualquer outra generalização que possa ter marcado apenas nossa república? Ou encontraremos esse fenômeno encruado na História do Brasil muito antes no tempo e no espaço da formação da nação brasileira e poderemos ser capazes de o estudar e compreender em maior profundidade?

A proposta desta singela contribuição às celebrações pelo aniversário da Lei n. 12.846/2013 é um recuo histórico que – longe de ser definitiva e distanciada das impressões, emoções e sentimentos típicos que afloram o tema na pauta política e cidadã – provoque a importância da produção de pesquisas, levantamentos historiográficos, debates, ensaios, artigos e teses, inclusive no campo da História do Direito, para maior investigação das origens da corrupção no Brasil, tenha sido ela praticada por agentes da Coroa, colonizadores ou colonizados, instituições religiosas ou civis, empresas mercantis ou corporações de ofício. Enfim, a ideia é dar uma espiada, através da ferramenta metodológica do "pêndulo da História", no ambiente que possa estar na gênese do art. 1º da Lei Anticorrupção brasileira:

> Aplica-se o disposto nesta Lei às sociedades empresárias e às sociedades simples, personificadas ou não, independentemente da forma de organização ou modelo societário adotado, bem como a quaisquer fundações, associações de entidades ou pessoas, ou sociedades estrangeiras, que tenham sede, filial ou representação no território brasileiro, constituídas de fato ou de direito, ainda que temporariamente.

O passo inicial foi a realização de uma singela pesquisa, sem maior rigor técnico para com as fontes, que pudesse captar as percepções brasileiras do contemporâneo sobre a palavra "corrupção". Extraído de repositórios encontrados na internet, há expressões muito singulares, que merecem destaque para motivar a reflexão, a exemplo de *sites* como "KDfrases" (https://kdfrases.com/) e "42FRASES" (https://www.42frases.com.br/frases-darcy-ribeiro/):

> A corrupção é um mal do povo brasileiro! Está na nossa genética ruim, feita com imigrantes, um povo degradado. As pessoas de Portugal que vieram eram as que mais atrapalhavam. Depois chegaram os outros imigrantes, já tentando impor respeito. Começou tudo errado. (Raul Cortez, ator)
>
> O crime de corrupção não é exclusividade de um determinado partido ou governo. A impunidade é um dos principais fatores de estímulo a este tipo de prática. Corrupção no Brasil é histórica, endêmica, sistemática e se arrasta no longo das últimas décadas. Aqui, a punição da corrupção é uma piada de mau gosto. A punição começa com dois anos, e a pessoa acaba prestando serviços à sociedade e vai doar cestas básicas. (Deltan Dallagnol, ex-procurador da República na chamada "Operação Lava Jato")
>
> O Brasil, último país a acabar com a escravidão, tem uma perversidade intrínseca na sua herança, que torna a nossa classe dominante enferma de desigualdade, de descaso. (Darcy Ribeiro, antropólogo)

Referidas citações não são feitas para demonstrar o que pensam seus autores especificamente, até porque estão simplesmente lançadas em *sites* de "frases" e que exigiriam outras providências de checagem e análise de fontes. Servem, contudo, para inferir que uma corriqueira pesquisa eletrônica com a palavra "corrupção" oferece ao leitor comum uma verdadeira miríade de impressões, conjecturas, considerações e opiniões que colocam em xeque a construção histórica da própria índole brasileira. É dever da historiadora e do historiador questionarem essas impressões, buscando ao menos o apontamento de causas outras, que não a "hereditariedade", o "degredo" ou a "perversidade", para formar algum espectro de entendimentos e que possa construir uma narrativa histórica mais consistente sobre a corrupção brasileira em sua "longa duração".[1]

DO PRESENTE PARA O PASSADO

Assim estabelece o art. 5º da Lei 12.846/2013:

> Constituem atos lesivos à administração pública, nacional ou estrangeira, para os fins desta Lei, todos aqueles praticados pelas pessoas jurídicas mencionadas no parágrafo único do art. 1º, que atentem contra o patrimônio público nacional ou estrangeiro, contra princípios da administração pública ou contra os compromissos internacionais assumidos pelo Brasil, assim definidos.

A primeira de suas tipificações, com clareza inequívoca e que serve de baliza para a analogia histórica que se pretende fazer, é o ato ilícito de "prometer, oferecer ou dar, direta ou indiretamente, vantagem indevida a agente público, ou a terceira pessoa a ele relacionada".

A fonte documental primaz que abre este capítulo é a *Bula Inter Cetera I*, de Alexandre VI, outorgada em 03.05.1493. Tem como principal característica ser um texto manuscrito, certamente redigido por auxiliares técnicos do Papa Alexandre VI, contendo 13 páginas e um mapa. Foi utilizada para leitura sua versão em português disponibilizada na mesma fonte acima citada, diante da dificuldade da leitura do texto manuscrito (ainda que na forma digitalizada). Destaque-se novamente o trecho da fonte: "[...] vos concedemos a vós aos vossos ditos herdeiros e sucessores [...] licitamente em tudo e por tudo possais possuir e fruir essas ilhas e terras por vós achadas e por achar, com todas e cada uma das ditas graças, privilégios, isenções, liberdades, faculdades, imunidades e indultos [...]". Aqui as palavras-chave são "possuir e fruir", "graças", "privilégios", "imunidades" e "indultos".

---

1 BRAUDEL, Fernand. *Escritos sobre a História*, 2014. O autor utiliza a expressão "longa duração" com maestria em seus estudos, a exemplo também de "Geo-história: a sociedade, o espaço e o tempo". *História, Ciências, Saúde*, Manguinhos, Rio de Janeiro, v. 22 (2), 2015, p. 612-39. É incrível a contribuição de Braudel para compreender o porquê do estudo histórico na perspectiva do binômio Marx-Weber, que serve como uma luva para adentrar no fenômeno histórico da corrupção brasileira: "É preciso abordar, *em si mesmas e por si mesmas*, as realidades sociais. Entendo por isto todas as formas amplas de vida coletiva, as economias, as instituições, as arquiteturas sociais, as civilizações, enfim, sobretudo elas, todas as realidades que os historiadores de ontem, certamente, não ignoraram, mas que, salvo assombrosos precursores, viram com demasiada frequência como um pano de fundo, disposto apenas para explicar, ou como se se quisesse explicar as ações de indivíduos excepcionais em torno dos quais o historiador se demora com complacência" (p. 25).

As expansões por razões econômicas ou políticas no período decorrente das grandes navegações foram para a Europa, e para a União Ibérica em específico, a mola mestra dos Estados colonizadores. Já as forças sociais que definiram as ações ocupacionais serviram ao rei (e seu poder) como um moderador desse processo, dentro do que foi conhecido como a "economia da graça". Esse conceito, que se originou na Antropologia dos anos 1920 com Marcel Mauss,[2] parte da "lógica da dádiva" para alinhar um mecanismo da criação das obrigações sociais por trocas de ações e recompensas. Desde o início do processo colonizador, o aparelho burocrático e administrativo da Metrópole criou suporte para a prática desse tipo de retribuição do poder real às voluntariedades dos súditos, que se dava tanto pelo livre-arbítrio do monarca, como também para algum tipo de regulação na redistribuição de riquezas.

As licenciosidades das dádivas são a porta de entrada para o voluntarismo venal. Disso decorre a referência à segunda fonte, o exímio escritor e historiador Alexandre Herculano, cujo trecho de "Opúsculos" é novamente explorado: "[...] se é verdade que lhe devemos principalmente o haver dado nexo a este corpo moral chamado nação, o ter feito nascer e progredir até certo ponto a igualdade civil e a centralização administrativa; será porventura escusado o conhecimento da sua influência na organização social?" Dessa feita, as palavras-chave são "corpo moral", "nação", "centralização administrativa" e "organização social".

Reafirma-se: a corrupção se instalou nos aparelhos administrativos espanhóis e portugueses que foram implantados pela Coroa de Aragão e Castela, assim como pela Casa Real Portuguesa, para ocupar os territórios indígenas conquistados e organizar o modo de produção econômica da colonização implementada. Mas que tipo de corrupção? Que instrumentos eram esses, as "mercês", venalidades, benesses e congêneres? Quem os outorgava e quem os recebia, com quais objetivos ou finalidades? São perguntas muito amplas, impossíveis de serem respondidas num átimo de reflexão histórica. Mas o mote desse questionamento está em traçar um retrato da formação do Estado moderno, pelo prisma da corrupção no trato entre coroa e colônias americanas, durante a União Ibérica (1580 e 1640), como gênese de um processo histórico que, no primeiro quarto do século XXI, ainda precisa trabalhar com ferramentas legais para dar conta das distorções éticas e morais que permeiam as relações entre agentes públicos e privados no trato do erário e dos bens públicos.

Escolheu-se como terra de destino a América Ibérica apenas para que o recorte geotemporal possa ser mais palatável ao leitor, não obstante o ato de "corromper" instituições e interesses público-privados circule pelos séculos XVIII e XIX com igual ou maior intensidade. A funcionalidade das mercês nas relações entre Coroa e colônias ibéricas é, pois, a proposta que se faz para que História e Direi-

---

2 MARTINS, Paulo Henrique. "A sociologia de Marcel Mauss: Dádiva, simbolismo e associação". *Revista Crítica de Ciências Sociais*. Disponível em: https://journals.openedition.org/rccs/954.

to mergulhem juntos nessa investigação, servindo estas breves anotações apenas como a faísca para acender esse campo de pesquisa jurídico-historiográfica.

Um ponto, no entanto, parecer ser premissa fundamental: a oportunidade de desconstruir o senso comum de que a corrupção brasileira, por sua prática atlântica da mercancia de títulos e favores, é uma endemia dos remotos tempos coloniais. As origens e funcionalidades das mercês, benesses e "venalidades" (sim, esse é mesmo o nome um dos instrumentos burocráticos) podem ser muito úteis para se compreender, criticamente, como era azeitada a engrenagem administrativa colonial.

A tentativa é de fustigar qual o arco temporal e cronológico em que um dado da realidade, a exemplo da concessão de cargos ou outorga de postos de representação estatal, possa apontar o tensionamento entre o conceito de "dignidade" no exercício do múnus público e a rentabilidade pessoal que essa função possa produzir. A persecução desse "momento" seria capaz ao menos de indicar a entrada da corrupção no sistema de gestão e controle dos interesses estatais (império), econômicos (colonização) e administrativos (burocracia) do Estado moderno.

Itens de pesquisa documental, de análise de fontes (livros de mercês, cartas de outorga de benesses etc.), bem como a investigação sobre formação técnica ou acadêmica dos burocratas em cotejo com a remuneração do funcionário administrativo da Coroa, seriam suportes para mais ampla visualização do custo da burocracia no processo colonizador, até porque os territórios coloniais eram neófitos, quando do início de sua ocupação e exploração, de mínimas estruturas sociais e político-administrativas de controle dos aparatos de poder, ao menos do poder de dominação imposto pelo invasor.

Imagine-se a dificuldade e complexidade, nos primeiros decênios da ocupação europeia nas Américas, de se recrutar quadros administrativos qualificados e "honestos" que concordassem em deixar sua casa para seguir a terras desconhecidas, do outro lado do grande oceano, com o objetivo de instalar aparelhos de gestão dos interesses estatais. O fato econômico imperava para as Coroas: era preciso ocupar, ainda que a um custo de concessões e favores que motivassem súditos habilitados a representar o rei nas suas fronteiras coloniais.

Nesse contexto, é bem verdade que a Igreja Católica exerceu importante papel. As primeiras "visitações" do Santo Ofício português, sobretudo nas capitanias do sul do território, já na reta final da União Ibérica (1625-1630, aproximadamente), foram fatos relevantes para a criação do aparelho institucional de controle estatal na frente portuguesa. Se de um lado havia a política da "catequização" do indígena, de outro e igualmente relevante, ao menos para a perspectiva da formação do aparelho administrativo e burocrático na colônia, era o objetivo de contenção de eventos de desordem (revoltas, motins, conflitos entre colonos etc.) e da reprimenda aos excessos no uso do poder em nome do reino.

Há uma tradição ibérica pela burocracia. Desde os primeiros momentos do século XVI, a colonização nas Américas foi marcada pelo progressivo processo das ocupações espanhola e portuguesa baseadas no poder de dominação. Por meio de uma sequência de atos – não necessariamente lineares – desde a simples tomada de territórios, até invasões e guerras francas, tal processo resultou na montagem de algum aparelho administrativo de controle dos gentios, então a mais significativa barreira "natural" para que o europeu explorasse o novo mundo. Dos mexicas aos andinos, dos tapuias aos tupiniquins, os ibéricos impuseram, pela força e pela pacificação religiosa, um modo de gestão e administração de suas bases coloniais que nasceram burocratizadas. Examinar como se formou a prática disruptiva dos aparelhos administrativos ibéricos, sem necessariamente os comparar, de modo a identificar as similaridades que deram espaço a concessões, favores, benesses e mercês através de venalidades caracterizadoras de atos de corrupção, tem o condão colocar luz sobre o passado para melhor enxergar o presente.

DO PASSADO PARA O PRESENTE

Teria sido a complacência com os rigores burocráticos e administrativos um elemento de mero engraxamento das engrenagens estatais ou funcionado como um catalizador de acomodação e pacificação nas relações colonizador/colonizado, como forma de organizar a incipiente sociedade colonial? A indagação deve ter presente, em seu rigor metodológico, a necessidade de se conter possíveis anacronismos com o que se entende, na atualidade, por corrupção. Em auxílio, a antropóloga e historiadora Lilia Moritz Schwarcz presta o devido socorro:[3]

> [...] Etimologicamente, a palavra provém do latim *corruptio*, significando o "ato de quebrar em pedaços"; isto é, "deteriorar ou decompor algo". Na gestão do Estado, a corrupção remete ao ato de conceder ou receber vantagens indevidas ou de agentes públicos ou do setor privado, com o intuito de obter vantagens.

Os modelos administrativos adotados nas Américas espanhola e portuguesa, com o recrutamento de uma burocracia formada por membros de uma burguesia incipiente e pouco letrada, permitiu que o vácuo de poder da Metrópole (tanto Madri como Lisboa durante a União Ibérica) fosse preenchido com eficácia pelas aristocracias locais, que se valiam diretamente e sem escrúpulos, na defesa de seus interesses locais, do corpo administrativo declinado pelas Coroas. Esse aparelhamento obedeceu à regra do crescimento em escala e necessidades no tempo, sendo certo o axioma de quanto mais burocracia, mais espaço para a fixação de privilégios, seja numa ordem social estamental ou de classes.[4]

---

3 SCHWARCZ, Lilia Moritz. *Sobre o autoritarismo brasileiro*, 2019, p. 88.

4 LEAL, Victor Nunes. *Coronelismo, enxada e voto*, 2012. Conquanto esse autor trate da política eleitoral brasileira sob a perspectiva já do país independente, sua teoria permite uma elevada digressão histórica para a compreensão das licenciosidades representativas: "No período colonial a representação era limitada ao governo do município, e na estrutura social, muito simples, da época, dominava incontrastavelmente a nobreza rural sobre a massa informe dos escravos e agregados, limitada somente pelo absolutismo da Coroa no que mais de perto lhe afetasse" (p. 222).

A distância geográfica, que também é uma distância dos tempos históricos distintos vivenciados concomitantemente nas colônias em relação à Metrópole, em nada impede o desenfreado fomento da exploração das riquezas encontradas. Ao contrário, potencializa o desenvolvimento de uma economia-mundo que, se antes mediterrânea, com a colonização se torna europeia, fazendo da mercancia a fonte de concentração de riquezas na Metrópole. Esse apontamento foi dado pela motivação historiográfica de Vicens Vives, em trabalho de referência denominado "A estrutura administrativa estadual nos séculos XVI e XVII", cujo trecho a seguir foi a ponta de lança para a ideia temática: "No Estado de forte tradição medieval, o pessoal administrativo de origem burguesa tende rapidamente a tornar-se nobre através dos cargos públicos e a manter com isso a posição de privilégio das oligarquias feudais ou preeminenciais [...]".[5]

Acontece, pois, que o modelo econômico exploratório se mostra eficaz também para o nascimento e crescimento de uma aristocracia colonial, afável aos mandos da Metrópole e gestora de seu aparelho administrativo, o qual, todavia, desperta a centelha da acumulação de riquezas – ou ao menos de algumas de suas benesses – em terras conquistadas. O Novo Mundo se abre para as vantagens geradas por um modelo econômico estruturado no baixo custo produtivo, nos excedentes comerciais e no controle da burocracia para o favorecimento dos detentores dos meios produtivos de exploração mercantil. O comissionamento, as vantagens, as propinas entram no circuito colonial, o que remete uma vez mais a Lilia Schwarcz:[6] "[...] o próprio uso popular do termo [propina] levou-o a ser crescentemente associado ao ato de gratificar alguém de maneira extra e incorreta por um serviço que deveria ser regularmente executado".

Encontrar as razões de fomento e desenvolvimento da corrupção na rotina da gestão administrativa da Metrópole em solo colonial na primeira fase da conquista será o intento para formar o conteúdo cognitivo da pesquisa. Acredita-se que a baixa corrupção, a pequena concessão de favores e privilégios no dia a dia da gestão da Metrópole em terras ocupadas, inclusive e especialmente em benefício dos próprios gentios que participavam do ciclo econômico como detentores de meios de produção, lastreou e solidificou a fixação do aparelho burocrático ibérico, sendo igualmente objeto de investigação as possíveis nuances dos modelos administrativos – e das benesses – espanhol e português. Disso decorre a opção pela abrangência cronológica do objeto do estudo entre 1580 e 1640, o entre meios dos séculos XVI e XVII, momento em que a Coroa de Aragão e Castela, assim como a Casa Real Portuguesa, davam os primeiros passos na colonização, tangenciando sem maiores critérios georeferenciais a linha imaginária do Tratado de Tordesilhas. Recorrendo ao texto primaz de Vicens Vives[7] na defesa do postulado: "Se se

5 VIVES, Jaime Vicens. In: HESPANHA, António Manuel. *Poder e instituições na Europa do Antigo Regime*, 1984, p. 223.
6 Op. cit., 2019, p. 89.
7 Op. cit., 1984, p. 225.

pudesse estabelecer o momento cronológico em que a rentabilidade do cargo conta mais que o velho conceito de dignidade, teríamos dado um grande passo no sentido de estabelecer o início da corrupção como sistema administrativo."

Embora se saiba que a demarcação de fronteiras na época colombiana era algo muito pouco preciso, o que se revela pela cartografia produzida, a qual era muito mais uma projeção simbólica da soberania do Império conquistador do que propriamente uma delimitação territorial, o âmbito geográfico no território brasileiro é a "Bahia de Todos os Santos" na América Portuguesa. Em sua dimensão espaço-tempo de instalação e desenvolvimento dos locais de produção econômica do açúcar (as grandes plantações e seus engenhos), a capitania baiana vivenciou intensamente a instrumentação burocrática pela qual se dedicavam os centros administrativos para a concessão de licenças, títulos, arrecadação tributária e outros expedientes do controle metropolitano. Óbvio que o modelo foi aplicado também nas demais capitanias, sobretudo do sul da colônia.

Como ilustração, vale lembrar que nem mesmo as artes e entretenimentos deixaram passar as evasivas injustificáveis de concessões e mercês administrativas destinadas ao favorecimento ilícito, muito mais do que às titulações, deveres legais e insígnias oriundas do aparelho burocrático:[8] "Desde fins do século XVI, nas sátiras, sermões, poemas e ofícios, políticos do Brasil eram acusados de enriquecimento ilícito e de práticas de favorecimento, tráfico de influência, nepotismo e abuso de autoridade".

Há inúmeros trabalhos que enfrentam a formação das estruturas burocráticas ibéricas sob os mais diferentes enfoques, sejam eles o social (a estruturação das elites coloniais), o econômico (comércio e tributação), o político (Estado moderno) e mesmo o militar (as patentes e honrarias). Sem qualquer pretensão de esgotamento de um balanço historiográfico, nomes *como* Erik Lars Myrup (*Power and Corruption in the Early Modern Portuguese World*), Roberta Stumpf (*Dinâmicas imperiais e circulação de modelos político-administrativos*), Rodrigo Ricúpero (*Honras e Mercês, as relações entre os colonos e a Coroa e seus representantes*) ou Lilia Schwarz (*Burocracia e sociedade no Brasil colonial*) são suficientes para compor um espesso cabedal de trabalhos acadêmicos e profundas pesquisas como suporte acerca da corrupção nas estruturas coloniais. Para este breve ensaio, no entanto, torna-se impossível o exame um a um de cada fonte historiográfica, na medida em que se objetiva apresentar a indagação de como historicizar o tema, sem esgotar as frentes de perquirição das linhas de pesquisa já existentes.

Como é sabido, os reinos ibéricos, em suas virtudes e defeitos, sofreram grandes transformações do século XVI ao início do XVII, saindo dos eminentemente cristãos e feudais para centralistas (absolutos) e administrativos (estruturas locais

---

8 SCHWARCZ, op. cit., p. 90.

de poder). Para avaliar como apareceu a corrupção nesse aparelhamento metropolitano nas colônias, Ângela Barreto Xavier apresenta uma relevante referência:[9]

> Longe de cumprirem as suas atribuições de gestão e de controlo, os oficiais da Fazenda estabeleciam redes e laços interpessoais e inseriam-se nas sociedades locais. Se agiam muitas vezes de forma a contrariar os interesses de Castela, tal não se devia à falta de monitorização empreendida pelos poderes do centro, mas sim à sua integração no sentido social que lhes trazia vantagens que uma mera carreira administrativa não seria capaz de fornecer.

Em busca de um contraponto axiológico, o texto de John Huxtable Elliot se mostra igualmente útil. Ao tratar das Leis Novas ordenadas por Carlos V na Espanha, observa que:[10]

> Mas a luta contra as Novas Leis não foi travada somente nas próprias Índias, mas também na corte, onde o grupo de pressão dos colonos empenhou-se em subornar e influenciar os conselheiros reais, e Cortés e seus amigos organizaram uma feroz oposição ao grupo de Las Casas. (p. 304)
>
> A coroa estava realmente preocupada em preservar a chamada *república de los índios*, ameaçada que era pelas depredações de colonos inescrupulosos, que se aproveitavam da "inocência" dos índios e de sua ignorância dos costumes europeus. Por outro lado, a perene escassez de dinheiro da coroa levava-a naturalmente a maximizar suas rendas nas Índias por todos os meios disponíveis. (p. 307)

Elliot se propõe a analisar o processo de concepção, desenvolvimento e declínio do projeto do Imperador Carlos V (até então Carlos I da Espanha) em reviver a maior civilização do mundo antigo, mais precisamente, construir a partir da América Colonial ("as Índias") um espectro mundial para o Sacro Império Romano. Trata-se de um texto de histórica política, que disseca e analisa as estruturas de poder, administrativas e burocráticas do reinado de Carlos V, seja pela frente ibérica (a busca pela unificação dos reinos), seja pela gestão das terras atlânticas recém-descobertas. Dedica-se a explicar o regime de governo baseado num poder central, porém apoiado em Conselhos setoriais (Conselho das Índias) ou locais (Conselhos de Castela e Aragão). Essa referência historiográfica parece essencial para esmiuçar origens corruptivas da atuação colonizadora na América ibérica, posto que aborda o aspecto econômico de instalação do aparelho burocrático ao examinar as várias "Casas" – em especial a *Casa de la Contratación* – ocupadas por "letrados"[11] – passo fundamental para a ocupação.

---

9 XAVIER, Ângela B. et al. (org.). "Pensar as monarquias ibéricas de forma comparada". In: *Monarquias ibéricas em perspectiva comparada (séculos XVI-XVII)*, 2019, p. 36.

10 ELLIOT, John Huxtable. "A Espanha e a América nos Séculos XVI e XVII". In: BETHELL, Leslie (org.). *História da América Latina, Vol. I*: América Latina colonial, 1998, p. 304 e 307.

11 Ibidem, p. 287: "Sua formação e visão eram legalistas: pensavam em termos de precedentes, de direitos e de *status*".

Ademais disso, a burocracia formada sobre a circulação do capital no império ibérico consolidou o domínio soberano da Coroa, revelando o nascimento do que seria o futuro Estado nacional. Os governadores e, posteriormente, os vice-reis criados pelas Leis Novas comprovam essa estruturação do poder em teia,[12] ainda que enfrentassem agruras e dificuldades de exercício autônomo de comando (a *provisión*, a *real cédula* e o *auto* são prova disso, leis gerais ordenadas pela Coroa sobre justiça e governo). No território da América portuguesa as convicções não eram diferentes. Padre Antônio Vieira é de uma objetividade atroz, ao relatar ao Rei suas razões para que se fizesse paz aos holandeses, resolvendo o impasse de Pernambuco:[13]

> Pelo modo acima declarado, parece que ficam melhorados os perigos quanto é possível. E porque com o sucesso de Angola os holandeses hão de estar mui escandalizados, e com as pazes entre Castela e França, nós estamos de pior partido, e nenhuma destas circunstâncias é acomodada para melhorar tratados, importa que com as novas instruções dos artigos mande vossa majestade remeter a seus embaixadores a maior quantidade de dinheiro que for possível, que são as armas com que se vencem estas dificuldades, e o mais barato preço por que se compram as conveniências, nem há hoje no mundo outro modo de negociar, e muito menos em Holanda, onde tudo é venal, e só a conveniência reina.

Para investigar conveniências, facilidades, benesses, propinas, comissões e quejandos, é imprescindível que, por meio do método progressivo-regressivo, sejam visitadas as mercês. Uma fonte historiográfica fundamental é o extenso trabalho de Fernanda Olival:[14]

> Ao longo dos séculos XVII e XVIII, forjaram-se na sociedade portuguesa estratagemas para, de alguma forma, satisfazer este tipo de procura por parte de quem não conseguia os seus intentos pelas vias consideradas normais. Deste modo, quem não reunia serviços para alcançar a mercê de um hábito, podia não ver a sua ambição frustrada. Em último caso, podia recorrer à venalidade, pois havia indivíduos dispostos a vender os afazeres que angariaram durante anos, ou o seu direito a uma insígnia destas, acompanhada ou não de tença.

Esse vai-e-vem metodológico deve agora recuar no tempo, por meio de Lilia Schwarcz:[15]

---

12 Ibidem, (i) p. 290: "O vice-rei, portanto era o *alter ego* do rei, mantendo sua corte no palácio vice-real e trazendo consigo algo da aura cerimonial da realeza"; (ii) p. 323: "O resultado foi a criação de uma grande burocracia parasitária, que encarava seus cargos como um investimento digno de exploração".

13 VIEIRA, Antônio. "Papéis vários". In: *Escritos históricos e políticos* (org. Alcir Pécora), 1995, p. 401.

14 OLIVAL, Fernanda. *As ordens militares e o Estado moderno*: honra, mercê e venalidade em Portugal (1641-1789), 2001, p. 238.

15 SCHWARCZ, op. cit., 2019, p. 91. As anotações da autora são robustas: "No século XVII, viajantes costumavam afirmar que era preferível ser roubados por piratas em alto-mar a aportar no Brasil, onde teriam de pagar uma série de taxas sobre a mercadoria comercializada, além de serem obrigados a adular os administradores e grandes proprietários com todo tipo de presente".

> Há também provas de posturas que hoje seriam chamadas de corruptas na colônia americana dos portugueses desde a época do primeiro-governador geral, Tomé de Sousa (1503-79), que foi autorizado pelo rei d. João III, em 1548, a fazer "dádivas a quaisquer pessoas", conquanto que consolidasse o domínio lusitano em terras brasileiras. Ou seja, enriquecimentos ilícitos se colavam à biografia de autoridades locais e em especial à dos governadores. Mem de Sá, que foi governador-geral do Brasil entre 1558 e 1572, era acusado de abusar de sua posição. Traficantes de escravos que deixavam a costa da África em direção ao rio da Prata e eram obrigados a aportar no Rio de Janeiro para o abastecimento de seus navios negreiros, sabiam previamente que por lá acabariam coagidos a desembolsar uma determinada porcentagem de seus "bens" e entregá-la ao governador da capitania.

De volta a Elliot, o historiador detalha a tentativa de unificação do poder, ainda que respeitadas as organizações institucionais (jurídicas, por exemplo) e culturais locais (língua, hábitos), num regime de aconselhamento e recomendações, com estruturas fechadas nas células municipais (as vilas e seus cabildos) e expressivo compartilhamento com o poder eclesiástico. Cunhou ele o importante termo historiográfico, a "Monarquia Composta" (grupo de países ou reinos sob a égide de um mesmo governante), categoria essa que, para efeitos da pesquisa pretendida, abre uma janela de compreensão para as teorias sobre as conquistas ibéricas e a gênese dos primeiros Estados modernos no desenvolvimento da Economia Mundo capitalista sobre o Atlântico, sabendo-se que a venalidade e a corrupção só frutificam em meio a fluxos econômicos robustos e pujantes.

Em desfecho desse apanhado por meio de Fernanda Olival, o pêndulo vai do público ao privado, do privado ao público, como se as extremidades fossem a mesma posição originária, bastando apenas que o capital e a concentração de poder se fizessem valer:[16]

> Eis assim, a moldura implícita que rodeava a venalidade; não estava, em rigor, registrada em nenhum texto impresso, mas era por ela que estas práticas se guiavam. Apesar das críticas de que era alvo, era perfeitamente tolerada no Antigo Regime, tanto em Portugal como noutras formações políticas.
>
> A própria Coroa também a utilizava, embora quase sempre de forma muito cautelosa e sem grande publicação. Nem os Papas se afastaram desse expediente, designadamente os do Renascimento.

PROVOCAÇÃO FINAL

A corrupção tem a capacidade de corroer ou interromper estruturas e funcionalidades de controle dos atos de gestão e administração pública. A legislação

16 Op. cit., 2001, p. 238.

brasileira contemporânea se preocupa com esse fenômeno faz décadas, regulando relevantes fenômenos jurídicos como a improbidade administrativa, o peculato, a prevaricação, a reparação civil pública etc. O Direito Administrativo Sancionador recebeu impulsos essenciais a partir da Constituição Federal de 1988 e esse passo significou um grande salto para o Estado Democrático de Direito existir em sua plenitude.

Na linha histórica da formação dos domínios coloniais ibéricos, pretende-se aqui provocar que a pesquisa acadêmica investigue se essa "corrosão" auxiliou na construção das estruturas do império. A lógica do Antigo Regime parece ser uma das chaves para mostrar como as dinâmicas eram próprias da época, não podendo simplesmente ser comparadas com a lógica contemporânea, a ponto de considerarmos a corrupção brasileira uma endemia, uma hereditariedade ou um traço de nossa formação como povo e nação.

Daí a importância de examinar a fonte histórica primaz frente à historiografia de Elliot, Olival e tantos outros, que percebem no detalhe essa economia do privilégio, seja estudando o modelo macroeconômico instalado após a *Bula Inter Cetera I*, seja radiografando o fenômeno a partir das Ordens Militares e suas ações na colonização. Ademais disso, de um historiador do século XIX (Alexandre Herculano) a historiadoras e historiadores do século XXI, cada qual a seu tempo, exploram as adversidades, os antagonismos e os conflitos produzidos nesses processos da negociação de títulos e benesses, habilitações e comendas, insígnias e mercês. Mediante uma interconexão lógica e racional entre fontes secundárias e narrativas críticas, a historiografia é capaz de decodificar os *trade-offs* que aconteceram nas atividades de serviços (os bandeirantes, p. ex.), no comércio (a escravidão, p. ex.), na indústria (o açúcar, p. ex.) e manufatura (as importações, p. ex.), assim como a flexibilização da compreensão sobre os requisitos de concessões de direitos que a circulação das mercês, benesses e outros instrumentos de favor gerou principalmente em face da capacidade arrecadatória reinol (pública) ou rentista (privada).

Malfeito é malfeito e para tanto não há justificativa. Um olhar sobre a história da corrupção na formação da nação brasileira, desde seus primeiros passos coloniais, permite historicizar esse fenômeno político-administrativo, econômico e sociocultural que tanto aflige a cidadania nos tempos atuais. Se a Lei n. 12.846/2013 vai dar conta de prevenir, conter e reprimir a degeneração comportamental que afeta uma parte das relações público-privadas da estrutura burocrática e estatal da nação brasileira, o futuro dirá. Todavia, a História e o Direito juntos certamente são capazes de aprimorar a evolução ética e moral de nossa jovem sociedade.

FONTES HISTÓRICAS

(i) *Bula Inter Cetera I*, outorgada em 03.05.1493 por Alexandre VI. Disponível em: http://sealegacy.com/pdf%20files/06%20-%20Tratado%20De%20Tordesilhas.pdf. Acesso em: 24.06.2019.

(ii) HERCULANO, Alexandre. *Opúsculos*: Carta V, Tomo I. Lisboa, Biblioteca Nacional de Portugal (biblioteca nacional digital). Disponível em: http://purl.pt/718/4/p-5637-p/p-5637-p_item4/p-5637-p_PDF/p-5637-p_PDF_24-C-R0150/p-5637-p_0000_rosto-VI_t24-C-R0150.pdf. Acesso em: 24.06.2019.

(iii) VIEIRA, Antônio. "Papéis vários". In: *Escritos históricos e políticos* (org. Alcir Pécora). São Paulo, Martins Fontes, 1995.

BIBLIOGRAFIA

BRAUDEL, Fernand. *Escritos sobre a História*. São Paulo, Perspectiva, 2014.

__________. "Geo-história: a sociedade, o espaço e o tempo". *História, ciências, saúde*. Manguinhos, Rio de Janeiro, v. 22 (2), 2015, p. 612-39.

ELLIOT, John Huxtable. "A Espanha e a América nos séculos XVI e XVII". In: BETHELL, Leslie (org.). *História da América Latina, Vol. I*: América Latina Colonial. São Paulo, Edusp/ Brasília, Fundação Alexandre Gusmão, 1998.

LEAL, Victor Nunes. *Coronelismo, enxada e voto*. 7.ed. 5. reimpr. São Paulo, Companhia das Letras, 2012,.

MARTINS, Paulo Henrique. "A sociologia de Marcel Mauss: dádiva, simbolismo e associação". In: *Revista Crítica de Ciências Sociais*. Disponível: https://journals.openedition.org/rccs/954.

RICÚPERO, Rodrigo. "Honras e mercês, as relações entre os colonos e a Coroa e seus representantes (1530-1630)". In: COGIOLA, Osvaldo (org.). *História e Economia*: questões. São Paulo, Humanitas, 2003, v. I.

__________. "Poder e patrimônio: o controle da administração colonial sobre as terras e a mão de obra indígena". In: MELLO E SOUZA, Laura de; FURTADO, Junia; BICALHO, Maria Fernanda (org.). *O governo dos povos*. 1.ed. São Paulo, Alameda, 2009.

__________. *A formação da elite colonial no Brasil (de 1530 a 1630)*. 2.ed. São Paulo, Almedina, 2020. v. 1.

OLIVAL, Fernanda. *As Ordens Militares e o Estado moderno*: honra, mercê e venalidade em Portugal (1641-1789). Lisboa, Estar, 2001.

SCHWARCZ, Lilia Moritz. *Sobre o autoritarismo brasileiro*. 1. reimpr. São Paulo, Companhia das Letras, 2019.

VIVES, Jaime Vicens. In: HESPANHA, António Manuel. *Poder e instituições na Europa do Antigo Regime*. Lisboa, Fundação Calouste Gulbenkian, 1984.

XAVIER, Ângela B. et al. (org.). "Pensar as monarquias ibéricas de forma comparada". In: *Monarquias ibéricas em perspectiva comparada (séculos XVI-XVII)*. Lisboa, ICS – Imprensa de Ciências Sociais, 2019.

Capítulo 3. Revisão dos acordos de leniência: possibilidades e parâmetros

Gustavo Justino de Oliveira
Otavio Venturini

INTRODUÇÃO

Passados onze anos da entrada em vigor da Lei Anticorrupção (n. 12.846/2013) e três anos da dissolução da força-tarefa da Operação Lava Jato (OLJ) no Paraná (01.02.2021), ganhou os holofotes da mídia uma intensa discussão acerca da possibilidade e limites da revisão dos acordos de leniência celebrados no contexto da OLJ.

Diferentes argumentos, contrários e favoráveis, foram apresentados por juristas, cientistas políticos, economistas etc. Dentre os argumentos a favor da possibilidade de revisão, destacou-se, por exemplo, a necessidade de manutenção da fonte produtora e do emprego dos trabalhadores, diante do contexto de crise que atingiu parte significativa das empresas colaboradoras, bem como a existência de eventuais vícios e excessos por parte das autoridades no procedimento de celebração. Conforme amplamente noticiado pela imprensa, cogitou-se também a substituição dos valores de multa por execução de obras públicas.

Por sua vez, os que se opõem à revisão ressaltam os prejuízos à credibilidade das instituições, à confiabilidade e segurança jurídica do instituto dos acordos de leniência, bem como ao próprio combate à corrupção no País. Para os contrários, eventual revisão favorável àqueles que cometeram ilicitudes reforçaria uma mensagem ao público geral de que "a corrupção compensa no Brasil."

Considerando que a OLJ impactou a história recente das instituições e organizações empresariais do Brasil, esse, sem dúvida, é um debate que merece ampla e profunda discussão sob os seus variados aspectos: legais, econômicos, sociológicos etc. Do ponto de vista jurídico, as primeiras questões que se evidenciam são: os acordos de leniência podem ser revistos? Se sim, quais as hipóteses legais que autorizam a revisão? E quais os parâmetros para revisão?

No intuito de contribuir com esse debate, de uma perspectiva estritamente jurídica, o presente artigo pretende sugerir algumas respostas às questões em destaque. Como pressupostos para se perscrutar as possibilidades e parâmetros de revisão dos acordos de leniência, o estudo realiza uma análise acerca da natureza jurídica, regime jurídico e validade dos acordos de leniência. Dentre as principais contribuições, o estudo pretende delinear duas modalidades distintas de revisão: i) revisão mediante ajustes entres as partes celebrantes; e ii) revisão convalidante em razão de vícios sanáveis.

NATUREZA JURÍDICA DOS ACORDOS DE LENIÊNCIA

Os acordos de leniência podem ser compreendidos como **acordos administrativos colaborativo-substitutivos no âmbito do direito sancionador, dotados de autonomia jurídica e caráter normativo**.

Fundamentalmente, os acordos de leniência materializam um **negócio jurídico** celebrado de forma consensual entre, de um lado, uma pessoa jurídica que tenha praticado atos lesivos à Administração Pública e, de outro, um órgão ou entidade do Estado brasileiro que detenha competência para aplicar ou requerer a aplicação de sanção em face da contraparte.

Com inspiração nos acordos previstos no *U.S. Foreign Corrupt Practices Act* (FCPA),[1] são **acordos de colaboração**, uma vez que se evidencia a finalidade de robustecer o processo de investigação pela incorporação de provas que jamais seriam alcançadas senão pela via do consenso. Trata-se de um mecanismo para o Poder Público obter informações e provas diante da dificuldade de constituí-las, o que é particularmente salutar nos casos de corrupção envolvendo o primeiro escalão da burocracia pública. Assim, o acordo de colaboração não rivaliza com a estratégia sancionatória, sendo-lhe complementar, exatamente porque se volta a tornar o seu *enforcement* mais efetivo. O caráter colaborativo também se evidencia nas obrigações de integridade (*compliance*) assumidas, como aquelas de investigações internas e prevenção de novos ilícitos.[2]

Pontua-se também o caráter **substitutivo**, uma vez que o ente público, em troca da obtenção de vantagens materiais e processuais, como a confissão de ilícitos praticados e informações acompanhadas de provas essenciais para a iniciação ou continuidade de outros processos sancionatórios, ameniza, por substituição defi-

1 Sobre aspectos gerais do FCPA e as suas modalidades de acordos de colaboração, cf.: UNITED STATES OF AMERICA. Criminal Division of the U.S. Department of Justice; Enforcement Division of the U.S. Securities and Exchange Commission. *FCPA*: A Resource Guide to the US Foreign Corrupt Practices Act. 2012. Second Edition. 2020. Disponível em: https://www.justice.gov/criminal-fraud/fcpa-resource-guide. Acesso em: 17.04.2023. VENTURINI, Otavio; MORELAND, Allen; CARVALHO, André Castro. "Aspectos Gerais do U.S. Foreign Corrupt Practices Act – FCPA". In: VENTURINI, Otavio; ALVIM, Tiago Cripa; CARVALHO, André Castro; BERTOCCELLI, Rodrigo de Pinho (orgs.). *Manual de* compliance. 1.ed. Rio de Janeiro, Forense, 2019, p. 319-48. Sobre os acordos no âmbito transnacional e compromissos internacionais, cf.: SANCHEZ-BADIN, Michelle R.; SANCHEZ-BADIN, Arthur. "Anticorruption in Brazil: from transnational legal order to disorder". *AJIL Unbound*, v. 113, p. 326, 2019; PIMENTA, Raquel de Mattos; VENTURINI, Otavio. "International Cooperation and Negotiated Settlements for Transnational Bribery: A Study of the Odebrecht Case". *Revista Direito GV*, v. 17, 2021; PIMENTA, Raquel de Mattos. *A construção dos acordos de leniência da Lei Anticorrupção*, 2020.

2 Este efeito comportamental, conhecido na literatura internacional como *deterrance effect*, tem rendido estudos com a finalidade última de apontar o máximo de peso que uma sanção pode ter para continuar dissuadindo ou para alcançar o ótimo da dosimetria (cf.: CRUMLEY, Diana. "Achieving Optimal Deterrence in Food Safety Regulation". *Rev. Litig.*, v. 31, p. 353, 2012.

nitiva e consensual, as penalidades jurídicas que seriam eventual e oportunamente por si aplicadas ou requeridas contra aquele particular colaborador.

Como última nota conceitual, ressalta-se que os acordos de leniência são dotados de **autonomia jurídica** e possuem **caráter normativo.**

Pela ótica da competência, os acordos de leniência são autônomos, na medida em que não se condicionam à chancela de qualquer outra autoridade pública ou instituição, como o Poder Judiciário. Isso porque a necessidade de homologação dos acordos não se presume. Se não estiver expressamente previsto o dever de submissão do acordo para o crivo do Poder Judiciário ou de qualquer outra autoridade, como se nota no caso da delação premiada,[3] então o acordo passa a ser eficaz para todos os efeitos quando de sua celebração. Na Lei Anticorrupção brasileira não há qualquer dever apriorístico de homologação.

Por sua vez, o **caráter normativo** dos acordos de leniência decorre de própria lei, conforme se constata da leitura do art. 16, § 4º, da Lei Federal n. 12.846/2013: "Art. 16. [...] § 4º O acordo de leniência estipulará as condições necessárias para assegurar a efetividade da colaboração e o resultado útil do processo".

O referido dispositivo indica que o acordo é a fonte de normatividade da leniência. A legislação brasileira delegou poderes normativos às partes envolvidas para, consensualmente, estabelecerem cláusulas específicas e determinadas sobre essas duas expressões permeadas de conceitos jurídicos indeterminados, mas estruturantes nos acordos de leniência: "efetividade da colaboração" e "resultado útil do processo".

Nesse contexto, pode-se concluir que os acordos de leniência exercem verdadeira função de "difusão da normatividade programática prevista no ordenamento pátrio (programação originária)",[4] uma vez que sua juridicidade é estabelecida justamente a partir da legislação, em programação derivada que detalha e estipula o acordo por intermédio do qual serão conquistados determinados resultados.

Reconhece-se, todavia, que esse domínio ou reserva consensual pode ser receber balizas quanto ao procedimento e parâmetros de negociação, em face do exercício de competência regulamentar do Executivo, expressamente prevista na Constituição[5] (art. 84, IV e VI, e art. 87, parágrafo único, II). O Decreto n. 11.129,

---

3 É o que expressamente determina o § 7º do art. 4º da Lei n. 12.850/2013: "§ 7º Realizado o acordo na forma do § 6º deste artigo, serão remetidos ao juiz, para análise, o respectivo termo, as declarações do colaborador e cópia da investigação, devendo o juiz ouvir sigilosamente o colaborador, acompanhado de seu defensor, oportunidade em que analisará os seguintes aspectos na homologação: I – regularidade e legalidade; II – adequação dos benefícios pactuados àqueles previstos no *caput* e nos §§ 4º e 5º deste artigo, sendo nulas as cláusulas que violem o critério de definição do regime inicial de cumprimento de pena do art. 33 do Decreto-Lei n. 2.848, de 7 de dezembro de 1940 (Código Penal), as regras de cada um dos regimes previstos no Código Penal e na Lei n. 7.210, de 11 de julho de 1984 (Lei de Execução Penal) e os requisitos de progressão de regime não abrangidos pelo § 5º deste artigo; III – adequação dos resultados da colaboração aos resultados mínimos exigidos nos incisos I, II, III, IV e V do *caput* deste artigo; IV – voluntariedade da manifestação de vontade, especialmente nos casos em que o colaborador está ou esteve sob efeito de medidas cautelares".

4 OLIVEIRA, Gustavo Justino de. *Contrato de gestão*, 2008, p. 187.

5 A propósito da atividade normativa da administração pública, cf. PALMA, Juliana Bonacorsi de. "Atividade normativa da Administração Pública: estudo do processo administrativo normativo". Tese (Doutorado em Direito). Faculdade de Direito da Universidade de São Paulo (USP), 2014.

aprovado em 11 de julho de 2022, ilustra o exercício desse poder regulamentar quanto ao tema, evidenciando uma regulamentação jurídico-normativa mais detalhada do acordo de leniência em comparação ao Decreto anterior.[6] Entretanto, essa regulamentação da Lei Anticorrupção não deve ser compreendida como um empecilho ao caráter normativo dos acordos.

REGIME JURÍDICO E VALIDADE DOS ACORDOS DE LENIÊNCIA

A compreensão acerca da natureza jurídica dos acordos de leniência traz implicações em termos de parâmetros de validade jurídica e possibilidade de revisão.

Conforme procuramos ressaltar acima, esses acordos trazem em si a conjugação de um ato negocial, inspirado no instrumento privatístico do negócio jurídico, com a imperatividade do poder sancionador do Estado. Não sem motivo, a jurisprudência italiana afirma de modo perspicaz uma "**natureza anfíbia**"[7] (público-privada) dos acordos substitutivos, considerando a aplicação dos princípios do Código Civil desse país em matéria de obrigações e contratos aos acordos, em havendo compatibilidade (*Legge n. 241 del 1990*, art. 11, § 2º).[8]

Nesse sentido, há um negócio jurídico subsidiando o acordo de leniência e, portanto, elementos comuns de validade devem ser observados, notadamente: a) capacidade das partes; b) objeto lícito e possível; e c) forma prescrita em lei, com as devidas adaptações em razão da natureza dos acordos colaborativo-substitutivos no âmbito do direito sancionador.[9,10]

Essas "adaptações" são decorrentes do regime jurídico de direito público, e boa parte está positivada em normas jurídicas vigentes, que versam fundamentalmente sobre os seguintes aspectos: i) sujeitos signatários, se pessoas físicas e/ou jurídicas; ii) caráter confessional; iii) efeitos da celebração e do cumprimento do acordo de leniência; iv) obrigação de resultado, em que os demais envolvidos sejam identificados e sejam obtidas informações e documentos comprobatórios; v) requisitos para celebração da leniência; vi) suspensão do prazo prescricional de ações e processos especificados; vii) sigilo dos termos do acordo e previsão dos casos de exceção, quando for do interesse das investigações ou do processo administrativo;

---

6 Art. 51 do Decreto n. 11.129/2022.

7 Cf.: *Sezioni Unite della Cassazione*, sent. n. 12.428 del 2021.

8 *In verbis*: "*2. Gli accordi di cui al presente articolo debbono essere stipulati, a pena di nullità, per atto scritto, salvo che la legge disponga altrimenti. Ad essi si applicano, ove non diversamente previsto, i princìpi del codice civile in materia di obbligazioni e contratti in quanto compatibili. Gli accordi di cui al presente articolo devono essere motivati ai sensi dell'articolo 3*".

9 Raciocínio semelhante foi desenvolvido por Themístocles Brandão Cavalcanti na construção da teoria do ato administrativo brasileira, inspirada na figura do negócio jurídico (CAVALCANTI, Themístocles Brandão. *Teoria dos atos administrativos*, 1973, p. 62. Sobre a construção da teoria do ato administrativo no Brasil e a influência dos elementos do negócio jurídico, cf.: SOUSA, Otavio Augusto Venturini de. "O paradigma 'atocêntrico' da atividade administrativa". *Revista Brasileira de Estudos da Função Pública* (RBEFP), v. 11, p. 31-54, 2015.

10 À guisa de ilustração, ao elemento comum da "capacidade das partes" vincula-se o elemento peculiar da "competência administrativa", isso porque a capacidade para a produção dos acordos não é somente a geral do direito civil, como idade, capacidade civil, capacidade física.

viii) efeitos da rejeição da leniência; ix) critérios de avaliação do cumprimento dos termos do acordo de leniência. No caso específico do acordo de leniência no CADE e na Lei Anticorrupção, outros tópicos complementares são endereçados: x) dosimetria na gradação da pena do leniente, se for o caso; xi) extensão dos efeitos da leniência para empresas do mesmo grupo; e xii) competência negocial para assegurar a efetividade da colaboração e o resultado útil do processo.

Ademais, aplica-se, subsidiariamente, a Lei de Processo Administrativo (Lei Federal n. 9.784/99). Muito embora sejam pontuais as normas de aplicação subsidiária, há alguns comandos que podem auxiliar o bom andamento dos acordos de leniência, conforme: a interpretação da norma administrativa da forma mais adequada ao fim público a que se dirige, e não o ímpeto punitivo ou o simples benefício do leniente, vedada a aplicação retroativa de nova interpretação em um acordo de leniência análogo celebrado posteriormente (art. 2º, XIII); a busca pela verdade real (art. 4º, I); a impossibilidade de delegação da competência negocial por sua natureza normativa (art. 13, I); os casos de impedimento e suspeição (arts. 18 e segs.); o procedimento de solicitação de comparecimento, ou seja, da intimação da empresa interessada (art. 26 e segs.); a diretriz de que "os atos de instrução que exijam a atuação dos interessados devem realizar-se do modo menos oneroso para estes (art. 29, § 2º); a inadmissibilidade de provas obtidas por meio ilícito (art. 30); o dever de o órgão público acionar a repartição pública em que se encontrem fatos e dados registrados (art. 37); o direito de o interessado juntar documentos independentemente de autorização da autoridade pública (art. 38, *caput*); a recusa de provas apenas quando forem ilícitas, impertinentes, desnecessárias ou protelatórias (art. 38, § 2º); o dever de motivar, principalmente no caso de rejeição de proposta de acordo de leniência (art. 50); a possibilidade de revisão do Processo Administrativo de Responsabilização (PAR), a qualquer tempo, se o acordo de leniência for rejeitado por superveniência de fatos novos para que seja possível apresentar nova proposta de leniência (art. 65); e a contagem dos prazos (art. 66).

Como corolário da "natureza anfíbia" dos acordos administrativos colaborativo-substitutivos, constata-se a existência de uma camada de validade adicional que deve ser verificada à luz de diretrizes finalísticas – "efetividade da colaboração" e "resultado útil do processo" –, na qual destacam-se os seguintes parâmetros:

1. **Especificidade:** as cláusulas não devem ser genéricas e indeterminadas, mas específicas e endereçadas ao objeto de investigação;
2. **Determinação:** na linha da especificidade, o acordo de leniência deve apresentar cláusulas determinadas, ou seja, cuja conduta esperada do leniente seja objetivamente mensurável e avaliável;
3. **Busca pelo equilíbrio (proporcionalidade/razoabilidade) entre informações/provas e benefícios:** há o dever de buscar fazer os benefícios serem condizentes com i) o grau de engajamento do particular ("efetividade da colaboração"), e ii) com o peso das informações e provas apresentadas ("resultado útil do pro-

cesso"). Os princípios da proporcionalidade, razoabilidade, bem como da manutenção da fonte produtora e do emprego dos trabalhadores (função social da empresa) devem guiar a celebração dos acordos, até mesmo como forma de se preservar a higidez do instituto;[11,12]

4. **Exequibilidade:** cláusulas que prevejam o dever de apresentar provas inalcançáveis ou informações inacessíveis maculam o acordo de leniência. Desse modo, as cláusulas devem ser exequíveis para serem cumpridas e para que a execução do acordo transcorra adequadamente.

Em resumo, o acordo de leniência será válido na medida em que i) cumpra elementos gerais de validade dos negócios jurídicos com as adequações decorrentes da *publicatio*, notadamente, competência, objeto lícito e forma prescritos em lei; ii) observe o conjunto de normas que estabelecem o seu regime jurídico; e iii) respeite parâmetros que informam a sua finalidade de apresentar-se como instrumento hábil a garantir uma colaboração efetiva e o resultado útil do processo. Desde que atendidos esses três pressupostos, o conteúdo do acordo de leniência será livremente pactuado entre as partes, vinculando-as entre si e perante terceiros.

POSSIBILIDADES E PARÂMETROS DE REVISÃO DOS ACORDOS DE LENIÊNCIA

À luz do que foi dito nos tópicos anteriores, resta responder as questões que abriram este capítulo, quais sejam: os acordos de leniência podem ser revistos? Se sim, quais as hipóteses legais que autorizam a revisão? E quais os parâmetros para revisão?

De início, mostra-se incontestável a possibilidade de revisão mediante ajustes entres as partes celebrantes. O art. 54 do Decreto n. 11.129/2022 autoriza, expressamente, a revisão dos acordos de leniência, mediante ajuste entre as partes celebrantes, por meio do mecanismo de "pedido de alteração ou de substituição de obrigações pactuadas".

Entretanto, nos termos da regulamentação, o pedido será, excepcionalmente, deferido pelas autoridades signatárias desde que presentes os seguintes requisitos: i) manutenção dos resultados e requisitos originais que fundamentaram o acordo de leniência, nos termos do disposto no art. 16 da Lei n. 12.846/2013; ii) maior

11 Em defesa da aplicação da lógica dos procedentes aos acordos de leniência, como mecanismo de valorização de coerência, segurança jurídica e isonomia entre as partes, cf.: CARVALHO, Gustavo Marinho de. "Princípio da igualdade em acordo de leniência consolida senso de justiça". In: *Revista Consultor Jurídico*. 1 fev. 2016. Disponível em: https://www.conjur.com.br/2016-fev-01/gustavo-marinho-principio-igualdade-fortalece-acordo-leniencia. Acesso em: 15.06.2023; TAMASAUSKAS, Igor Sant'Anna. "Acordo de leniência anticorrupção: uma análise sob o enfoque da teoria de redes". Tese (Doutorado em Direito). Faculdade de Direito da Universidade de São Paulo (USP), 2020, p. 156-8.

12 Cf.: TOJAL, Sebastião. "Inadimplemento e revisão da leniência". *Valor Econômico*. 31 ago. 2022. Disponível em: https://valor.globo.com/legislacao/coluna/inadimplemento-e-revisao-da-leniencia.ghtml. Acesso em: 15.06.2023. Na mesma linha, ressaltando que o acordo de leniência não pode ser compreendido como um mero instrumento de arrecadação, sob risco de não ser compensado por falta de fundos, cf.: SIMÃO, Valdir. "Leniência em xeque. Acordo não é um mero instrumento de arrecadação". *Folha de S.Paulo*. 7 jan. 2020.

vantagem para a administração, de maneira que sejam alcançadas melhores consequências para o interesse público do que a declaração de descumprimento e a rescisão do acordo; iii) imprevisão da circunstância que dá causa ao pedido de modificação ou à impossibilidade de cumprimento das condições originalmente pactuadas; iv) boa-fé da pessoa jurídica colaboradora em comunicar a impossibilidade do cumprimento de uma obrigação antes do vencimento do prazo para seu adimplemento; e v) higidez das garantias apresentadas no acordo.

Por fim, para além da possibilidade de revisão por ajuste entre as próprias partes, parece-nos possível a revisão dos acordos de leniência com vícios de validade. Todavia, entendemos que esse segundo tipo de revisão se limita aos acordos que apresentam defeitos sanáveis, considerando-se os parâmetros de validade jurídica acima expostos.

Ressaltando-se, mais uma vez, a "natureza anfíbia" – isto é, que conjuga pressupostos dos regimes público e privado – dos acordos de leniência, é mister relembrar que o negócio jurídico anulável pode convalescer pela vontade das partes, desde que não ofenda direito de terceiros, ao passo que o ato administrativo, expressão última da *publicatio*, também pode ser convalidado pela própria Administração, quando apresente defeitos sanáveis, não acarrete lesão ao interesse público nem prejuízo a terceiros.

Esse entendimento está em consonância com o que destacamos acima acerca da aplicação subsidiária do Código Civil, e seu art. 172, bem como da Lei de Processo Administrativo (Lei federal n. 9.784/99), e seu art. 55, que preveem, respectivamente, a confirmação, pelas partes, do negócio jurídico anulável e a convalidação de ato administrativo pela Administração Pública.

CONCLUSÃO

Sem a pretensão de esgotar o tema, o presente estudo pretendeu delinear duas modalidades distintas de revisão e seus respectivos parâmetros legais: i) revisão mediante ajustes entres as partes celebrantes; e ii) revisão convalidante em razão de vícios sanáveis.

Tal conclusão acerca da possibilidade de revisão dos acordos é decorrência da sua natureza jurídica, entendida neste estudo como "acordo administrativo colaborativo-substitutivo, dotado de autonomia jurídica e caráter normativo". À luz dessa definição e da legislação que regulamenta o tema, extrai-se o regime jurídico da sua validade dos acordos. Nesses termos, como já pontuado, o acordo de leniência será válido na medida em que i) observe os elementos gerais de validade dos negócios jurídicos, com as adequações decorrentes da *publicatio*; ii) cumpra o conjunto de normas que estabelecem o seu regime jurídico; e iii) respeite parâmetros que informam a sua finalidade.

Todavia, essas são apenas primeiras linhas para a compreensão de um tema que merece aprofundamentos e problematizações posteriores.

REFERÊNCIAS BIBLIOGRÁFICAS

CAVALCANTI, Themístocles Brandão. *Teoria dos atos administrativos*. São Paulo, Revista dos Tribunais, 1973.

CARVALHO, Gustavo Marinho de. "Princípio da igualdade em acordo de leniência consolida senso de justiça". In: *Revista Consultor Jurídico*. 1 fev. 2016. Disponível em: https://www.conjur.com.br/2016-fev-01/gustavo-marinho-principio-igualdade-fortalece-acordo-leniencia. Acesso em: 15.06.2023.

CRUMLEY, Diana. "Achieving Optimal Deterrence in Food Safety Regulation". *Rev. Litig.*, v. 31, p. 353, 2012.

OLIVEIRA, Gustavo Henrique Justino de. "O contrato de gestão na administração pública brasileira". Tese (Doutorado em Direito). Faculdade de Direito da Universidade de São Paulo (USP), 2005.

__________. *Contrato de gestão*. São Paulo, Revista dos Tribunais, 2008.

PALMA, Juliana Bonacorsi de. "Atividade normativa da Administração Pública: estudo do processo administrativo normativo". Tese (Doutorado em Direito). Faculdade de Direito da Universidade de São Paulo (USP), 2014.

PIMENTA, Raquel de Mattos. *A construção dos acordos de leniência da Lei Anticorrupção*. São Paulo: Blucher, 2020.

PIMENTA, Raquel de Mattos; VENTURINI, Otavio. "International Cooperation and Negotiated Settlements for Transnational Bribery: A Study of the Odebrecht Case". *Revista Direito GV*, v. 17, 2021.

SCHIEFLER, Gustavo Henrique Carvalho. "Diálogos público-privados: da opacidade à visibilidade na administração pública". Tese (Doutorado em Direito). Faculdade de Direito da Universidade de São Paulo (USP). São Paulo, 2017.

SIMÃO, Valdir. "Leniência em xeque. Acordo não é um mero instrumento de arrecadação". *Folha de S.Paulo*. 7 jan. 2020.

SOUSA, Otavio Augusto Venturini de. "O paradigma 'atocêntrico' da atividade administrativa". *Revista Brasileira de Estudos da Função Pública* (RBEFP), v. 11, p. 31-54, 2015.

SANCHEZ-BADIN, Michelle R.; SANCHEZ-BADIN, Arthur. "Anticorruption in Brazil: from transnational legal order to disorder". *AJIL Unbound*, v. 113, p. 326, 2019.

TAMASAUSKAS, Igor Sant'Anna. "Acordo de leniência anticorrupção: uma análise sob o enfoque da teoria de redes". Tese (Doutorado em Direito). Faculdade de Direito da Universidade de São Paulo (USP), 2020.

TOJAL, Sebastião. "Inadimplemento e revisão da leniência". *Valor Econômico*. 31 ago. 2022. Disponível em: https://valor.globo.com/legislacao/coluna/inadimplemento-e- revisao-da-leniencia.ghtml. Acesso em: 15.06.2023.

UNITED STATES OF AMERICA. Criminal Division of the U.S. Department of Justice; Enforcement Division of the U.S. Securities and Exchange Commission. *FCPA*: A Resource Guide to the US Foreign Corrupt Practices Act. 2012. Second Edition, 2020. Disponível em: https://www.justice.gov/criminal-fraud/fcpa-resource-guide. Acesso em: 17.04.2023.

VENTURINI, Otavio; MORELAND, Allen; CARVALHO, André Castro. "Aspectos Gerais do *U.S. Foreign Corrupt Practices Act – FCPA*". In: VENTURINI, Otavio; ALVIM, Tiago Cripa; CARVALHO, André Castro; BERTOCCELLI, Rodrigo de Pinho (orgs.). *Manual de* compliance. 1.ed. Rio de Janeiro, Forense, 2019.

Capítulo 4. Lei Anticorrupção e sua relação com a Lei Geral de Proteção de Dados

Bruno Galvão Ferola
João Marcelo Ribeiro do Vale Rodrigues de Oliveira
Mauricio Schaun Jalil

LEI ANTICORRUPÇÃO

Contexto histórico

O Brasil assinou a Convenção das Nações Unidas contra a Corrupção, promovida pela Organização das Nações Unidas (ONU). Como consequência, os países signatários da Convenção deveriam adequar sua legislação nacional às necessidades transnacionais. A assinatura ocorreu em 9 de dezembro de 2003, na cidade de Mérida, no México. Posteriormente, a Convenção foi ratificada pelo Brasil por meio do Decreto Legislativo n. 348, em 18 de maio de 2005, e promulgada pelo Decreto Presidencial n. 5.687, em 31 de janeiro de 2006. Oportuno destacarmos que outros dois diplomas internacionais merecem menção sobre o tema: a Convenção Interamericana contra a Corrupção, de 1996, e a Convenção sobre o Combate à Corrupção de Funcionários Públicos Estrangeiros em Transações Comerciais Internacionais da Organização para a Cooperação e Desenvolvimento Econômico (OCDE), de 1997.[1]

Em 18 de fevereiro de 2010, a Controladoria Geral da União propôs o projeto de Lei n. 6.826, que posteriormente se tornaria a Lei Anticorrupção. Embora a lei tenha sido aprovada na Câmara dos Deputados em maio de 2011, passou por diversas revisões e alterações no Senado Federal, o que fez com que o projeto ficasse sem aprovação até 2013. No entanto, em meio à crise política que se instaurou no país em 2013, houve uma mobilização popular e política significativa para a aprovação do projeto de lei. No dia 4 de julho de 2013, o Senado aprovou o projeto, que se tornou a Lei n. 12.846 em agosto do mesmo ano.

Já em 29 de janeiro de 2014, a Lei Anticorrupção entrou em vigor no ordenamento jurídico brasileiro, representando um passo importante na luta contra a corrup-

1 A *Foreign Corrupt Practices Act* (FCPA) – Lei contra Práticas de Corrupção Estrangeira – é uma legislação estadunidense que desde 1977 dispõe sobre o tema.

ção, uma vez que o objetivo da lei é coibir a atuação de empresas em esquemas de corrupção e, assim, evitar que grandes prejuízos sejam causados aos cofres públicos.

Ao observar as datas mencionadas anteriormente, pode-se notar que houve um período de inatividade no processo de elaboração da Lei Anticorrupção, que foi concluída em um momento em que o país enfrentava vários escândalos de corrupção em nível nacional. Isso sugere que a Lei Anticorrupção só se tornou uma prioridade quando o problema da corrupção estava no centro das atenções públicas.

O mesmo pode ser dito sobre o Decreto n. 8.420, de 18 de março de 2015, que regulamentava a Lei Anticorrupção e tratava da responsabilização administrativa das pessoas jurídicas por atos contra a Administração Pública, tanto nacional quanto estrangeira. Essa legislação recebeu diversas críticas em um momento inicial, o que pode ser atribuído à sua elaboração em um momento em que o país enfrentava muitos desafios no combate à corrupção; posteriormente, esse diploma foi revogado pelo Decreto n. 11.129/2022, o qual passou a regulamentar a matéria.

Aspectos gerais

A Administração Pública é regida, entre outros, pelos seguintes princípios: legalidade, impessoalidade, moralidade, publicidade e eficiência, probidade administrativa, igualdade, eficácia, motivação, vinculação ao instrumento convocatório, julgamento objetivo, segurança jurídica, razoabilidade, competitividade, proporcionalidade, celeridade, economicidade e sustentabilidade (*vide* art. 37, *caput*, da Constituição Federal e art. 5º da nova Lei de Licitações e Contratos Administrativos). Tais vetores axiológicos representam os alicerces basilares aptos a conduzir e orientar a conduta, o comportamento de gestores, servidores públicos e terceiros que se relacionam com a Administração Pública.[2]

O Código Penal brasileiro prevê, desde sua publicação (1940), a responsabilização penal em relação aos crimes contra a Administração Pública (nacional ou estrangeira), praticados por funcionários públicos ou particulares. Essa codificação foi alterada, inclusive, para que fossem introduzidos, pela Lei n. 14.333/2021, os crimes contra licitações e contratos administrativos (*vide* arts. 337-E a 337-P), antes inseridos em legislação específica (Lei n. 8.666/93).

A Lei Anticorrupção, por outro lado, versa sobre a responsabilização civil e administrativa destinada às pessoas jurídicas em decorrência da prática de atos ilícitos contra a Administração Pública. O objetivo principal da legislação anticorrupção é estabelecer métodos eficazes para implementar medidas protetivas contra a corrupção em empresas. O elemento fundamental da legislação é a transparência, visto que o objetivo principal é combater práticas corruptas. Caso ocorram situações de corrupção, a legislação estabelece meios adequados para garan-

---

2 JALIL, Mauricio Schaun; GRECO FILHO, Vicente (orgs.). *Código Penal comentado*: doutrina e jurisprudência, 2023.

tir a punição imediata dos responsáveis. A ideia subjacente é garantir que as empresas estejam cientes de suas obrigações em relação à integridade corporativa e, assim, evitem práticas corruptas, estabelecendo mecanismos adequados para prevenir, detectar e remediar a corrupção.

A lei busca incentivar a cultura da transparência, da ética e da responsabilidade social empresarial, a fim de proteger o interesse público e a credibilidade das instituições. A efetiva implementação das medidas anticorrupção na empresa pode contribuir para melhorar a confiança dos investidores, aumentar a competitividade e aperfeiçoar as relações comerciais com os parceiros de negócios.

No primeiro artigo da Lei Anticorrupção, é abordada a responsabilização objetiva administrativa e civil de pessoas jurídicas pela prática de atos contra a Administração Pública, nacional ou estrangeira.

No artigo seguinte, é aduzido que as instituições jurídicas serão objetivamente responsabilizadas nas esferas administrativa e cível, por quaisquer atos lesivos que venham a praticar e que estejam dispostos na Lei n. 12.846/2013, seja ou não em prol de seu benefício ou interesse. Não há dúvidas de que essa lei trouxe mudanças importantes no combate à prática de corrupção, passando a responsabilizar também as pessoas jurídicas pelo ato ilícito. Na visão de Ana Paula P. Candeloro, Maria Balbina Martins De Rizzo e Vinicius Pinho:

> Antes da edição da lei, se uma organização se envolvesse em atos de corrupção com órgãos públicos, apenas as pessoas físicas praticantes do ato seriam punidas. Logo, as empresas poderiam alegar que a prática ilícita havia sido uma atitude isolada de um determinado funcionário ou servidor público e que não tinham conhecimento do ocorrido.[3]

De acordo com a Lei Anticorrupção, a fixação dos valores e a aplicação das sanções devem obedecer aos critérios estabelecidos no art. 7º. Além disso, a legislação prevê mecanismos de dosimetria regulamentados pelo Decreto federal n. 11.129/2022. Um desses mecanismos é a atenuante de pena, que pode ser aplicada caso a pessoa jurídica infratora possua estruturas de *compliance* em seu funcionamento.

Essas estruturas são mecanismos de controle interno que visam prevenir, detectar e remediar situações de corrupção e outras irregularidades. Quando uma pessoa jurídica possui uma estrutura de *compliance* efetiva, com políticas, processos e procedimentos bem estabelecidos, é mais provável que ela esteja em conformidade com a lei e tenha menos chances de cometer infrações.

Dessa forma, a existência de estruturas de *compliance* pode ser considerada uma atenuante de pena na aplicação das sanções previstas na Lei Anticorrupção. Isso significa que, em alguns casos, a pessoa jurídica infratora pode receber uma punição mais branda se comprovar a existência e eficácia de seus mecanismos de *compliance*.

3 Compliance *360º*: riscos, estratégias, conflitos e vaidades no mundo corporativo, 2015, p. 247.

Implantação do programa de integridade nas empresas

O Decreto n. 11.129/2022 definiu no seu art. 56 o que é Programa de Integridade:

> Art. 56. Para fins do disposto neste Decreto, programa de integridade consiste, no âmbito de uma pessoa jurídica, no conjunto de mecanismos e procedimentos internos de integridade, auditoria e incentivo à denúncia de irregularidades e na aplicação efetiva de códigos de ética e de conduta, políticas e diretrizes, com objetivo de:
> I - prevenir, detectar e sanar desvios, fraudes, irregularidades e atos ilícitos praticados contra a administração pública, nacional ou estrangeira; e
> II - fomentar e manter uma cultura de integridade no ambiente organizacional.
> Parágrafo único. O programa de integridade deve ser estruturado, aplicado e atualizado de acordo com as características e os riscos atuais das atividades de cada pessoa jurídica, a qual, por sua vez, deve garantir o constante aprimoramento e a adaptação do referido programa, visando garantir sua efetividade.

Por essa razão, abordaremos alguns dos mecanismos das organizações que visam promover a ética e a transparência em suas atividades e prevenir a ocorrência de práticas ilícitas, como a corrupção e o suborno.

Comprometimento da alta direção

A participação ativa e comprometida da liderança empresarial é crucial para o sucesso do programa de integridade da empresa. Como líderes, os presidentes, vice-presidentes, conselheiros e diretores devem ser exemplos para os demais colaboradores, aderindo fielmente às normas e realizando os treinamentos previstos. Somado a isso, os funcionários da empresa necessitam ter confiança na alta direção, de tal forma que se sintam confortáveis para realizar as denúncias, acreditando que estas serão analisadas devidamente e em um ambiente de segurança institucional.

Criação de regras e procedimentos

A criação de regras consiste, entre outros, na elaboração de um Código de Ética e Conduta, o qual deve ser seguido pelos funcionários e colaboradores da empresa. Dessa forma, todos da empresa devem, além de seguir as normas de anticorrupção e de defesa da concorrência, andar em conformidade com as normas internas e éticas estabelecidas pela própria pessoa jurídica. Além disso, outros documentos como regimentos, manuais, políticas e normas também podem ser criados para disseminar os valores éticos e normativos do *compliance*. É importante que esses documentos sejam redigidos em linguagem clara e acessível.

Os procedimentos ajudam no controle interno para a identificação e prevenção de irregularidades. Eles incluem a aprovação de normas internas, políticas de registro e controle contábeis, além de preços e condições de pagamento. Também é importante realizar a classificação e o mapeamento de riscos, estabelecer políticas de contratação de terceiros e formalização de contratos associativos, análise de denúncias e monitoramento de riscos, estabelecimento de ações corretivas em caso de infração ao programa de integridade e procedimentos de aprovação de compras e contratações.

Comunicação e treinamento

Para que a cultura do *compliance* seja efetiva em uma empresa, é fundamental que todos os funcionários e colaboradores estejam cientes do que ela representa. Isso pode ser alcançado por meio de uma comunicação abrangente sobre o tema, que alcance todas as pessoas envolvidas com a pessoa jurídica.

Além disso, é importante investir em treinamentos para capacitar os empregados e colaboradores e ajudá-los a compreender a importância da aplicação do programa de integridade. Esses treinamentos devem ser realizados com frequência e de maneira que permita que as pessoas envolvidas desenvolvam um senso crítico sobre o que é certo e errado.

Ao promover a comunicação e o treinamento, é possível transformar a mentalidade e a cultura da empresa em relação ao *compliance*. Dessa forma, é possível garantir que os valores éticos e normativos sejam internalizados e aplicados em todas as áreas e níveis hierárquicos da organização.

Canais de denúncias

Um instrumento fundamental dos programas de integridade é o canal de denúncias. Esse canal pode ser implementado por diversos meios, como telefone, *e-mail* corporativo ou outras formas de denúncias *on-line*. É fundamental que esses canais respeitem a integridade moral do denunciante, garantindo a preservação da sua identidade.

Além dos canais de denúncias internos das empresas, existem projetos de leis no Brasil, como o Projeto de Lei n. 3.165/2015 e o Projeto de Lei n. 9.167/2017, que tratam de canais de denúncias públicos, externos e institucionalizados. Além disso, a Lei federal n. 13.608/2018 instituiu um serviço eletrônico de recebimento de denúncias com recompensa em caso de auxílio em investigações policiais. Todos esses meios são importantes para garantir a transparência e a integridade nas relações comerciais e institucionais.

Análise de riscos, monitoramento e indicadores de desempenho

De acordo com Ricardo Simonsen, um programa de integridade de qualidade fundamenta-se nas seguintes linhas de atuação:

> estruturação de base de dados e acompanhamento de legislações, regulamentos e normas; mapeamento de processos e procedimentos internos; classificação e mapeamento de riscos; definição da métricas de riscos; identificação, análise e avaliação

> dos riscos e da forma de tratamento; monitoramento dos riscos (em processos, procedimentos, transações, contratos, informações etc.); implementação de procedimentos, normas e do código de conduta; elaboração do plano de gestão de riscos; estruturação das bases de dados cadastrais, de informações e de registros; estruturação dos bancos de dados sobre *compliance*: preços, transações, eventos, contratos, registros etc.; especificação e operação dos sistemas de informação e controle; *due diligence* e análise de risco em clientes, fornecedores e colaboradores; gerenciamento do recebimento das denúncias de *compliance* e investigação; recomendações de melhorias contínuas em procedimentos, produtos e serviços; esclarecimento de dúvidas e orientação às áreas na implantação das medidas e procedimentos de *compliance*; conclusão das apurações e relatórios.[4]

Para garantir a eficácia do programa de *compliance*, é necessário não apenas a análise de riscos, mas também a implementação de um sistema de monitoramento contínuo. Isso permite identificar possíveis falhas e inadequações no programa e tomar medidas para corrigi-las. Esse monitoramento deve alcançar todos os níveis da empresa, incluindo a alta direção, para verificar se estão cumprindo com suas responsabilidades.

Além disso, é importante estabelecer indicadores de desempenho para avaliar a efetividade do programa de integridade. Esses indicadores podem ser usados para medir o sucesso de ações preventivas e corretivas, bem como para avaliar o impacto do programa na cultura e nos resultados da empresa.

Avaliação dos programas de integridade

A Controladoria Geral da União publicou a Portaria n. 909, em 2015, que complementa a Lei n. 12.846/2013. O artigo segundo da Portaria elenca os requisitos necessários para que as empresas tenham seu programa avaliado para fins de combate à corrupção:

> Art. 2º Para que seu programa de integridade seja avaliado, a pessoa jurídica deverá apresentar:
> I – Relatório de perfil; e
> II – Relatório de conformidade do programa.

O relatório de perfil deve conter informações sobre os setores em que a empresa atua no mercado, a estrutura organizacional com a descrição dos cargos hierárquicos, a quantidade de funcionários, o relacionamento com a administração interna ou estrangeira e a importância da obtenção de autorizações, licenças e permissões governamentais em suas atividades. Além disso, o relatório deve incluir o quantitativo e os valores de contratos celebrados ou vigentes com entidades e ór-

---

4 "Os requisitos de um bom programa de *compliance*". In: CUEVA, Ricardo; FRAZÃO, Ana (coord.). *Compliance*: perspectivas e desafios dos programas de conformidade, 2020, p. 116.

gãos públicos nos últimos três anos e a frequência e relevância da utilização de agentes intermediários nas interações com o setor público.

O relatório de conformidade deve apresentar a estrutura e forma adotada pelo programa de integridade, de acordo com o que preceituam o Decreto n. 11.129/2022 e a Lei n. 12.846/2013. Deverá, igualmente, dispor sobre o histórico de dados empresariais e evidenciar que a adoção do programa ocorre como um meio de prevenção, remediação ou detecção do ato considerado lesivo.

A Portaria descreve, no § 2º do art. 4º, como deverá ser realizada a comprovação pela empresa:

> § 2º A comprovação pode abranger documentos oficiais, correios eletrônicos, cartas, declarações, correspondências, memorandos, atas de reunião, relatórios, manuais, imagens capturadas da tela de computador, gravações audiovisuais e sonoras, fotografias, ordens de compra, notas fiscais, registros contábeis ou outros documentos, preferencialmente em meio digital.

Por fim, a autoridade competente pode solicitar documentos adicionais, entrevistas e outros procedimentos legais para concluir a avaliação da pessoa jurídica. É essencial que as empresas compreendam a importância da adoção de programas de integridade para reduzir o risco de penalidades previstas na Lei Anticorrupção.

Dificuldades de implementação da Lei Anticorrupção

Para que qualquer dispositivo legal seja eficaz em cumprir seu propósito, é essencial que seja aplicado corretamente, respeitando os princípios do contraditório e da ampla defesa.

> A Lei Anticorrupção possui caráter nacional, com incidência para todos os entes federativos, de modo que o poder regulamentar dos estados, municípios e Distrito Federal atua de forma complementar, com respeito às regras de competência administrativa para o processamento dos casos na esfera do respectivo ente, mas em conformidade com os parâmetros gerais estabelecidos pela lei federal.[5]

Os estados e municípios têm regulamentado o processo administrativo de responsabilização, pois o texto da Lei Anticorrupção trata de forma ampla o processo. No entanto, a proliferação de regras e procedimentos pode levar a insegurança jurídica, consoante explana Altoé:

> Não podemos olvidar que a LAC deixou boa margem de competência para o Decreto, como, por exemplo, estabelecer a investigação preliminar e todo o seu pro-

5 REMÉDIO, José Antônio; SILVA, Marcelo Rodrigues da. "Os acordos de leniência da Lei Anticorrupção e o uso da informação da empresa colaboradora como ativo na reparação integral do dano e no pagamento das sanções pecuniárias". *Revista da AGU*, Brasília, v. 17, n. 03, p. 173, 10 ago. 2017.

> cedimento, o processo administrativo de responsabilização, competência para instrução e julgamento, os parâmetros para avaliação dos programas de integridade, cálculo da multa, inclusive agravantes e atenuantes. Portanto, a possibilidade de haver regulamentações diversas tanto nos Estados quanto nos Municípios pode gerar intensa insegurança jurídica pela pulverização de regras e procedimentos, que em última análise enfraquece a própria consolidação da LAC.[6]

É importante salientar que a Lei n. 12.846/2013 não estabelece qualquer disposição acerca de recurso em relação à decisão sancionadora no processo administrativo de responsabilização. O Decreto federal n. 8.420/2015 apenas previa a possibilidade de interposição de pedido de reconsideração com efeito suspensivo. Entretanto, a falta de previsão de recurso infringe os princípios constitucionais do devido processo legal, do contraditório e da ampla defesa, que são plenamente aplicáveis no âmbito do processo administrativo.

Programa Pró-Ética

O Programa Pró-Ética é uma iniciativa do Ministério da Transparência, Fiscalização e Controladoria Geral da União (CGU) em parceria com o Instituto Ethos de Empresas e Responsabilidade Social. O objetivo do programa é incentivar as empresas a implementarem práticas de integridade em seus negócios, além de promover a cultura da ética e da transparência no setor empresarial brasileiro.

O programa foi criado em 2010 e, desde então, tem sido reconhecido como uma importante ferramenta de combate à corrupção e a outras práticas ilegais dentro das empresas.

A participação no Pró-Ética é voluntária, e as empresas que se candidatam passam por uma avaliação criteriosa do seu sistema de integridade, incluindo ações de prevenção e combate à corrupção, comprometimento da alta administração, transparência e responsabilidade socioambiental. As empresas que são reconhecidas pelo programa também são avaliadas periodicamente para garantir que estão mantendo os padrões de ética e integridade exigidos.

Ser reconhecido pelo Pró-Ética pode trazer diversos benefícios para as empresas, como aumento da credibilidade perante os *stakeholders* (clientes, fornecedores, investidores, sociedade em geral), melhoria da imagem institucional, maior competitividade no mercado e redução do risco de sanções legais e financeiras decorrentes de práticas corruptas.

Além disso, o programa tem um papel importante na construção de uma cultura ética e transparente no ambiente empresarial, contribuindo para a construção de um país mais justo e desenvolvido.

---

6 ALTOÉ, Marcelo Martins. "Desafios na implementação da Lei de Probidade Empresarial pelos estados e a experiência da Secretaria de Estado de Controle e Transparência do Espírito Santo". In: SOUZA, Jorge Munhós de; QUEIROZ, Ronaldo Pinheiro de (orgs.). *Lei Anticorrupção e temas de* compliance, 2016.

LEI GERAL DE PROTEÇÃO DE DADOS

Contexto histórico

O primeiro tratado internacional referente à proteção de dados pessoais é a Convenção 108, instituída em 1981 em Estrasburgo, na França. A Convenção, introduzida pelo Conselho da Europa, é uma regulação transversal que estipula um regime de governança para questões de proteção de dados pessoais, consistindo em um marco internacional que começou a pavimentar potencial estrutura global de proteção de dados.

À medida que a tecnologia e a internet se expandiram e o volume de dados pessoais coletados e processados cresceu exponencialmente, a proteção de dados pessoais no mundo tornou-se uma questão cada vez mais importante nas últimas décadas. A União Europeia foi pioneira na criação de um marco regulatório abrangente de proteção de dados pessoais, com a aprovação do *General Data Protection Regulation* (GDPR) em 2016, que entrou em vigor em 2018.

Há que se mencionar que a LGPD possui bastante influência do Regulamento da União Europeia, como seus princípios e direitos dos titulares de dados. Essa semelhança com a GDPR facilita a aplicação da legislação brasileira e adequação às novas exigências que são impostas às empresas.

No Brasil, até então, não havia legislação específica de proteção de dados, usava-se princípios constitucionais e leis esparsas sobre o tema, como a Lei Carolina Dieckmann e o Marco Civil da Internet. O debate em torno da proteção de dados pessoais ganhou destaque em meados da década de 2010, impulsionado por uma série de escândalos envolvendo o uso indevido de informações pessoais de usuários de redes sociais e outras plataformas *on-line*.

A Lei Geral de Proteção de Dados foi aprovada pelo Congresso Nacional em 2018 e entrou em vigor em setembro de 2020, inaugurando uma nova cultura de privacidade e proteção de dados no país, o que demanda a conscientização de toda a sociedade acerca da importância dos dados pessoais.

Aspectos gerais

A Lei Geral de Proteção de Dados é a legislação brasileira que regula as atividades de tratamento de dados pessoais em suportes físicos e digitais, realizado por pessoa natural ou jurídica de direito público ou privado, independentemente da localização do titular dos dados pessoais, desde que alguma parte do processo de tratamento dos dados pessoais seja realizada em território brasileiro.

O objetivo da LGPD é a proteção aos direitos fundamentais de liberdade, privacidade e livre desenvolvimento da personalidade da pessoa natural.

Para realizar qualquer operação com dados pessoais, é necessário atender as hipóteses legais (são justificativas e argumentos que devem ser utilizados pelas organizações para comprovar e legitimar o tratamento e o uso de dados pessoais) que autorizam o tratamento[7] desses dados, uma vez que, caso não cumpra, poderá incorrer nas sanções administrativas previstas pela LGPD.

A Autoridade Nacional de Proteção de Dados (ANPD) publicou, em 27 de fevereiro de 2023, o Regulamento de Dosimetria e Aplicação de Sanções Administrativas. Isso significa que as empresas poderão sofrer sanções por cometer infrações previstas na Lei Geral de Proteção de Dados.

O Regulamento trouxe a possibilidade de aplicação gradativa das sanções, a depender das particularidades de cada caso. Tal caráter gradativo levará em consideração fatores como a gravidade da infração e os esforços destinados pelo agente de tratamento infrator para dar efetividade a suas iniciativas de proteção de dados e prevenir a infração identificada.

Implementação do Programa de Governança em Privacidade nas Empresas

O Programa de Governança em Privacidade é o conjunto de regras de boas práticas e governança a serem utilizadas pelos agentes de tratamento de dados pessoais. O art. 50, § 2º, I, da LGPD traz que o programa de governança em privacidade deve implementar programa de governança em privacidade que, no mínimo:

> *a)* demonstre o comprometimento do controlador em adotar processos e políticas internas que assegurem o cumprimento, de forma abrangente, de normas e boas práticas relativas à proteção de dados pessoais;
> *b)* seja aplicável a todo o conjunto de dados pessoais que estejam sob seu controle, independentemente do modo como se realizou sua coleta;
> *c)* seja adaptado à estrutura, à escala e ao volume de suas operações, bem como à sensibilidade dos dados tratados;
> *d)* estabeleça políticas e salvaguardas adequadas com base em processo de avaliação sistemática de impactos e riscos à privacidade;
> *e)* tenha o objetivo de estabelecer relação de confiança com o titular, por meio de atuação transparente e que assegure mecanismos de participação do titular;
> *f)* esteja integrado a sua estrutura geral de governança e estabeleça e aplique mecanismos de supervisão internos e externos;
> *g)* conte com planos de resposta a incidentes e remediação; e
> *h)* seja atualizado constantemente com base em informações obtidas a partir de monitoramento contínuo e avaliações periódicas;

7 Entenda-se por tratamento toda e qualquer operação realizada como as que se referem a coleta, produção, recepção, classificação, utilização, acesso, reprodução, transmissão, distribuição, processamento, arquivamento, armazenamento, eliminação, avaliação ou controle da informação, modificação, comunicação, transferência, difusão ou extração, nos termos do art. 5º, X, da LGPD.

Nomear um encarregado pela proteção dos dados e estruturar um comitê de proteção de dados

É uma obrigação legal para os agentes de tratamento nomear um encarregado para atuar como canal de comunicação entre o controlador, os titulares dos dados e a Autoridade Nacional de Proteção de Dados (ANPD), bem como estruturar um Comitê de Proteção de Dados contendo o encarregado, ao menos um responsável de cada departamento e pessoas da alta diretoria, a fim de garantir a comunicação eficaz acerca dos novos procedimentos a serem adotados pela empresa em relação à cultura de proteção e privacidade de dados.[8]

Conscientização e treinamento

A conscientização e o treinamento são processos que visam educar os colaboradores sobre a natureza e a importância do projeto, por meio de palestras, *workshops*, apresentações, videoconferências, entre diversas outras maneiras. É essencial que todos os colaboradores estejam cientes da existência da LGPD, das suas obrigações e das penalidades aplicáveis em caso de descumprimento.

Mapeamento de processos

O mapeamento de dados pessoais é uma obrigação legal prevista no art. 37 da LGPD: "o controlador e o operador devem manter registro das operações de tratamento de dados pessoais que realizarem, especialmente quando baseado no legítimo interesse". O objetivo é ter uma visão completa de todas as informações pessoais que são tratadas pela empresa e entender como elas são processadas em cada etapa do ciclo de vida dos dados, ou seja, desde a sua coleta até a sua exclusão.

Análise de riscos

Com base no mapeamento de dados, será possível identificar os procedimentos que estão em desacordo com a LGPD ou com práticas de segurança da informação. É importante fazer uma análise do risco para identificar as principais vulnerabilidades e ameaças aos dados pessoais dos titulares. Na sequência, deve-se elaborar um relatório, que aponte os principais riscos e as medidas necessárias para a mitigação dos riscos.

Políticas e procedimentos internos

A implementação de políticas e procedimentos internos é importante porque ajuda a garantir que todas as pessoas na empresa estejam cientes das regras e res-

---

8 De acordo com a Resolução CD/ANPD n. 2, de 27.01.2022, os agentes de pequeno porte não são obrigados a indicar o encarregado pelo tratamento de dados pessoais, desde que disponibilizem um canal de comunicação com o titular de dados.

ponsabilidades da LGPD e possam seguir as melhores práticas para lidar com informações pessoais. Essa etapa compreende a revisão dos contratos com funcionários, fornecedores, empresas parceiras e clientes; elaboração das políticas de privacidade, termos de uso, política de *cookies*; inclusão de informativos no *site* corporativo; elaboração de Cartilha de Boas Práticas para treinamento de funcionários, parceiros e fornecedores; elaboração de novos modelos de contratos e de aditivos a antigos contratos que foram redigidos anteriormente com cláusulas de proteção de dados, bem como outras ações identificadas como necessárias.

Monitoramento

O monitoramento consiste na análise das atividades que já estão sendo executadas e de novos projetos, produtos ou processos. Além disso, o mapeamento de processos e os documentos devem ser atualizados constantemente, pois a empresa deve sempre avaliar se seus procedimentos estão de acordo com a legislação referente à proteção de dados pessoais, bem como das demais cabíveis. Isso é importante porque as regulamentações e melhores práticas de proteção de dados estão em constante evolução.

RELAÇÃO ENTRE A LEI ANTICORRUPÇÃO E A LEI GERAL DE PROTEÇÃO DE DADOS

Embora a Lei Anticorrupção e a Lei Geral de Proteção de Dados sejam leis com objetivos distintos, elas têm em comum o fato de serem voltadas para o estabelecimento de regras e medidas que visam proteger a sociedade contra abusos e práticas ilegais.

A adequação e implementação da Lei Geral de Proteção de Dados e da Lei Anticorrupção têm semelhanças na forma como devem ser realizadas pelas empresas. A Lei Anticorrupção incentiva a implementação de programas de *compliance*, que são mecanismos internos de prevenção e detecção de atos de corrupção. Já a LGPD estimula as empresas a implementarem medidas de segurança para proteger os dados pessoais dos titulares e a adotarem boas práticas para garantir a privacidade dos dados.

Além disso, ambas as leis buscam incentivar a cultura da transparência. A LGPD, por exemplo, exige que as atividades de processamento de dados pessoais sejam registradas e que os agentes de tratamento sejam transparentes com os titulares dos dados sobre a forma de tratamento de seus dados pessoais. Já a Lei Anticorrupção exige que as empresas sejam transparentes em relação a suas atividades empresariais e mantenham registros precisos e completos de todas as transações comerciais.

É fundamental destacar que a implementação da LGPD e da Lei Anticorrupção não é um processo único, mas sim um processo contínuo. As empresas precisam estar sempre atentas às mudanças nas leis e regulamentos e atualizar seus procedimentos e políticas de acordo com as novas exigências legais.

Tanto a LGPD como a Lei Anticorrupção exigem que as empresas realizem o monitoramento contínuo de suas atividades empresariais e avaliem constantemente os riscos envolvidos, a fim de adotar medidas preventivas e corretivas para mitigar esses riscos.

As leis obrigam as empresas a conscientizar seus colaboradores sobre a importância dos programas de *compliance* e governança em privacidade, bem como adoção de boas práticas relacionadas à proteção de dados. O treinamento dos colaboradores é fundamental para garantir que todos compreendam as políticas e procedimentos internos relacionados ao tratamento de dados pessoais e à prevenção de atos de corrupção. Além disso, a conscientização também ajuda a disseminar a cultura da transparência e ética dentro da empresa, aumentando a confiança dos clientes e parceiros de negócios.

A LGPD e a Lei Anticorrupção estabelecem medidas apropriadas para garantir a punição dos infratores em caso de violação às legislações. A LGPD prevê a imposição de multas e outras sanções administrativas em casos de desrespeito à lei. A Lei Anticorrupção determina que as empresas sejam responsabilizadas e sujeitas a penalidades que podem incluir multas e, em casos extremos, a dissolução da pessoa jurídica. Do mesmo modo, a LGPD prevê sanções mais graves aos agentes de tratamento que vão além da penalidade pecuniária, como a publicização da infração, o bloqueio dos dados pessoais e até a eliminação dos dados pessoais a que se refere a infração.

Além disso, ambas as leis preveem a possibilidade de redução de pena para as empresas que implementam programas de integridade e de proteção de dados pessoais. Desse modo, fica clara a importância do princípio da *accountability* (ou princípio da responsabilização e prestação de contas) em ambas as legislações, que fomenta a demonstração, pelo agente, da adoção de medidas eficazes e capazes de comprovar a observância e o cumprimento das normas e, inclusive, da eficácia dessas medidas.

Assim como a corrupção ganhou destaque no Brasil nos últimos anos, o tema privacidade também tem se destacado cada vez mais, afinal, a informação passou a ser a principal moeda de troca para usuários e empresas que pretendem acessar ou oferecer bens e serviços.

Percebe-se, portanto, que tanto a LGPD como a Lei Anticorrupção fazem parte de um programa de *compliance*, pois estão baseadas na implementação de controles preventivos pelas empresas por meio de uma análise de risco (*risk assessment*). Ou seja, estimulam uma postura proativa por parte dos agentes em detrimento de uma postura reativa.[9]

9 CARVALHO, Vinicius Marques de; MATTIUZZO, Marcela; PONCE, Paula Pedigoni. "Boas práticas e governança na LGPD". In: DONEDA, Danilo et al. *Tratado de proteção de dados pessoais*, 2021, p. 361.

O próprio conceito de *privacy by design*, ou privacidade desde a concepção, demonstra a correlação do *compliance* em ambas as legislações, pois implica que as organizações devem sempre criar produtos e serviços que, desde o início, estejam de acordo com as diretrizes de um sistema de gestão (nesse caso, voltados ao *compliance* digital ou de dados), bem como das melhores práticas de *compliance* e que essas medidas sejam aplicadas diretamente nas tecnologias, nos sistemas e nas práticas vinculadas a todo o ciclo de vida dos produtos e serviços das organizações e empresas. Ou seja, o objetivo do *privacy by design* é garantir privacidade e permitir que os indivíduos tenham controle sobre seus dados pessoais, o que consequentemente dá uma vantagem competitiva também do ponto de vista da anticorrupção, pois pode prevenir riscos ao negócio.

Ambas são leis principiológicas e buscam uma mudança cultural da sociedade. A LGPD e os regulamentos emitidos pela Autoridade Nacional de Proteção de Dados (ANPD) certamente também tiveram por base (além do GDPR e todo o contexto normativo europeu) as normas da Lei Anticorrupção, e refletem uma progressiva valorização de mecanismos de boas práticas e de governança ao longo dos últimos anos, visto que, à medida que aumenta a complexidade das atividades econômicas, a regulação estatal empenha-se em acompanhar essas mudanças.[10]

Como se pode observar, com a GDPR e a LGPD, uma nova era do *compliance* se instaurou no Brasil: a era dos sistemas de gestão de dados. Com isso, o Brasil passou a ter instrumentos para viabilizar e dar efetividade aos direitos fundamentais à proteção de dados e privacidade,[11] que fazem parte de todo o arcabouço do sistema de *compliance*.

Em termos práticos, por fim, é importante ressaltar que não há receita ou passo a passo para um projeto de adequação eficiente, seja em conformidade com as normas da Lei Anticorrupção ou à LGPD. O *compliance*, no geral, está mais relacionado às pessoas, ao treinamento e à mudança de cultura da organização, e depende muito da participação e engajamento da alta direção e, sobretudo, dos próprios colaboradores.[12]

REFERÊNCIAS BIBLIOGRÁFICAS

ALTOÉ, Marcelo Martins. "Desafios na implementação da Lei de Probidade Empresarial pelos estados e a experiência da Secretaria de Estado de Controle e Transparência do Espírito Santo". In: SOUZA, Jorge Munhós de; QUEIROZ, Ronaldo Pinheiro de (orgs.). *Lei Anticorrupção e temas de* compliance. 2.ed. rev. ampl. e atual. Salvador, JusPodivm, 2016.

10 Ibidem, 2021, p. 364.

11 SAAVEDRA, Giovani Agostini. "Boas práticas e governança na LGPD". In: DONEDA, Danilo et al. *Tratado de proteção de dados pessoais*, 2021, p. 739.

12 LIMA, Ana Paula Moraes Canto de. "A adequação de dados pessoais: como ficar em *compliance* com as exigências legais". In: CRESPO, Marcelo et. al. *LGPD aplicada*, 2021, p. 99.

CANDELORO, Ana Paula Pinho; DE RIZZO, Maria Balbina Martins; PINHO, Vinicius. Compliance *360º*: riscos, estratégias, conflitos e vaidades no mundo corporativo. 2.ed. São Paulo, do Autor, 2015.

CARVALHO, Vinicius Marques de; MATTIUZZO, Marcela; PONCE, Paula Pedigoni. "Boas práticas e governança na LGPD". In: DONEDA, Danilo et al. *Tratado de proteção de dados pessoais*. Rio de Janeiro, Forense, 2021.

CONVENÇÃO 108+: o Tratado de Proteção de Dados e a relevância do tema para o Brasil. [S. l.], 04.07.2021. Disponível em: https://www.conjur.com.br/2021-jul-04/opiniao-convencao-108-relevancia-protecao-dados#:~:text=Conven%C3%A7%C3%A3o%20108%2B%3A%20o%20tratado,do%20tema%20para%20o%20Brasil&text=O%20Regulamento%20Geral%20de%20Prote%C3%A7%C3%A3o,leis%20ao%20redor%20do%20mundo. Acesso em: 27.04.2023.

JALIL, Mauricio Schaun; GRECO FILHO, Vicente (orgs.). *Código Penal comentado*: doutrina e jurisprudência. 6.ed. Santana de Parnaíba, Manole, 2023.

LEI ANTICORRUPÇÃO. [S. l.], 27.04.2019. Disponível em: https://www.tjdft.jus.br/institucional/imprensa/campanhas-e-produtos/direito-facil/edicao-semanal/lei-anticorrupcao. Acesso em: 27.04.2023.

LEI ANTICORRUPÇÃO: tudo o que você precisa saber. [S. l.], 03.09.2020. Disponível em: https://www.projuris.com.br/blog/lei-anticorrupcao/#h-contexto-da-lei-anticorrupcao. Acesso em: 27.04.2023.

LGPD, Lei Anticorrupção e *compliance* como atenuante de eventuais penalidades. [S. l.], 31.01.2023. Disponível em: https://www.conjur.com.br/2023-jan-31/mouree-casal-lgpd-lei-anticorrupcao-compliance. Acesso em: 27.04.2023.

LIMA, Ana Paula Moraes Canto de. "A adequação de dados pessoais: como ficar em *compliance* com as exigências legais". In: CRESPO, Marcelo et. al. *LGPD aplicada*. São Paulo, Atlas, 2021.

REMÉDIO, José Antônio; SILVA, Marcelo Rodrigues da. "Os acordos de leniência da Lei Anticorrupção e o uso da informação da empresa colaboradora como ativo na reparação integral do dano e no pagamento das sanções pecuniárias. *Revista da AGU*. Brasília, v. 17, n. 03, 2017.

SAAVEDRA. Giovani Agostini. "Boas práticas e governança na LGPD". In: DONEDA, Danilo et al. *Tratado de proteção de dados pessoais*. Rio de Janeiro, Forense, 2021.

SIMOMSEN, Ricardo. "Os requisitos de um bom programa de *compliance*". In: CUEVA, Ricardo; FRAZÃO, Ana (coord.). *Compliance*: perspectivas e desafios dos programas de conformidade. 3. reimp. Belo Horizonte, 2020.

Capítulo 5. Direito administrativo sancionador anticorrupção e Lei n. 12.846/2013: o desafio de sua interpretação sistemática

José Roberto Pimenta Oliveira

INTRODUÇÃO

O presente capítulo tem como objeto de estudo o sistema de responsabilização de que trata a Lei n. 12.846/2013 – denominada Lei Anticorrupção (cf. art. 17, § 4º, da Lei n. 13.303/2016 – no campo do direito administrativo sancionador anticorrupção no Brasil. Esse diploma deve ser considerado a Lei de Improbidade de Pessoas Jurídicas (doravante, LIPJ), pela sua fundamentação constitucional plasmada no art. 37, § 4º, da Constituição Federal.

Completando dez anos de sua promulgação, há controvérsias doutrinárias relevantes na sua aplicação, que muito se devem à compreensão sistemática da lei e de sua funcionalidade no Sistema Brasileiro Anticorrupção. Revela-se a LIPJ um sistema específico de improbidade com indisputada relevância no enfrentamento de práticas de corrupção atribuídas a corporações e instituições ou entidades privadas. A recente regulamentação pelo Decreto n. 11.129/2022, revogando o Decreto n. 8.420/2015, demonstra a necessidade de aperfeiçoamento na aplicação de seus comandos, tarefa que deve ser perseguida pela sua interpretação doutrinária crítica, na esteira de sua relação umbilical com convenções internacionais anticorrupção internalizadas no Direito brasileiro (OCDE, OEA e ONU).

Para tanto, revisitando doutrina na matéria, a abordagem segue essa trajetória. Parte-se da exposição do sistema internacional alinhavado em Mérida (Convenção da ONU). Na sequência, explora-se a arquitetura do Sistema Brasileiro Anticorrupção. Por fim, interpreta-se o sistema de responsabilização de pessoas jurídicas (doravante, PJs), inscrito no domínio da improbidade, alterado pela Lei n. 12.846. Ao final, são alinhavadas conclusões, com referências bibliográficas.

CONVENÇÕES INTERNACIONAIS CONTRA A CORRUPÇÃO

Progressivamente, o ordenamento brasileiro internalizou relevantes convenções internacionais contra a corrupção. Em ordem cronológica de ingresso no ordenamento doméstico, merecem destaque: i) Decreto n. 3.678, de 30.11.2000, que promulga a Convenção sobre o Combate da Corrupção de Funcionários Públicos Estrangeiros em Transações Comerciais Internacionais, da OCDE, concluída em Paris, em 17.12.1997; ii) Decreto n. 4.410, de 07.10.2022, que promulga a Convenção Interamericana contra a Corrupção, da OEA, adotada em Caracas, em 29.03.1996; e iii) Decreto n. 5.687, de 31.01.2006, que promulga a Convenção das Nações Unidas contra a Corrupção, adotada pela Assembleia Geral das Nações Unidas em 31.10.2003, assinada em Mérida em 09.12.2003.

Além dessas convenções, repercutindo diretamente sobre a política pública anticorrupção em nível nacional, merecem destaque outras que estão igualmente internalizadas na ordem jurídica brasileira: i) Decreto n. 5.015, de 12.03.2004, que promulga a Convenção das Nações Unidas contra o Crime Organizado Transnacional, adotada pela Assembleia Geral das Nações Unidas em 15.11.2000, assinada em Palermo em dezembro do mesmo ano; e ii) Decreto n. 154, de 26.06.1991, que promulga a Convenção contra o Tráfico Ilícito de Entorpecentes e Substâncias Psicotrópicas, concluída em Viena, em 20.12.1988.

Viena, Palermo, Caracas, Paris e Mérida são as mais importantes convenções internacionais que, direta ou indiretamente, disciplinam relevantes aspectos do enfrentamento internacional contra a corrupção (e formas de criminalidade que lhe são conexas ou nela imbricadas).

Alinhada com a legislação estadunidense, a Convenção de Paris mira na corrupção como "fenômeno difundido nas transações comerciais internacionais, incluindo o comércio e o investimento, que desperta sérias preocupações morais e políticas, abala a boa governança e o desenvolvimento econômico e distorce as condições internacionais de competitividade".

Essa perspectiva econômica a faz ressaltar o dever dos Estados-partes – para além da repressão à conduta de pessoas físicas – de adoção de "medidas necessárias ao estabelecimento das responsabilidades de pessoas jurídicas pela corrupção de funcionário público estrangeiro, de acordo com seus princípios jurídicos" (art. 2º), aplicando-se-lhes "sanções não criminais efetivas, proporcionais e dissuasivas", inclusive sanções financeiras. A Convenção salienta a adoção de controles internos corporativos, papel da "contabilidade" (art. 8º). O monitoramento e acompanhamento da implementação da Convenção foram atribuídos ao Grupo de Trabalho sobre Corrupção em Transações Comerciais Internacionais da OCDE (art. 12).

Assinada antes de Viena, a Convenção de Caracas foi o primeiro instrumento celebrado para institucionalizar a política de Estados, no cenário internacional, contra a corrupção. De forma ostensiva, essa Convenção sinaliza a complexidade de compreensão de práticas corruptivas e de seus fatores causais, ao mesmo tempo que formaliza soluções amplas para uma atuação estatal consistente na matéria.

Refletindo a realidade latino-americana, a Convenção de Caracas investe contra a corrupção, com premissas congruentes sobre as consequências negativas da patologia para as formações sociais, constituídas pelos Estados nacionais. Sob a perspectiva política, a corrupção solapa a legitimidade das instituições públicas, subverte a democracia representativa ao desvirtuar o exercício das funções públicas. Sob a perspectiva econômica, causa distorções na economia e atenta contra o desenvolvimento integral dos povos. Sob a perspectiva social e cultural, implica deterioração da moral social e atenta contra a sociedade, a ordem moral e a justiça.

Sob a perspectiva político-criminal, com transcendência internacional, a corrupção é vista como instrumento de que se serve o crime organizado para concretizar os seus fins. Sob a perspectiva administrativa, disseminar graves vícios na gestão pública. Apontam-se os vínculos estreitos entre a corrupção e as receitas do tráfico ilícito de entorpecentes, que ameaçam e corroem as atividades comerciais e financeiras.

Para enfrentá-la, Caracas reconhece a imprescindível ação coordenada pelos Estados para combatê-la eficazmente, por meio de cooperação internacional adequada, bem como a conscientização da sociedade, em relação à existência e à gravidade desse problema e da necessidade de reforçar a participação dela na prevenção e na luta contra a corrupção.

Caracas reserva especial destaque a medidas preventivas a serem adotadas pelos Estados-partes (artigo III), que constituem arranjos institucionais a serem implementados que têm por finalidade evitar a prática de atos de corrupção no exercício de funções públicas.

Reconhece o efeito preventivo da existência de normas de conduta para o desempenho correto, honrado e adequado das funções públicas (item 1), que devem concentrar-se em evitar conflitos de interesses, assegurar a correta gestão do patrimônio público e propiciar meios institucionais de denúncias sobre atos de corrupção e de divulgação sobre normas em vigor. O fim perseguido é preservar a confiança na integridade de agentes públicos e na gestão pública.

Resgata a indispensabilidade não apenas de normas adequadas, mas também do seu efetivo cumprimento (*enforcement*) (item 2). Essa medida é genérica, direcionando-se para os diversos campos em que se alojam as "normas de conduta", em terreno penal e extrapenal. Caracas assinala a tarefa institucional de oferecer instruções aos agentes públicos sobre suas responsabilidades e normas regentes de suas atividades (item 3).

Preocupada com a institucionalização adequada da organização administrativa, a Convenção da OEA preocupa-se com as atividades-meio de gestão (de gestão de pessoal e de contratações públicas. Exige adoção de sistemas de recrutamento de agentes públicos (item 5), embasados em transparência, equidade e eficiência (item 5). Afirma-se a adoção de medidas que levem em conta a relação entre remuneração adequada e a probidade no serviço público (item 12). Ainda na gestão de pessoal, preconiza o controle patrimonial de agentes públicos, com o exame de receitas, ativos e passivos de exercentes de funções públicas, admitindo inclusive a divulgação de declarações patrimoniais (item 4).

O mapeamento de atividades administrativas com elevado potencial de ensejar práticas corruptivas endereça medidas preventivas específicas para desenvolvimento de sistemas de contratação de bens e serviços por parte do Estado, de forma a assegurar sua transparência, equidade e eficiência (item 5), e de arrecadação e controle da renda do Estado, cuja arquitetura impeça a prática da corrupção (item 6). Nesse campo tributário, Caracas exige legislação estatal que vede tratamento tributário favorável a qualquer pessoa física ou jurídica em relação a despesas efetuadas com violação do arcabouço normativo anticorrupção (item 7).

Com a adoção contundente de medidas preventivas, a serem implementadas pelos Estados-membros, direcionadas, por conseguinte, a impedir ou dissuadir condutas indesejadas, disso resulta a medida, de cunho político-institucional, de estabelecer órgãos de controle superior, a fim de desenvolver mecanismos modernos para prevenir, detectar, punir e erradicar as práticas corruptas (item 9). Com efeito, modelos sancionadores anticorrupção exigem conformação e execução, a partir de compreensão abrangente do problema, o que implica especialização orgânica e funcional para construir conhecimento, técnica e arranjos normativos eficientes e eficazes, debruçando-se sobre a política anticorrupção de Estado, em cumprimento aos compromissos assumidos perante a comunidade internacional.

Dentro dessa política, Caracas já reserva lugar essencial para sistemas de proteção de funcionários públicos e cidadãos que denunciarem de boa-fé atos de corrupção, incluindo medidas de proteção adequadas (item 8). A política anticorrupção exige esse canal de denúncias, a ser operacionalizado com boa-fé, veracidade e eficiência, ao mesmo tempo que assegure confiança e segurança aos reportantes. Nessa mesma linha, concebe-se a prevenção, com estímulo à participação da sociedade civil e de organizações não governamentais nos esforços para prevenir a corrupção (item 11).

Não apenas a sociedade civil, mas o próprio setor privado também deve implementar ou aperfeiçoar sua organização interna, com mecanismos para garantir que as sociedades mercantis e outros tipos de associações mantenham registros que, com razoável precisão, detectem operações com ocorrência de atos de corrupção (item 10). Nesta medida, Caracas, antecedendo Paris, já enfatiza o fim de prevenir o suborno de funcionários públicos nacionais e estrangeiros. Sob pressão estadunidense, na esteira do *Foreign Corrupt Practices Act* (FCPA), este último segmento é central na Convenção da OCDE.

A Convenção da OEA revela a importância de medidas preventivas, pois as trata com a mesma valoração de medidas de caráter repressivo. Traz tipologia de atos de corrupção (artigo VI, alíneas *a* a *d*),[1] incluindo formas de coautoria ou partici-

1 Em apertada síntese: alínea *a* – solicitação ou aceitação de vantagem indevida; alínea *b* – oferta ou entrega de vantagens indevidas; alínea *c* – ato ou omissão no exercício de função pública, a fim de obter ilicitamente benefícios para si mesmo ou para um terceiro; alínea *d* – aproveitamento doloso ou ocultação de bens provenientes de atos de corrupção.

pação (artigo VI, alínea *e*).[2] Confere identidade ao suborno transnacional (artigo VIII) e enriquecimento ilícito (artigo IX). Utilizando a técnica do desenvolvimento progressivo (artigo XI), enumera condutas que devem receber tratamento harmonizador progressivo pelos Estados (artigo XI, alíneas *a* a *d*).[3] Desde 2002, foi criado o Mecanismo de Acompanhamento de implementação da Convenção de Caracas (MESICIC), atuando como um dos principais instrumentos de cooperação para prevenir, detectar, punir e erradicar a corrupção nas Américas.[4]

A Convenção Americana contra a Corrupção, de 1996, foi a primeira convenção internacional celebrada com escopo específico de enfrentar a corrupção. Esse tipo de iniciativa foi sendo disseminada em diversos continentes, nos anos seguintes. Todavia, essas convenções são marcadas por suas limitações regionais ou continentais. A necessidade de estabelecer um marco comum em nível global fez nascer a Convenção da ONU contra a Corrupção, de 2003.

A Convenção de Mérida representa o momento culminante dos esforços da comunidade internacional no enfrentamento da corrupção. Visa aperfeiçoar, em nível global, normas essenciais em tema de prevenção, penalização, recuperação de ativos e cooperação internacional. A compreensão da corrupção se entremostra multidisciplinar, com vistas a salvaguardar a integridade nos setores público e privado, e fomentar uma cultura de rechaço à corrupção.

Mérida estampa a gravidade da corrupção para a estabilidade e a segurança das sociedades, ao enfraquecer as instituições e os valores da democracia, ética e justiça, bem como ao comprometer o desenvolvimento sustentável, nos quadros do Estado de Direito. Mérida sublinha a relação entre corrupção, crime organizado e a lavagem de dinheiro. Aprofunda a necessária cooperação para prevenir, detectar e dissuadir com maior eficácia as transferências internacionais de ativos adquiridos ilicitamente e a fortalecer a cooperação para a recuperação desses ativos.

Mérida também proclama a submissão da formulação e implementação da política estatal anticorrupção aos princípios fundamentais do devido processo nos processos penais, civis ou administrativos. Não tolera o enriquecimento ilícito pes-

---

2 Em síntese: alínea *e* – participação, como autor, coautor, instigador, cúmplice, acobertador ou mediante qualquer outro modo na perpetração, na tentativa de perpetração ou na associação ou confabulação para perpetrar qualquer dos atos de corrupção referidos na Convenção.

3 Em apertada síntese: alínea *a* – aproveitamento indevido de informação sigilosa ou privilegiada, em benefício próprio ou de terceiros; alínea *b* – uso ou aproveitamento indevido, em benefício próprio ou de terceiros, de qualquer tipo de bens do Estado ou de suas empresas ou suas instituições; alínea *c* – ação ou omissão que procure a adoção, por parte da autoridade pública, de uma decisão em virtude da qual obtenha ilicitamente, para si ou para outrem, qualquer benefício ou proveito; alínea *d* – desvio de bens móveis ou imóveis, dinheiro ou valores pertencentes ao Estado, praticado em benefício próprio ou de terceiros. Conforme o Decreto n. 4.410/2002, houve reserva para o disposto no artigo XI, 1, *c*.

4 Extrai-se da Convenção de Caracas o compromisso de Estados adequarem, de imediato, sua legislação interna para a tipologia de atos de corrupção fixada no artigo VI, ao passo que, pelo desenvolvimento progressivo, Caracas permite uma adequação progressiva das ordens jurídicas domésticas, nos termos do Artigo XI. Não se trata de escala de valoração sobre os ilícitos contemplados da Convenção. Os artigos VI e XI ambos consignam formas de atos de corrupção, a exigir prevenção e repressão na jurisdição de cada Estado.

soal, tal como Caracas, rotulando-o nocivo ao Estado de Direito, que se assenta nos princípios da devida gestão pública, equidade, responsabilidade e igualdade perante a lei.

A efetividade do enfrentamento à corrupção torna-se, inequivocamente, responsabilidade de todos os Estados, com apoio e participação da sociedade civil e organizações não governamentais, associada à proteção de recursos públicos e da estabilidade política e desenvolvimento sustentável dos Estados.

Com 71 artigos, o conteúdo mais relevante da Convenção da ONU concentra-se no tratamento dedicado aos seguintes temas: medidas preventivas (Capítulo II), penalização e aplicação da lei (Capítulo III), cooperação internacional (Capítulo IV) e recuperação de ativos (Capítulo V).

A Convenção estabelece políticas e práticas coordenadas e eficazes contra a corrupção. Isso implica avaliação periódica de instrumentos jurídicos e de medidas administrativas adotados pelos Estados, que devem cooperar entre si e com organizações internacionais na formulação e implementação de medidas. Extrai-se do artigo 5 que corrupção é atentar contra a devida gestão dos assuntos e bens públicos, a integridade, a transparência e a obrigação de prestar contas.

A prevenção exige arquitetura institucional adequada quanto à coordenação da política anticorrupção. A Convenção estipula que os Estados garantam a existência de um ou mais órgãos encarregados dessa atribuição, abrangendo, de um lado, a aplicação, supervisão e coordenação de políticas e práticas, e, de outro lado, o aumento e a difusão de conhecimentos nesse âmbito funcional. Exige-se órgão dotado de independência necessária ao desempenho eficaz da função, protegido de influências indevidas, com recursos materiais e pessoal especializado, com capacitação requerida pelas suas funções.

Evita-se corrupção no setor público com regime jurídico destinado ao exercício de funções públicas, institucionalmente orientado a promover ou assegurar essa finalidade pública (Artigo 7).

Nessa linha, Mérida propugna por sistemas de convocação, contratação, retenção, promoção e aposentadoria de funcionários públicos, destacando: i) desenho e gestão institucional baseados na eficiência e transparência, considerando mérito, isonomia e aptidão; ii) parâmetros diferenciados de seleção e de formação para exercentes de cargos "especialmente vulneráveis à corrupção", incluindo rotatividade; iii) parâmetros remuneratórios adequados, à luz do desenvolvimento econômico do Estado; iv) oferta de programas de formação e capacitação para o desempenho "correto, honroso e devido de suas funções", promovendo capacitação especializada e apropriada sobre risco de corrupção, incluindo a aplicação de normas de conduta pertinentes; v) estabelecimento de critérios para a candidatura e eleição a cargos públicos; vi) transparência relativa ao financiamento de candidaturas a cargos públicos eletivos, bem como à gestão de fundos destinados a partidos políticos; e vii) sistemas específicos de prevenção de conflitos de interesses.

Para Mérida, prevenir corrupção pressupõe atuação estatal em promoção dos valores da integridade, honestidade e responsabilidade entre agentes públicos (Artigo 8).

Nessa tarefa devem-se considerar iniciativas de organizações regionais, inter-regionais e multilaterais. A convenção especifica importantes instrumentos: i) criação e aplicação de "códigos de conduta", como meios institucionais e jurídicos para o desempenho correto, honroso e devido de funções públicas;[5] ii) recebimento e processamento de denúncias de ato de corrupção, apresentadas por agentes às autoridades competentes; iii) reconhecimento de conflitos de interesses, contemplando atividades externas, empregos, inversões, ativos e presentes ou benefícios, entre outros, de agentes públicos; iv) medidas disciplinares "ou de outra índole", aplicáveis no caso de descumprimento de códigos de conduta.

Mérida reúne medidas preventivas nos campos da contratação pública e gestão fazendária (Artigo 9), suas duas áreas da gestão pública com atratividade incontestavelmente potencial para atos de corrupção, pelos interesses econômicos envolvidos.

Evitar corrupção desponta em estabelecer sistemas apropriados de contratação pública, lastreados em transparência, competição e objetividade em adjudicações. Esses sistemas devem assegurar: i) a publicidade de informações sobre licitações e contratações, incluindo prazos adequados para licitantes formularem ofertas; ii) a estipulação prévia de condições de seleção e adjudicação e demais regras de licitações; iii) a aplicação de critérios prévios e objetivos nas decisões, facilitando posterior controle; iv) acesso a controle interno, inclusive tutela judicial eficaz, visando revisão de descumprimento de regras estabelecidas; v) medidas regulamentares adequadas sobre procedimentos de pré-seleção, exigências de habitação técnica e mão de obra utilizada na execução contratual.

Mérida faz o adequado inter-relacionamento entre prevenção e gestão de recursos orçamentários e financeiros, própria da administração fiscal. Nesse setor, Estados devem promover a transparência e a obrigação de prestação de contas na gestão fazendária. São instrumentos evidenciados na convenção: i) devido processo legal na aprovação de orçamentos nacionais; ii) publicidade de informação sobre gastos e ingressos; iii) sistemas de contabilidade e auditoria, com supervisão regular; iv) sistemas eficazes e eficientes de gestão de riscos e controle interno; v) medidas corretivas em caso de inadimplemento dos deveres de gestão fazendária regular; vi) preservação da integridade dos livros e registros contábeis, financeiros ou outros documentos relacionados, evitando-se falsificação, na execução orçamentária e financeira.

Mérida apregoa o aumento de transparência na Administração Pública, incluindo sua organização, funcionamento e processos de adoção de decisões, reconhe-

5 Mérida retoma, neste ponto, a observância do Código Internacional de Conduta para titulares de cargos públicos, aprovado pela Assembleia Geral da ONU, em 12.12.1996 (Resolução n. 51/59).

cendo seu efeito preventivo (Artigo 10). Nessa senda, Estados devem: i) assegurar informação pública à sociedade, nesses aspectos acima, ressalvada a proteção da intimidade e de documentos pessoais; ii) simplificar procedimentos administrativos para facilitar o acesso público às autoridades decisórias; iii) publicar, periodicamente, informação sobre riscos de corrupção na Administração Pública.

A Convenção Internacional contra a Corrupção não se dirige exclusivamente ao aperfeiçoamento de medidas dirigidas à Administração Pública, espraiando mecanismos de prevenção para outras instituições de Estado, e incorpora o setor privado e a sociedade civil organizada nos esforços institucionais anticorrupção.

Mérida exalta a independência do Poder Judiciário e seu papel decisivo na luta contra a corrupção, devendo os Estados reforçar a integridade e evitar toda oportunidade de corrupção no âmbito da função jurisdicional, inclusive por meio de códigos de conduta. A mesma orientação é aplicável ao Ministério Público, atuando com independência análoga (Artigo 11).

Mérida busca desincentivar a corrupção no contexto corporativo (Artigo 12). Para tanto, a atuação de Estados deve melhorar as normas contábeis e de auditoria no setor privado e instituir sanções civis, administrativas ou penais eficazes, proporcionadas e dissuasivas em caso de descumprimento dessas normas pelo setor privado.

Como instrumentos, a convenção preconiza: i) promoção da cooperação entre órgãos públicos e entidades privadas; ii) a formulação de normas e procedimentos de tutela da integridade das entidades privadas, incluindo códigos de conduta; ii.1) dirigidos ao exercício das atividades comerciais e de profissões envolvidos com a política anticorrupção; ii.2) destinados à prevenção de conflitos de interesses; e ii.3) fomentadores de boas práticas comerciais entre empresas e nas suas relações contratuais com o Estado; iii) a transparência de entidades privadas, incluindo identificação das pessoas jurídicas e pessoas físicas responsáveis pela sua criação e administração; iv) a contenção de procedimentos regulatórios indevidos sobre o setor privado, mormente na concessão estatal de subsídios e licenças no desempenho de atividades comerciais; v) a restrição, por período razoável, de contratação de ex-agentes públicos, em atividade do setor privado na qual desempenhavam sua função pública, ou eram responsáveis pela sua supervisão estatal; vi) a imposição de controles contábeis internos para detectar atos de corrupção, conforme estrutura e tamanho da corporação; vii) a submissão de informações e demonstrações financeiras a procedimentos de auditoria e certificação.

Sobre este último aspecto corporativo (controles internos contábeis), essencial na prevenção, Mérida aponta operações indesejadas, quando concretizadas em meio a práticas corruptivas: i) o estabelecimento de contas não registradas em livros; ii) a realização de operações não registradas em livros ou mal especificadas; iii) o registro de gastos inexistentes; iv) o registro de gastos com indicação incorreta de seu objetivo; v) a utilização de documentos falsos; e vi) a destruição deliberada de documentos contábeis, antes de prazo assinalado em lei. São todas condutas fraudulentas, em contextos delitivos corruptivos, visando a ocultação ou dissimulação de ilicitudes.

Reportando à conduta admitida no passado, Mérida veda a possibilidade de deduções fiscais de despesas que constituem subornos – de que tratam os Artigos 15 e 16 –, ou de outras despesas corporativas que foram incorridas na promoção de conduta corrupta.

Em termos de participação social, Mérida contempla o dever de Estados promoverem a participação ativa de pessoas e grupos, sensibilizando a opinião pública a respeito da existência, causas, gravidade e consequências da corrupção (Artigo 13). Nesse objetivo, elege as seguintes medidas: i) aumentar a transparência e o fortalecimento da cidadania em processos decisórios; ii) assegurar o acesso eficaz à informação pública; iii) adotar programas de educação pública, em nível escolar e universitário, para robustecer a intransigência à patologia; iv) consagrar a liberdade de buscar, receber, publicar e difundir informação relativa à corrupção, submetidas a restrições indispensáveis ao respeito de direitos ou reputação de terceiros, ou da segurança nacional, ordem pública, saúde ou moral públicas.

Para viabilizar a participação social, a convenção consagra o livre acesso ao órgão ou órgãos responsáveis pela atuação anticorrupção, abarcando a criação de sistemas de denúncias, inclusive anônimas, de atos corruptivos.

A última medida preventiva, na Convenção de Mérida, destina-se a mostrar a relação umbilical entre as atividades criminosas de lavagem de dinheiro e corrupção, visto que delas se auferem bens e valores ilícitos (Artigo 14). Acentua-se o dever de Estados de dispor de sistema jurídico-institucional adequado contra a lavagem, regulando atividade bancária e de instituições financeiras não bancárias, incluindo prestadores de serviços de transferência de dinheiro ou valores. Prevenir corrupção pressupõe prevenir e detectar todas as formas de lavagem de dinheiro, identificando-se pessoas envolvidas (cliente e beneficiário final) e organizando sistema de registros e denúncia das transações suspeitas.

A atividade estatal de combater a lavagem de dinheiro deve ser conduzida por autoridades capazes de cooperar e intercambiar informações nos âmbitos nacional e internacional. Mérida incentiva o estabelecimento de departamento de inteligência financeira que sirva de centro nacional de recompilação, análise e difusão de informação nessa atividade contra a criminalidade. Busca tal atividade detectar e vigiar o movimento transfronteiriço de efetivo e de títulos negociáveis, admitindo-se a imposição de notificações pelos interessados dessa movimentação, bem como controlar remessas (e remetentes) de dinheiro ou valores.

Por fim, considerada a relevância internacional da lavagem de dinheiro, Mérida pugna pela cooperação em escala mundial, regional, sub-regional e bilateral entre as autoridades judiciais e administrativas competentes.

Entende-se conveniente traçar o panorama das medidas preventivas contidas na Convenção de Mérida, pois elas auxiliam no juízo crítico da Lei n. 12.846/2013 – tão erroneamente propalada Lei Anticorrupção brasileira. Com o olhar na amplitude de medidas propugnadas em Mérida, percebe-se a timidez da iniciativa legislativa brasileira, sob diversas temáticas ignoradas ou deficientemente disciplinadas no aludido diploma.

Outro capítulo relevante da Convenção refere-se à "penalização" de atos de corrupção, exigindo que os Estados-partes uniformizem a reação sancionadora estatal perante tais práticas. Interessa sintetizar a tipologia mais relevante fixada em Mérida, para o setor público, visto que representam atos de corrupção, no consenso mundial do qual resultou a sua celebração.

O Artigo 15 delimita o suborno de funcionários públicos nacionais em duas tipologias: i) promessa, oferecimento ou concessão a funcionário público de benefício indevido que redunde proveito próprio ou de outrem, visando ação ou abstenção no cumprimento de função oficial; ii) solicitação ou aceitação, por funcionário público, de benefício indevido que redunde em seu próprio proveito ou de outrem, visando ação ou abstenção no cumprimento de suas funções oficiais. Essa tipologia é reproduzida, com a devida adequação, no suborno de funcionários públicos estrangeiros e de funcionários de organizações internacionais públicas (Artigo 16).

O Artigo 17 trata da malversação ou peculato, apropriação indébita ou outras formas de desvio de bens, fundos ou títulos públicos ou privados ou qualquer outra coisa de valor que se tenham confiado ao funcionário público em virtude de seu cargo.

O Artigo 18 retrata a prática de tráfico de influência, em duas tipologias: i) promessa, oferecimento ou concessão a funcionário público ou outra pessoa, de benefício indevido para que o agente/pessoa abuse de sua influência real ou suposta para obter benefício indevido que redunde em proveito do instigador; ii) solicitação ou aceitação, por funcionário público ou outra pessoa, de benefício indevido que redunde em proveito próprio ou de outrem, para que o agente/pessoa abuse de sua influência real ou suposta para obter um benefício indevido.

O Artigo 19 delimita o abuso de funções ou do cargo, pela realização ou omissão de ato, em violação à lei, por parte de funcionário público no exercício da função, com o fim de obter benefício indevido para si ou para terceiros.

O Artigo 20 cuida do enriquecimento ilícito, configurado pelo incremento significativo do patrimônio de funcionário público relativo aos seus ingressos legítimos que não podem ser razoavelmente justificados por ele.

O Artigo 23 trata da lavagem do produto do delito, quando configuradas as seguintes situações: i) a conversão ou a transferência de bens, sabendo-se que são produtos de delito, com o propósito de ocultar/dissimular a origem ilícita e ajudar a qualquer pessoa envolvida no delito com o objetivo de afastar as consequências jurídicas de seus atos; ii) a ocultação ou dissimulação da verdadeira natureza, origem, situação, disposição, movimentação ou da propriedade de bens ou do legítimo direito a estes, sabendo-se que são produtos de delito. Merece destaque que Mérida exige dos Estados que incluam o maior rol possível de crimes precedentes à lavagem de dinheiro, e, dentre estes, uma ampla gama de delitos qualificados de acordo com a Convenção.

O Artigo 24 preordena-se a punir o encobrimento, configurado pela conduta de retenção contínua de bens provenientes de corrupção, sabendo-se que tais bens são produtos de quaisquer dos delitos qualificados na Convenção, mesmo sem participação neles.

O Artigo 25 volta-se a punir a obstrução de Justiça, quando ocorre: i) uso da força física, ameaças ou intimidação, ou promessa, oferecimento ou concessão de benefício indevido para induzir pessoa a prestar falso testemunho ou atrapalhar a prestação de testemunho ou produção de provas em processos relacionados com atos de corrupção; ii) uso da força física, ameaças ou intimidação para atrapalhar o cumprimento de função pública de funcionário da Justiça, relativamente a processos que envolvam atos de corrupção.

Esses artigos estão direcionados à prática de condutas reprováveis imputadas a pessoas físicas. Consciente de que a prática de corrupção envolve criminalidade corporativa, Mérida dedica artigo próprio para a responsabilidade de pessoas jurídicas (Artigo 26).

Estados-partes devem estabelecer a responsabilidade de pessoas jurídicas por sua participação nos atos de corrupção, de que trata a convenção. Dependendo do ordenamento jurídico doméstico, a responsabilidade das pessoas jurídicas poderá ser de índole penal, civil ou administrativa. A responsabilidade corporativa será aplicada sem prejuízo à responsabilidade penal que se atribui às pessoas físicas envolvidas nos delitos. Os Estados devem impor sanções penais ou não penais eficazes, proporcionais e dissuasivas, incluídas sanções monetárias, em desfavor de pessoas jurídicas responsáveis.

Estados não podem deixar de reprimir qualquer forma de participação (Artigo 27), seja como cúmplice, colaborador ou instigador, em atos de corrupção. Da mesma forma, a legislação interna poderá apenar toda tentativa de cometer atos de corrupção, qualificados nos termos da Convenção. Mérida, inclusive, instiga a responsabilidade por atos de preparação com vistas a cometer práticas corruptivas.

Visto que a corrupção é não raro praticada na escuridão e na clandestinidade, sem confissão de pessoas físicas ou jurídicas envolvidas, Mérida consigna que o conhecimento, a intenção ou o propósito que se requerem como elementos de atos de corrupção poderão inferir-se de circunstâncias fáticas objetivas (Artigo 28).[6]

Considerando que a Lei n. 12.846 institucionalizou acordos de leniência no DAS Anticorrupção, interessa seguir para o Artigo 37, dedicado à cooperação com as autoridades encarregadas de fazer cumprir a lei.

6 Temas essenciais seguem tratados na Convenção de Mérida: Artigo 29 (Prescrição), Artigo 30 (Processo, sentença e sanções); Artigo 31 (Embargo preventivo, apreensão e confisco), Artigo 32 (Proteção a testemunhas, peritos e vítimas); Artigo 33 (Proteção aos denunciantes), Artigo 34 (Consequências dos atos de corrupção), Artigo 35 (Indenização por danos e prejuízos), Artigo 36 (Autoridades especializadas).

Mérida impõe aos Estados-partes que adotem medidas apropriadas frente a pessoas físicas ou jurídicas envolvidas em atos de corrupção, que proporcionem às autoridades competentes informação útil com fins investigativos e probatórios, bem como que lhes prestem ajuda efetiva e concreta que possa contribuir a privar os responsáveis do produto do delito, assim como ajudar a recuperá-lo. Em contrapartida, a Convenção refere-se a possível mitigação de pena, pelos Estados, de toda pessoa acusada que preste essa cooperação substancial à investigação (ou acusação) de atos de corrupção. Podem, inclusive, oferecer concessão de imunidade judicial nessas situações. Essa proteção e tratamento diferenciado de pessoas colaboradoras deve estender-se a outros Estados interessados na cooperação substancial prestada.

A Convenção de Mérida é forte na disciplina da cooperação internacional (Capítulo IV), recuperação de ativos (Capítulo V), assistência técnica e intercâmbio de informações (Capítulo VI) na temática do enfrentamento da corrupção no cenário internacional. Em seu penúltimo capítulo (VII), trata de mecanismos de sua aplicação. A Conferência dos Estados-Partes instituiu, desde 2010, Grupo de Revisão da Implementação da Convenção, que estava na sua 14ª sessão em 2023. Foi criado Mecanismo de Revisão da Implementação (IRM), como processo de revisão pelos pares que ajuda os Estados-partes a implementar eficazmente a Convenção. Na atualidade, ocorre o segundo ciclo de revisão.[7]

Esta parte descritiva e expositiva das convenções internacionais anticorrupção considera-se útil para a compreensão das deficiências vislumbradas na promulgação da Lei n. 12.846, em 2013, com início de vigência em fevereiro de 2014. Somente é possível avaliar esse diploma legal após seus dez anos de promulgação, recordando o nível de avanços institucionais em normas internacionais, já então internalizadas pelo Brasil na época do seu surgimento.

DIREITO ADMINISTRATIVO SANCIONADOR ANTICORRUPÇÃO

Antes das convenções internacionais aportarem no território brasileiro, pode-se fincar na Constituição de 1988, com a restauração do Estado Democrático e Social de Direito no ordenamento brasileiro, a mais relevante inflexão no enfrentamento da corrupção na organização e no exercício de atividades do Estado. Inúmeros dispositivos constitucionais, do texto originário, podem facilmente demonstrar a tutela do interesse público anticorrupção, moldado pelo princípio republicano e democrático (art. 1º da CF). Nessa linha, está a própria razão de existir da explicitação dos princípios constitucionais da Administração Pública, que reúne legalidade, moralidade, impessoalidade, publicidade e eficiência, na redação da EC n. 19/98.

---

7 ORGANIZAÇÃO DAS NAÇÕES UNIDAS. Escritório sobre Drogas e Crimes. Disponível em: https://www.unodc.org/unodc/en/corruption/IRG/implementation-review-group.html. Acesso em: 19.09.2023.

Entre 1988 e 2000, ano da internalização da Convenção de Paris, o Direito brasileiro positivou relevantes marcos legais afetos ao embate anticorrupção.[8] Restringindo-se a abordagem ao nível de produção legislativa da União, merecem destaque: Lei complementar n. 64, de 18.05.1990, que estabelece, de acordo com o art. 14, § 9º, da CF, casos de inelegibilidade; Lei n. 8.112, de 11.12.1990, que dispõe sobre o regime jurídico único no âmbito federal, incluindo a responsabilidade administrativa disciplinar; Lei n. 8.429, de 02.06.1992, que regulamentou o sistema de improbidade administrativa; Lei n. 8.443, de 16.07.1992, que dispõe sobre a Lei Orgânica do Tribunal de Contas da União; Lei n. 8.625, de 12.02.1993, que institui a Lei Orgânica Nacional do Ministério Público; Lei complementar n. 73, de 10.02.1993, que institui a Lei Orgânica da Advocacia-Geral da União; Lei complementar n. 75, de 20.05.1993, que dispõe sobre o Estatuto do Ministério Público da União; Lei n. 8.666, de 21.06.1993, que dispõe sobre normas gerais para licitações e contratos da Administração Pública, incluindo normas sobre crimes licitatórios;[9] Lei n. 8.730, de 10.11.1993, que estabelece a obrigatoriedade da declaração de bens e rendas para o exercício de cargos, empregos e funções nos Poderes Executivo, Legislativo e Judiciário; Lei complementar n. 80, de 12.01.1994, que versa sobre o Estatuto da Defensoria Pública da União; Lei n. 8.906, de 04.07.1994, que versa sobre o Estatuto da Advocacia e a Ordem dos Advogados do Brasil; Lei n. 9.034, de 05.05.1995, que dispunha sobre a utilização de meios operacionais para a prevenção e repressão de ações praticadas por organizações criminosas; Lei n. 9.127, de 16.11.1995, que prevê o crime de tráfico de influência; Lei n. 9.504, de 30.09.1997, que estabelece normas para as eleições; Lei n. 9.613, de 03.03.1998, que dispõe sobre os crimes de "lavagem" ou ocultação de bens, direitos e valores e criou o Conselho de Controle de Atividades Financeiras (COAF); Lei n. 9.784, de 29.01.1999, que regula o processo administrativo no âmbito da Administração Pública Federal; Lei complementar n. 101, de 04.05.2000, que dispõe sobre normas de finanças públicas voltadas para a responsabilidade na gestão fiscal.

É indubitável que toda a legislação acima citada é forma institucionalizada direta ou indireta de prevenção e repressão a atos de corrupção na organização do Estado e no exercício de funções públicas. Entretanto, foram produzidas sem essa diretriz normativa superior comum, mas na esteira do necessário desdobramen-

8 Acerca da legislação recepcionada pela Constituição de 1988 relevante para o embate anticorrupção, alcançam relevo: Lei n. 3.071, de 01.01.1916, que instituiu o Código Civil, revogado pela Lei n. 10.406, de 10.01.2002; Decreto-lei n. 2.848, de 07.12.1940, que institui o Código Penal; Decreto-lei n. 6.227, de 24.01.1944, que institui o Código Penal Militar; Lei n. 1.079, de 10.04.1950, que define os crimes de responsabilidade e regula o respectivo processo de julgamento; Lei n. 1.533, de 31.12.1951, revogada pela atual Lei n. 12.016, de 07.08.2009, que disciplina o mandado de segurança individual e coletivo; Lei n. 4.717, de 19.06.1965, que regula a ação popular; Lei n. 4.898, de 09.12.1965, que dispunha sobre "responsabilidade administrativa, civil e penal", nos casos de abuso de autoridade, revogada pela atual Lei n. 13.869, de 05.09.2019, que dispõe sobre os crimes de abuso de autoridade; Decreto-lei n. 201, de 27.02.1967, que dispõe sobre a responsabilidade de prefeitos e vereadores; e Lei n. 7.347, de 24.07.1985, que disciplina a ação civil pública.

9 A Lei n. 8.666/93 foi posteriormente revogada pela Lei n. 14.133/2021.

to e cumprimento dos mandamentos constitucionais sobre temáticas ou instituições relevantes para uma política estatal anticorrupção.

Da legislação citada, interessa sublinhar a Lei n. 8.429/92, a Lei Geral de Improbidade Administrativa, pela sua relação umbilical com a Lei n. 12.846/2013.

É interessante perceber que a Constituição de 1988 devolveu ao Poder Judiciário função proeminente na tutela da moralidade administrativa, quer pela remodelação da ação popular (art. 5º, LXXIII) e da ação civil pública (art. 129, III), quer pela criação do novo sistema de improbidade administrativa (art. 37, § 4º), que não se confunde com a tradicional responsabilidade administrativa de agentes públicos (art. 41, § 1º) e responsabilidade político-constitucional de agentes políticos (art. 85). A rigor, a inefetividade dos sistemas existentes justifica a criatividade em torno do modelo sancionador da improbidade. A jurisdicionalização aparece, ostensivamente, em razão da deficiência dos modelos, em termos de efetiva prevenção, dissuasão e repressão.

Do ponto de vista extrapenal, o sistema de improbidade administrativa foi progressivamente consolidando papel central em efetividade na repressão a práticas corruptivas, seja em face de agentes públicos, seja em face de terceiros (outras pessoas físicas e pessoas jurídicas) envolvidas em ilícitos.

A regulamentação contida na Lei n. 8.429/92 foi consentânea com os resultados institucionais preconizados pelo art. 37, § 4º, em grande medida por ter corretamente estabelecido a legitimidade do Ministério Público para ajuizamento de ações de improbidade administrativa (art. 17 da LGIA), em harmonia com a sua inarredável fisionomia de ação civil pública (art. 129, III, da CF). A independência funcional na política anticorrupção preconizada amplamente em Mérida (Artigo 11), internalizada em 2006, já era a realidade doméstica brasileira em 1992, apoiada nos arts. 37, § 4º, e 17 da LGIA). Por conta da atuação ministerial independente, a ação de improbidade logo despontou como o arranjo institucional mais efetivo nesse campo.

Essa visão não abrangente sobre o enfrentamento da corrupção manteve-se após a imediata internalização das Convenções de Paris (OCDE, 2000), Caracas (OEA, 2002) e Mérida (ONU, 2006). Talvez a inexistência de capítulo próprio na CF sobre essa matéria, a previsão de inúmeros instrumentos de tutela face a práticas corruptivas, a configuração de diversas instituições de controle da atividade da Administração Pública, todos podem justificar a dificuldade na arquitetura jurídico-institucional sistemática.

Entre 2001 e 2013, segue-se um progressivo aperfeiçoamento dos arranjos institucionais brasileiros, nos âmbitos penal e extrapenal, mas já induvidosamente influenciados pela força normativa das convenções internacionais anticorrupção.

A legislação seguinte é representativa: Lei n. 10.467, de 11.07.2002, que tipificou os crimes de corrupção ativa em transação comercial internacional e tráfico de influência em transação comercial internacional; Lei n. 10.683, de 28.05.2003,[10]

10 A Lei n. 10.683 foi posteriormente revogada pela Lei n. 13.502/2017.

que criou a Controladoria-Geral da União na estrutura administrativa do Poder Executivo federal, com atribuições pertinentes à defesa do patrimônio público, ao controle interno, à auditoria pública, às atividades de ouvidoria geral e ao incremento da transparência da gestão no âmbito da Administração Pública federal; Lei complementar n. 131, de 27.05.2009, que, alterando a Lei de Responsabilidade Fiscal, tratou da disponibilização, em tempo real, de informações pormenorizadas sobre a execução orçamentária e financeira da União, dos estados, do Distrito Federal e dos municípios; Lei n. 12.016, de 07.08.2009, que disciplina o mandado de segurança individual e coletivo; Lei complementar n. 135, de 04.06.2010 (Lei da Ficha Limpa), que remodelou hipóteses de inelegibilidade no direito eleitoral brasileiro; Lei n. 12.527, de 18.11.2011, que regula o acesso a informações públicas, nos termos do art. 5º, XXXIII, e art. 37, § 3º, II, da CF; Lei n. 12.683, de 09.07.2012, que alterou a Lei n. 9.613/98 para tornar mais eficiente a persecução penal dos crimes de lavagem de dinheiro.

O ano de 2013 merece destaque, porque aglutinou o desenvolvimento de três mecanismos relevantes anticorrupção, de caráter penal e extrapenal, retratado na legislação seguinte: Lei n. 12.813, de 16.05.2013, que dispõe sobre o conflito de interesses no exercício de cargo ou emprego do Poder Executivo federal; Lei n. 12.846, de 01.08.2013, que dispõe sobre a responsabilização administrativa e civil de pessoas jurídicas pela prática de atos de corrupção, contra a Administração Pública, nacional ou estrangeira; Lei n. 12.850, de 02.08.2013, que define organização criminosa e dispõe sobre a investigação criminal, os meios de obtenção da prova, infrações penais correlatas e o procedimento criminal.

Relativamente aos últimos anos (2014-2023), segue-se a trajetória do aperfeiçoamento de arranjos institucionais atinentes ao controle da Administração Pública, com destaque para: Lei n. 13.019, de 31.07.2014, que estabelece o regime jurídico das parcerias entre a Administração Pública e as organizações da sociedade civil; Lei n. 13.303, de 30.06.2016, que disciplina o estatuto jurídico das empresas estatais; Lei n. 13.506, de 13.11.2017, que versa sobre o processo administrativo sancionador na esfera de atuação do Banco Central do Brasil e da Comissão de Valores Mobiliários; Lei n. 13.655, de 25.04.2018, que alterou a LINDB, incluindo "disposições sobre segurança jurídica e eficiência na criação e na aplicação do direito público"; Lei n. 13.848, de 25.06.2019, que dispõe sobre a gestão, organização, processo decisório e controle social das agências reguladoras federais; Lei n. 13.869, de 05.09.2019, que dispõe sobre os crimes de abuso de autoridade; e Lei n. 14.133, de 01.04.2021, que dispõe sobre a nova Lei de Licitações e Contratos Administrativos.

Neste último período, a Lei n. 14.230, de 25.10.2021, mostra-se, no nível legislativo, representativa da interrupção da tendência de melhoramentos institucionais na política anticorrupção, seguindo de perto o movimento inaugurado pela Lei n. 13.655/2018, tendo como objeto a criação de limitações ao exercício do controle exercido sobre a Administração Pública, sob a defesa não declarada da discricionariedade administrativa de "gestores públicos", a ser exercida com segurança jurídica.

Vista erroneamente como nova Lei de Improbidade, a Lei n. 14.230 imprimiu relevantes alterações no sistema da Lei Geral de Improbidade Administrativa, relativamente a todos os seus componentes estruturais (bem jurídico, tipificação, sanções, processo) e temas que lhes são inerentes (consensualidade, indisponibilidade, medidas cautelares, execução, prescrição etc.),[11] a exigir o devido exame de constitucionalidade pelo Supremo Tribunal Federal.[12]

Essa breve trajetória evolutiva da legislação afeta ao embate anticorrupção bem demonstra a complexidade e heterogeneidade de normas que envolvem a disciplina da corrupção, revelando a necessidade de mudança de paradigma na compreensão dogmática e na interpretação sobre normas que a balizam, compondo o direito positivo, estruturado a partir da Constituição Federal e convenções internacionais, e desdobrado em diversas ramificações do Direito.

A aprovação e internalização das Convenções de Paris, Caracas e Mérida tornaram incontestável o dever estatal de estabelecimento de sistema jurídico-institucionalizado que, em nível de cada ordem jurídica estatal, viabilize o atingimento das finalidades públicas perseguidas pela política pública anticorrupção. Isso somente é alcançado quando o fenômeno da corrupção e suas consequências jurídicas recebem a devida compreensão sistemática no campo do Direito.

Há, pois, necessidade de constituição e delimitação do direito positivo, sob a perspectiva sistemática, nele vislumbrando o que se vem denominando Sistema Brasileiro Anticorrupção.

Sob as lentes da Ciência Jurídica, é possível depreender a existência de Sistema Internacional Anticorrupção, do qual fazem parte as Convenções Internacionais Anticorrupção (no caso brasileiro, destaque para as Convenções da OCDE, OEA e ONU), e do Sistema Brasileiro Anticorrupção, que é composto à luz do direito positivo brasileiro, por normas constitucionais, supralegais, legais e infralegais, inseridas em diversas ramificações do Direito, atinentes à prevenção, detecção, dissuasão e repressão de práticas de corrupção.

A estrutura desse sistema normativo brasileiro compreende a organização jurídico-institucional de diversos segmentos normativos, que podem assim ser representados: i) o Sistema Político-constitucional Anticorrupção, relacionado com a prevenção e repressão de "crime de responsabilidade", relacionado com a matéria; ii) o Sistema Político-legislativo Anticorrupção, concentrado na infração parlamentar, relacionada com a matéria; iii) o Sistema Penal Anticorrupção, composto por normas de direito penal e processual penal (CP, CPP, legislações penais e processuais penais extravagantes, incluindo crimes de lavagem de dinheiro e organi-

11 Sobre o tema, conferir: OLIVEIRA, José Roberto Pimenta; GROTTI, Dinorá Adelaide Musetti. "Panorama do sistema de responsabilização pela prática de atos de improbidade administrativa na LIA reformada". In: *Lei de Improbidade Administrativa reformada*: Leis 8.429/92 e 14.230/21, 2022, v. 1, p. 51-84.

12 Encontram-se em curso no STF as seguintes ações diretas de inconstitucionalidade interpostas contra a Lei n. 14.230/2021: ADIs ns. 7.156, 7.236 e 7.237. O Tribunal já julgou em definitivo as ADIs ns. 7.042 e 7.043, bem como já apreciou, em sede de repercussão geral, o Tema n. 1.199, no julgamento do ARE n. 843.989.

zações criminosas), relacionadas com a matéria; iv) o Sistema Civil Anticorrupção, marcado por normas de direito público atinentes à indenização de danos materiais e imateriais derivados de práticas corruptivas; v) o Sistema Eleitoral Anticorrupção, marcado por normas materiais e processuais de direito eleitoral, relacionadas com a matéria (Código Eleitoral, legislação eleitoral extravagante, incluindo Lei de Eleições e Lei de Inelegibilidades); e vi) o Sistema de Direito Administrativo Sancionador (DAS) Anticorrupção.

Por sua vez, este último sistema de DAS Anticorrupção pode ser concebido a partir de três subcategorias relevantes: i) Sistemas de responsabilização administrativa, movimentados por diversos órgãos e entidades da Administração Pública, no campo do: i.1) DAS disciplinar (*v.g.*, Lei n. 8.112/90); i.2) DAS licitatório e contratual (destacadamente, Leis ns. 8.666/93, 10.520/2002, 12.462/2011[13] e 13.303/2016, inclusive a nova LGLC, Lei n. 14.133/2021); i.3) DAS econômico, operado pelo CADE (Lei n. 12.529/2011); i.4) DAS de lavagem de dinheiro, operado pelo COAF (Lei n. 9.613/98); i.5) DAS do sistema financeiro, operado pelo BACEN (Lei n. 13.506/2017); i.6) DAS do mercado de valores mobiliários, operado pela CVM (Lei n. 13.506/2017); i.7) DAS de profissões regulamentadas, operadas por inúmeros Conselhos de Fiscalização Profissional; i.8) DAS tributário, operado pelas autoridades tributárias competentes (destacadamente, com base no CTN e legislação tributária); ii) Sistema de responsabilização pela prática de atos de improbidade, moldado pela Lei n. 8.429/92 (Lei Geral de Improbidade Administrativa) e Lei n. 12.846/2013; e iii) Sistema de responsabilização perante os Tribunais de Contas (TCU, TCEs, TCDF, TCMs, TCM de SP e TCM do RJ).

O DAS molda-se pela existência e coexistência de sistemas de responsabilização, que corresponde a conceito jurídico-dogmático estruturante da descrição e análise crítica do direito posto. A ordem jurídica os constitui, quando estabelece conjuntos normativos sancionatórios, de forma unitária e coerente, a partir do regramento dos elementos que os definem (bem jurídico, ilícito, sanção e processo).

Não existe Estado de Direito sem o cumprimento efetivo do ordenamento jurídico, sem a regular execução de normas jurídicas aplicáveis, seja pelos agentes públicos, seja pelo setor privado (com ou sem fins lucrativos). A atividade sancionadora é instrumento para alcançar essa efetividade e conformidade. Transforma interesses públicos em bens jurídicos tutelados. Instauram-se sistemas de responsabilidade restaurativa (recomposição de ilegalidade), responsabilidade patrimonial e responsabilidade sancionadora. A partir do quadro institucional fundamental ordenado pela Constituição (e complementado em nível legal), o Direito organiza instituições ao derredor das quais se estruturam os sistemas de responsabilização. Há uma lógica nessa matéria: quanto mais relevante(s) o(s) bem(ns) jurídico(s) afetado(s) por ilícitos, maior a desenvoltura institucional do ordenamento na sua tutela.

---

13 As Leis ns. 8.666, 10.520 (integralmente) e 12.462 (parcialmente) foram revogadas pela Lei n. 14.133/2021.

O Estado Democrático de Direito, com o paradigma de Estado Material de Direito, exige formas institucionalmente alargadas para assegurar a efetiva execução da lei. No cenário atual, no mundo globalizado, vinculados aos sistemas domésticos, o Direito avança em sistemas de responsabilidade internacional, igualmente plasmados pela relevância de certos bens jurídicos nos níveis internacional e doméstico.

Ao direito administrativo sancionador cabe moldar os sistemas de responsabilização correlacionados com a fiscalização do cumprimento de diversos regimes administrativos sancionadores agasalhados em seu interior, como instrumento de promoção de efetividade e de conformidade. No presente tempo histórico, é inconcebível ainda que se estipulem normas de direito administrativo (normas primárias), sem as correlatas normas secundárias, que devem ser agregadas nesses sistemas responsabilizantes. Isso vale para todos os vastíssimos campos de responsabilidade sancionadora no direito administrativo, dirigidos ao cumprimento da lei em atividades-meio e atividades-fim.

Fiscalização de condutas intersubjetivas, vista com amplo significado, que é constituído por normas sobre monitoramento, normas sobre orientação (incluindo respostas a consultas, com efeitos administrativos vinculantes), normas sobre precaução e normas sobre repressão. Não há sistema de responsabilização, em sua completude lógica-jurídica, sem essa segmentação normativa: por meio delas, busca-se o *enforcement* (execução do Direito posto), em que se objetiva aderência entre o plano do dever-ser e o plano do ser. Esse amplo arranjo institucionalizado exige planejamento contínuo (avaliação, diagnóstico, prognóstico, reavaliação), em caráter permanente.

O monitoramento consiste no acompanhamento e controle sistemático (por ciclos e matérias) de informações sobre o sistema de responsabilização, assegurando seu regular funcionamento, com levantamentos essenciais à obtenção de melhores resultados. A orientação é a atividade estatal dirigida à conscientização e educação de todos os agentes e sujeitos que estão vinculados ao sistema de responsabilização, o que se perfaz com diversos produtos (guias, treinamentos, cursos, divulgação de boas práticas, recomendações etc.).

Nessa vertente, pode-se incluir a atividade específica de recebimento e apreciação de consultas sobre a aplicação do sistema de responsabilização, conforme possibilidades constitucionais e legais, não raro com efeitos vinculantes para a autoridade sancionadora. Do mesmo modo, aprovação de súmulas e precedentes seguem com a mesma finalidade orientativa.

A precaução marca-se como atividade estatal vocacionada a evitar o irromper de condutas ilícitas, e, mesmo que estas venham a ocorrer, impulsionar a célere recondução de agentes à conformidade sistêmica e lograr a não reiteração de atos. A prevenção também pode concretizar-se por diversas formas de ação estatal (divulgação de informações, alertas/avisos, solicitação de regularização, tratativas de conformidade etc.). A precaução e prevenção devem moldar-se por ação dialógica, cooperativa ou colaborativa entre quem opera o sistema de responsabilidade e quem está submetido às respectivas engrenagens.

A punição é atividade inserida na fiscalização com caráter repressivo, desencadeante de provimentos sancionatórios, com variação de conteúdo, em razão de tipologias de condutas ilícitas. Por regra, produz-se mediante provimentos unilaterais (notificações, determinações, sanções etc.). Por exceção, pode ser movimentada por formas consensualizadas (envolvendo igualmente adesão e persuasão), quando está associada a atividade estatal de dissuasão. Independentemente da forma, a punição deve gerar prevenção e repressão, reverberando atividade fundamental e funcional para a integridade e credibilidade do sistema de responsabilização.

No DAS, responsabilizar, por conseguinte, pressupõe monitorar, orientar, precaver, prevenir, dissuadir e reprimir, como núcleos de competências estatais desenhadas no plano normativo para tutela de determinados bens jurídicos.

Os sistemas de responsabilização também podem disciplinar formas de reparação ou recomposição de danos (materiais ou imateriais) causados por condutas ilícitas; podem abrigar a instituição de medidas acautelatórias (sempre unilaterais) de interesses públicos em cena, vez que o ordenamento jurídico pode e deve desenhar meios institucionais de cautelaridade administrativa e seus pressupostos de válida utilização.

Esses sistemas devem ser moldados em harmonia com o princípio da legalidade. Em razão de infrações cometidas, caberá à lei indicar as alternativas admissíveis, afastando a imposição imediata da sanção prevista. Daniel Ferreira registra essa tendência e pontua que "visa os princípios constitucionais da razoabilidade, da proporcionalidade e da dignidade da pessoa humana (sem afastar o viés econômico envolvido) com os da certeza do direito e da segurança jurídica em processos administrativos sancionadores".[14]

Alice Voronoff oferece reflexões sobre a construção de modelos sancionadores conscientes, conferindo destaque à teoria da regulação responsiva, à teoria da regulação realmente responsiva, e teoria da regulação baseada em riscos.[15]

Os sistemas de responsabilização inseridos no DAS devem, enfim, encontrar fundamentação constitucional, seja porque a própria Constituição já traceja regras sobre os seus elementos estruturais (bem jurídico, ilícito, sanção e processo), seja porque o texto constitucional estabelece a fonte de legitimação de sua criação legislativa e colaboração regulamentar na sua modelagem.

Um dos maiores desafios atuais está na estruturação integrada dos sistemas de responsabilização do DAS e do direito penal, duas competências sancionadoras estatais essenciais à tutela dos mais relevantes bens jurídicos (plasmados na Constituição e nas leis).[16] Isso envolve uma compreensão adequada da forma de convi-

---

14 *Teoria geral da infração administrativa*: a partir da Constituição Federal de 1988, 2009, p. 368.

15 *Direito administrativo sancionador no Brasil*, 2018, p. 129-96.

16 GARCIA, Senilton Fernandes. "A Sociedade de Risco sob a tutela do direito administrativo sancionador e do direito penal". In: *Revista de Estudos & Informações*, v. 24, 2009, p. 34-41.

vência de sistemas dentro do próprio DAS, e igualmente fora dele, quando avaliada a relação com sistemas criminais (geral e especiais).

Como desenhado acima, resta patente a complexidade estrutural do DAS anticorrupção. Essa característica, em rigor, é uma decorrência da gravidade jurídico-institucional de práticas corruptivas e suas consequências para a organização do Estado, bem como para o desenvolvimento econômico, social, político e cultural da sociedade e dos indivíduos.

O enfrentamento de práticas de corrupção no ordenamento brasileiro, desde o advento da atual Constituição, e por força de convenções internacionais anticorrupção, exige uma concepção sistemática irrefreável do vasto conjunto normativo que incide sobre esse tipo de desvio ético-jurídico na organização do Estado.

Como bem se reflete em Mérida, a corrupção compreende todas as formas pelas quais a atividade e organização do Estado são utilizadas para obtenção de quaisquer proveitos ilícitos, seja de quem empreende a prática corruptiva dentro do aparelho estatal e/ou no desempenho de suas funções (agentes corrompidos), seja de quem custeia, participa, beneficia-se na outra ponta dessa ilicitude (os agentes corruptores), em detrimento da integridade pública.

Completando dez anos de sua promulgação, e oferecido o panorama internacional e doméstico em torno do Sistema Brasileiro Anticorrupção, pode-se enveredar pela análise da Lei n. 12.846, dentro do terreno punitivo do direito administrativo sancionador.

SISTEMA DE RESPONSABILIZAÇÃO DA LIPJ (LEI N. 12.846/2013)

Atendo-se ao texto legal, observa-se que a Lei n. 12.846 aprova novo sistema de responsabilização de pessoas jurídicas, de caráter autônomo, na tutela da probidade (ou integridade pública), com texto inalterado até a presente data.

Delimitando de forma ampla as pessoas jurídicas submetidas à sua disciplina, conforme o art. 1º, parágrafo único, o diploma folheia a sua responsabilidade administrativa e civil (art. 2º), pela prática de atos lesivos à Administração Pública nacional e estrangeira. Esse âmbito material se torna incontestável quando se estipula norma específica sobre a responsabilidade individual de pessoas físicas, excluindo-a do objeto da lei (art. 3º).

A tipificação dos atos lesivos encontra-se em dispositivo único (art. 5º), que descreve desde condutas reprováveis vinculadas a práticas de suborno até fraudes em licitações e contratos, incluindo interferências ilícitas em fiscalizações e investigações (incisos I a V). No *caput*, a lei descreve ato lesivo como aqueles que "atentem contra o patrimônio público nacional ou estrangeiro, contra princípios da Administração Pública ou contra os compromissos internacionais assumidos pelo Brasil", certamente aludindo às convenções internalizadas já tratadas.

A lei tem por objetivo prevenir, dissuadir e reprimir práticas corruptivas, levadas a efeito no interesse e benefício de pessoas jurídicas (art. 2º), por meio de modelo amparado em responsabilidade administrativa (art. 6º) e responsabilidade judicial (art. 19). A primeira enseja as sanções de multa e publicação extraordinária do ato sancionador (art. 6º, I e II). A segunda enseja a imposição das sanções de perdimento de bens, suspensão ou interdição parcial de atividades, dissolução compulsória da pessoa jurídica e interdição de direitos (proibição de receber incentivos, subsídios, subvenções, doações ou empréstimos) em face de órgãos ou entidades públicas e de instituições financeiras públicas ou controladas pelo poder público.

Com esse conteúdo sancionador, a Lei n. 12.846 constitui autêntica legislação nacional especial de improbidade, moldada para disciplinar, sistematicamente, a responsabilidade de pessoas jurídicas, revogando disciplina em contrário inscrita na Lei n. 8.429/92. Por essa razão, melhor nominá-la como Lei de Improbidade de Pessoas Jurídicas. Embora haja referência pontual no Supremo Tribunal Federal sobre a sua "autonomia",[17] a interpretação constitucional exige que seja reconduzido o fundamento da lei ao art. 37, § 4º, que reprova atos de improbidade no âmbito da organização do Estado, incluindo responsabilização de terceiros por práticas corruptivas, com sanções atribuídas ao Poder Judiciário.

Nos termos do art. 37, § 4º, "os atos de improbidade administrativa importarão a suspensão dos direitos políticos, a perda da função pública, a indisponibilidade dos bens e o ressarcimento ao erário, na forma e gradação previstas em lei, sem prejuízo da ação penal cabível". No bojo desse sistema, a Lei n. 12.846 delineia regime especial para imputação de práticas ímprobas por pessoas jurídicas. Não é dado ao legislador nacional criar múltiplos sistemas de DAS anticorrupção, em detrimento de sistema constitucional especificamente descortinado para essa finalidade pública, como se faz equivocadamente no art. 30 da LIPJ.

Não se trata de sistema de responsabilização fundado no "poder de polícia" do Estado, impondo condicionamentos administrativos de direitos a pessoas jurídicas (observar a probidade administrativa), que, se descumprido, implicará sanções de DAS. Práticas corruptivas invariavelmente envolvem exercentes de funções públicas no aparelho estatal, que deve se organizar para detectar, prevenir, dissuadir e reprimir essas condutas indesejáveis de agentes públicos e terceiros (pessoas físicas e jurídicas). Na Lei n. 12.846, o que se normatiza é a aplicação de sanções com fundamento constitucional explícito na tutela da probidade na organização do Estado.

De fato, a leitura da Lei n. 12.846 e da Lei n. 8.429 demonstra a incontestável assimilação de ambas no mesmo domínio sancionador, analisando-se todos os componentes estruturais do sistema (bem jurídico, ilícito, sanção e processo). Sua interpretação deve se orientar em prol da interação sistemática de ambas na política pública anticorrupção do Estado.

17 STF, MS n. 35.435/DF, 2ª T., rel. Min. Gilmar Mendes, v.u., j. 30.03.2021, *DJe* 02.07.2021.

Com a previsão do sistema no art. 37, § 4º, o texto constitucional estabelece um mandamento supralegal de obrigatória jurisdicionalização da reação sancionatória à prática de improbidade, por parte de agentes públicos e particulares, concentrando a titularidade das sanções nas mãos do Poder Judiciário, com competência acusatória reconhecida ao Ministério Público (art. 17 da LGIA).

Em termos de bem jurídico, o sistema de improbidade aplicado a pessoas jurídicas (LGIA e LIPJ) tutela, de forma ampla, a probidade na organização do Estado ou integridade pública. É o que se recolhe do art. 1º da LGIA e do art. 5º, *caput*, da LIPJ. Tutelar a probidade na CF (art. 37, § 4º) equivale a promover e proteger a integridade, de que trata o Artigo 1, alínea *c*, da Convenção de Mérida, e art. 7º, VIII, da Lei n. 12.846.

Em nível de ilícito, a LGIA cataloga três categorias de atos de improbidade em seus arts. 9º, 10 e 11 (respectivamente, enriquecimento ilícito, dano ao erário e ofensa aos princípios). A participação dolosa de pessoas jurídicas pode ocorrer em qualquer contexto ímprobo, conforme seu art. 3º. Essa mesma generalidade está presente no art. 5º da LIPJ, no rol de "atos lesivos", sob o manto da responsabilidade objetiva. Não há tipo infracional da LIPJ que não possa ser atrelado a tipo capitulado na LGIA.

A imputação devida em desfavor de pessoas físicas relacionadas com pessoas jurídicas está tanto na LIPJ (art. 3º, § 2º – dirigentes ou administradores) como na LGIA (art. 3º, § 1º – sócios, cotistas, diretores e colaboradores), com a relevante diferença de que a LIPJ não admite responsabilidade conjunta, mas tão-somente a responsabilidade própria de PJ(s) envolvida(s) em práticas corruptivas.

A tipificação objetiva direta unitária (norma única) a ensejar dupla responsabilidade extrajudicial (na órbita administrativa) e judicial oferece maior relevância à censura contida nas descrições típicas.

O *caput* do art. 5º tipifica "atos praticados contra o patrimônio público nacional e estrangeiro", "atos praticados contra princípios da administração pública", e "atos praticados contra os compromissos internacionais assumidos pelo Brasil" (no caso, destacadamente os formalizados nas convenções da OCDE, OEA e ONU). Com maior densidade normativa, na sequência a norma define rol de atos ilícitos "praticados por pessoas jurídicas".

A definição legislativa estabelece: 1) uma vedação geral de prática de suborno – com definição abrangente na conduta de prometer, oferecer ou dar vantagem indevida – aplicável aos mais diversos campos de atividades e funções estatais (inciso I); e 2) uma vedação geral de condutas ilícitas no campo instrumental na atividade de licitações e contratos no âmbito da organização do Estado (inciso IV), detalhando nesse fragmento tipologias ora dirigidas à atividade licitatória (alíneas *a*, *b* e *c*), ora referenciadas a contratos (alíneas *f* e *g*), ora a ambos (alíneas *d* e *e*).

Oferecendo máxima proteção ao bem jurídico, o rol legal abrange também: 3) condutas proibidas atinentes à sustentação econômica das práticas ilícitas (inciso II); 4) condutas proibidas demarcando ocultação e dissimulação na prática de ilícitos e obtenção de benefícios deles decorrentes (inciso IV); e 5) condutas proibidas que afetem a investigação ou fiscalização de órgãos, entidades ou agentes públicos, ou a sua atuação funcional regular, na apuração de ilícitos.

Os tipos inscritos no art. 5º, I a V, evidenciam a funcionalidade do *caput* do art. 5º, que deflagra capacidade subsuntiva própria, iluminando a aplicação dos primeiros, exigindo interpretação sistemática para lhe assegurar a máxima proteção do bem jurídico.[18] De fato, é inexorável promover o enquadramento de condutas ilícitas não apenas à luz da Lei n. 12.846, mas também à luz da LGIA e das tipologias acolhidas em convenções internacionais.

Esse sistema de tipificação de atos ímprobos imputáveis a pessoas jurídicas exige a sua necessária complementação, mantida a estrutura objetiva de responsabilização em todo o terreno da improbidade, fincada no art. 37, § 4º, da CF.

É interessante notar que os incisos do art. 5º não se referem ao elemento subjetivo da conduta descrita, o que enseja possibilidade lógico-jurídica de dolo ou voluntariedade, devendo se afastar culpa em sentido estrito (imprudência, negligência e imperícia). Com o veto do art. 19, § 2º, não há nenhuma alusão a dolo/culpa/voluntariedade na LIPJ. Só existe referência à culpabilidade, expressão ampla do art. 3º, § 1º.

Haverá uma contradição normativa irresolúvel na LIPJ se dela for extraída uma necessária apuração cabal do elemento subjetivo de condutas individuais para deflagração da potestade sancionadora. Não existe esse condicionamento legal. Seria a negação do significado primário do texto normativo, que expressamente alude à responsabilidade objetiva da pessoa jurídica (art. 2º).

Entretanto, a imputação da responsabilidade objetiva não retira o dever estatal de apuração integral das circunstâncias de cada caso concreto, voltada para o enquadramento jurídico da ilicitude no art. 5º, bem como para a demonstração de que a ilicitude é imputável a pessoa jurídica acusada, nos termos do art. 2º. Cada descrição típica possui suas singularidades em termos de investigação estatal prévia a desencadear o processo sancionado na LIPJ. Certo é que dificilmente será fixada a imputação com indícios embasados em declarações ostensivas de práticas corruptivas – que grassam na clandestinidade –, que tenham origem em pessoas integradas aos quadros da pessoa jurídica infratora a merecer responsabilização (*v.g.*, representantes legais). A regra é a complexidade organizativa da prática subliminar, clandestina ou oculta de atos de corrupção, desafiando as instituições que devem apurá-la e reprimi-la, conforme o devido processo legal.

Por maior que seja a complexidade do contexto fático delitivo, a autoridade competente deverá demonstrar os elementos objetivos que estão na base da impu-

18 Sobre a aplicação do art. 5º, V, da Lei n. 12.846, colhe-se julgado do STJ, pelo qual "a previsão do art. 5º, V, da Lei n. 12.486/2013, que caracteriza como ato atentatório contra o patrimônio público nacional a conduta consistente em 'dificultar atividade de investigação ou fiscalização de órgãos, entidades ou agentes públicos', abrange a constituição das chamadas 'empresas de fachada' com o fim de frustrar a fiscalização tributária" (STJ, REsp n. 1.803.585/RN, 2ª T., rel. Min. Herman Benjamin, j. 22.09.2020, *DJe* 01.07.2021).

tação em desfavor da pessoa jurídica. Isso significa demonstrar a sequência de condutas (comissivas ou omissivas) que perfazem a conduta proibida, avaliando o seu desdobramento objetivo causal, destacando nesse iter os fatos que autorizam a indispensável conclusão de que a infração atende a interesse jurídico ou produz benefício jurídico para a PJ.

As expressões **interesse** e **benefício** foram legalmente utilizadas para designar, relativamente à atividade estatal afetada pela ilicitude, o momento *a priori* ou *a posteriori* da intervenção ilícita da PJ. Com efeito, práticas de corrupção pública ora ocorrem antes ou durante, ora após o processo decisório, em sua fase deliberativa, recursal ou mesmo executiva. Em ambos os casos, com a prática da corrupção, a atividade estatal será afetada, visto que passará a ser norteada ao atendimento de fins privados de entes morais corruptores.

Nesta última perspectiva, é importante registrar que as expressões legais **interesse** e **benefício** não dizem, em absoluto, respeito a qualquer ânimo subjetivo de quem está envolvido no contexto delitivo, mas reflete essencialmente o vínculo lógico-jurídico (conforme a ordem jurídica posta, logo, objetivo) da atividade estatal alvo da ilicitude e a esfera jurídica da pessoa jurídica corrompedora.

As expressões legais **interesse** e **benefício** também são elementos-chave para a compreensão da imputação, que, não sendo configurada, ensejará prática de ilícitos a serem atribuídos a terceiros (outras pessoas físicas ou jurídicas, que não a acusada). A norma pressupõe que, no contexto delitivo, a atuação da pessoa jurídica se materialize por condutas de pessoas físicas que demonstrem vínculo jurídico com a primeira, explícito ou implícito, direto ou indireto, formal ou informal, típico ou atípico, permanente ou episódico, remunerado ou não remunerado. Essa vinculação com a órbita jurídica da pessoa jurídica exige dimensionamento objetivado, sob pena de ser arbitrário. Inexistente essa vinculação, não haverá base jurídica para imputação objetiva, que deverá ser averiguada em face de outros sujeitos de direito.

É obvio que a lei não admite que a própria pessoa jurídica possa definir o espectro dessas possíveis vinculações jurídicas. Ele não é demarcado pelo campo pessoal de submissão de pessoas físicas ou jurídicas (relacionadas com a PJ), por seus controles internos ou por seu programa de integridade. Não fosse assim, a abertura dessa possibilidade implicaria ruptura da objetividade do sistema, pois, caso admitida a hipótese, a responsabilidade dependeria da vontade institucional de quem é passível de responsabilização, e não do regime legal estabelecido pelo Estado.

Não raro o mesmo contexto delitivo em licitações e contratos envolve a prática de ilicitude por diversas pessoas jurídicas. Isso também torna complexa a apuração da prática imputada a determinada pessoa jurídica dentro do panorama geral do desdobramento causal. Essa situação objetiva foi bem contemplada na LIPJ, quando expressamente admite imputação em ilícitos, em situações de exclusividade ou não exclusividade, a depender da gama de sujeitos envolvidos. Esse conceito legal (exclusivo ou não) também requer interpretação em face da realidade objetiva dos fatos ilícitos: indica que a infração pode atender, objetivamente, variadas esferas jurídicas. Do mesmo modo, a lei admite implicitamente que atos de corrupção incidem com parcialidade ou totalidade, considerando a decisão por eles afetada.

A objetivação instituída na LIPJ é de alcance máximo. Mesmo em situações em que, de forma absoluta, pessoas físicas vinculadas a pessoa jurídica praticam os ilícitos tipificados no art. 5º com o dolo específico de causar-lhe prejuízo, isso não elimina ou exclui a responsabilidade da entidade, porque estará demonstrado o vínculo lógico-jurídico entre a atividade ilícita praticada e a esfera jurídica personificada. Também nada se altera quando as mesmas pessoas físicas atuam ilicitamente, produzindo imputação em desfavor de várias pessoas jurídicas, no mesmo contexto delitivo, pois essa hipótese também não desmaterializa o critério de imputação. E, mesmo direcionada a parcela dos atos decisórios, a corrupção atrairá o regime sancionador da LIPJ.

No nível da sanção, a LIPJ tipifica as sanções de multa e publicação extraordinária do ato sancionador (ato administrativo ou sentença condenatória), indicado na responsabilidade "administrativa" (art. 6º), bem como as sanções de perdimento de bens, suspensão/interdição parcial de atividades, dissolução compulsória da pessoa jurídica e interdição de direitos (proibição de receber incentivos, subsídios, subvenções, doações ou empréstimos), ao campo da "responsabilidade judicial" (art. 19).

O art. 18 prescreve que, "na esfera administrativa, a responsabilidade da pessoa jurídica não afasta a possibilidade de sua responsabilização na esfera judicial". Os dois caminhos processuais a gerar sanção são considerados independentes na própria LIPJ. Não poderia ser diferente, pois o regime legal integra a improbidade administrativa, que está constitucionalmente atribuída ao Poder Judiciário, pela irremissível gravidade de sanções constitucionais e legais imponíveis.

O art. 19 constitui ampla legitimação ativa concorrente ou disjuntiva, sublinhando-se a atribuição ao Ministério Público. Também outra solução legislativa emparedaria a lei diretamente contra norma constitucional (arts. 37, § 4º, e 129, III). Conquanto fundada no primeiro artigo, que faz parte do capítulo da Administração Pública, isso não reduz a necessária atribuição do *parquet*, porque está em cena violação ao patrimônio público e social, conceito constitucional a que se reconduz a probidade ou integridade pública. Segue-se a mesma diretriz da Lei n. 8.429/92.[19]

No art. 20, a LIPJ limita a ação civil pública do MP às sanções do art. 19, habilitando as sanções do art. 6º, "desde que constatada a omissão das autoridades competentes para promover a responsabilização administrativa". Essa norma indica que, no julgamento da responsabilização judicial, o Poder Judiciário é o órgão com-

19 Registre-se que a Lei n. 14.230/2021 restringiu a legitimação ativa da Lei n. 8.429/92 ao Ministério Público. Todavia, em sede de controle concentrado, o Supremo Tribunal Federal já reconheceu a inconstitucionalidade, resgatando a legitimação de entes públicos e governamentais lesados.

petente para fixar as sanções definitivas, derivadas de "ato lesivo". Poderá aplicar ou complementar sanções da "responsabilidade administrativa" devidas, na ação civil pública (art. 21) proposta pelo MP competente, tudo sob a égide do princípio da proporcionalidade, dentro do prazo prescricional exarado no art. 25.

O sentido constitucionalmente adequado desse art. 20 é tão somente assegurar o *non bis in idem* material. Em todos os casos em que foram regularmente aplicadas a multa e publicação extraordinária, conforme a métrica de proporcionalidade devida nas circunstâncias objetivas e subjetivas do caso concreto, não caberá obviamente duplicidade sancionadora na esfera judicial, independentemente de quem venha a ajuizar a ação civil pública, seja o MP competente, seja órgão de advocacia pública competente.

Como visto, a intelecção sobre os elementos componentes do sistema de responsabilização figurado na Lei n. 12.846 mostra e comprova que o diploma giza normas especiais de improbidade administrativa.

Com a reforma da Lei n. 8.429/92, realizada pela Lei n. 14.230/2021, essa interpretação ganhou folego e força. Das alterações promovidas se depreende que o sistema de responsabilização por improbidade é composto por leis gerais e leis especiais (art. 1º, § 1º), sendo parte integrante dele a Lei n. 12.846/2013, como interpretação direta de, pelo menos, dois dispositivos novos: i) o art. 3º, § 2º, pelo qual as sanções da LGIA não se aplicarão à pessoa jurídica, caso o ato de improbidade administrativa seja também sancionado como ato lesivo à Administração Pública na forma da LIPJ; e ii) art. 12, § 7º, pelo qual as sanções aplicadas a pessoas jurídicas com base na LGLI e LIPJ deverão observar o princípio constitucional do *non bis in idem*. Essa disciplina – densificando o *non bis in idem* processual e material – pressupõe que as duas legislações se alojem no mesmo terreno punitivo, o sistema sancionador da improbidade.

Os dispositivos da LGIA acima citados (arts. 3º, § 2º, e 12, § 7º) resultam que atos ímprobos praticados por pessoas jurídicas devem ser enquadrados na Lei n. 12.846, sob o agasalho da responsabilidade objetiva, exigindo observância do *non bis in idem* processual e material. Isso reforça a especialidade da Lei n. 12.846 – não afetada pela Lei n. 14.230 – dentro do sistema brasileiro anticorrupção, pela possibilidade de celebração de acordo de leniência e imposição de sanções legais com avaliação de fator favorável na dosimetria sancionatória, relevante para o modelo preventivo e dissuasório anticorrupção, qual seja, a implementação e o funcionamento efetivo de programas de integridade anticorrupção.

O tratamento conferido à consensualidade pela Lei n. 14.230 também conduz à mesma conclusão dogmática. De um lado, a Lei n. 14.230 não altera/restringe o regime do Acordo de Leniência previsto na LIPJ. Ao contrário, acolhendo-o no bojo da sua disciplina, a Lei n. 14.230 fortalece a leniência como via consensual singularizada. De outro lado, não exclui/proíbe a celebração de Termo de Ajustamento de Conduta com pessoas jurídicas, disciplinado na Lei n. 7.347. Igual reforço é dado ao TAC na tutela do patrimônio público e social pela Lei n.

14.230, quando esta última reserva seu tratamento sancionador a ilegalidades que lesam os bens jurídicos protegidos (perfilhados pela probidade ou integridade pública), com menor ou maior intensidade (conforme os arts. 11, § 4º, e 12, § 5º, da Lei n. 8.429).

Sistematicamente compreendida, extrai-se que a reforma da LGIA se concentra em conformar as linhas mestras do Acordo de Não Persecução Civil (ANPC), atribuindo ao Poder Judiciário competência homologatória final, na apreciação de sua legalidade. Nesse contexto, a Lei n. 14.230 está alinhavada por uma concepção necessária de consensualidade anticorrupção sistêmica.

O ANPC ostenta funcionalidade própria no campo da improbidade, sem anular o TAC e o AL; também se preserva diante de colaboração premiada criminal, com consequências jurídicas no sistema civil. O ANPC visa, na órbita extrajudicial ou judicial, a "rápida solução do caso" na aplicação da legislação de improbidade, total ou parcialmente, quanto ao conjunto fático infracional sob apreciação ministerial, envolvendo qualquer categoria de improbidade.

Na trilogia (TAC/ANPC/AL), o AL possui escopo sancionatório, constituindo forma consensualizada dirigida a acrescentar informações sobre elementos probatórios úteis (alavancagem informacional, investigativa ou probatória), no terreno da improbidade, similar à preconizada em colaborações premiadas no campo penal (art. 4º da Lei n. 12.850/2013), assegurando-se, como contrapartida à cooperação substancial na investigação e no desbaratamento de atos de corrupção (para utilizar-se de terminologia do art. 37 de Mérida), determinados benefícios legais aos colaboradores, revelados na isenção ou redução de sanções cominadas em lei.

Trata-se de consensualidade com finalidade precípua de colaboração efetiva (usando a terminologia do art. 16 da LIPJ), que dela resulte a identificação dos demais envolvidos nos atos ilícitos, quando couber; e a obtenção célere de informações e documentos que comprovem o ilícito sob apuração, ou novos ilícitos. Nele não se persegue finalidade principal ressarcitória, nem tampouco se buscam apenas melhores estruturas de governança e controle interno em pessoas jurídicas envolvidas com práticas corruptivas.

A presença da leniência no arcabouço normativo da consensualidade, que tutela a probidade, não foi abalada pelo surgimento do ANPC (Lei n. 13.964/2019), da sua disciplina legal com maior densidade (Lei n. 14.230/2021), na exata medida em que o ANPC não categoriza, primariamente, uma atividade de colaboração probatória expansiva.

A previsão de acordos de cooperação substancial com pessoas jurídicas na Lei n. 12.846 constitui o instituto que desencadeou a necessidade de aprimoramento da política pública anticorrupção brasileira, pelos seus efeitos no Sistema Brasileiro Anticorrupção, na medida em que acordos dessa natureza exigem atratividade e segurança jurídica, para que operem com plena funcionalidade, como forma motriz de dissuasão e conformidade, em atendimento aos interesses públicos.

Passados dez anos, perdida a oportunidade de aprimorar o arranjo institucional do acordo de leniência na improbidade (LGIA e LIPJ), na Lei n. 14.230/2021, na omissão do Congresso Nacional, cabe aos órgãos e instituições envolvidos na implementação da política anticorrupção, bem como à doutrina e jurisprudência, esclarecer, moldar e fixar as possibilidades e limites de relações cooperativas interinstitucionais necessárias para conferir plena e sistemática funcionalidade a esse novo instituto, dentro do Sistema Brasileiro Anticorrupção.

Uma "lei anticorrupção" digna do respeito que Paris, Caracas e Mérida merecem no âmbito doméstico deveria contemplar diretrizes gerais sobre a prevenção de atos de corrupção, e não meramente repassar ao chefe do Poder Executivo atribuição regulamentar para dispor sobre programas de integridade, bem como não outorgar, de forma amplíssima, atribuição regulamentar para metodologia de cálculo de aplicação de multas.

Cuidaria detalhadamente de construir rol de condutas ilícitas envolvendo pessoas jurídicas nos diversos aspectos tratados pelas convenções (OCDE, OEA e ONU), abrangendo conflitos de interesses, enriquecimento ilícito, lavagem de dinheiro, tráfico de influência, abuso de funções públicas, encobrimento, obstrução de justiça etc. Também conferiria maior objetividade e proporcionalidade na tipificação *in abstracto* de sanções, pecuniárias e não pecuniárias, explicitando o pleno controle jurisdicional na matéria. Traria normas a reger o embargo preventivo, apreensão e confisco do produto da corrupção e de bens utilizados no seu cometimento, resguardando direitos de terceiros de boa-fé. Desenharia relacionamentos entre potestades consensuais, com olhos na sua otimização funcional.

Explicitaria normas claras sobre o modo como o Tribunal de Contas deveria inserir-se no tema, haja vista suas atribuições constitucionais, de controle externo em favor do patrimônio público. Também tornaria explícitas as atribuições amplas do Ministério Público na matéria. Resguardaria *in totum* a independência funcional de agentes a movimentar a sua operacionalização, seja em nível administrativo, ministerial ou judicial.

Versaria sobre a relação entre o sistema de DAS anticorrupção da improbidade de PJs com todos os demais sistemas de responsabilização nesse terreno, como proposto nessa abordagem.

Asseguraria, de forma ostensiva, os direitos e garantias fundamentais de acusados. Não contornaria os problemas decorrentes do *bis in idem* no DAS brasileiro anticorrupção, evitando soluções inefetivas que somente contribuem para a inefetividade de ações, incluindo celebração de acordos. Formularia critérios claros de suspensão e interrupção de prazos prescricionais.

São aprimoramentos na Lei n. 12.846 que já poderiam ter sido feitos na origem, e, passados dez anos, não foram alvo de alteração legislativa. Demandariam, por fim, uma visão abrangente dos sistemas de responsabilização penais e sobretudo extrapenais que integram a ordem jurídica brasileira, em especial a Lei n. 8.429/92. Sem essa conscientização no nível da formulação do sistema brasileiro anticorrupção, a única alternativa é: da arraigada tutela republicana de interesses públicos, extrair os aspectos positivos da Lei n. 12.846, perseguindo os melhores resultados possíveis na sua interpretação, aplicação e execução.

CONCLUSÕES

1. A Constituição Federal de 1988, alicerçada no princípio democrático e republicano, é vanguardista na institucionalização da tutela da moralidade, probidade e integridade públicas, contendo inúmeras normas dirigidas a prevenir e reprimir atos de corrupção no exercício de funções públicas e na organização do Estado.
2. O embate anticorrupção no Brasil se desenvolve antes da internalização das convenções internacionais de Paris (2000), Caracas (2002) e Mérida (2006).
3. A Convenção de Mérida representa o momento culminante dos esforços da comunidade internacional no enfrentamento da corrupção. Visa aperfeiçoar, em nível global, normas essenciais em tema de prevenção, penalização, recuperação de ativos e cooperação internacional. A compreensão da corrupção se entremostra multidisciplinar, com vistas a salvaguardar a integridade nos setores público e privado, e fomentar uma cultura de rechaço à corrupção. Com o olhar na amplitude de medidas propugnadas em Mérida, percebe-se a timidez da iniciativa legislativa brasileira sobre diversas temáticas ignoradas ou deficientemente disciplinadas na "Lei Anticorrupção".
4. Entre 1988 e 2000, ano da internalização da Convenção de Paris, o Direito brasileiro positivou relevantes marcos legais afetos ao embate anticorrupção. Entretanto, foram produzidos sem diretrizes normativas superiores, mas na esteira do necessário desdobramento e cumprimento dos mandamentos constitucionais sobre temáticas ou instituições relevantes para uma política estatal anticorrupção. Da legislação citada, interessa sublinhar a Lei n. 8.429/92, a Lei Geral de Improbidade Administrativa, pela sua relação umbilical com a Lei n. 12.846/2013.
5. Entre 2001 e 2013, segue-se um progressivo aperfeiçoamento dos arranjos institucionais brasileiros, nos âmbitos penal e extrapenal, mas já induvidosamente influenciados pela força normativa das convenções internacionais anticorrupção. O ano de 2013 merece destaque, porque aglutinou o desenvolvimento de três mecanismos relevantes anticorrupção, de caráter penal e extrapenal, entre eles, a Lei n. 12.846, de 01.08.2013. Relativamente aos últimos anos (2014-2023), a Lei n. 14.230/2021 mostra uma nova tendência de estipulação de limitações ao exercício do controle sobre a atuação de gestores públicos, sob a invocação da defesa da discricionariedade administrativa com segurança jurídica, na esteira das Leis ns. 13.655/2018 e 14.133/2021.
6. Vista erroneamente como nova Lei de Improbidade, a Lei n. 14.230 imprimiu relevantes alterações no sistema da Lei Geral de Improbidade Administrativa, relativamente a todos os seus componentes estruturais (bem jurídico, tipifica-

ção, sanções, processo) e temas que lhes são inerentes (consensualidade, indisponibilidade, medidas cautelares, execução, prescrição etc.), a exigir o devido exame de constitucionalidade pelo Supremo Tribunal Federal.

7. Das normas em vigor, extrai-se a existência de Sistema Internacional Anticorrupção e do Sistema Brasileiro Anticorrupção, compreendendo este a organização jurídico-institucional de diversos segmentos normativos, entre os quais, o Sistema Político-Constitucional Anticorrupção, o Sistema Político-Legislativo Anticorrupção, o Sistema Penal Anticorrupção, o Sistema Civil Anticorrupção, o Sistema Eleitoral Anticorrupção e o Sistema de Direito Administrativo Sancionador (DAS) Anticorrupção.
8. O Sistema de DAS Anticorrupção compreende, no mínimo, as seguintes três parcelas estruturais: i) Sistemas de responsabilização administrativa, movimentados por diversos órgãos e entidades da Administração Pública, no campo do: i.1) DAS disciplinar (*v.g.*, Lei n. 8.112/90); i.2) DAS licitatório e contratual (destacadamente, Leis ns. 8.666/93, 10.520/2002, 12.462/2011[20] e 13.303/2016, inclusive a nova LGLC, Lei n. 14.133/2021); i.3) DAS econômico, operado pelo CADE (Lei n. 12.529/2011); i.4) DAS de lavagem de dinheiro, operado pelo COAF (Lei n. 9.613/98); i.5) DAS do sistema financeiro, operado pelo BACEN (Lei n. 13.506/2017); i.6) DAS do mercado de valores mobiliários, operado pela CVM (Lei n. 13.506/2017); i.7) DAS de profissões regulamentadas, operadas por inúmeros conselhos de fiscalização profissional; i.8) DAS tributário, operado pelas autoridades tributárias competentes (destacadamente, com base no CTN e na legislação tributária); ii) Sistema de responsabilização pela prática de atos de improbidade, moldado pelas Leis ns. 8.429/92 e 12.846/2013; e iii) Sistema de responsabilização perante os Tribunais de Contas (TCU, TCEs TCDF, TCMs, TCM de SP e TCM do RJ).
9. A identificação de sistemas de responsabilização é relevante mecanismo de depuração das formas institucionais pelas quais se compõem modelos sancionadores na busca de atingir efetividade e conformidade na execução da lei, incluindo a legislação anticorrupção.
10. A Lei n. 12.846/2013 constitui autêntica legislação nacional especial de improbidade, moldada para disciplinar, sistematicamente, a responsabilidade de pessoas jurídicas. Daí correto nominá-la como Lei de Improbidade de Pessoas Jurídicas.
11. Denominá-la como lei anticorrupção brasileira é incompatível com inúmeros temas de uma política anticorrupção doméstica, tal como propugnada em Mérida, cujo elenco de medidas preventivas e repressivas indica a necessidade de retomada contínua da agenda anticorrupção e sua implementação total e adequada no Direito brasileiro.

20 As Leis ns. 8.666, 10.520 (integralmente) e 12.462 (parcialmente) foram revogadas pela Lei n. 14.133/2021.

12. Passados dez anos de sua promulgação, a Lei n. 12.846 permanece com as mesmas deficiências de origem, inalterada até o presente momento, muito embora a Lei Geral de Improbidade tenha sido objeto de intensa reforma (Lei n. 14.230/2021), inclusive com normas dirigidas a disciplinar a relação entre LGIA e LIPJ. Todavia, esse regramento é deveras insuficiente, porque sedimentado na autonomia inexistente da LIPJ.
13. Uma "lei anticorrupção" digna do respeito que Paris, Caracas e Mérida merecem no âmbito doméstico deveria contemplar diretrizes gerais sobre a prevenção de atos de corrupção, e não meramente repassar ao chefe do Poder Executivo atribuição regulamentar para dispor sobre programas de integridade.
14. Cuidaria detalhadamente de construir rol de condutas ilícitas envolvendo pessoas jurídicas nos diversos aspectos tratados pelas convenções (OCDE, OEA e ONU), abrangendo conflitos de interesses, enriquecimento ilícito, lavagem de dinheiro, tráfico de influência, abuso de funções públicas, encobrimento, obstrução de justiça etc. Também conferiria maior objetividade e proporcionalidade na tipificação *in abstracto* de sanções, pecuniárias e não pecuniárias, explicitando o pleno controle jurisdicional na matéria. Formularia critérios claros de suspensão e interrupção de prazos prescricionais. Traria normas a reger o embargo preventivo, apreensão e confisco do produto da corrupção e de bens utilizados no seu cometimento, resguardando direitos de terceiros de boa-fé. Desenharia relacionamentos entre potestades consensuais, com olhos na sua otimização funcional.
15. Resguardaria *in totum* a independência funcional de agentes a movimentar a sua operacionalização, seja em nível administrativo, ministerial ou judicial. Explicitaria normas claras sobre o modo como o Tribunal de Contas deveria inserir-se no tema, haja vista suas atribuições constitucionais de controle externo em favor do patrimônio público. Também tornaria explícitas as atribuições amplas do Ministério Público na matéria.
16. Versaria sobre a relação entre o sistema de DAS Anticorrupção da improbidade de PJs com todos os demais sistemas de responsabilização nesse terreno, como proposto nesta abordagem.
17. Asseguraria, de forma ostensiva, os direitos e garantias fundamentais de acusados. Não contornaria os problemas decorrentes do *bis in idem* no DAS brasileiro anticorrupção, evitando soluções inefetivas que somente contribuem para a inefetividade de ações, incluindo modelos de consensualidade adotados.
18. São aprimoramentos na Lei n. 12.846 que já poderiam ter sido feitos na origem, e, passados dez anos, não foram alvo de alteração legislativa. Demandariam, por fim, uma visão abrangente dos sistemas de responsabilização penais e sobretudo extrapenais que integram a ordem jurídica brasileira, em especial a Lei n. 8.429/92.
19. Sem essa conscientização no nível da formulação do sistema brasileiro anticorrupção, não há alternativa senão: a arraigada persecução de tutela republicana

de interesses públicos, em prol da probidade e integridade pública, extraindo os aspectos positivos da Lei n. 12.846 e perseguindo os melhores resultados possíveis na sua interpretação, aplicação e execução.

REFERÊNCIAS BIBLIOGRÁFICAS

BANDEIRA DE MELLO, Celso Antônio. *Curso de direito administrativo*. 36.ed. Com participação de Carolina Zancaner Zockun, Maurício Zockun e Weida Zancaner. Belo Horizonte, Fórum, 2023.

CARDOSO, Raphael de Matos. *A responsabilidade da pessoa jurídica por atos de improbidade e corrupção*. 2.ed. Rio de Janeiro, Lumen Juris, 2023.

COSTA, Helena Regina Lobo da. "Direito administrativo sancionador e direito penal: a necessidade de desenvolvimento de uma política sancionadora integrada". In: BLAZEK, Luiz Maurício Souza; MARZAGÃO JÚNIOR, Laerte (coords.). *Direito administrativo sancionador*. São Paulo, Quartier Latin, 2014.

CUNHA, Rogério Sanches; SOUZA, Reneé. *Lei Anticorrupção Empresarial*. Salvador, JusPodivm, 2017.

DIAS, Eduardo Rocha. *Sanções administrativas aplicadas a licitantes e contratado*. 1.ed. São Paulo, Dialética, 1997.

ENTERRÍA, Eduardo García de; FERNANDÉZ, Tomás-Ramón. *Curso de direito administrativo*. Volume II. Revisor técnico Carlos Ari Sundfeld. São Paulo, RT, 2014.

FEO, Rebecca. *Direito administrativo sancionador e os princípios constitucionais penais*: análise dos processos da Agência Nacional de Petróleo. Rio de Janeiro, Lumen Juris, 2021.

FERREIRA, Daniel. *Sanções administrativas*. São Paulo, Malheiros, 2001.

__________. *Teoria Geral da Infração Administrativa a partir da Constituição Federal de 1988*. Belo Horizonte, Fórum, 2009.

FERREIRA, Gustavo Costa. *Responsabilidade sancionadora da pessoa jurídica*: critérios para aferição de sua ação e culpabilidade no direito administrativo sancionador. Belo Horizonte, 2019.

FORTINI, Cristiana; MOTTA, Fabrício. "Corrupção nas licitações e contratações públicas: sinais de alerta segundo a Transparência Internacional". *A&C. Revista de Direito Administrativo & Constitucional*, v. 64, p. 93-112, 2016.

GABARDO, Emerson; CASTELLA, Gabriel Morettini e. "A nova Lei Anticorrupção e a importância do *compliance* para as empresas que se relacionam com a Administração Pública". *A&C Revista de Direito Administrativo & Constitucional*, Belo Horizonte, ano 15, n. 60, p. 129-47, abr./jun. 2015.

GARCIA, Senilton Fernandes. "A Sociedade de Risco sob a tutela do direito administrativo sancionador e do direito penal". *Revista de Estudos & Informações*, v. 24, p. 34-41, 2009.

GROTTI, Dinorá Adelaide Musetti; OLIVEIRA, Jose Roberto Pimenta. "Consensualidade no direito administrativo sancionador. Breve análise do Acordo de Não Persecução Cível, na Orientação Normativa n. 10/2020, da 5ª CCR-MPF". In: QUEIROZ, Ronaldo Pinheiro de et al. (coord.). *Justiça consensual*: acordos penais, cíveis e administrativos. Salvador, JusPodivm, 2022, p. 781-846.

HEINEN, Juliano. *Comentários à Lei Anticorrupção*: Lei n. 12.846/2013. Belo Horizonte, Fórum, 2014.

KNOPFHOLZ, Alexandre. "Da administrativização do direito penal ao fortalecimento do direito administrativo sancionador". In: ZARDO, Francisco (coord.). *Temas de direito sancionador*. São Paulo, RT, 2017.

LANE, Renata. *Acordos na improbidade administrativa*: termo de ajustamento de conduta, acordo de não persecução cível e acordo de leniência. 1.ed. Rio de Janeiro, Lumen Juris, 2021.

LEAL, Rogério Gesta. *Aspectos polêmicos da Lei Anticorrupção no Brasil*. Belo Horizonte, Fórum, 2022.

MARRARA, Thiago; DI PIETRO, Maria Sylvia Zanella. Lei Anticorrupção comentada. Belo Horizonte, Fórum, 2019.

MEIRELLES, Hely Lopes. *Direito administrativo brasileiro*. 14.ed. atualiz. pela Constituição de 1988. São Paulo, RT, 1988.

MOREIRA NETO, Diogo de Figueiredo; FREITAS, Rafael Véras de. "A juridicidade da Lei Anticorrupção: reflexões e interpretações prospectivas". *Fórum Administrativo – FA*, Belo Horizonte, ano 14, n. 156, p. 9-20, fev. 2014.

MUNHOZ DE MELLO, Rafael. *Princípios constitucionais de direito administrativo sancionador*: as sanções administrativas à luz da CF/88. São Paulo: Malheiros, 2007.

NOBRE JÚNIOR, Edílson Pereira. "Sanções administrativas e princípios do direito penal". *Revista de Direito Administrativo*, Rio de Janeiro, v. 219, p. 127-51, 2000.

__________. "A Lei n. 12.843/2013 e a responsabilização administrativa (responsabilidade objetiva ou culpabilidade adequada)". *Interesse Público – IP*, Belo Horizonte, ano 21, n. 113, p. 37-57, jan./fev. 2019.

NOHARA, Irene Patrícia. "Consensualidade e gestão democrática do interesse público no Direito". *Interesse Público – IP*, Belo Horizonte, ano 15, n. 78, mar./abr. 2013.

OLIVEIRA, José Roberto Pimenta. *Os princípios da razoabilidade e da proporcionalidade no direito administrativo brasileiro*. São Paulo, Malheiros, 2006.

__________. *Improbidade administrativa e sua autonomia constitucional*. Belo Horizonte, Fórum, 2009.

__________. (coord.). *Direito administrativo sancionador*: estudos em homenagem ao professor emérito da PUCSP Celso Antônio Bandeira de Mello. São Paulo, Malheiros, 2019.

__________. "Análise do Decreto n. 11.129/2022 na regulamentação da Lei n. 12.846/2013". In: *O futuro do direito administrativo*: estudos em homenagem ao Prof. Edilson Nobre. 1.ed. São Paulo, Noeses, 2023, p. 77-176.

__________; GROTTI, Dinorá Adelaide Musetti Grotti. "Direito administrativo sancionador brasileiro: breve evolução, identidade, abrangência e funcionalidades. *Interesse Público – IP*, Belo Horizonte, ano 22, n. 120, p. 83-126, mar./abr. 2020.

__________. "Panorama do sistema de responsabilização pela prática de atos de improbidade administrativa na LIA reformada". In: *Lei de Improbidade Administrativa reformada*: Leis ns. 8.429/92 e 14.230/2021. 1.ed. São Paulo, RT – Thomson Reuters, 2022, v.1, p. 51-84.

OLIVEIRA, Régis Fernandes de. *Infrações e sanções administrativas*. 2.ed. São Paulo, RT, 2005.

OSÓRIO, Fábio Medina. *Teoria da Improbidade Administrativa*. 5.ed. São Paulo, RT, 2020.

__________. *Direito administrativo sancionador*. 9.ed. São Paulo, Revista dos Tribunais, 2023.

PALMA, Juliana Bonacorsi de. *Sanção e acordo na Administração Pública*. São Paulo, Malheiros, 2015.

QUEIROZ, Ronaldo Pinheiro de. "Responsabilização judicial da pessoa jurídica na Lei Anticorrupção". In: SOUZA, Jorge Munhos; QUEIROZ, Ronaldo Pinheiro de. *Lei Anticorrupção*. Salvador, JusPodivm, 2015.

RODRÍGUEZ-ARANA MUÑOZ, Jaime. "Sobre el derecho fundamental a la buena administración y la posición jurídica del ciudadano". *A&C Revista de Direito Administrativo & Constitucional*, Belo Horizonte, Fórum, ano 12, n. 47, p. 13-50, jan./mar. 2012.

SANTOS, José Anacleto Abduch; BERTONCINI, Mateus; CUSTÓDIO FILHO, Ubirajara. *Comentários à Lei n. 12.846/2013*: Lei anticorrupção. São Paulo, RT, 2014.

SILVEIRA, Mateus Camilo Ribeiro da. "Acordo de não persecução civil no âmbito da Lei de Improbidade Administrativa". São Paulo, 2022. 232 p. Tese (Doutorado em Direito). Pontifícia Universidade Católica de São Paulo.

VITTA, Heraldo Garcia. A sanção no direito administrativo. São Paulo, Malheiros, 2003.

VORONOFF, Alice. *Direito administrativo sancionador no Brasil*: justificação, interpretação e aplicação. Belo Horizonte, Fórum, 2018.

__________. "Direito administrativo sancionador: um olhar pragmático a partir das contribuições da análise econômica do Direito". *Revista de Direito Administrativo*, Rio de Janeiro, FGV, v. 278, p. 107-40, 2019.

XAVIER, Marília Barros. *Direito administrativo sancionador tributário*. Belo Horizonte, Fórum, 2021.

ZARDO, Francisco. *Infrações e sanções em licitações e contratos administrativos*. 1.ed. São Paulo, RT-Thomson Reuters, 2014.

Capítulo 6. Responsabilidade das pessoas jurídicas e *compliance* na Lei Anticorrupção

Ricardo Marcondes Martins

INTRODUÇÃO

O tema do *compliance* passou a ser discutido no Brasil com a edição da Lei Anticorrupção, Lei federal n. 12.846/2013. No inciso VIII do art. 7º, ela determina que, entre outros fatores, deve ser levada em conta, para dosimetria das sanções nela estabelecidas, "a existência de mecanismos e procedimentos internos de integridade, auditoria e incentivo à denúncia de irregularidades e a aplicação efetiva de códigos de ética e de conduta no âmbito da pessoa jurídica". O "programa de integridade" foi disciplinado nos arts. 41 e 42 do Decreto federal n. 8.420/2015 (substituídos pelos arts. 56 e 57 do Decreto federal n. 11.129/2022, que revogou o Decreto de 2015). Passou-se a utilizar, na doutrina brasileira, a palavra *compliance* para se referir a esse programa.[1] Não se pretende, neste estudo, examinar o próprio conceito de *compliance*,[2] mas, sim, a relação conceitual entre ele e a responsabilização da pessoa jurídica por atos de corrupção. A proposta é aprofundar o estudo da problemática existente sobre a responsabilização da pessoa jurídica e, diante dessa problemática, examinar o papel do *complicance*.

PESSOA JURÍDICA: FICÇÃO OU REALIDADE?

Qualquer neófito dos estudos jurídicos sabe que existem dois tipos de pessoas: as naturais ou físicas e as jurídicas ou morais. A personalidade jurídica é um atributo jurídico consistente na qualidade de ser titular de direitos e obrigações, de ser sujei-

1 Por todos: CASTRO, Rodrigo Pironti Aguirre de; ZILIOTTO, Mirela Miró. Compliance *nas contratações públicas*: exigência e critérios normativos, 2019, p. 20; PAULA, Marco Aurélio Borges de; CASTRO, Rodrigo Pironti Aguirre de (coord.). Compliance, *gestão de risco e combate à corrução*, 2019; ZENKNER, Marcelo; CASTRO, Rodrigo Pironti Aguirre de (coord.). Compliance *no setor público*, 2020. As duas últimas obras reúnem vários trabalhos, de diversos autores, que utilizam a palavra *compliance* para se referir aos mecanismos de integridade.

2 Sobre o conceito de *compliance*, *vide*: MARTINS, Ricardo Marcondes. "Considerações críticas ao conceito de *compliance*". *Revista Internacional de Direito Público*, Belo Horizonte, ano 6, n. 10, p. 9-24, jan.-jun. 2021.

to de direito.[3] É o Direito que atribui personalidade, e o faz não apenas às pessoas físicas, mas também às pessoas jurídicas, a um conjunto de pessoas ou de bens. A personificação é um processo técnico do Direito de separação patrimonial, pois o patrimônio desse conjunto fica segredado do patrimônio das pessoas físicas que o integram.[4] Muito se discute se as pessoas jurídicas são uma realidade ou uma ficção. Concorda-se com Pontes de Miranda: trata-se de uma "falsa questão", pois a "realidade" é um conceito do mundo fático e a pessoa jurídica é um conceito do mundo jurídico.[5] Em sua clássica obra sobre o tema, Francisco Ferrara explica:

> As pessoas jurídicas são uma realidade, e não uma ficção. Porém, o conceito de realidade é relativo e variável nos diversos campos do conhecimento. Se por real se entende tudo o que é perceptível aos sentidos, certamente as pessoas jurídicas não são reais, mas tampouco são reais os conceitos das ciências abstratas, e em particular tampouco é real nosso mundo jurídico. Porém, quando o conceito de real se amplia a tudo o que existe em nosso pensamento, em antítese ao que é imaginário e encenado, então não resta dúvida de que as pessoas jurídicas são uma realidade. São reais no mesmo sentido e do mesmo modo que são reais as demais formas jurídicas, como é real uma obrigação, uma herança, um contrato. Realidade ideal jurídica, não realidade corporal sensível.[6] [tradução livre]

Ainda que se aceite que a pessoa jurídica é uma realidade do mundo jurídico – e não um ser concreto do mundo fenomênico –, sua responsabilização envolve um problema. Há que se ter uma "razão" para sujeitar alguém a "responder" por certa infração. A resposta intuitiva seria: a pessoa deve ser responsável por suas próprias ações, o que pressupõe a "autoria" da conduta. Daí o problema: a realização de uma conduta exige "vontade"? Se sim, pessoas jurídicas possuem "vontade"? Se não, elas "agem"?

PESSOA JURÍDICA E VONTADE

Só quem possui vida anímica própria tem, naturalmente, vontade e, por conseguinte, age. Pessoas jurídicas não possuem vida anímica própria.[7] A vontade das

---

3 Por todos: GOMES, Orlando. *Introdução ao direito civil*, 2001, p. 141-2; AMARAL, Francisco. *Direito civil*: introdução, 2000, p. 213-4.

4 Cf. COELHO, Fábio Ulhoa. *Curso de direito civil* – v. 1, 2003, p. 230-2.

5 *Tratado de direito privado* – Tomo I, 2012, § 75, p. 399.

6 No original: "*Las personas jurídicas son una realidad y no una ficción. Pero el concepto de realidad es relativo y variable en los diversos campos del conocimiento. Si por real se entiende todo lo que es perceptible por los sentidos, ciertamente las personas jurídicas no son reales, pero no son reales tampoco los conceptos de las ciencias abstractas, y en particular tampoco es real nuestro mundo jurídico. Pero cuando el concepto de real se amplía a todo lo que existe en nuestro pensamiento, en antítesis con lo que es imaginario y fingido, entonces no queda duda que las personas jurídicas son una realidad. Son reales en el mismo sentido y del mismo modo que son reales las demás formas jurídicas, como es real una obligación, una herencia, un contrato. Realidad ideal jurídica, no realidad corporal sensible*" (FERRARA, Francisco. *Teoría de las personas jurídicas*, 2006, p. 268-9).

7 Por todos: BANDEIRA DE MELLO, Celso Antônio. "Apontamentos sobre a teoria dos órgãos públicos". *Revista de Direito Administrativo e Infraestrutura*, São Paulo, ano 02, n. 04, p. 423-34, jan.-mar. 2018, p. 423.

pessoas jurídicas, diz León Michoud, em sua clássica monografia, é artificial: trata-se de uma *volonté légale du groupe* ("vontade legal do grupo"), mais do que uma *volonté naturelle* ("vontade natural").[8] Contudo, a própria pessoa jurídica celebra contratos, ou seja, no mundo jurídico, a pessoa jurídica age por si. Juridicamente, ela tem uma "vontade". Como explicar, então, sua vontade e sua conduta? A explicação se dá pela **teoria do órgão**. Passou-se a discutir se o órgão **representa** a pessoa jurídica. Concluiu-se que não há **representação**: o órgão torna a pessoa jurídica presente nas relações jurídicas. Na representação, há dois sujeitos distintos: o representante e o representado. Na teoria do órgão, não há essa distinção entre o órgão e a pessoa jurídica: quando o órgão age, é a própria pessoa jurídica que está agindo. Nas palavras de Michoud:

> Quando há um órgão, pelo contrário, é a pessoa jurídica que age por si mesma; seu órgão não é algo distinto dela; ele é uma parte dela mesma, que ela utiliza como a pessoa física utiliza a boca ou a mão; pois a organização jurídica da qual ele é produto pertence à essência da pessoa moral; ela é como seu corpo jurídico, sem o qual seria incapaz de existir.[9]

Na representação é possível uma relação jurídica com o representante e outra relação jurídica com o representado, e este só responde pelos atos do representante se o último observou os termos da representação. Ao revés, é impossível uma relação jurídica entre uma pessoa física e o órgão da pessoa jurídica diversa da relação com a própria pessoa jurídica. A relação com o órgão é, na verdade, a relação com a pessoa que ele torna presente. Na verdade, é o próprio órgão que age, e esse "agir do órgão" é imputado à pessoa jurídica. Quando o órgão age, é a pessoa que está agindo. Por isso, Michoud afirma que a palavra "órgão" é utilizada apenas a título de comparação com a pessoa física: por um lado, por analogia, é, tanto na pessoa física como na jurídica parte integrante da pessoa, de tal modo que não se concebe a pessoa sem ele; por outro, contudo, em relação à pessoa física, não é o órgão – o coração, o pulmão etc. –, mas a própria pessoa, que tem vontade e inteligência; em relação à pessoa jurídica, ao revés, o órgão é um ser que possui, por si, vontade e inteligência, já que a pessoa jurídica não as têm por si.[10] A vontade da pessoa jurídica não é outra coisa, observa Michoud, que a vontade mesma do órgão.[11]

Interessante notar que tudo o que Michoud afirma para a pessoa jurídica estende-se integralmente ao próprio órgão. Enquanto feixe de atribuições, o órgão não possui, também, vontade e inteligência, vida anímica própria. Quem as possui é

---

8 MICHOUD, Léon. *La théorie de la personnalité morale et son application au droit français* – v. I, 1924, p. 120.

9 No original: "*Quand il y a organe, au contraire, c'est la personne juridique qui agit elle-même; son organe n'est pas quelque chose qui soit distinct d'elle; il est une partie d'elle-même dont elle se sert co'mme la personne physique se sert de la bouche ou de la main; car l'organisation juridique dont il est le produit appartient à l'essence de la personne moral; elle est comme son corps juridique, sans laquelle elle est incapable d'existence*" (ibidem, p. 129).

10 Ibidem, p. 135.

11 Ibidem, p. 136.

só a pessoa física, esta sim, ser que age, que possui, propriamente, vontade. Por isso, se o órgão torna presente a pessoa jurídica na relação jurídica, o agente, pessoa física, torna presente o órgão nessa relação. Os argumentos invocados para desqualificar a representação da pessoa jurídica pelo órgão são, nos mesmos termos, invocados para desqualificar a representação do órgão pelo agente, pessoa física.[12] A palavra adequada para essas situações não é a "representação", mas a "presentação":[13] o órgão presenta a pessoa jurídica, torna-a presente, e o agente, pessoa física, presenta o órgão, torna-o presente. Há duas relações de *imputação*: a vontade do agente é imputada ao órgão,[14] e a vontade do órgão é imputada à pessoa jurídica. Nas palavras de Dalmo de Abreu Dallari: "não é difícil perceber que as pessoas físicas, quando agem como órgãos do Estado, externam uma vontade que só pode ser imputada a este e que não se confunde com as vontades individuais".[15]

Mas há uma diferença entre a atuação do Estado e a atuação de uma pessoa privada. Qualquer ato de um agente estatal, associado ao exercício de suas funções, é imputado ao Estado. Em relação às pessoas privadas, não se pode dizer que qualquer atuação de um de seus agentes, das pessoas físicas que a integram, é a ela imputada. Daí o tema da "formação e expressão da vontade da pessoa jurídica": depende da manifestação de uma ou algumas pessoas físicas, agindo individual ou coletivamente, tudo nos termos do que estabelecem a lei e o respectivo ato constitutivo (estatuto ou contrato social).

Como bem assinala Fábio Ulhoa Coelho, cada estatuto ou contrato social estrutura os órgãos da respectiva pessoa jurídica, atendendo às restrições legais, mas, apesar de a estruturação poder variar, em geral há: sempre um órgão de representação ou administração – que costuma ser denominado diretoria; e um órgão de deliberação – nas associações ou sociedades costuma ser designado por assembleia, integrada por todos os associados ou sócios, e nas fundações é o conselho curador ou deliberativo.[16] A depender da complexidade da pessoa jurídica, há órgãos deliberativos intermediários, como o conselho de administração, e órgãos de fiscalização, como o conselho fiscal.[17] Perceba-se que os órgãos das pessoas jurídicas podem ser simples – um único diretor ou administrador – ou colegiais – as assembleias e os conselhos. A decisão dos órgãos colegiais decorre de uma atuação conjunta de seus membros, dá-se, em reunião,[18] pelo princípio majoritário. Explica Fábio Ulhoa Coelho:

---

12 É o que faz Celso Antônio Bandeira de Mello, em seu precioso estudo sobre os órgãos públicos (op. cit., 2018, p. 428-30.

13 Por todos: PONTES DE MIRANDA, op. cit., 2012, § 75, p. 404; § 98, p. 584.

14 BANDEIRA DE MELLO, op. cit., 2018, p. 430.

15 DALLARI, Dalmo de Abreu. *Elementos de teoria geral do Estado*, 2018, p. 126.

16 Op. cit., 2003, p. 244-5.

17 Ibidem, p. 245.

18 Cf. BORDALO, Rodrigo. *Os órgãos colegiados no direito administrativo brasileiro*, 2016, p. 168.

> Na formação de vontade da pessoa jurídica impera o princípio majoritário. Em razão dessa regra, a vontade da pessoa jurídica é a da maioria dos membros do órgão investido de competência para formá-la ou expressá-la. Se a maioria dos associados presentes à assembleia do clube aprova o aumento da contribuição associativa, esta passa a ser a vontade da pessoa jurídica, à qual se submetem os demais associados (os que votaram vencidos e os que não compareceram à assembleia.[19]

Sem embargo, o princípio majoritário não segue necessariamente a diretriz democrática – "*one man, one vote*" –, tendo em vista dois aspectos: 1) o estatuto pode limitar o poder da maioria, estabelecendo que certas decisões devam ser adotadas por unanimidade ou que certos integrantes tenham direito de veto; 2) nas pessoas de fins econômicos, a regra é que cada pessoa física participe das deliberações com quantidade de votos proporcional à sua contribuição para o capital social da entidade.[20] Com essa ressalva, é possível concluir que a "vontade real" da pessoa jurídica é expressa pela "vontade ou da totalidade ou da maioria dos membros de seus órgãos colegiados e assentada devidamente em suas atas ou relatórios legais ou em outros instrumentos, é dizer, uma vontade documentada".[21]

PESSOA JURÍDICA E RESPONSABILIDADE

Se, em última análise, quem tem vontade, consciência, inteligência, livre-arbítrio, é a pessoa física, se o agir desta é simplesmente imputado ao órgão, e deste à pessoa jurídica, surge o problema: como responsabilizar a pessoa jurídica por uma conduta que, em última análise, foi da pessoa física? A questão é antiga e já está, de certa forma, superada. Durante muitos anos afirmou-se a absoluta irresponsabilidade do Estado; lentamente, com a consagração do "Estado de Direito", o Estado foi tornando-se responsável por seus atos.[22] Hoje, ninguém mais dúvida de que o Estado, pessoa jurídica, pode ser responsabilizado, independentemente da responsabilidade de seus agentes. O passo decisivo para a responsabilização foi a atribuição de personalidade jurídica ao Estado.[23] O Estado age por meio de seus órgãos e estes agem por meio de seus agentes, mas, apesar disso, o Estado responde, de modo autônomo, pelo agir de seus órgãos e, pois, pelo agir de seus agentes. Perceba-se: foi a teoria do órgão que justificou teoricamente a responsabilização da pessoa jurídica. Nesse sentido, afirma Pontes de Miranda:

---

19 Op. cit., 2003, p. 246.
20 Ibidem.
21 ZAFFARONI, Eugenio Raúl. "Parecer a Nilo Batista sobre a responsabilidade penal das pessoas jurídicas". In: PRADO, Luiz Regis; DOTTI, René Ariel (coord.). *Responsabilidade penal da pessoa jurídica*: em defesa do princípio da imputação subjetiva, 2013, p. 58, tradução nossa.
22 Em obra originariamente publicada em 1904, Amaro Cavalcanti apresenta um amplo panorama dessa evolução, e, após discorrer sobre as teorias da irresponsabilidade e da responsabilidade apenas do funcionário, aborda as teorias da responsabilidade do próprio Estado; já nessa época, reconhece a consagração das últimas (CAVALCANTI, Amaro. *Responsabilidade civil do Estado* – v. 1, 1957, p. 147 et seq. Para uma abordagem mais recente, por todos: SEVERO, Sérgio. *Tratado da responsabilidade pública*, 2009, p. 04 et seq.
23 Por todos: CHEVALLIER, Jacques. *O Estado de direito*, 2013, p. 30.

> Atos dos órgãos – O direito contemporâneo assentou, como decorrente da própria concepção das pessoas jurídicas, que respondem elas pelos atos dos seus órgãos. São atos seus. [...] A responsabilidade pelos atos dos órgãos é de vontade própria, porque a vontade, em tais atos, é vontade da pessoa jurídica, e por ato próprio, porque os atos dos órgãos são seus.[24]

Logo, a pessoa jurídica, em si mesma, naturalmente, não possui vida anímica própria e, pois, não age. Quem possui vida anímica própria é a pessoa física e, pois, só ela age, propriamente. Porém, pela teoria do órgão, a vontade da pessoa física é imputada ao órgão e a vontade do órgão é imputada à pessoa jurídica. Assim, juridicamente, a pessoa jurídica possui vontade própria, manifestada pela decisão de seus órgãos, e age por meio deles. Logo, responde por essa atuação. Contudo, a regra no Direito é a *responsabilidade subjetiva*: uma pessoa física responde em decorrência de seu dolo ou culpa. No direito penal, exige-se mais do que culpa, exige-se culpabilidade.[25] É possível falar em dolo, culpa e culpabilidade das pessoas jurídicas? Ademais, a pessoa jurídica deve responder quando um empregado, preposto, enfim, alguma pessoa física que age em seu nome, delibera mesmo que sem suporte dos órgãos deliberativos da pessoa jurídica?

Responsabilidade subjetiva da pessoa jurídica

A discussão sobre a *responsabilidade subjetiva* das pessoas jurídicas deu-se, com profundidade, na doutrina do direito penal. Foi prevista no art. 3º da Lei dos Crimes Ambientais, Lei federal n. 9.605/98, com suposto fundamento no § 3º do art. 225 da CF/88. Passou, então, a doutrina a discutir a possibilidade conceitual e, pois, a validade dessa imputação. A questão é bastante controversa. Segundo informam Eugenio Raúl Zaffaroni,[26] Juarez Cirino dos Santos[27] e Luiz Regis Prado,[28] tanto o Direito inglês como o Direito francês admitem-na. Para Cirino dos Santos, há um equívoco na interpretação do referido § 3º do art. 225: o dispositivo simplesmente estabelece que as condutas das pessoas físicas sujeitar-se-ão às sanções penais e as condutas das pessoas jurídicas às sanções administrativas, de modo que a responsabilização penal prevista na Lei federal n. 9.605/98 seria inconstitucional,[29] pois, em relação ao órgão, não seria possível falar nem de culpa e dolo, nem de culpabilidade. *In verbis*:

---

24 Op. cit., 2012, Tomo I, § 98, p. 583.

25 Na doutrina brasileira, prevalece o entendimento de que a *culpabilidade* consiste num juízo de reprovação que recai sobre o agente por ter praticado o injusto, uma conduta típica e antijurídica. Por todos: TEOTÔNIO, Luís Augusto Freire. *Culpabilidade*, 2002, p. 74-5. Para uma percuciente crítica a esse conceito: TAVARES, Juarez. *Fundamentos de teoria do delito*, 2018, p. 413-20.

26 Op. cit., 2013, p. 50-2.

27 *Direito penal*: Parte Geral, 2018, p. 717.

28 "Responsabilidade penal da pessoa jurídica: fundamentos e implicações". In: PRADO, Luiz Regis; DOTTI, René Ariel (coord.). *Responsabilidade penal da pessoa jurídica*: em defesa do princípio da imputação subjetiva, 2013, p. 142-51.

29 Op. cit., 2018, p. 722-3.

> A decisão de órgão colegiado [...] não pode ser abordada pelas categorias analíticas do fato punível, por razões evidentes: a) a autoria da decisão é indeterminável; b) o tipo de injusto é indemonstrável, em especial nas dimensões subjetivas do dolo e da imprudência; c) a culpabilidade, como juízo de reprovação pela realização do tipo de injusto, é impossível. A razão é simples: a pessoa jurídica é incapaz de ação (tipo de injusto) e incapaz de culpabilidade (juízo de reprovação).[30]

Luiz Regis Prado não considera a responsabilização penal da pessoa jurídica inconstitucional, mas exige a prática do crime por uma pessoa física que intervenha em nome dela.[31] Adota-se, segundo ele, a teoria francesa da responsabilidade por empréstimo ou ricochete: quem pratica a infração é a pessoa física, mas por ricochete é responsabilizada a pessoa jurídica a quem o agir da pessoa física é imputado.[32] Sem embargo, considera essa opção criminalizadora do legislador "no mínimo questionável", pois só é aceitável "se, num verdadeiro *tout de force* – pragmático e artificial –, privilegiar-se político-criminalmente o fim em detrimento do meio".[33]

De início, o Superior Tribunal de Justiça, no REsp n. 564.960/SC, vinculou a responsabilização da pessoa jurídica à responsabilização dos respectivos dirigentes, já que a culpa e culpabilidade dela dependem da deles. No acórdão, de 2005, a Corte explica, com absoluta precisão, que o agir da pessoa jurídica dá-se pelos seus órgãos e o agir destes dá-se pelo agir das pessoas dos dirigentes:

> I. Hipótese em que pessoa jurídica de direito privado, juntamente com dois administradores, foi denunciada por crime ambiental, consubstanciado em causar poluição em leito de um rio, através de lançamento de resíduos, tais como, graxas, óleo, lodo, areia e produtos químicos, resultantes da atividade do estabelecimento comercial. II. A Lei Ambiental, regulamentando preceito constitucional, passou a prever, de forma inequívoca, a possibilidade de penalização criminal das pessoas jurídicas por danos ao meio ambiente. III. A responsabilização penal da pessoa jurídica pela prática de delitos ambientais advém de uma escolha política, como forma não apenas de punição das condutas lesivas ao meio ambiente, mas como forma mesmo de prevenção geral e especial. IV. A imputação penal às pessoas jurídicas encontra barreiras na suposta incapacidade de praticarem uma ação de relevância penal, de serem culpáveis e de sofrerem penalidades. V. Se a pessoa jurídica tem existência própria no ordenamento jurídico e pratica atos no meio social através da atuação de seus administradores, poderá vir a praticar condutas típicas e, portanto, ser passível de responsabilização penal. VI. A culpabilidade, no conceito moderno, é a responsabilidade social, e a culpabilidade da pessoa jurídica, neste contexto, limita-se à vontade do seu administrador ao agir em seu nome e proveito. VII. A pessoa jurídica só pode ser responsabilizada quando houver in-

30 Ibidem, p. 725.
31 Op. cit., 2013, p. 155.
32 Ibidem.
33 Ibidem, p. 159.

> tervenção de uma pessoa física, que atua em nome e em benefício do ente moral. VIII. "De qualquer modo, a pessoa jurídica deve ser beneficiária direta ou indiretamente pela conduta praticada por decisão do seu representante legal ou contratual ou de seu órgão colegiado." IX. A atuação do colegiado em nome e proveito da pessoa jurídica é a própria vontade da empresa. A coparticipação prevê que todos os envolvidos no evento delituoso serão responsabilizados na medida se sua culpabilidade. X. A Lei Ambiental previu para as pessoas jurídicas penas autônomas de multas, de prestação de serviços à comunidade, restritivas de direitos, liquidação forçada e desconsideração da pessoa jurídica, todas adaptadas à sua natureza jurídica. XI. Não há ofensa ao princípio constitucional de que "nenhuma pena passará da pessoa do condenado...", pois é incontroversa a existência de duas pessoas distintas: uma física – que de qualquer forma contribui para a prática do delito – e uma jurídica, cada qual recebendo a punição de forma individualizada, decorrente de sua atividade lesiva. XII. A denúncia oferecida contra a pessoa jurídica de direito privado deve ser acolhida, diante de sua legitimidade para figurar no polo passivo da relação processual-penal.[34]

A partir desse julgado, consagrou-se na Corte o entendimento de que a punição da pessoa jurídica pressuporia a concomitante punição de seus dirigentes, o que ficou conhecido como *teoria da dupla imputação*. Foi o que se decidiu, por exemplo, no REsp n. 889.528/SC:

> Admite-se a responsabilidade penal da pessoa jurídica em crimes ambientais desde que haja a imputação simultânea do ente moral e da pessoa física que atua em seu nome ou em seu benefício, uma vez que "não se pode compreender a responsabilização do ente moral dissociada da atuação de uma pessoa física, que age com elemento subjetivo próprio", cf. REsp n. 564.960/SC, 5ª T., rel. Min. Gilson Dipp, *DJ* 13.06.2005 (Precedentes).[35]

Não foi esse, porém, o entendimento do Supremo Tribunal Federal. No RE n. 548.181, a Corte entendeu desnecessária a concomitante punição dos dirigentes para responsabilização da pessoa jurídica, havendo uma responsabilidade *autônoma*:

> 1. O art. 225, § 3º, da Constituição Federal não condiciona a responsabilização penal da pessoa jurídica por crimes ambientais à simultânea persecução penal da pessoa física em tese responsável no âmbito da empresa. A norma constitucional não impõe a necessária dupla imputação. 2. As organizações corporativas complexas da atualidade se caracterizam pela descentralização e distribuição de atribuições e responsabilidades, sendo inerentes, a esta realidade, as dificuldades para imputar o fato ilícito a uma pessoa concreta. 3. Condicionar a aplicação do art. 225, § 3º, da Carta Política a uma concreta imputação também a pessoa física implica indevida

34 STJ, REsp n. 564.960/SC, 5ª T., rel. Min. Gilson Dipp, j. 02.06.2005, *DJ* 13.06.2005, p. 331.

35 STJ, REsp n. 889.528/SC, 5ª T., rel. Min. Felix Fischer, j. 17.04.2007, *DJ* 18.06.2007, p. 303. No mesmo sentido: STJ, REsp n. 989.089/SC, 5ª T., rel. Min. Arnaldo Esteves Lima, j. 18.08.2009, *DJe* 28.09.2009.

> restrição da norma constitucional, expressa a intenção do constituinte originário não apenas de ampliar o alcance das sanções penais, mas também de evitar a impunidade pelos crimes ambientais frente às imensas dificuldades de individualização dos responsáveis internamente às corporações, além de reforçar a tutela do bem jurídico ambiental. 4. A identificação dos setores e agentes internos da empresa determinantes da produção do fato ilícito tem relevância e deve ser buscada no caso concreto como forma de esclarecer se esses indivíduos ou órgãos atuaram ou deliberaram no exercício regular de suas atribuições internas à sociedade, e ainda para verificar se a atuação se deu no interesse ou em benefício da entidade coletiva. Tal esclarecimento, relevante para fins de imputar determinado delito à pessoa jurídica, não se confunde, todavia, com subordinar a responsabilização da pessoa jurídica à responsabilização conjunta e cumulativa das pessoas físicas envolvidas. Em não raras oportunidades, as responsabilidades internas pelo fato estarão diluídas ou parcializadas de tal modo que não permitirão a imputação de responsabilidade penal individual. 5. Recurso Extraordinário parcialmente conhecido e, na parte conhecida, provido.[36]

A partir desse julgado, o STJ mudou seu posicionamento, dispensando a concomitante responsabilização da pessoa física. Nesse sentido, segundo levantamento efetuado por André Estefam e Victor Eduardo Rios Gonçalves: Ag. Reg. no RMS n. 48.085/PA, 5ª T., rel. Min. Gurgel de Faria, j. 05.11.2015; RMS n. 39.173/BA, 5ª T., rel. Min. Reynaldo Soares da Fonseca, j. 06.08.2015, *DJe* 13.08.2015; Ag. Reg. nos EDcl no RMS n. 43.817/SP, 5ª T., rel. Min. Gurgel de Faria, j. 01.09.2015, *DJe* 18.09.2015; RHC n. 53.208/SP, 6ª T., rel. Min. Sebastião Reis Júnior, j. 21.05.2015, *DJe* 01.06.2015.[37]

Ainda que não se exija a dupla responsabilização, a responsabilidade subjetiva da pessoa jurídica exige: 1) que tenha sido praticado um fato típico, antijurídico, culpável e punível[38] por uma pessoa física; 2) que o órgão deliberativo da entidade tenha autorizado a prática dessa conduta. Sem a primeira exigência, não há uma conduta punível; sem a segunda, não há *culpa*. Deveras: não se admite no Direito brasileiro a responsabilização penal objetiva.[39] Nos termos explicados, para as pessoas privadas, não basta qualquer atuação de uma pessoa física associada a uma pessoa jurídica para que haja imputação da atuação desta àquela. A formação e a atuação da vontade da pessoa jurídica dão-se por meio da atuação de seus órgãos, nos termos da lei e do respectivo ato constitutivo. Assim, se dispensada a prova da deliberação destes, a responsabilidade torna-se objetiva, o que é vedado pelo direito penal.

---

36 STF, RE n. 548.181, 1ª T., rel. Min. Rosa Weber, j. 06.08.2013, *DJe*-213, *RTJ* v. 230-01, p. 464.

37 ESTEFAM, André; GONÇALVES, Victor Eduardo Rios. *Direito penal*: Parte Geral, 2019, p. 198.

38 Sobre os quatro conceitos, *vide*: MARTINS, Ricardo Marcondes. *Efeitos dos vícios do ato administrativo*, 2008, p. 617-40.

39 Por todos: BITENCOURT, Cezar Roberto. *Manual de direito penal* – v. 1, 2000, p. 14; GOMES, Luiz Flávio; MOLINA, Antonio García-Pablos de; BIANCHINI, Alice. *Direito penal* – v. 1, 2007, p. 531-9.

Responsabilidade objetiva da pessoa jurídica

Ao contrário do que se supôs em determinado momento histórico, a realidade condiciona a interpretação e a aplicação do Direito.[40] É bastante incomum que uma empresa estabeleça na ata da reunião de sua assembleia ou de seu conselho de administração a determinação para que sejam praticados atos de corrupção. Exigir a prova da decisão do respectivo órgão em prol da infração para sancionar a pessoa jurídica é consagrar, ressalvadas hipóteses teratológicas, sua irresponsabilidade. Em relação à prática de corrupção, a questão se torna mais injusta: quase sempre é possível comprovar a responsabilidade subjetiva apenas de um subalterno; dificilmente se comprova a culpa dos dirigentes e, pois, da própria empresa, que, no mais das vezes, são os que se beneficiam do ato de corrupção. Em geral, dirigentes e integrantes dos órgãos societários, que deliberam pela prática da corrupção, não publicam a decisão, não a registram nas atas das reuniões dos conselhos e das assembleias. Tem-se, invariavelmente, a palavra do próprio subalterno, autor do ato, e isso quando ele confessa e aponta de quem partiu a ordem. A responsabilidade objetiva é inviável no direito penal, mas perfeitamente possível no direito administrativo. Nessa seara é admitida a dissociação entre a autoria e a responsabilidade.[41] Foi a solução dada pelo art. 2º da Lei Anticorrupção: as pessoas jurídicas são responsabilizadas objetivamente, nos âmbitos administrativo e civil, pelos atos lesivos previstos no seu art. 5º, praticados em seu interesse ou benefício, exclusivo ou não.

O texto do referido art. 2º da Lei Anticorrupção parece simples, mas gera bastantes dúvidas hermenêuticas. Para Juliano Heinen, a responsabilidade da pessoa jurídica por atos de corrupção exige: a) uma conduta típica, voluntária e objetivamente imputável; b) resultado;[42] c) nexo de causalidade entre a conduta e o resultado; d) que o ato seja praticado no interesse ou em benefício da pessoa jurídica.[43] Heinen enfatiza que não há que se discutir culpa ou dolo para que a pessoa jurídica seja responsabilizada.[44] Antonio Araldo Ferraz Dal Pozzo, Augusto Neves Dal Pozzo, Beatriz Neves Dal Pozzo e Renan Marcondes Facchinatto exigem: a) nexo etiológico entre a conduta do agente e o ato lesivo; b) relação jurídica entre o agente e a empresa que o legitime a agir em nome dela.[45] O § 1º do art. 3º da Lei Anti-

---

40 Por todos: MÜLLER, Friedrich. *O novo paradigma do Direito*: introdução à teoria e metódica estruturantes do Direito, 2007, p. 42 et seq.

41 Por todos: BANDEIRA DE MELLO, Celso Antônio. *Curso de direito administrativo*, 2019, p 900-1. O legislador não é livre para imputar responsabilidade a terceiros (idem, p. 912-4), mas o benefício ou o interesse da pessoa jurídica e o liame jurídico ou fático entre ela e o autor, a seguir examinados, justificam a imputação.

42 A maioria dos tipos do art. 5º da Lei Anticorrupção não se refere a infrações *materiais*, que exigem, para sua consumação, um resultado naturalístico, mas formais ou de mera conduta. Sobre essa classificação, por todos: ESTEFAM, André; GONÇALVES, Victor Eduardo Rios, op. cit., 2019, p. 208-9. O "resultado" é a ofensa a um bem jurídico protegido pelo Direito. Para uma análise crítica do conceito de resultado no direito penal: TAVARES, Juarez, op. cit., 2018, p. 184-7.

43 HEINEN, Juliano. *Comentários à Lei Anticorrupção*, 2015, p. 68-79.

44 Ibidem, p. 79-92.

45 DAL POZZO, Antonio Araldo Ferraz et al. *Lei Anticorrupção*, 2015, p. 38-9.

corrupção estabelece expressamente que a pessoa jurídica será responsabilizada independentemente da responsabilização das pessoas naturais, não deixando dúvida sobre o afastamento da teoria da dupla imputação.

Apesar de a responsabilidade ser objetiva e autônoma, o agir da pessoa jurídica, nos termos aqui examinados, exige o agir da pessoa física. Deveras: a conduta da pessoa jurídica pressupõe a conduta de uma pessoa física que a ela é imputada. Logo, para a pessoa jurídica responder por um ato de corrupção é necessário que uma pessoa física tenha praticado um ato de corrupção. Daí a indagação: que pessoa física? Se a responsabilidade fosse *subjetiva*, seria aquela que, nos termos da lei ou do ato constitutivo, tem competência para externar a vontade da pessoa jurídica. Como a responsabilidade é *objetiva*, basta que haja um vínculo entre a pessoa física e a pessoa jurídica.

Não há necessidade de um vínculo formal: a prévia celebração de um contrato de trabalho ou de um contrato de prestação de serviços. Exige-se, sim, a prova de que a pessoa jurídica possui alguma relação, ainda que de fato, com a pessoa física que praticou o ato de corrupção. Na falta do vínculo jurídico, existe uma presunção em favor desse liame: no mundo real, nenhuma pessoa física costuma atuar no interesse ou em benefício de uma pessoa jurídica por mera liberalidade. Sem embargo, a presunção não é suficiente para dispensar a prova do liame de fato, mas, havendo algum elemento probatório em prol dele, cabe à pessoa jurídica interessada ou beneficiada descaracterizá-lo. Assim, se ficar provado que a pessoa física atuou por mera liberalidade, ou até mesmo por provocação de uma empresa concorrente, a pessoa jurídica interessada ou beneficiada não deve ser responsabilizada. Em suma: o primeiro pressuposto para a responsabilização objetiva da pessoa jurídica por ato de corrupção é a atuação de uma pessoa física cuja conduta possa ser imputada à pessoa jurídica, ou em decorrência de vínculo jurídico ou fático.

Essa pessoa física precisa ter praticado uma das condutas previstas no art. 5º da Lei Anticorrupção. Como se sabe, o fato típico, para se configurar, exige bem mais do que a tipicidade formal. Exige uma conduta, a violação de um bem jurídico, o nexo causal entre a conduta e a violação do bem jurídico, que essa ofensa não seja insignificante. Exige, também, dolo ou culpa. Daí a pergunta: se a pessoa física não agiu com dolo e culpa, a pessoa jurídica deverá ser responsabilizada? Não se deve confundir: por um lado, a responsabilidade da pessoa jurídica é objetiva, não depende de dolo e culpa; por outro, exige um fato típico da pessoa física cuja conduta é imputada à pessoa jurídica, e a tipicidade só se configura se houver dolo e culpa da pessoa física. Assim, a pessoa física deve ter praticado um fato típico e, para tanto, não basta a tipificação formal com o art. 5º da Lei Anticorrupção: a conduta deve ser a causa de uma lesão a um bem jurídico de modo significativo, deve ser inadequada socialmente, deve ser dolosa ou culposa.[46] A responsabilidade ob-

46 Sobre os pressupostos do fato típico, *vide*: MARTINS, Ricardo Marcondes, op. cit., 2008, p. 617-29.

jetiva da pessoa jurídica não prescinde da responsabilidade subjetiva da pessoa física, ainda que dispense a prévia responsabilização desta.

Não basta o fato típico. Suponha-se que a pessoa física tenha praticado um ato lícito. A pessoa jurídica pode ser, nesse caso, responsabilizada pela prática de corrupção? É óbvio que não. Além de a conduta da referida pessoa física subsumir-se aos tipos do art. 5º da Lei Anticorrupção, deve também ser antijurídica, ou seja, não estar acobertada por nenhuma excludente de antijuridicidade. Se o Direito considera lícita a atuação da pessoa física, a pessoa jurídica não deve ser responsabilizada. Não basta o injusto,[47] vale dizer, fato típico e antijurídico.

Se a conduta da pessoa física não for culpável, a pessoa jurídica não deve ser responsabilizada. Suponha-se que a pessoa física tenha agido por força de uma coação moral irresistível ou por inexigibilidade de conduta diversa. A responsabilização da pessoa jurídica será um despautério. Essa conclusão será afastada caso o coator também esteja ligado à pessoa jurídica. Contudo, nessa hipótese, a pessoa jurídica não será responsabilizada pela conduta do coagido, mas pela conduta do coator.

Finalmente, caso, por alguma razão, a conduta da pessoa física não seja punível, a pessoa jurídica não deve ser responsabilizada. Dessarte: estando a conduta da pessoa física acobertada por alguma excludente de punibilidade, a pessoa jurídica não deverá ser punida.[48] Em suma: o segundo pressuposto para a responsabilização objetiva da pessoa jurídica por ato de corrupção é que a pessoa física cuja conduta possa ser imputada à pessoa jurídica tenha praticado um fato típico, antijurídico, culpável e punível.

Finalmente, não basta a existência de um liame jurídico ou fático entre a pessoa física e a pessoa jurídica, bem como a prática pela pessoa física de um fato típico, antijurídico, culpável e punível. Conforme já antecipado, por força do art. 2º da Lei Anticorrupção há um terceiro pressuposto para a responsabilização da pessoa jurídica: os atos praticados pela pessoa física devem sê-lo no interesse ou em benefício da pessoa jurídica. Não se trata de elementos subjetivos do tipo, mas de elementos normativos.[49] Com efeito: não se exige que a pessoa física tenha a intenção de beneficiar ou de agir em prol do interesse da pessoa jurídica; também não se exige que o resultado naturalístico se concretize, vale dizer, que o benefício seja obtido. Exige-se que a conduta, objetivamente, dê-se em benefício ou no interesse da pessoa jurídica.

---

47 Sobre o conceito de injusto, por todos: SANTOS, Juarez Cirino dos, op. cit., 2018, p. 86-7.

48 Sobre a punibilidade como pressuposto de responsabilização, *vide*: MARTINS, Ricardo Marcondes, op. cit., 2008, p. 635-40.

49 Em sentido contrário: HEINEN, Juliano, op. cit., 2015, p. 73-4. Os elementos subjetivos referem-se a tudo o que diz respeito ao mundo anímico do agente; os elementos objetivos, a tudo o que não pertence a esse mundo, isto é, à sua intenção ou finalidade. Os elementos objetivos dividem-se em: descritivos, que exigem simples verificação sensorial; e normativos, que demandam um juízo valorativo. Por todos: GOMES, Luiz Flávio; MOLINA, Antonio García-Pablos de. *Direito penal* – v. 2: Parte Geral, 2007, p. 249.

Compliance e responsabilização da pessoa jurídica

Estudados o agir e a vontade da pessoa jurídica e sua responsabilização por atos de corrupção, é possível, finalmente, adentrar no tema deste estudo: o *compliance*. Conforme antecipado, essa palavra é utilizada para se referir ao "programa de integridade", disciplinado nos arts. 56 e 57 do Decreto federal n. 11.129/2022 (que substituiu a disciplina dos arts. 41 e 42 do Decreto federal n. 8.420/2015). Entre outros, o programa pressupõe, exemplificativamente: adoção de um código de ética e de conduta; treinamento do pessoal; adoção de um canal de denúncias; implementação de um órgão fiscalizador; adoção de procedimentos para evitar a prática de corrupção.[50] O § 3º do art. 42 dispensou as micro e pequenas empresas da adoção de algumas exigências, entre elas a adoção de um código de ética.

Pois bem, existe uma indissociável relação entre o *compliance* e a reponsabilidade objetiva da pessoa jurídica. Sendo a responsabilidade "objetiva", a pessoa jurídica será sancionada mesmo que a pessoa física, a ela ligada, tenha agido sem o conhecimento dos órgãos encarregados da formação e expressão da sua vontade. Ela responderá mesmo que os administradores, os titulares de ações, as pessoas que votaram nas assembleias gerais, os membros do conselho de administração, enfim, todas as pessoas físicas que participam da formação e expressão da vontade da pessoa jurídica sejam absolutamente contrárias à corrupção. Para tanto, basta que algum preposto, algum contratado, alguma pessoa que seja ligada, ainda que por um liame fático, à pessoa jurídica pratique atos de corrupção, ainda que autonomamente, ainda que não por determinação de um superior. Logo, o *compliance* é o mecanismo que os órgãos dirigentes da pessoa jurídica possuem para tentar evitar a responsabilização. Um programa de integridade bem constituído indica que a direção da pessoa jurídica é contrária à corrupção; corresponde a um esforço da entidade em prol de evitar que ela ocorra. Dito isso, surgem alguns problemas hermenêuticos.

Qual é o papel do *compliance* na responsabilização da pessoa jurídica por atos de corrupção? Kleber Bispo dos Santos entende que, caso instituído um efetivo programa de *compliance*, estará afastada parcialmente a responsabilidade objetiva da pessoa jurídica: só poderá responder objetivamente pela reparação dos danos

---

50 Na sistematização feita por Vicente Greco Filho e João Daniel Rossi, o programa compreende dez práticas: a) compromisso e envolvimento da alta administração da pessoa jurídica; b) aplicação de políticas anticorrupção claramente articuladas; c) adoção de um código de ética e conduta; d) políticas de procedimentos de *compliance*; e) fiscalização, autonomia e recursos para o *compliance officer*; f) *risk assessment* – análise de riscos de *compliance*; g) *due diligence*; h) treinamento e aconselhamento contínuos; i) canal confidencial (*hotline*) e investigações internas; j) melhoria contínua: revisões e testes periódicos (GRECO FILHO, Vicente; ROSSI, João Daniel. *O combate à corrupção e comentários à Lei de Responsabilidade de Pessoas Jurídicas*, 2015, p. 77-85). Os autores distinguem o *compliance* da *auditoria interna*: "enquanto a auditoria efetua os seus trabalhos de forma aleatória e periódica, com base em amostras, com o objetivo de verificar o cumprimento das normas estabelecidas pela administração da empresa, geralmente no que concerne a fatos que interessem à elaboração das demonstrações financeiras, o *compliance* exerce sua atividade de forma rotineira e constante visando à certificação de que todas as unidades do negócio agem em consonância com as regras que se lhes aplicam" (ibidem, p. 71).

causados. Para ele, a imputação de sanções administrativas pela prática de atos de corrupção a pessoas jurídicas que implementaram efetivo programa de *compliance* é inconstitucional. *In verbis*:

> A pessoa jurídica que instala e incorpora políticas de integridade, dedicada à implementação de programas de prevenção a delitos e à apuração de qualquer ato suspeito, que demonstre seu compromisso real com ética e com transparência e, sobretudo, que envida esforços reais em punir atos de corrupção no seio corporativo pode ser imunizada de sanções decorrentes de atos ilícitos provocados por terceiros e que lhe são imputados, subsistindo tão somente o ônus de reparar os danos, arcar com os prejuízos e ver sustados ou anulados os benefícios que eventualmente obteve com o comportamento ilícito do qual não contribuiu.[51]

Não foi isso que estabeleceu a Lei Anticorrupção. Nos termos do inciso VIII de seu art. 7º, a adoção do *compliance* não afasta as sanções nela previstas, mas deve ser levada em consideração para sua *dosimetria*. Trata-se de uma típica *atenuante*.[52] Não se deve confundir a circunstância atenuante com a causa de diminuição de pena: só a última permite a fixação da sanção aquém do mínimo estabelecido pelo legislador.[53] Por conseguinte, ainda que seja estabelecido um efetivo programa de *compliance*, presentes os três pressupostos fixados no item anterior, a pessoa jurídica responderá, ao menos, pela multa estabelecida no inciso I do art. 6º da Lei Anticorrupção em seu patamar mínimo: 0,1% do faturamento bruto do último exercício anterior à instauração do processo administrativo. É mister observar: mesmo um efetivo programa de *compliance* não levará necessariamente à fixação do mínimo. Isso porque as outras circunstâncias, discriminadas no art. 7º da Lei Anticorrupção, poderão justificar a fixação acima do mínimo. Em suma: pela Lei, a adoção do *compliance* não é causa de exclusão da sanção, mas mera circunstância atenuante, que deve ser obrigatoriamente observada na fixação das sanções.

A opção do legislador é inconstitucional? Sem desprestigiar o entendimento contrário, nada há de inconstitucional, no âmbito administrativo, na responsabilização objetiva da pessoa jurídica. A presunção gerada pela adoção do *compliance* de que os dirigentes da empresa não compactuam com o ato de corrupção praticado pelo preposto é *relativa* e não absoluta. Por óbvio, é plenamente possível que a pessoa jurídica implemente um denso e efetivo programa de integridade e, ainda assim, seus dirigentes, a portas fechadas, de modo camuflado, determinem a algum subordinado que pratique o ato. Adoção de *compliance* é um mecanismo minimizador da corrupção, mas não é, por óbvio, um mecanismo garantidor de sua inexistência. Além dessa presunção relativa, não é possível negar o fato de que

---

51 SANTOS, Kleber Bispo dos. *Acordo de leniência na Lei de Improbidade Administrativa e na Lei Anticorrupção*, 2018, p. 42.

52 É uma atenuante genérica expressamente delineada. Sobre o conceito, por todos: ESTEFAM, André; GONÇALVES, Victor Eduardo Rios, op. cit., 2019, p. 608.

53 Cf. GOMES, Luiz Flávio; MOLINA, Antonio García-Pablos de, op. cit., 2007, p. 742.

a empresa é efetiva ou potencialmente beneficiária do ato. Logo, ainda que haja um denso programa implementado, praticado um ato de corrupção (típico, antijurídico, culpável e punível) por uma pessoa física ligada à empresa, ato que objetivamente seja praticado no interesse ou em benefício dela, a pessoa jurídica deve ser responsabilizada administrativamente. A responsabilidade é objetiva e, por conseguinte, o *compliance* tem o condão, apenas, de atenuar a sanção.

CONCLUSÕES

1. Saber se as pessoas jurídicas são uma realidade ou uma ficção consiste numa falsa questão, pois é própria do mundo do ser e as pessoas jurídicas são uma realidade do mundo do Direito. A responsabilidade de uma pessoa jurídica é conceitualmente problemática, pois só quem possui vida anímica própria tem naturalmente vontade.
2. A vontade da pessoa jurídica é explicada pela teoria do órgão, que a torna presente nas relações jurídicas: a vontade do órgão é imputada à pessoa jurídica. Contudo, o órgão também não tem vida anímica própria, de modo que a vontade da pessoa física, que integra o órgão, é imputada a ele. Há, assim, duas relações de imputação: a vontade do agente é imputada ao órgão e a vontade do órgão é imputada à pessoa jurídica.
3. Em relação ao Estado, a atuação das pessoas físicas que estão no exercício de função pública é sempre imputada ao Estado; em relação às pessoas privadas, essa imputação depende da chancela do órgão competente, nos termos da lei e do respectivo ato constitutivo. A vontade real da pessoa jurídica é expressa pela vontade ou da totalidade ou da maioria dos membros de seus órgãos colegiados e assentada em suas atas, relatórios legais; é, pois, uma vontade documentada.
4. Muito se discutiu no Brasil sobre a responsabilização subjetiva da pessoa jurídica. De início, o STJ consagrou o entendimento de que a punição pressuporia a concomitante punição de seus dirigentes, o que ficou conhecido como "teoria da dupla imputação". O STF, porém, entendeu que as responsabilidades são autônomas. Ainda que não se exija a dupla responsabilização, exige-se: que tenha sido praticado um fato típico, antijurídico, culpável e punível por uma pessoa física; que o órgão deliberativo da entidade tenha autorizado a prática dessa conduta. Sem a primeira exigência, não há uma conduta punível; sem a segunda, não há culpa.
5. Não se admite no Direito brasileiro a responsabilização penal objetiva. A responsabilidade administrativa, ao contrário, admite a dissociação entre a figura do autor da infração e a do responsável. Aceita-se, por conseguinte, imposição de sanção administrativa a pessoa diversa do autor da infração. Por consequência, é perfeitamente possível a responsabilização administrativa objetiva.

6. A Lei Anticorrupção estabeleceu expressamente a responsabilidade objetiva da pessoa jurídica por atos de corrupção. Sem embargo, como a conduta da pessoa jurídica pressupõe a conduta de uma pessoa física, para a pessoa jurídica responder objetivamente por um ato de corrupção é necessário que uma pessoa física, a ela vinculada, tenha praticado um ato de corrupção típico, antijurídico, culpável e punível. Por ser objetiva, a responsabilização dispensa que a conduta tenha sido praticada pelo órgão competente para externar a vontade da pessoa jurídica; basta que haja um vínculo entre a pessoa física infratora e a pessoa jurídica.
7. A adoção de mecanismo do *compliance* não é suficiente para afastar a responsabilização da pessoa jurídica por atos de corrupção praticados por pessoas físicas a ela vinculadas. A consequência jurídica da adoção do *compliance* não é a exclusão da responsabilidade, mas a diminuição da responsabilidade. É um relevante fator a ser considerado para a dosimetria da sanção administrativa.

REFERÊNCIAS BIBLIOGRÁFICAS

AMARAL, Francisco. *Direito civil*: introdução. Rio de Janeiro, Renovar, 2000.

BANDEIRA DE MELLO, Celso Antônio. "Apontamentos sobre a teoria dos órgãos públicos". *Revista de Direito Administrativo e Infraestrutura*, São Paulo, ano 02, n. 04, p. 423-34, jan.-mar. 2018.

__________. *Curso de direito administrativo*. 34.ed. São Paulo, Malheiros, 2019.

BITENCOURT, Cezar Roberto. *Manual de direito penal* – v. 1. 6. ed. São Paulo, Saraiva, 2000.

BORDALO, Rodrigo. *Os órgãos colegiados no direito administrativo brasileiro*. São Paulo, Saraiva, 2016.

CASTRO, Rodrigo Pironti Aguirre de; ZILIOTTO, Mirela Miró. Compliance *nas contratações públicas*: exigência e critérios normativos. 1. reimpr. Belo Horizonte, Fórum, 2019.

CAVALCANTI, Amaro. *Responsabilidade civil do Estado* – v. 1. 2.ed. Rio de Janeiro, Borsoi, 1957.

CHEVALLIER, Jacques. *O Estado de direito*. Trad. Antonio Araldo Ferraz Dal Pozzo e Augusto Neves Dal Pozzo. Belo Horizonte, Fórum, 2013.

COELHO, Fábio Ulhoa. *Curso de direito civil* – v. 1. São Paulo, Saraiva, 2003.

DALLARI, Dalmo de Abreu. *Elementos de teoria geral do Estado*. 33.ed. 5. tir. São Paulo, Saraiva, 2018.

DAL POZZO, Antonio Araldo Ferraz et al. *Lei anticorrupção*. São Paulo, Contracorrente, 2015.

ESTEFAM, André; GONÇALVES, Victor Eduardo Rios. *Direito penal*: Parte Geral. 8.ed. São Paulo, Saraiva, 2019.

FERRARA, Francisco. *Teoría de las personas jurídicas*. Trad. Eduardo Ovejero y Maury. Granada, Comares, 2006.

GOMES, Luiz Flávio; MOLINA, Antonio García-Pablos de; BIANCHINI, Alice. *Direito penal* – v. 1. São Paulo, Revista dos Tribunais, 2007.

GOMES, Luiz Flávio; MOLINA, Antonio García-Pablos de. *Direito penal* – v. 2: Parte Geral. São Paulo, Revista dos Tribunais, 2007.

GOMES, Orlando. *Introdução ao direito civil*. 18.ed. Rio de Janeiro, Forense, 2001.

GRECO FILHO, Vicente; ROSSI, João Daniel. *O combate à corrupção e comentários à Lei de Responsabilidade de Pessoas Jurídicas*. São Paulo, Saraiva, 2015.

HEINEN, Juliano. *Comentários à Lei Anticorrupção*. Belo Horizonte, Fórum, 2015.

MARTINS, Ricardo Marcondes. "Considerações críticas ao conceito de *compliance*". *Revista Internacional de Direito Público*. Belo Horizonte, ano 6, n. 10, p. 9-24, jan.-jun. 2021.

___________. *Efeitos dos vícios do ato administrativo*. São Paulo, Malheiros, 2008.

MICHOUD, Léon. *La théorie de la personnalité morale et son application au droit français* – v. I. 2.ed. Paris, Librairie Générale de Droit & de Jurisprudence, 1924.

MÜLLER, Friedrich. *O novo paradigma do Direito*: introdução à teoria e metódica estruturantes do Direito. Trad. Rossana Ingrid Jansen dos Santos et al. Revista dos Tribunais, São Paulo, 2007.

PAULA, Marco Aurélio Borges de; CASTRO, Rodrigo Pironti Aguirre de (coord.). Compliance, *gestão de risco e combate à corrução*. 2.reimpr. Belo Horizonte, Fórum, 2019.

PONTES DE MIRANDA. *Tratado de direito privado* – Tomo I. 2.tir. São Paulo, Revista dos Tribunais, 2012.

PRADO, Luiz Regis. Responsabilidade penal da pessoa jurídica: fundamentos e implicações. In: PRADO, Luiz Regis; DOTTI, René Ariel (coords.). *Responsabilidade penal da pessoa jurídica*: em defesa do princípio da imputação subjetiva. São Paulo, Revista dos Tribunais, 2013, p. 129-62.

SANTOS, Juarez Cirino dos. *Direito penal*: Parte Geral. 8.ed. Florianópolis, Tirant lo Blanch, 2018.

SANTOS, Kleber Bispo dos. *Acordo de leniência na Lei de Improbidade Administrativa e na Lei Anticorrupção*. Rio de Janeiro, Lumen Juris, 2018.

SEVERO, Sérgio. *Tratado da responsabilidade pública*. São Paulo, Saraiva, 2009.

TAVARES, Juarez. *Fundamentos de teoria do delito*. Florianópolis, Tirant lo Blanch, 2018.

TEOTÔNIO, Luís Augusto Freire. *Culpabilidade*. Campinas, Minelli, 2002.

ZAFFARONI, Eugenio Raúl. "Parecer a Nilo Batista sobre a responsabilidade penal das pessoas jurídicas". In: PRADO, Luiz Regis; DOTTI, René Ariel (coord.). *Responsabilidade penal da pessoa jurídica*: em defesa do princípio da imputação subjetiva. São Paulo, Revista dos Tribunais, 2013, p. 47-67.

ZENKNER, Marcelo; CASTRO, Rodrigo Pironti Aguirre de (coords.). Compliance *no setor público*. Belo Horizonte, Fórum, 2020.

Capítulo 7. Acordos de leniência, negociabilidade da restituição dos lucros "ilegítimos" e os tribunais de contas

Sebastião Tojal
Felipe Spinardi

INTRODUÇÃO

Passados mais de dez anos desde a edição Lei n. 12.846/2013, popularmente conhecida como Lei Anticorrupção (ou LAC), é possível afirmar que o diploma legislativo representou um verdadeiro divisor de águas na história brasileira no campo sancionador – e não apenas no que se refere ao chamado direito administrativo sancionador, uma vez que as disposições da LAC, ainda que indiretamente, repercutiram em outras esferas de responsabilização, por exemplo, na penal.[1]

Porém, ainda são inúmeras as controvérsias relacionadas à aplicação da Lei Anticorrupção, tanto no que diz respeito à responsabilização judicial e administrativa das pessoas jurídicas como em relação aos acordos de leniência. Este capítulo trata especificamente do tema da restituição, em sede de acordos de leniência, dos lucros auferidos em contratos administrativos que tenham sido maculados por atos lesivos puníveis com base na LAC (muitas vezes chamados de lucros "ilegítimos"), assim como das competências dos tribunais de contas quanto à matéria.

O texto demonstra que, diferentemente do que o Tribunal de Contas da União (TCU) afirmou no acórdão n. 1842/2022-TCU-Plenário,[2] a restituição dos lucros decorrentes de contratos que sejam resultado de atos ilícitos praticados pelo contratado e puníveis com base na LAC possui natureza jurídica de sanção. Explicita, ainda, que a referida natureza sancionatória implica a plena negociabilidade dessa pena em sede de acordos de leniência, de modo que, a critério das partes, ela poderá ser prevista ou não no respectivo acordo e que, caso prevista, a restitui-

1 Um dos exemplos dos reflexos da LAC no direito penal foi a edição da Orientação Conjunta n. 01/2018 pelas 2ª e 5ª Câmaras de Coordenação e Revisão do Ministério Público Federal, que previram a possibilidade de celebração, por pessoas físicas relacionadas a pessoa jurídica que tenha assinado previamente acordo de leniência com o Ministério Público, de termos de adesão individual ao acordo com repercussões criminais. Disponível em: https://www.mpf.mp.br/atuacao-tematica/ccr5/orientacoes/orientacao-conjunta-no-1-2018.pdf. Acesso em: 05.07.2023.

2 Acórdão n. 1.842/2022-TCU-Plenário, rel. Min. Antonio Anastasia, j. 10.08.2022.

ção poderá ocorrer de forma parcial ou integral, a depender do que as partes negociantes avençarem. Além disso, busca elucidar que, uma vez celebrado acordo de leniência que tenha por objeto ato ilícito sancionável pela LAC, independentemente de ter sido pactuada ou não a restituição dos lucros auferidos, o respectivo tribunal de contas estará impedido de atuar em relação à matéria.

Tais conclusões, como se verá, decorrem da análise das disposições legais regedoras do tema e estão em consonância com a jurisprudência do Supremo Tribunal Federal (STF).

NATUREZA SANCIONATÓRIA DA RESTITUIÇÃO DE LUCROS DE CONTRATO MACULADO POR ATO ILÍCITO PREVISTO NA LAC: NECESSIDADE DE OBSERVÂNCIA DA LEGISLAÇÃO ESPECÍFICA

Há diversos casos em que a discussão da natureza jurídica desse ou daquele instituto é meramente teórica, sem nenhum reflexo prático. Porém, não é isso o que ocorre com a restituição dos lucros de contrato maculado por ato ilícito sancionável com base na Lei Anticorrupção.

Quanto à natureza jurídica da restituição dos lucros auferidos em contrato oriundos da prática de atos ilícitos em geral, o Tribunal de Contas da União se posicionou por meio do acórdão n. 1.842/2022, aduzindo estar uniformizando seu entendimento. Isso porque o Tribunal já havia apreciado o tema da restituição dos lucros em outras oportunidades. Contudo, seus precedentes eram dissonantes entre si, tendo o tribunal, por mais de uma vez, enquadrado tais lucros contratuais como danos ao erário e defendido a natureza ressarcitória da sua restituição.[3] A tese foi rejeitada pela própria corte em outros julgamentos.[4]

O Acórdão n. 1.842/2022 julgou recurso de reconsideração interposto pelo Ministério Público de Contas junto ao TCU (MPC) contra decisão do próprio plenário da corte, a qual havia consignado que "a persecução pelo lucro recebido pela empresa tem natureza sancionatória; a matéria se abriga em normas de âmbito penal e refoge à competência desta Corte de Contas por se tratar de reserva legal ao Poder Judiciário". Por isso, na decisão recorrida pelo MPC havia se posicionado pela ausência dos pressupostos de constituição e desenvolvimento válido e regular do processo, determinando o arquivamento do feito sem julgamento de mérito.[5]

Porém, a corte alterou completamente seu entendimento ao julgar o referido recurso ministerial, chegando às seguintes conclusões em relação à natureza jurídica da restituição dos chamados *lucros ilegítimos*:

3 Por exemplo, no Acórdão n. 2.436/2021-TCU-Plenário, rel. Min. Raimundo Carreiro, j. 06.10.2021.
4 Como no Acórdão n. 2.316/21-TCU-Plenário, rel. Min. Bruno Dantas, j. 29.09.2021.
5 Acórdão n. 129/2020-TCU-Plenário, rel. Min. Benjamin Zymler, j. 29.01.2020.

Primeira: a restituição de lucros ilegítimos está fundamentada no princípio da vedação do enriquecimento sem causa, assim como no princípio de que ninguém pode se beneficiar da própria torpeza e ainda nos efeitos retroativos da declaração de nulidade, no sentido de que se deve buscar a restauração do *status quo ante*.
Segunda: a restituição dos lucros ilegítimos tem amparo legislativo amplo no art. 884 do Código Civil brasileiro e, especificamente, no art. 59 da Lei n. 8.666/93 e nos arts. 148 e 149 da Lei n. 14.133/2021.
Terceira: a teoria do deslocamento patrimonial unitário deve ser superada em relação à restituição dos lucros ilegítimos, pois o enriquecimento sem causa de uma pessoa não necessariamente decorre do empobrecimento de outra.
Quarta: nos termos do Enunciado n. 35 da Jornada de Direito Civil em 2002, "A expressão enriquecer à custa de outrem do art. 884 do novo Código Civil não significa, necessariamente, que deverá haver empobrecimento".
Quinta: conforme observado pelo Ministério Público junto ao TCU, em sua peça recursal, a restituição dos lucros ilegítimos não importa qualquer redução do patrimônio das empresas infratoras, mas apenas promove o seu retorno ao estado em que se encontrava antes da prática do ilícito.
Sexta: a restituição de lucros ilegítimos não é, em regra, uma sanção, mas sim uma consequência jurídica de natureza predominantemente civil, ainda que possa ser exigida também na esfera penal, quando o ilícito for tipificado como crime, ou na esfera administrativa, quando decorrente de ilícito dessa mesma natureza.

Em que pese desejáveis mais segurança e mais previsibilidade quanto aos entendimentos do Tribunal, no caso concreto, o TCU procurou, sobretudo se apoiando em supostos princípios do Direito e nas teorias estrangeiras do *disgorgement* (estadunidense) e do produto bruto mitigado (espanhola), formular uma compreensão geral sobre a natureza jurídica da restituição de lucros. Concluiu tratar-se de uma consequência jurídica de natureza predominantemente civil, ainda que ela possa ser exigida também na esfera penal.[6]

Curiosamente, ao elencar as conclusões do julgamento em questão, o voto do relator afirma que a restituição de lucros ilegítimos "não é, *em regra*, uma sanção", dando margem para que se interprete que, em determinadas situações, ela poderá assumir o caráter sancionatório. Mas, de forma contraditória, esse caráter é rejeitado ao longo de todo o restante do voto.[7]

Ocorre que a Corte de Contas se equivoca ao definir a natureza jurídica da restituição de lucros desconsiderando os fundamentos legais aplicáveis ao caso concreto. Trata tal natureza jurídica como se fosse um dogma, supostamente aplicável a todo e qualquer caso em que se verificasse a ocorrência de lucros "ilegítimos",

---

6 Vale aqui lembrar que, pelo ordenamento jurídico brasileiro, a pessoa jurídica não é condenada na esfera penal, motivo pelo qual a restituição dos lucros não lhe pode ser imposta nessa seara.

7 Por exemplo: "72. Portanto, entendo que a ausência de previsão nas normas do TCU para exigir a restituição de lucros ilegítimos não é, a meu ver, empecilho para a atuação do Tribunal, pois, como disse, não se trata de sanção, mas sim de obrigação de natureza civil-administrativa".

ignorando o fato de que, para atos ilícitos puníveis com fundamento na Lei Anticorrupção, o Poder Legislativo conferiu tratamento específico à matéria.

Isso porque o art. 19, I, da Lei n. 12.846/2013 é claro ao inserir o "perdimento dos bens, direitos ou valores que representem vantagem ou proveito direta ou indiretamente obtidos da infração" no rol das sanções aplicáveis em sede de processos judiciais. E inexistem dúvidas de que o lucro auferido em sede de contrato firmado com a Administração cuja celebração decorreu de ato ilícito sancionável com base na LAC se enquadra nesse conceito, sendo abrangidos, portanto, pelo dispositivo legal em comento:

> Art. 19. Em razão da prática de atos previstos no art. 5º desta Lei, a União, os Estados, o Distrito Federal e os Municípios, por meio das respectivas Advocacias Públicas ou órgãos de representação judicial, ou equivalentes, e o Ministério Público, poderão ajuizar ação com vistas à aplicação das seguintes sanções às pessoas jurídicas infratoras: I – perdimento dos bens, direitos ou valores que representem vantagem ou proveito direta ou indiretamente obtidos da infração, ressalvado o direito do lesado ou de terceiro de boa-fé; II – suspensão ou interdição parcial de suas atividades; III – dissolução compulsória da pessoa jurídica; IV – proibição de receber incentivos, subsídios, subvenções, doações ou empréstimos de órgãos ou entidades públicas e de instituições financeiras públicas ou controladas pelo poder público, pelo prazo mínimo de 1 (um) e máximo de 5 (cinco) anos. [...]

Desse modo, tratando-se de ato ilícito tipificado nesse diploma legal, a restituição dos respectivos lucros contratuais possuirá natureza de sanção.[8] Entendimentos em sentido contrário violam, claramente, as previsões da LAC.

E não há sentido em se valer de teorias estadunidenses, espanholas ou de quaisquer outros países quando elas não se prestarão a solucionar nenhuma lacuna na aplicação do direito brasileiro. Tampouco seria razoável recorrer a supostos princípios gerais para construir um racional que contraria o regramento legal específico. Aqui, é possível dessumir que a mera análise das normas aplicáveis ao tema basta para eliminar toda e qualquer dúvida.

Como se viu, a definição da natureza jurídica da restituição dos lucros para casos envolvendo atos puníveis com base na LAC se encontra na própria lei de regência. O recurso infundado a teorias estrangeiras pode acarretar, como no processo do TCU ora analisado, interpretações perniciosas, contrárias às escolhas legislativas realizadas por aqueles que detêm competência e legitimidade para tanto.

8 Ricardo Levy, Thiago Sá e Ana Carolina Gois analisam a natureza jurídica da restituição de lucros sob uma ótica mais ampla, do direito administrativo sancionador, o que incluiria outros diplomas legislativos, além da LAC. De igual modo, os autores entendem tratar-se de obrigação de natureza sancionatória (LEVY, Ricardo Pagliari; SÁ, Thiago Magalhães Freitas; GOIS, Ana Carolina Sarubbi. "TCU e a teoria do *disgorgement* ou lucro ilegítimo". Disponível em: https://www.migalhas.com.br/depeso/379278/tcu-e-a-teoria-do-disgorgement-ou-lucro-ilegitimo. Acesso em: 15.07.2023).

A PLENA NEGOCIABILIDADE DA RESTITUIÇÃO DOS LUCROS EM SEDE DE ACORDO DE LENIÊNCIA

De acordo com a Lei n. 12.846/2013, o acordo de leniência se destina à resolução de casos envolvendo a prática dos atos ilícitos tipificados no seu art. 5º ou daqueles previstos nos arts. 86, 87 e 88 da Lei n. 8.666/93, a revogada Lei de Licitações e Contratos Administrativos (LLCA). O Decreto n. 11.129/2022, que regulamenta a LAC em âmbito federal, ainda dispõe que a leniência poderá abarcar, para isenção ou atenuação das respectivas sanções, os atos ilícitos administrativos previstos na Lei n. 14.133/2021 (a Nova Lei de Licitações e Contratos Administrativos, ou NLLCA) e em outras normas de licitações e contratos.

Trata-se de acordo de natureza colaborativa, uma vez que a legislação exige a apresentação, pela pessoa jurídica leniente, de documentos e informações que contribuam para a alavancagem das investigações.[9] Além da colaboração efetiva, usualmente a pessoa jurídica assume outros compromissos, por exemplo, o de implementar, aplicar ou aperfeiçoar, a depender do caso, programa de integridade, e o de ressarcir danos eventualmente causados à entidade lesada.[10,11]

Em troca, a leniente poderá ser beneficiada com a atenuação e isenção de sanções previstas na própria LAC, na NLLCA e em outras normas de licitações e contratos administrativos (art. 33 do Decreto n. 11.129/2022[12]).

No que diz respeito às sanções cuja aplicação dependeria, a princípio, de condenação judicial, incluindo aquela prevista no inciso I do art. 19 da LAC (que abrange a restituição dos lucros, como visto no capítulo anterior), é pacífico o entendimento de que o acordo de leniência poderá isentar a pessoa jurídica beneficiária de tais penalidades ou atenuá-las por meio da solução negociada.

A fim de viabilizar a transação nesses moldes, entende-se que é preciso apenas que ao menos uma das autoridades competentes para a propositura da ação figure como signatária do acordo. Trata-se de prática que vinha ocorrendo há tem-

9 "Art. 16. A autoridade máxima de cada órgão ou entidade pública poderá celebrar acordo de leniência com as pessoas jurídicas responsáveis pela prática dos atos previstos nesta Lei que colaborem efetivamente com as investigações e o processo administrativo, sendo que dessa colaboração resulte: I – a identificação dos demais envolvidos na infração, quando couber; e II – a obtenção célere de informações e documentos que comprovem o ilícito sob apuração. [...]."

10 As obrigações de ressarcimento e aquelas relativas ao programa de integridade foram expressamente exigidas pelo Decreto n. 11.129/2022: "Art. 37. A pessoa jurídica que pretenda celebrar acordo de leniência deverá: [...] VI – reparar integralmente a parcela incontroversa do dano causado; [...] Art. 45. O acordo de leniência conterá, entre outras disposições, cláusulas que versem sobre: [...] IV – a adoção, a aplicação ou o aperfeiçoamento de programa de integridade, conforme os parâmetros estabelecidos no Capítulo V, bem como o prazo e as condições de monitoramento; [...]".

11 Sobre o ressarcimento dos danos e sua quitação, ver: ATHAYDE, Amanda. *Manual de acordos de leniência no Brasil*: teoria e prática. Belo Horizonte: Fórum, 2019, p. 59.

12 "Art. 33. O acordo de leniência será celebrado com as pessoas jurídicas responsáveis pela prática dos atos lesivos previstos na Lei n. 12.846, de 2013, e dos ilícitos administrativos previstos na Lei n. 14.133, de 2021, e em outras normas de licitações e contratos, com vistas à isenção ou à atenuação das respectivas sanções, desde que colaborem efetivamente com as investigações e o PAR, devendo resultar dessa colaboração: I – a identificação dos demais envolvidos nos ilícitos, quando couber; e II – a obtenção célere de informações e documentos que comprovem a infração sob apuração."

pos, sobretudo na esfera federal. Nesse sentido, o Ministério Público Federal (MPF), em diversos acordos de leniência, assumiu a responsabilidade de não propor ações de natureza civil-administrativa contra as respectivas empresas lenientes.[13] Já no que diz respeito aos acordos negociados pela Controladoria-Geral da União (CGU), os acordos são firmados conjuntamente com a Advocacia-Geral da União (AGU), justamente em razão da competência da última para a propositura das respectivas ações judiciais. A participação da AGU para tais fins já era prevista na Portaria Interministerial n. 2.278/2016, revogada e substituída pela Portaria Conjunta n. 04/2019 – ambas editadas conjuntamente por CGU e AGU[14] –, e, mais recentemente,[15] passou a contar com previsão expressa no decreto regulamentar federal, segundo o qual a participação da AGU autoriza a "resolução consensual das penalidades previstas no art. 19 da Lei n. 12.846, de 2013" (art. 35, parágrafo único[16]).

Portanto, a legislação autoriza que as sanções do art. 19 sejam objeto de plena/ampla negociação entre as partes com competência para a assinatura do acordo. E, dentro dessa margem de liberdade conferida pela lei às partes negociantes, a restituição dos lucros contratuais tidos como ilegítimos poderá ou não ser imposta à pessoa jurídica leniente por meio do instrumento jurídico negocial.

Além disso, tratando-se de sanção prevista legalmente, sua dosimetria também poderá ser objeto de negociação. Ou seja: além de estar inserido na autonomia da vontade das partes o poder de decisão a respeito da inclusão ou não da restituição dos lucros em sede do acordo, caso optem por incluí-la, a restituição poderá ser integral ou parcial, a depender do que os signatários da leniência pactuarem. É perfeitamente possível que os valores a serem devolvidos a título de restituição de lucros representem apenas uma fração daqueles auferidos nos contratos administrativos oriundos da prática de ato ilícito. Por isso, convém lembrar que não está se tratando do pagamento de quantia a título de reparação por prejuízos sofridos, mas sim de sanção, nos termos do art. 19, I, da Lei Anticorrupção.

Por fim, a propósito da restituição dos lucros, faz-se fundamental notar que não se afigura razoável a devolução de todo e qualquer lucro estipulado contratualmente. Isso porque a parcela correspondente aos lucros (lícitos) está inserida

---

13 Citem-se, como exemplos, os acordos 1.25.000.005107/2018-57 (celebrado com a Cia. Paranaense de Construção S/A, a MLR Locações de Máquinas S/A e a Televisão Icaraí Ltda.) e PR-PR-00004250/2016 (firmado com a Andrade Gutierrez Investimentos em Engenharia S/A).

14 Conforme se denota da Portaria Interministerial CGU/AGU n. 2.278/2016 e da Portaria Conjunta n. 04/2019. Disponíveis em: https://www.in.gov.br/materia/-/asset_publisher/Kujrw0TZC2Mb/content/id/24782775/do1-2016-12-16-portaria-interministerial-n-2-278-de-15-de-dezembro-de-2016-24782619; e https://repositorio.cgu.gov.br/bitstream/1/34882/5/Portaria_Conjunta_4_2019.pdf. Acesso em: 02.07.2023.

15 Essa atuação concertada de CGU e AGU vem ocorrendo desde a celebração do primeiro acordo de leniência por tais entidades, em julho de 2017, época na qual já estava em vigor a referida Portaria Interministerial n. 2.278/2016.

16 "Art. 35, parágrafo único. A participação da Advocacia-Geral da União nos acordos de leniência, consideradas as condições neles estabelecidas e observados os termos da Lei Complementar n. 73, de 10 de fevereiro de 1993, e da Lei n. 13.140, de 26 de junho de 2015, poderá ensejar a resolução consensual das penalidades previstas no art. 19 da Lei n. 12.846, de 2013."

na própria formação do preço de venda dos produtos ou serviços disponíveis no mercado e, justamente por isso, ainda que a contratação não fosse maculada por nenhum ato ilícito, tais valores seriam normalmente despendidos pela entidade contratante. Por essa razão, entende-se pela necessidade de aplicação da metodologia de cálculo pelo valor do lucro adicional. Referida metodologia foi contemplada pelo art. 26, § 1º, III, do Decreto n. 11.129/2022, e dispõe que, para fins de cálculo do valor da vantagem auferida ou pretendida correspondente ao equivalente monetário do produto do ilícito, deverá ser considerado "valor do lucro adicional auferido pela pessoa jurídica decorrente de ação ou omissão na prática de ato do Poder Público que não ocorreria sem a prática do ato lesivo pela pessoa jurídica infratora".

CELEBRAÇÃO DE ACORDO DE LENIÊNCIA E AS COMPETÊNCIAS DOS TRIBUNAIS DE CONTAS QUANTO À RESTITUIÇÃO DOS LUCROS

O simples fato de a restituição de lucros figurar, na legislação aplicável, como sanção aplicável mediante condenação judicial (art. 19, I, LAC) já seria suficiente para afastar a possibilidade de os tribunais de contas analisarem a matéria em sede de seus processos de controle externo. Foi isso o que havia reconhecido o TCU no acórdão relatado pelo Ministro Benjamin Zymler, alvo do recurso interposto pelo Ministério Público de Contas que resultou no acórdão n. 1.842/2022. Como bem consignado na decisão posteriormente reformada, trata-se de sanção impossível de ser imposta pela Corte de Contas, ante a falta de previsão legal.

No acórdão subsequente, no entanto, o Tribunal de Contas da União reviu o seu posicionamento, aduzindo que a natureza jurídica da restituição (para o tribunal, não sancionatória, mas sim predominantemente civil) e a sua suposta imprescindibilidade autorizavam a corte a atuar, ainda que indiretamente, em relação à matéria. Por isso, entendeu ser possível que os tribunais de contas oficiem as autoridades públicas competentes para que estas adotem medidas voltadas à restituição dos lucros contratuais. E, ciente da existência de acordos de leniência firmados por CGU e AGU com as empresas Odebrecht e OAS, o TCU, no item 9.2.1 do acórdão, determinou à Petrobras (entidade lesada pela prática dos atos ilícitos objeto dos acordos e da apuração pelo Tribunal de Contas) que verificasse, junto àquelas instituições públicas, "se a exigência de restituição de 'lucros ilegítimos' pagos em razão dos contratos [...] foi explicitamente incluída nos acordos".

Todavia, a determinação em questão representa manifesta extrapolação das competências da instituição de controle externo e, ainda, desrespeito aos acordos de leniência firmados com as autoridades competentes para tanto. Isso porque, à luz da plena negociabilidade referida no item anterior, seria perfeitamente lícito que, por uma opção discricionária dos órgãos legitimados para aferir a melhor solução (negociada ou não) de acordo com cada caso concreto, a restituição de lucros não tivesse sido imposta em sede dos acordos de leniência.[17] E, estando inserida na esfera de discricionariedade das autoridades negociantes, não cabe aos tribunais de contas interferirem na questão da restituição dos lucros contratuais. É preciso deferência à discricionariedade regrada das autoridades celebrantes do acordo.

Interpretações diversas ocasionariam, por óbvio, insegurança e imprevisibilidade às pessoas jurídicas lenientes, que celebraram acordos nos quais as próprias autoridades legitimadas para eventual pleito de restituição dos lucros contratuais optaram por não a exigir. Não caberia ao Tribunal de Contas, portanto, fazê-lo.

Nessa linha, vale lembrar o paradigmático precedente do Supremo Tribunal Federal, referente ao julgamento conjunto dos mandados de segurança de ns. 35.435, 36.173, 36.496 e 36.526.[18] Na oportunidade, o STF impediu o TCU de declarar inidôneas empresas que haviam celebrado acordos colaborativos com outras autoridades públicas (CGU, AGU, MPF e até mesmo o Conselho Administrativo de Defesa Econômica ou CADE) tendo por objeto os mesmos fatos. De acordo com o *leading case*, uma vez pactuado acordo com instituição pública competente que isente a pessoa jurídica de determinada sanção, outras instituições teriam seu poder punitivo limitado em relação àqueles fatos.

Por outro lado, o STF afirmou que nada impede que, mesmo após a celebração da leniência, os tribunais de contas, com fundamento nas suas competências constitucionais, apurem a ocorrência de eventuais danos complementares, ou seja, de prejuízos não contemplados no(s) acordo(s). A argumentação, apresentada no voto do ministro relator, Gilmar Mendes, caminha no sentido de que os acordos colaborativos não afastariam as competências das cortes de contas no que toca à reparação de prejuízos efetivos – as quais não se confundem com as competências sancionatórias. Nessa linha, a simples constatação de que a restituição de lucros não consiste em reparação de prejuízos suportados pela Administração Pública também bastaria para tornar límpida a impossibilidade de atuação dos tribunais de contas em relação à matéria nas hipóteses em que os atos ilícitos tenham sido objeto de acordo de leniência.

Essa interpretação está em consonância com as disposições do acordo de cooperação técnica sobre acordos de leniência (ACT), subscrito em agosto de 2020 pelos presidentes do STF e do TCU, assim como pelos ministros da CGU, da AGU e da Justiça e Segurança Pública.[19] A partir da leitura do ACT, dessume-se que as competências nele atribuídas à Corte de Contas estão adstritas aos aspectos ressarcitórios dos atos ilícitos objeto das leniências.

---

17 Nos casos em questão, no entanto, conforme restou esclarecido no acórdão que determinou o arquivamento do feito, posteriormente, o perdimento dos lucros daqueles contratos havia sido contemplado nas leniências da OAS e da Odebrecht (Acórdão n. 69/2023-TCU-Plenário, rel. Min. Antonio Anastasia, j. 25.01.2023).

18 STF, MS n. 35.435/DF, MS n. 36.496/DF, MS n. 36.526/DF e MS n. 36.173/DF, 2ª T., rel. Min. Gilmar Mendes, j. 26.05.2020.

19 Disponível em: https://portal.tcu.gov.br/data/files/11/16/BB/03/575C37109EB62737F18818A8/ACORDO%20DE%20COOPERACAO%20TECNICA%20_1_.pdf. Acesso em: 05.07.2023.

Assim, seja pelo reconhecimento da natureza sancionatória da restituição de lucros contratuais obtidos mediante a prática de atos ilícitos puníveis com fundamento na LAC, seja pelo reconhecimento de que tal restituição não possui natureza ressarcitória (o que, para o STF, poderia autorizar a atuação das cortes de contas), havendo acordo de leniência a respeito de determinados fatos, o respectivo tribunal de contas estará impedido de atuar, direta ou indiretamente, com vistas à efetivação da restituição dos chamados lucros ilegítimos.

CONSIDERAÇÕES FINAIS

Tendo como fonte de inspiração o entendimento manifestado recentemente pelo Tribunal de Contas da União quanto à matéria (Acórdão n. 1.842/2022-TCU-Plenário), este capítulo teve por escopo, primeiramente, demonstrar que o tema da restituição de danos por atos sancionáveis com fundamento na Lei Anticorrupção possui regramento próprio. E tal regramento, como visto, é o bastante para esclarecer a natureza jurídica dessa restituição no âmbito da LAC, qual seja: sancionatória.

Não há necessidade de se recorrer a teorias estrangeiras ou princípios gerais para o tema, pois, como demonstrado, não há lacuna no direito brasileiro a ser solucionada. Ao contrário, o uso inadequado de tais recursos pode, em vez de contribuir, trazer ainda mais dificuldades práticas. Ou pior: como ocorreu em sede do processo do TCU, poderá servir para amparar interpretações contrárias às opções legislativas feitas por aqueles que detêm competência e legitimidade para tanto.

Uma vez explicitada a natureza jurídica sancionatória da restituição de lucros nesses casos, o capítulo demonstrou a plena negociabilidade dessa pena em sede de acordos de leniência. Justamente por isso, é perfeitamente possível que o acordo, negociado entre pessoa jurídica colaboradora e autoridades estatais – desde que competentes para a propositura das medidas judiciais cabíveis –, preveja a aplicação, isenção ou atenuação da pena de devolução de lucros.

Por fim, considerando (i) não se tratar de matéria de natureza ressarcitória, por não se referir à indenização de danos efetivos, e (ii) o caráter sancionatório da restituição nesses casos, o capítulo demonstrou a impossibilidade jurídica de os tribunais de contas atuarem em relação à restituição de lucros contratuais quando os atos ilícitos a eles relacionados forem objeto de acordo de leniência com as respectivas autoridades públicas.

REFERÊNCIAS BIBLIOGRÁFICAS

ATHAYDE, Amanda. *Manual de acordos de leniência no Brasil*: teoria e prática. Belo Horizonte: Fórum, 2019.

BRASIL. Advocacia-Geral da União; Controladoria-Geral da União; Ministério da Justiça e Segurança Pública; Supremo Tribunal Federal; Tribunal de Contas da União. Acordo de Cooperação Técnica, de 06.08.2020. Disponível em: https://portal.tcu.gov.br/data/files/11/16/

BB/03/575C37109EB62737F18818A8/ACORDO%20DE%20COOPERACAO%20TECNICA%20_1_.pdf. Acesso em: 05.07.2023.

BRASIL. Controladoria-Geral da União e Advocacia-Geral da União. Portaria Conjunta n. 4, de 09.08.2019. Disponível em: https://repositorio.cgu.gov.br/bitstream/1/34882/5/Portaria_Conjunta_4_2019.pdf. Acesso em: 02.07.2023.

BRASIL. Ministério da Transparência, Fiscalização e Controladoria-Geral da União e Advocacia-Geral da União. Portaria Interministerial n. 2.278, de 15.12.2016. Disponível em: https://www.in.gov.br/materia/-/asset_publisher/Kujrw0TZC2Mb/content/id/24782775/do1-2016-12-16-portaria-interministerial-n-2-278-de-15-de-dezembro-de-2016-24782619. Acesso em: 02.07.2023.

BRASIL. Supremo Tribunal Federal. Mandados de Segurança n. 35.435, 36.173, 36.496 e 36.526, 2ª T., rel. Min. Gilmar Mendes, j. 26.05.2020.

BRASIL. Tribunal de Contas da União. Processo TC n. 016.588/2019-3. Acórdão n. 129/2020-TCU-Plenário, rel. Min. Benjamin Zymler, j. 29.01.2020.

BRASIL. Tribunal de Contas da União. Processo TC n. 000.400/2018-1. Acórdão n. 2316/21-TCU-Plenário, rel. Min. Bruno Dantas, j. 29.09.2021.

BRASIL. Tribunal de Contas da União. Processo TC n. 003.977/2017-0. Acórdão n. 2436/2021-TCU-Plenário, rel. Min. Raimundo Carreiro, j. 06.10.2021.

BRASIL. Tribunal de Contas de União. Processo TC n. 016.588/2019-3. Acórdão n. 1.842/2022-TCU-Plenário, rel. Min. Antonio Anastasia, j. 10.08.2022.

LEVY, Ricardo Pagliari; SÁ, Thiago Magalhães Freitas; GOIS, Ana Carolina Sarubbi. "TCU e a teoria do *disgorgement* ou lucro ilegítimo". Disponível em: https://www.migalhas.com.br/depeso/379278/tcu-e-a-teoria-do-disgorgement-ou-lucro-ilegitimo. Acesso em: 15.07.2023.

Capítulo 8. O Estado brasileiro e os crimes praticados contra as Administrações públicas estrangeiras

Augusto Neves Dal Pozzo
Bruno José Queiroz Ceretta

INTRODUÇÃO

Como amplamente registrado, a corrupção possui muitas faces. Podemos mencionar condutas como suborno, nepotismo, desvio de recursos, tráfico de influência, extorsão, clientelismo, entre tantas outras.[1] Ela perpassa o campo público e o terreno privado. Enseja consequências lesivas para setores diferentes. Com frequência, ocorre apenas no interior de um único Estado nacional – ou apenas em um determinado município ou estado-membro, por exemplo.

Investiga-se, aqui, uma forma da referida conduta que pode manifestar configurações superiormente dinâmicas. Ela diz respeito, a princípio, às Administrações públicas estrangeiras. Em razão da distância, a corrupção transnacional pode ser percebida ou rastreada com maior resistência. Nem por isso, deve permanecer impune. No Brasil, hoje, existem bases, instrumentos e incentivos à sua repreensão.

Quanto à sua divisão interna, este estudo segmenta-se em quatro etapas: a) em primeiro lugar, analisam-se algumas formas de suborno transnacional previstas em diferentes diplomas internacionais firmados pelo Brasil. Perpassa-se o seu conteúdo normativo; b) na sequência, passa-se ao exame do assunto em parte do ordenamento jurídico nacional. Utiliza-se a Lei n. 12.846, de 1º de agosto de 2013, como parâmetro; (c) na terceira etapa, investiga-se como o Ministério Público, os Tribunais de Contas, a Controladoria-Geral da União e a Advocacia-Geral da União podem atuar no enfrentamento do problema. Consideram-se algumas das principais instituições comprometidas com sua repreensão; (d) por fim, por meio de um exercício crítico, expõem-se desafios e potencialidades para melhor combater a prática em questão.

---

1 Em termos econômicos, a corrupção demonstra-se uma geradora das chamadas externalidades negativas, produz ineficiência, gera a má alocação de recursos e, ainda, a perda da confiança, o que prejudica, de forma geral, o ambiente de negócios e o desenvolvimento.

Como pressuposto, considera-se a necessidade de tutela e resguardo das Administrações públicas de diferentes Estados nacionais. Pensa-se em um panorama não meramente local, mas, sim, integrador e integrado. Compreende-se que os efeitos da corrupção podem transpassar as fronteiras nacionais, na medida em que prejudicam a eficiência e a concorrência. Se, hoje, não se toleram mais certos comportamentos, que prejudicam a humanidade e o seu futuro, condenando, por vezes, as próximas gerações, por que seria admitida uma compreensão diversa com a corrupção praticada contra a Administração pública de outros países, tão lesiva quanto?

É cabível, ainda, uma advertência terminológica preliminar sobre a nomenclatura frequentemente atribuída à Lei n. 12.846/2013. Embora a norma seja conhecida como Lei Anticorrupção, a expressão, por vezes, pode soar um pouco generalizante e conduzir a imprecisões. Celso Antônio Bandeira de Mello entende que seria mais preciso qualificá-la como Lei de Improbidade Administrativa das Pessoas Jurídicas.[2] De fato, parece-nos bem apropriado em vista de seus fins específicos.

TRATAMENTO EM CONVENÇÕES INTERNACIONAIS

Enquanto fenômeno extenso e multifacetado, a corrupção perpassa a história. Não se pode compreender a trajetória dos Estados-nações – em termos abrangentes – e das relações de poder concretas – em termos concentrados – sem considerar a ocorrência do lesivo fenômeno. Mas, especificamente, como podemos definir e compreender a corrupção que afeta as Administrações públicas estrangeiras?

a) Um primeiro indicativo pode ser recolhido da Convenção Interamericana contra a Corrupção (*Convención Interamericana contra la Corrupción*), adotada em Caracas, em 29 de março de 1996, no âmbito da Organização dos Estados Americanos (OEA). No Brasil, o diploma foi aprovado pelo Decreto Legislativo n. 152, de 25.06.2002, e promulgado pelo Decreto n. 4.410, de 07.10.2002.[3] Entende-se:

> **Artigo VIII**
> **Suborno transnacional**
> Sem prejuízo de sua Constituição e dos princípios fundamentais de seu ordenamento jurídico, cada Estado Parte proibirá e punirá o oferecimento ou outorga, por parte de seus cidadãos, pessoas que tenham residência habitual em seu território e

2 Ele afirma: "Sem embargo, ela nada dispõe sobre atos de corrupção e suas consequências; diversamente, ela inova no campo da moralidade administrativa, dispondo sobre a improbidade administrativa aplicável às pessoas jurídicas. Daí porque melhor seria qualificá-la como lei de improbidade administrativa das pessoas jurídicas" (*Curso de direito administrativo*, 2019, p. 991).

3 Conforme a Controladoria-Geral da União relata, a partir da década de 1990 houve uma "crescente preocupação da comunidade internacional com os impactos negativos da corrupção. É nesse contexto que a Convenção Interamericana foi, então, concebida" (BRASIL. Convenção Interamericana contra a Corrupção. Presidência, Controladoria-Geral da União. Brasília: CGU, 2007, p. 7).

> empresas domiciliadas no mesmo, a um funcionário público de outro Estado, direta ou indiretamente, de qualquer objeto de valor pecuniário ou outros benefícios, como dádivas, favores, promessas ou vantagens em troca da realização ou omissão, por esse funcionário, de qualquer ato no exercício de suas funções públicas relacionado com uma transação de natureza econômica ou comercial.
>
> Entre os Estados Partes que tenham tipificado o delito de suborno transnacional, este será considerado um ato de corrupção para os propósitos desta Convenção.
>
> O Estado Parte que não tenha tipificado o suborno transnacional prestará a assistência e cooperação previstas nesta Convenção relativamente a este delito, na medida em que o permitirem as suas leis.

Três aspectos merecem ser considerados: a descrição rigorosa da conduta, no decorrer de todo o primeiro parágrafo; depois, no parágrafo imediatamente posterior, o emprego do termo "suborno transnacional", para denominá-la. Por fim, o compromisso de que aqueles países que não procederem com a tipificação (ou seja, a positivação) irão colaborar na repreensão do delito dentro das possibilidades autorizadas em seus ordenamentos jurídicos. É visível a tentativa de engajamento.

b) No âmbito da Organização para a Cooperação e Desenvolvimento Econômico (OCDE), merece destaque a Convenção sobre o Combate da Corrupção de Funcionários Públicos Estrangeiros em Transações Comerciais Internacionais (*Convention on Combating Bribery of Foreign Public Officials in International Business Transactions*), concluída em Paris, em 17.12.1997. No Brasil, o diploma foi aprovado pelo Decreto Legislativo n. 125, de 14.06.2000, e promulgado pelo Decreto n. 3.678, de 30.11.2000. Enfatiza-se:

> **Artigo 3**
>
> Sanções
>
> **1.** A corrupção de um funcionário público estrangeiro deverá ser punível com penas criminais efetivas, proporcionais e dissuasivas. A extensão das penas deverá ser comparável àquela aplicada à corrupção do próprio funcionário público da Parte e, em caso de pessoas físicas, deverá incluir a privação da liberdade por período suficiente a permitir a efetiva assistência jurídica recíproca e a extradição.
>
> **2.** Caso a responsabilidade criminal, sob o sistema jurídico da Parte, não se aplique a pessoas jurídicas, a Parte deverá assegurar que as pessoas jurídicas estarão sujeitas a sanções não criminais efetivas, proporcionais e dissuasivas contra a corrupção de funcionário público estrangeiro, inclusive sanções financeiras.
>
> **3.** Cada Parte deverá tomar todas as medidas necessárias a garantir que o suborno e o produto da corrupção de um funcionário público estrangeiro, ou o valor dos bens correspondentes a tal produto, estejam sujeitos a retenção e confisco ou que sanções financeiras de efeito equivalente sejam aplicáveis.
>
> **4.** Cada Parte deverá considerar a imposição de sanções civis ou administrativas adicionais à pessoa sobre a qual recaiam sanções por corrupção de funcionário público estrangeiro.

Constatam-se detalhamentos em comparação com a Convenção antes estudada. Convenientemente, a Convenção da OCDE atribui algumas características: a) as penas devem ser eficazes, proporcionais e dissuasivas, com a privação da liberdade das pessoas físicas envolvidas; b) a existência de sanções "não criminais efetivas" contra as pessoas jurídicas; c) retenção, confisco ou outras formas de sanção financeira; e d) possibilidade de imposição de sanções civis ou administrativas.

c) Na sequência, outro diploma relevante é a Convenção das Nações Unidas contra a Corrupção (UNCAC), a famosa Convenção de Mérida, adotada pela Assembleia Geral das Nações Unidas, em 31.10.2003. No Brasil, o diploma foi aprovado pelo Decreto Legislativo n. 348, de 18.05.2005, e promulgado pelo Decreto n. 5.687, de 31.01.2006. Com relação ao assunto:

> **Artigo 16**
>
> Suborno de funcionários públicos estrangeiros e de funcionários de organizações internacionais públicas
>
> 1. Cada Estado Parte adotará as medidas legislativas e de outras índoles que sejam necessárias para qualificar como delito, quando cometido intencionalmente, a promessa, oferecimento ou a concessão, de forma direta ou indireta, a um funcionário público estrangeiro ou a um funcionário de organização internacional pública, de um benefício indevido que redunde em seu próprio proveito ou no de outra pessoa ou entidade com o fim de que tal funcionário atue ou se abstenha de atuar no exercício de suas funções oficiais para obter ou manter alguma transação comercial ou outro benefício indevido em relação com a realização de atividades comerciais internacionais.
> 2. Cada Estado Parte considerará a possibilidade de adotar medidas legislativas e de outras índoles que sejam necessárias para qualificar como delito, quando cometido intencionalmente, a solicitação ou aceitação por um funcionário público estrangeiro ou funcionário de organização internacional pública, de forma direta ou indireta, de um benefício indevido que redunde em proveito próprio ou no de outra pessoa ou entidade, com o fim de que tal funcionário atue ou se abstenha de atuar no exercício de suas funções oficiais.

A Convenção possui alguns pontos diferentes. O artigo acima destacado estende a previsão aos funcionários de organizações internacionais públicas. Refere-se tanto às práticas comissivas quanto omissivas. Frisa a necessidade de medidas legislativas, mas não desconsidera a relevância de outras com natureza diversa.

Em termos de legislação de Estados nacionais, cabe mencionar o *Foreign Corrupt Practices Act*, de 1977, que condena o suborno de funcionários de governos estrangeiros por cidadãos e empresas norte-americanas para beneficiar seus interesses comerciais. Também é importante citar o *Bribery Act 2010*, do Reino Unido, conhecido por seu rigor e pela sua capacidade de influenciar positivamente outros regimes ao redor do globo, haja vista sua enorme importância.

Conforme pode ser entendido facilmente, o assunto é tratado com diferenças circunstanciais, com maior ou menor grau de especificidades. É compreensível. Alternam-se, afinal, as conjunturas dos Estados envolvidos, com interesses e aspirações que podem ser não coincidentes. Mesmo assim, é possível apontar a existência de algumas características comuns – centrais, por assim dizer – que perpassam todas as convenções. Elas repercutem no tratamento nacional do assunto, conforme examinado na sequência.

TRATAMENTO NA LEI N. 12.846, DE 01.08.2013

Previamente às disposições constantes na Lei n. 12.846/2013, cabe mencionar como o Código Penal hoje prevê o tema (evidentemente, sob o prisma das pessoas físicas). O Capítulo II-A do Decreto-lei n. 2.848, de 07.12.1940 reconhece a existência dos "crimes praticados por particular contra a Administração Pública estrangeira". Nele, dois delitos estão tipificados, nos arts. 337-B e 337-C: "corrupção ativa em transação comercial internacional" e "tráfico de influência em transação comercial internacional", respectivamente, conceituando-se, ainda, funcionário público estrangeiro (art. 337-D).

Os dois delitos tratam de "transações comerciais", sendo manifesto o interesse em tutelar aspectos econômicos (portanto, excluem-se outras formas de interação, as quais poderiam resultar na maior abrangência da punibilidade). Nas duas formas, prevê-se a pena de reclusão, acrescida da fixação de multa.

Vejamos, na sequência, a punição prevista às pessoas jurídicas na Lei n. 12.846/2013. Com relevância, a Lei Anticorrupção define a Administração pública estrangeira, para seus fins:

> Art. 5º Constituem atos lesivos à administração pública, nacional ou estrangeira, para os fins desta Lei, todos aqueles praticados pelas pessoas jurídicas mencionadas no parágrafo único do art. 1º, que atentem contra o patrimônio público nacional ou estrangeiro, contra princípios da administração pública ou contra os compromissos internacionais assumidos pelo Brasil, assim definidos: § 1º Considera-se administração pública estrangeira os órgãos e entidades estatais ou representações diplomáticas de país estrangeiro, de qualquer nível ou esfera de governo, bem como as pessoas jurídicas controladas, direta ou indiretamente, pelo poder público de país estrangeiro. § 2º Para os efeitos desta Lei, equiparam-se à administração pública estrangeira as organizações públicas internacionais. § 3º Considera-se agente público estrangeiro, para os fins desta Lei, quem, ainda que transitoriamente ou sem remuneração, exerça cargo, emprego ou função pública em órgãos, entidades estatais ou em representações diplomáticas de país estrangeiro, assim como em pessoas jurídicas controladas, direta ou indiretamente, pelo poder público de país estrangeiro ou em organizações públicas internacionais.

De forma positiva, menciona-se a tutela dos princípios administrativos e dos compromissos nacionais. Com o uso de termos amplos, tem-se uma escala de repreensão das práticas desviantes. O § 2º reitera a equiparação presente na Convenção de Mérida. O § 3º define agente público estrangeiro.[4]

Embora esteja bastante claro, o art. 28 reitera a aplicabilidade de Lei n. 12.846/2013 caso o crime tenha desenvolvimento fora dos limites do território nacional – em uma embaixada ou agência consular, por exemplo –, de forma a extirpar quaisquer questionamentos futuros: "Art. 28. Esta Lei aplica-se aos atos lesivos praticados por pessoa jurídica brasileira contra a administração pública estrangeira, ainda que cometidos no exterior".[5]

O exame dos aludidos dispositivos evidencia a ampliação da responsabilidade da pessoa jurídica frente ao disposto na Lei n. 9.605/98, por exemplo.[6] É importante ressaltar: a responsabilidade é *objetiva*, ou seja, independe de comprovação de dolo ou culpa, à luz do art. 2º da Lei n. 12.846/2013. O art. 927 do Código Civil refere-se à ocorrência de responsabilidade objetiva, desde que prevista na norma.[7] É necessário registrar que o aspecto gerou controvérsias e continua a fomentar discussões e questionamentos, ainda que, na atual fase, em menor proporção.

Na eventualidade de que uma empresa brasileira com negócios no exterior – na América Latina ou em outros continentes – resolva recorrer ao suborno para obter informações ou determinados privilégios, direta ou indiretamente, por meio de um representante, por exemplo, incorre no ilícito. Fecham-se – ou, ao menos, procura-se tentar cerrar – as fronteiras contra um crime que tanto prejudica o reto desenvolvimento.

ORGANISMOS JURÍDICOS NACIONAIS

Compreendida parte da origem da norma, bem como o tratamento dado à corrupção promovida contra as Administrações públicas estrangeiras na Lei n. 12.846/2013, passa-se ao exame do papel que pode ser desempenhado por algumas das principais instituições jurídicas brasileiras, a saber: Ministério Público, Tribunais de Contas, Controladoria-Geral da União e Advocacia-Geral da União. Nenhuma norma encontra aplicação sem que os agentes competentes estejam envolvidos para articulá-la na dinâmica juspolítica, tornando-a efetiva.

4 Nas palavras de Modesto Carvalhosa: "Trata-se de um elenco de delitos da espécie corrupção, que requisitam para sua prática do concurso do agente público. Há uma simetria necessária e suficiente entre a conduta do agente público e aquela da pessoa jurídica que busca benefício ilícito" (*Considerações sobre a Lei Anticorrupção das pessoas jurídicas*: Lei n. 12.846 de 2013, 2015, p. 174).

5 É sempre importante reproduzir a argumentação de Celso Antônio Bandeira de Mello sobre o assunto: "Neste contexto, essa lei pretende a responsabilização objetiva administrativa e civil de pessoas jurídicas pela prática de atos lesivos contra a Administração Pública, nacional ou estrangeira, praticados em seu interesse ou benefício, exclusivo ou não. Daí por que o art. 28 dessa lei prevê a extensão dos seus efeitos à empresa brasileira que cometer as infrações tipificadas ainda que praticadas no exterior, conferindo-lhe efeito extraterritorial" (op. cit., p. 992).

6 CARVALHOSA, Modesto. Op. cit., p. 186.

7 PIRES, Antonio Cecílio Moreira. *A desconsideração da personalidade jurídica nas contratações públicas*, 2014, p. 159.

Considera-se essencial a *performance* integrada dos órgãos constitucionais. Conforme já registrado, a chamada Lei Anticorrupção, "como mecanismo de sistematização de seu microssistema, [...] deveria ter dado mais destaque e valor à atuação institucional de todos os órgãos que se incumbem de atuar em sua aplicação".[8] Objetiva-se contribuir para o melhoramento do cenário com a análise.

a) Em primeiro lugar, cabe ressaltar o relevante papel do Ministério Público – no particular, do Ministério Público Federal[9] –, com suas estruturas de investigação, para interpor as ações penais respectivas e para buscar a recuperação de ativos, medida que não restaura a totalidade dos danos, certamente, mas expressa uma função relevante, mesmo sob o aspecto simbólico.[10] Cabe recordar, ainda, os acordos de colaboração premiada que podem ser celebrados entre o Ministério Público e os investigados.[11]
b) Os Tribunais de Contas também podem cumprir um papel relevante no combate à corrupção transnacional. Com fundamento na Constituição de 1988 e no plano infraconstitucional, colaboram com auditorias e outras formas de fiscalização, constatando ocorrências anômalas em contratos, por exemplo. O Tribunal de Contas da União pode exigir maior transparência e cooperar – mesmo preventivamente – com organismos que desempenham encargos semelhantes ao seu.[12]
c) Na sequência, a Controladoria-Geral da União também exerce uma missão importante.[13] Seu contato com o Ministério Público Federal demonstra-se fundamental. Os mecanismos de fiscalização interna podem prevenir ou bloquear, ao menos em parte, a articulação da corrupção internacional, por meio de monitoramentos a partir do Brasil. É oportuno recapitular que "a CGU foi criada com o propósito de desempenhar o controle interno da Administração Pública Federal, servindo como instância de exercício do dever-poder de autotutela administrativa".[14]

---

8 DAL POZZO, Antonio Araldo; DAL POZZO, Augusto Neves; DAL POZZO, Beatriz Neves. *Lei Anticorrupção*: apontamentos sobre a Lei n. 12.846/2013, 2015, p. 70.

9 Conforme o art. 128 da Constituição de 05.10.1988.

10 Conforme o art. 129 da Constituição de 1988.

11 Conforme os arts. 3º e seguintes da Constituição de 1988.

12 Conforme o art. 73 da Constituição de 1988.

13 DAL POZZO, Antonio Araldo; DAL POZZO, Augusto Neves; DAL POZZO, Beatriz Neves. Op. cit., p. 66. Cabe recordar o art. 70 da Constituição de 1988: "Art. 70. A fiscalização contábil, financeira, orçamentária, operacional e patrimonial da União e das entidades da administração direta e indireta, quanto à legalidade, legitimidade, economicidade, aplicação das subvenções e renúncia de receitas, será exercida pelo Congresso Nacional, mediante controle externo, e pelo sistema de controle interno de cada Poder. [...]".

14 DAL POZZO, Antonio Araldo; DAL POZZO, Augusto Neves; DAL POZZO, Beatriz Neves. Op. cit., p. 66.

O art. 9º da Lei n. 12.846/2013 define:

> Art. 9º Competem à Controladoria-Geral da União – CGU a apuração, o processo e o julgamento dos atos ilícitos previstos nesta Lei, praticados contra a administração pública estrangeira, observado o disposto no Artigo 4 da Convenção sobre o Combate da Corrupção de Funcionários Públicos Estrangeiros em Transações Comerciais Internacionais, promulgada pelo Decreto n. 3.678, de 30 de novembro de 2000.

Ora, a Controladoria-Geral da União instaura processos pertinentes aos ilícitos contra as Administrações públicas estrangeiras. É impensável que haja uma repreensão eficiente ao desconsiderar a sua atuação.[15] O art. 16 da mesma Lei refere-se aos acordos de leniência com as pessoas jurídicas. Cabe à Controladoria-Geral da União celebrá-los no âmbito do Poder Executivo federal, "bem como no caso de atos lesivos praticados contra a administração pública estrangeira".[16]

d) Não se pode omitir, por fim, um relevante escopo cumprido pela Advocacia-Geral da União, cujo assessoramento jurídico pode auxiliar na prevenção de práticas lesivas, bem como atuar de forma contundente na repressão dos referidos ilícitos. Em particular, a sua assessoria preventiva pode ser crucial ao colaborar com os outros órgãos antes mencionados.

DESAFIOS AO COMBATE DA CORRUPÇÃO CONTRA AS ADMINISTRAÇÕES PÚBLICAS ESTRANGEIRAS

Para enfrentarmos com seriedade o problema da corrupção – ainda mais com contornos internacionais, como é o caso –, precisamos de estruturas adequadas. Os comandos normativos, por si, não são suficientes. Ora, é necessário um aprofundamento, ou seja, uma maior articulação dos procedimentos respectivos.[17] Certas formas de simplificação ou "alternativas fáceis", embora tentadoras, na realidade, não resultam em maiores benefícios. Conforme sustentado no prefácio à tradução em língua portuguesa de *O serviço público*, de Jacques Chevalier,

> Em nossa opinião, com absoluto respeito pela divergência, todos que criticam a burocracia [...] parecem esquecer-se do problema da corrupção. Ao exigir o cumprimento de um procedimento previamente estabelecido, retira-se do agente a possibilidade de dar azo à atuação pessoal e imoral. Donde: a corrupção encontra bem menos espaço no modelo burocrático – em que há um procedimento a ser rigoro-

15 PIRES, Antonio Cecílio Moreira. Op. cit., p. 161.

16 Cabe lembrar, ainda, o art. 34 do Decreto n. 11.129, de 11.07.2022.

17 Um exemplo de articulação positiva é a Estratégia Nacional de Combate à Corrupção e à Lavagem de Dinheiro (ENCCLA), que reúne aproximadamente 80 instituições, criada em 2003 (ENCCLA 2023: Estratégia Nacional de Combate à Corrupção e à Lavagem de Dinheiro. Brasília: Secretaria Nacional de Justiça, Departamento de Recuperação de Ativos e Cooperação Jurídica Internacional, 2022, p. 9).

> samente observado e a possibilidade de responsabilização de quem se desvia dele – do que no modelo gerencial – em que se atribui ao executor a prerrogativa de afastar-se das regras previamente estabelecidas.[18]

O que foi afirmado naquela ocasião, tendo em vista outro aspecto da Administração pública, pode ser estendido à reflexão ora proposta: é necessário aprimorar e articular os mecanismos jurídicos, e não meramente procurar simplificá-los, para que tenham condições reais de enfrentar os desafios hoje presentes.

O quadro abaixo é aplicável ao Brasil, de forma óbvia, mas, certamente, ele pode ser estendido às outras realidades nacionais que reconhecem a existência da corrupção transnacional e dispõem de ferramentas semelhantes para repreendê-la. Elencamos quatro desafios ao incremento da repreensão de crimes contra as Administrações públicas estrangeiras:

a) O compartilhamento de informações apresenta-se como fundamental para resolver desafios ou, pelo menos, mitigar a assimetria de informações. Permite desvendar cenários, reconstruir hipóteses e, assim, concatenar ciclos entre agentes dispersos geograficamente.
b) Na sequência – e de forma complementar –, a assistência jurídica entre os Estados envolvidos e interessados permite elucidar as formas juridicamente corretas e aptas de enfrentamento da corrupção transnacional. Ora, a troca genérica de informações é insuficiente e o conhecimento da legislação, também no seu sentido operacional, precisa ser igualmente compartilhado.
c) Novamente de forma complementar à etapa anterior, é fundamental que exista uma coordenação entre as autoridades de diferentes jurisdições. Para tanto, não se descarta o engajamento das instituições financeiras e dos órgãos reguladores. A cooperação eficaz pressupõe não apenas o conhecimento adequado, como definido nos itens anteriores, mas conjugações precisas. As instituições devem ser dialógicas e colaborativas; possuem um fim comum: a proteção do interesse público – no presente caso, o patrimônio público. É preciso aprofundar esses instrumentos institucionais em nome do aperfeiçoamento de suas missões.
d) Por fim, não se pode omitir a necessidade de coordenação também em nível político. Não somente as autoridades judiciárias, mas aquelas que representam e dirigem os órgãos de representação detêm poder e autoridade relevante para conduzir e incentivar medidas de repreensão da corrupção transnacional. Nesse passo, alternativas institucionais também são possíveis de serem concretizadas. Não podemos padecer de uma falta de criatividade institucional; tal circunstância paralisa a evolução da sociedade como um todo.

18 CHEVALIER, Jacques. *O serviço público*, 2017, p. 15.

CONSIDERAÇÕES FINAIS

Este estudo conciso abordou diferentes ângulos da corrupção perpetrada contra as Administrações públicas estrangeiras. Procurou demonstrar a relevância do fenômeno, como atestam diferentes tratados internacionais que percorrem o assunto, bem como o seu reconhecimento e tríplice responsabilização – penal, civil e administrativa – na legislação pátria.

O combate à corrupção, detenha origem pública ou privada, transcende fronteiras. É uma causa que diz respeito ao bem comum, conceito fundamental, embora esquecido, por vezes. Infelizmente, não apenas a concorrência, em um viés mais imediatista e utilitário, mas, sim, o próprio futuro é ceifado em nome dos interesses escusos que percorrem os agentes envolvidos nos procedimentos dessa natureza.

É essencial combater o crime organizado internacional que corrompe autoridades, comprometendo, no caso brasileiro – ainda que por uma via indireta –, o cumprimento dos princípios administrativos constitucionais, em prejuízo da legalidade e da moralidade pública. Como assinalado, os efeitos da corrupção são transversais.

Para tanto, recordar a função de cada organismo envolvido no processo demonstra-se crucial. Vivemos, por vezes, dificuldades em torno do papel a ser desempenhado pelas instituições nacionais. É importante que cumpram com seus encargos para que as informações possam ser articuladas e predispostas, de forma a responsabilizar, sob o amparo da legalidade – o único possível –, as pessoas jurídicas envolvidas. A responsabilidade de tipo objetivo é sensível e requer prudência.

Os primeiros dez anos de vigência da Lei n. 12.846/2013 autorizam-nos a recordar como ela encontra seu ponto de referência na Carta Constitucional de 1988. Promover a moralidade administrativa – seja no Brasil, de forma direta, ou repreendendo condutas lesivas no plano externo, e que podem afetar o país indiretamente – perpassa, necessariamente, a observância da Constituição.

Somente à luz do Texto Constitucional, e com o seu amparo, podemos enfrentar os desafios elencados na última parte da pesquisa, e que demonstram, também, caminhos para tornar a moralidade administrativa uma realidade no plano internacional. É uma aspiração distante, por certo, mas, ainda assim, plenamente ambicionável.

REFERÊNCIAS BIBLIOGRÁFICAS

BRASIL. [Constituição 1988]. Constituição da República Federativa do Brasil de 1988. Brasília, DF: Presidência da República. Disponível em: http://www.planalto.gov.br/ccivil_03/Constituicao/ Constituiçao.htm.

BRASIL. Convenção Interamericana contra a Corrupção. Presidência, Controladoria-Geral da União. Brasília: CGU, 2007.

BRASIL. Decreto-lei n. 2.848, de 07.12.1940. Código Penal. Brasília, DF: Presidência da República. Disponível em: http://www.planalto.gov.br/ccivil_03/decreto-lei/del2848compilado.htm.

BRASIL. Decreto n. 3.678, de 30.11.2000. Promulga a Convenção sobre o Combate da Corrupção de Funcionários Públicos Estrangeiros em Transações Comerciais Internacionais, concluída em Paris, em 17 de dezembro de 1997. Brasília, DF: Presidência da República. Disponível em: http://www.planalto.gov.br/ccivil_03/decreto/d3678.htm.

BRASIL. Decreto n. 4.410, de 07.10.2002. Promulga a Convenção Interamericana contra a Corrupção. Brasília, DF: Presidência da República. Disponível em: https://www.planalto.gov.br/ccivil_03/decreto/2002/d4410.htm.

BRASIL. Decreto n. 5.687, de 31.01.2006. Promulga a Convenção das Nações Unidas contra a Corrupção, adotada pela Assembleia Geral das Nações Unidas em 31 de outubro de 2003 e assinada pelo Brasil em 9 de dezembro de 2003. Brasília, DF: Presidência da República. Disponível em: https://www.planalto.gov.br/ccivil_03/_ato2004-2006/2006/decreto/d5687.htm.

BRASIL. Decreto n. 11.129, de 11.07.2022. Regulamenta a Lei n. 12.846, de 1º de agosto de 2013, que dispõe sobre a responsabilização administrativa e civil de pessoas jurídicas pela prática de atos contra a administração pública, nacional ou estrangeira. Brasília, DF: Presidência da República. Disponível em: https://www.planalto.gov.br/ccivil_03/_ato2019-2022/2022/decreto/d11129.htm.

BRASIL. Lei n. 9.605, de 12.02.1998. Dispõe sobre as sanções penais e administrativas derivadas de condutas e atividades lesivas ao meio ambiente, e dá outras providências. Brasília, DF: Presidência da República. Disponível em: https://www.planalto.gov.br/ccivil_03/leis/l9605.htm.

BRASIL. Lei n. 10.406, de 10.01.2002. Institui o Código Civil. Brasília, DF: Presidência da República. Disponível em: https://www.planalto.gov.br/ccivil_03/leis/2002/l10406compilada.htm.

CARVALHOSA, Modesto. *Considerações sobre a Lei Anticorrupção das pessoas jurídicas*: Lei n. 12.846 de 2013. São Paulo: Revista dos Tribunais, 2015.

CHEVALIER, Jacques. *O serviço público*. Tradução, estudo introdutório e notas explicativas de Augusto Neves Dal Pozzo e Ricardo Marcondes Martins. Belo Horizonte: Fórum, 2017.

DAL POZZO, Antonio Araldo; DAL POZZO, Augusto Neves; DAL POZZO, Beatriz Neves. *Lei Anticorrupção*: apontamentos sobre a Lei n. 12.846/2013. 2.ed. São Paulo: Contracorrente, 2015.

ENCCLA 2023: Estratégia Nacional de Combate à Corrupção e à Lavagem de Dinheiro. Brasília: Secretaria Nacional de Justiça, Departamento de Recuperação de Ativos e Cooperação Jurídica Internacional, 2022.

MELLO, Celso Antônio Bandeira de. *Curso de direito administrativo*. 34.ed. São Paulo: Malheiros, 2019.

PIRES, Antonio Cecílio Moreira. *A desconsideração da personalidade jurídica nas contratações públicas*. São Paulo: Atlas, 2014.

Capítulo 9. 2013-2023: década da probidade?

Pierpaolo Cruz Bottini
Igor Sant'Anna Tamasauskas

INTRODUÇÃO

Muitos fomos surpreendidos com as manifestações que tomaram as ruas do país no junho de 2013. O país aparentava estar sob certa normalidade quando, sem muito contexto, pulularam cenas de objetos sendo queimados, depredações e muitas, muitas pessoas protestando.

As informações que chegavam relacionavam esse movimento a reivindicações por melhorias em serviços públicos. O que se seguiu será abordado com um pouco mais de profundidade no próximo item; entretanto, uma das reações produzidas pelo mundo político foi um conjunto de modificações legislativas, das quais merecem destaque a Lei das Organizações Criminosas (Lei n. 12.850/2013) e a Lei Anticorrupção (Lei n. 12.846/2013).

O presente capítulo pretende realizar um breve balanço da última década no controle da moralidade administrativa, buscando recompor seu movimento pendular, a partir das investigações impulsionadas pelas novas normas, das pretensões lavajatistas e da inescapável reação que se seguiu.

Adiantamos que não possuímos visão catastrofista desse período. Aprendemos – e muito – sobre como desempenhar e, decididamente, como não desempenhar determinadas ações no campo do controle da moralidade administrativa. Isso, por si só, é um ganho notável e merece ser celebrado; afinal, rompemos uma barreira até então intransponível, que é a possibilidade de solução consensual em temas envolvendo corrupção, para ficar em um exemplo.

JUNHO DE 2013 E SUAS DEMANDAS

O ano de 2013 iniciou-se com os recém-empossados prefeitos eleitos no ano anterior, em uma eleição que marcava o início de um processo de esgotamento de um período até então positivo para o grupo político que ascendera ao comando do país em 2002. Lula havia concluído seus dois mandatos com aprovação popular recorde, apesar da crise do Mensalão, ocorrida em 2004-2005, e Dilma angariava apoio popular relevante, ante uma postura pública reativa a possíveis casos de corrupção e desvios éticos.

A organização da Copa do Mundo de Futebol encontrava-se a cargo do Brasil, tendo Olimpíadas no *pipeline* e recém-realizados os Jogos Pan-Americanos no Rio de Janeiro com relativo sucesso.

Olhando em perspectiva, poucos imaginariam que, poucos meses depois das eleições municipais, emergiria um movimento contestatório que varreu o país de norte a sul, com inúmeros e variados tópicos de reivindicação.

Início de mandato, sobretudo nas cidades, é o momento em que as autoridades buscam reorganizar as finanças municipais de modo a que, pensando no ciclo de quatro anos de um mandato, haja uma curva positiva de expectativas que acaba se traduzindo em dividendos eleitorais. Esse tipo de movimento é legítimo, desde que respeitados parâmetros mínimos fixados pela legislação, por exemplo, evitar a contratação de despesas que não possam ser honradas no final do período (art. 42 da Lei de Responsabilidade Fiscal) ou a inovação de benefícios sociais no último exercício de mandato (art. 73, § 10, da Lei n. 9.504/97).

É também o momento em que determinados serviços públicos acabam pressionando as novas gestões por correções ou reequilíbrios, que, a depender da formatação contratual, podem demandar aumento de tarifas ou de subsídios, ou de ambos.

Nada de muito novo, portanto, ocorria naquele início de 2013, exceto pelo julgamento do mérito da Ação Penal n. 470, que analisou as condutas praticadas por agentes públicos e privados durante a primeira metade do primeiro mandato do Presidente Lula, no caso conhecido como Mensalão.

Seria a primeira vez que o Supremo Tribunal Federal analisaria comportamentos de próceres da República, condenando uma série de indivíduos por considerá-los culpados pelo envolvimento em financiamento ilegal de parlamentares e outros agentes políticos, corrupção, lavagem de capitais, formação de quadrilha, entre outros crimes. Esse julgamento, iniciado em 2012, certamente trouxe ao contexto um componente relevante de desgaste do grupo político que governava o país, mas também a todas as pessoas que, de forma ou de outra, encarnavam a autoridade constituída.

A despeito disso, no plano municipal, o início de 2013 aparentava não diferir demais dos outros inícios de ano e de mandato. Postulado pelas empresas de transporte coletivo país afora, o aumento das tarifas acabou sendo o estopim de protestos que se iniciaram pela cidade de São Paulo e, pouquíssimo tempo depois, espraiaram-se para o restante do país.

Quase ao mesmo tempo em que tomaram as ruas, esses protestos caminharam também pelas redes sociais, primeiro como forma de organização célere e horizontalizada, e depois orientada e capitaneada pela oposição à direita ao Partido dos Trabalhadores. Diversos grupos foram criados, como *nós* de uma rede de múltiplos centros, comunicacionalmente criada para amplificar e, sobretudo, reorientar os protestos que haviam irrompido no Brasil.

Se, no início, o foco eram os aumentos de serviço público de transporte, num átimo, as reivindicações passaram pela melhoria de outros serviços públicos e pela insatisfação com a política no geral, a contestar inclusive a candidatura do país como sede da Copa do Mundo de 2014, incluídos todos os investimentos inerentes – e os problemas decorrentes de projetos elaborados sem o devido cuidado, campo fértil para a corrupção.

O ano de 2013, pois, que se iniciava sob o signo de aparente tranquilidade, rapidamente demonstrou que se formava uma tempestade perfeita para fomentar, emergir e ampliar severamente um conjunto de críticas à forma como vinham sendo desempenhados os poderes políticos em nosso país. Um tema de foco majoritariamente local – o transporte coletivo urbano de passageiros – converteu-se rapidamente em contestação de políticas nacionais. Esse movimento, tal qual um contra-ataque de arte marcial, permitiu o redirecionamento das contestações ao poder central, tendo as redes sociais jogado um papel relevantíssimo no severo desgaste que culminou no *impeachment* de 2016. Até onde isso decorreu de manipulações algorítmicas ou de inabilidade do governo central, isso é tema que escapa aos contornos deste estudo.

Fato é que esse conjunto de reivindicações – com maior destaque para o tema da corrupção – provocou reações no Parlamento, tendo sido editadas, como reação, duas leis relevantes para o controle da moralidade no exercício de atribuições públicas: a Lei Anticorrupção e a Lei das Organizações Criminosas.

Como se todas essas frustrações sociais com as dificuldades de financiamento dos inúmeros benefícios previstos na Carta de 1988 decorressem apenas de desperdício decorrente de corrupção. Apesar do diagnóstico simplista focado na corrupção – que se repete na forma de manipulação da sociedade, de tempos em tempos –, as leis em questão trouxeram avanços importantes na forma como o Estado tradicionalmente tratou o tema, conforme abordaremos mais adiante.

Uma década transcorreu desde que os gritos por "não são só os 20 centavos" começaram a ecoar no Brasil. Muitos fatos ocorreram em consequência desses protestos e muitas demandas se abriram, todos ainda sob análise de historiadores, cientistas sociais, antropólogos e, tendo em vista as repercussões no campo normativo, pelos estudiosos do Direito. Sem embargo de críticas, o tema da moralidade administrativa acabou por se colocar à frente desse movimento contestatório, jogando papel de destaque nos anos que se seguiram, sobretudo porque emergia um novo escândalo no plano nacional.

LAVA JATO: FIM DA CORRUPÇÃO?

Pouco mais de seis meses depois do começo dos protestos iniciados com o aumento da tarifa de transporte coletivo, foi deflagrada uma investigação para apurar desvios em obras e serviços contratados pela Petrobras. Essa investigação, capitaneada pelo Ministério Público Federal e pela Polícia Federal, praticamente monopolizou a atenção pública nos anos que se seguiram.

Foram 79 fases, divididas em três estados, ao longo de sete anos. Muitas empresas, indivíduos e agentes políticos estiveram no alvo da denominada Operação Lava Jato, que se iniciou a partir da atuação de um "doleiro" e acabou chegando a grandes esquemas de desvios de recursos públicos, direcionamento de licitações, entre outras e inúmeras irregularidades.

A operação teve o mérito de desnudar a forma como a investidura de cargos públicos esteve vinculada à geração de recursos para financiamento de campanhas eleitorais e enriquecimento pessoal. Todavia, ao abraçar uma pretensão expurgatória dos problemas no exercício do poder político, e, sobretudo por identificar aprioristicamente seus alvos e a forma de atacá-los, a investigação desviou-se dos predicados normativos que validam um processo judicial.

Temas como competência, respeito ao devido processo legal, contraditório e ampla defesa foram considerados mera formalidade, quando muito, para justificar o açambarcamento de alvos em uma sequência assemelhada a uma série de *streaming*, como forma de amalgamar a audiência ávida pela vingança contra o "mundo político corrompido". Nesse intento, flexibilizaram-se determinados predicados, como o conceito de "ato de ofício", elemento-chave para a caracterização do crime de corrupção. Decerto tal fórmula, conjuntamente a um roteiro maniqueísta, não é compatível com o discurso ínsito a processos judiciais, especialmente os criminais.

O fato é que a investigação se desenvolveu e desnudou a forma como se relacionavam grandes empresas de construção pesada com governos, logrando mapear métodos de desvios de recursos públicos e pagamentos de propinas, por intermédio dos mais diversos sistemas de lavagem de capitais.

Graças ao sucesso e ao apoio midiático, a Operação Lava Jato passou a ampliar seguidamente seu escopo – inicialmente focada em temas relacionados a contratos com a Petrobras. Havia uma pretensão – confessada a cada entrevista coletiva promovida pelas autoridades – de expurgar o sistema político dos seus males e defeitos, sobretudo aqueles entendidos como tais por aquele específico conjunto de autoridades, mesmo que, para isso, restassem violados preceitos fundamentais da Constituição. Paralelamente, emergiu campanha para modificação legislativa, denominada "10 medidas contra a corrupção", cuja essência apontava para restrições ainda maiores do direto de defesa, como a diminuição de hipóteses de cabimento de *habeas corpus*, validação de provas viciadas, entre outras propostas.

Olhando em retrospectiva, para além de uma investigação criminal altamente complexa, pode-se identificar na Operação Lava Jato pretensões típicas de disputa e de modificação do quadro político. Não parece demais asseverar que o ambiente de uma investigação criminal não é o lócus adequado para essa abordagem, quer pelo escancarado desrespeito à Constituição, quer pela limitação do discurso jurídico para abarcar a abertura do debate político.

Não custa lembrar que o coordenador da Força Tarefa da Lava Jato restou punido pelo Conselho Nacional do Ministério Público, por tentar interferir na eleição para a Presidência do Senado Federal, decisão mantida pelo Supremo Tribunal Federal (Pet n. 9.068). E o juiz que concentrava a competência de inúmeras ações renunciou ao seu cargo vitalício para se tornar Ministro da Justiça do adversário do principal alvo da operação referida.

Essa confusão de códigos e esferas, entre o jurídico e o político, somente contribuiu para turvar ainda mais o ambiente democrático no país, ao travestir o exercício do controle da Administração em disputa política. É usual que acusados de corrupção saiam-se com argumentos de perseguição de adversários, como forma de buscar reter algum tipo de apoio político junto à população; uma investigação e uma condução processual isentas validarão a conclusão final, pela condenação ou pela absolvição, acaso comprovadas a materialidade e a autoria dos envolvidos.

Ocorre que havia uma predefinição de alvos e conclusões, hipótese que pode ser verificada no que ficou conhecido como "Vaza Jato".[1] Os diálogos colhidos por um *hacker* demonstram um acertamento prévio de posições, alvos e estratégias muito além do que se poderia supor regular no exercício das competências atribuídas àquelas autoridades.

Mesmo que se sustente da ilegalidade desses diálogos – cujo efeito é processual/jurídico, mas não político –, há trabalhos acadêmicos que, analisando detidamente tempos e atos processuais, corroboram a existência de névoa sobre a atuação da vertente curitibana da operação.[2]

Ao fim e ao cabo, a Lava Jato logrou apontar severas deficiências no controle da Administração, que permitiram a instalação de um esquema de corrupção no âmbito principalmente da Petrobras. Ao mesmo tempo, demonstrou também a fragilidade da regulação sobre os órgãos de controle, na medida em que se verificaram o populismo e o proselitismo de autoridades encarregadas de nobres missões constitucionais, com a finalidade de fruir benefícios eleitorais para si próprios.

Essa, todavia, é uma história que ainda está sendo contada, pois remanescem apurações acerca de ações e eventuais abusos cometidos ao longo desses anos.

CONTROLE POLÍTICO *VS*. CONTROLE JURÍDICO-JUDICIAL

O exercício do poder pressupõe o seu controle, sob pena de degenerescência que pode implicar toda sorte de problemas, desde o enriquecimento de agentes

1 DUARTE, Letícia. Vaza jato: os bastidores das reportagens que sacudiram o Brasil, 2020.

2 RODRIGUES, Fabiana Alves. "Operação Lava Jato: aprendizado institucional e ação estratégica na Justiça Criminal". São Paulo, 2019. (Doutorado). Faculdade de Filosofia, Letras e Ciências Humanas da Universidade de São Paulo.

públicos e privados,[3] desequilíbrios injustificados entre os atores na arena econômica,[4] duplicidade de regimes legais,[5] entre outras patologias.

Esse controle se estabelece de diversas formas, desde a própria disputa eleitoral periódica (*free and fair elections*,[6] passando pelo sistema de freios e contrapesos entre os Poderes, até os órgãos de controle interno e externo e a própria hierarquia funcional.

Um conjunto de estruturas de controle, porque exercido por instituições políticas (*v.g.* parlamentos, disputas eleitorais), poder-se-ia denominar *controle político*. Esse controle exerce-se de modo bastante amplo, com fórmulas abertas (p. ex., "decoro parlamentar"), inclusive mediante a possibilidade de estabelecer reforma do próprio sistema legal. Outro conjunto, por suposto, compreende os sistemas que operem sob códigos normativos mais estritos, delimitados pelo Direito, ao qual se poderia nominar de *controle jurídico-judicial*.

Ambos os tipos de controle se prestam ao enfrentamento do fenômeno da corrupção, sendo que suas diferentes abordagens e códigos indicam a adequação (ou preferência) para tratamento quer da *corrupção política*,[7] quer da *corrupção de linha de frente*.[8]

Por *corrupção política*, tomemos a contaminação das estruturas políticas para acobertamento e/ou estruturação de esquemas de corrupção. Já a *corrupção de linha de frente* ou ao *nível da rua* seria o caso dos burocratas que abusam da discricionariedade em benefício próprio, como a coleta de propinas.[9]

O controle jurídico-judicial é conformado pelo Direito, e sua eficiência está condicionada a uma investigação adequada que forneça aos órgãos de acusação os elementos necessários para comprovação da autoria e da materialidade da prática ilícita. Sem maiores elucubrações, parece ser o método mais bem conformado para o enfrentamento da corrupção da burocracia.

Quando se trata de corrupção política, aumenta a dificuldade para o seu enfrentamento: o exercício do poder político por um (ou alguns) integrante do esquema de corrupção leva à politização do próprio processo de investigação e de aferição de responsabilidade.[10] Se as autoridades encarregadas da persecução e do julgamento não estiverem estritamente jungidas às limitações do controle jurídi-

---

3 CONLLEDO, Miguel Días y García. In: LEITE, Alaor; TEIXEIRA, Adriano (orgs.). *Crime e política*: corrupção, financiamento irregular de partidos políticos, caixa dois eleitoral e enriquecimento ilícito, 2017.

4 FUKUYAMA, Francis. *Political order and political decay*: from the industrial revolution to the globalization of democracy, 2014.

5 Entre o geral regime normativo que deveria ser aplicável a toda a sociedade e o regime "benéfico" aplicável aos apadrinhados.

6 CAGGIANO, Mônica Herman Salem. *Direito parlamentar e direito eleitoral*, 2004.

7 LOMBA, Pedro. *Teoria da responsabilidade política*, 2008.

8 FILGUEIRAS, Fernando; MELO ARANHA, Ana Luiza. "Controle da corrupção e burocracia da linha de frente: regras, discricionariedade e reformas no Brasil". Dados. *Revista de Ciências Sociais*, 2011, 54. Disponível em: http://www.redalyc.org/articulo.oa?id=21821071005.

9 Ibidem, p. 350.

10 GISBERT, Rafael Bustos. "Corrupción política y derecho". In: *Estudios sobre la corrupción, una reflexión hispano braliseña*, 2013.

co-judicial (legalidade estrita, juiz natural, ampla defesa etc.), deslegitima-se eventual conclusão do processo.

O grande desafio para essa década de vigência da Lei Anticorrupção foi enfrentar essa tipologia da corrupção política. Conquanto tenhamos avançado no aprimoramento de uma série de controles públicos e privados,[11] a tentativa de abraçar o enfrentamento da corrupção política a qualquer custo nos privou de progresso consistente nessa seara. O Ministério Público Federal, de um lado, teve papel relevante para o início da aplicação das regras da Lei Anticorrupção; por outro, contudo, na vertente curitibana, deixou-se contaminar pela política e fez retroceder em muito o fortalecimento das estruturas de controle.

BALANÇO DA DÉCADA

Analisar uma determinada atividade ao longo de certo período é uma tarefa tormentosa: além do viés inerente ao ponto de vista do autor da análise, há sempre o risco de omissões não intencionais que podem indicar para uma incompletude da riqueza do quadro todo. Por isso, as coletâneas de estudos, como a presente, são relevantes, pois a pluralidade de autores, vieses e pontos permite uma recomposição mais global.

Ao nosso sentir, esses dez anos de vigência da Lei Anticorrupção iniciaram-se com o enorme desafio de conferir algum tipo de resposta a movimentos até hoje não integralmente compreendidos, quer pela política, quer pelos analistas políticos e acadêmicos. Demais disso, trata-se de uma lei que trouxe modificações bastante importantes na forma como tradicionalmente é tratado o tema da corrupção, a começar pela ideia da responsabilidade objetiva das companhias envolvidas em atos ilícitos contra o Estado. E, por fim, a possibilidade do estabelecimento de relações contratualizadas com os infratores para endereçar a reparação, o pagamento de multas e a entrega de informações sobre os esquemas colusivos.

Se essas questões já seriam suficientes para dificultar a aplicação da legislação recém-promulgada, agregue-se ao quadro a utilização das inovações a um conjunto de ilícitos que envolveu grande parte da cúpula política e empresarial do país. E, como mais recentemente se está comprovando, com relevantes atores encarregados de sua aplicação orientados não apenas tecnicamente, mas com vieses capazes de macular objetivamente grande parcela do trabalho desenvolvido.

A despeito disso, avanços importantes podem ser destacados, como a utilização de acordos para a resolução de temas envolvendo corrupção, hipótese que era completamente vedada pela redação original da Lei de Improbidade Administrativa, principal legislação na esfera cível-sancionatória para a finalidade de enfrentar desvios de recursos públicos.

11 Como maior transparência, regras objetivas, sistemas de integridade privados, entre outros.

Com isso, logrou-se permitir solução negocial para esse tipo de caso, com ganhos relevantes para o Estado, ao suprimir a fase de constituição da certeza da ocorrência de um ato ilícito (mediante demorado e dificultoso percurso probatório) e ao dotar os órgãos de controle de novas e mais aprofundadas informações que permitem, em tese, desbaratar esquemas ainda não conhecidos ou ramificações do esquema original. Do ponto de vista do particular infrator, permite-se negociar formas de cumprimento das consequências legais advindas da prática ilícita, assegurando algum grau de previsibilidade tão relevante para a continuidade da atividade empresarial.

Outro ponto de relevo foi a normalização da prevenção, mediante as práticas de integridade empresarial. Como alçou o mecanismo de integridade a um dos critérios relevantes de limitação da penalidade à pessoa jurídica, a Lei Anticorrupção agregou mais um estímulo à disseminação de instrumentos de controle da atuação empresarial. Além disso, a possibilidade de envolvimento em investigações de malfeitos no âmbito privado, em razão de condutas omissivas, levou a que integrantes de conselhos e outros níveis dirigentes passassem a exigir, crescentemente, o estabelecimento de regramento explícito acerca de competências, processos decisórios e registros societários, contábeis e financeiros, bem como a previsão de treinamentos, e de apenamento, pela empresa, àquele que se distanciar de padrões de conduta normativa ou eticamente esperados.

A prevenção ganhou contornos mais explícitos nesse contexto, reforçado, inclusive, por novos normativos mais recentemente editados, como a Lei de Licitações e Contratos, que regula mais detalhadamente mecanismos de controle prévio (ou *linhas de defesa*, como tratado, por exemplo, no art. 169).

Em síntese, há ganhos no campo da eficiência, porque busca-se dificultar a prática do ilícito e, nos casos em que consumado, permite-se a adoção de mecanismos consensuais, em tese mais céleres e com maior certeza de reparação que a solução adjudicatória tradicional. Além disso, permite-se o diálogo com jurisdições estrangeiras, algumas das quais mais acostumadas historicamente com esse tipo de solução, como a norte-americana.

Como já assentado linhas acima, esse período de maturação da legislação também apresentou problemas, alguns bastante sérios, e que necessitam um cuidado por parte dos operadores. O mais grave, sem dúvida, decorre da constatação de uma baixa *accountability* de algumas categorias de agentes públicos encarregados da aplicação da legislação de controle.

Ainda que essa situação tenha sido abordada, por exemplo, na reforma da legislação de abuso de autoridade, parece urgente discutir a necessidade de uma quarentena mais extensa para que o processo de controle da corrupção não sirva como catapulta à popularidade de agentes públicos que possuam a atribuição legal de tamanha envergadura.

Tem ganhado corpo também, ultimamente, a discussão acerca dos males decorrentes de um excesso dos mecanismos de integridade, alcunhado por alguns de *overcompliance*, cuja resultante, além de não significar controle efetivo da atividade empresarial, burocratiza excessivamente a tomada de decisão e muitas vezes pode significar o próprio rompimento do acompanhamento da atividade que se pretendia controlar, como se verifica, por exemplo, na evasão bancária por receio das instituições financeiras de serem acusadas de colaboração com a lavagem de capitais.[12]

Por fim, ainda que não propriamente um problema da Lei Anticorrupção, mas uma questão inerente ao nosso arcabouço constitucional, a multiplicidade de órgãos encarregados da aplicação da legislação de controle exigiu – e vem exigindo – dos intérpretes a necessidade de novas ferramentas e compreensões para uma atuação sem dissonâncias, sobretudo nos casos encerrados mediante solução consensual.

A sincronia dos órgãos de controle é fundamental para a manutenção de um sistema de incentivos ao particular para continuar optando por uma das mais relevantes inovações da Lei Anticorrupção, que é o acordo de leniência.

BIBLIOGRAFIA

BOTTINI, Pierpaolo Cruz. "O excesso do *compliance*". *O Globo*, 06.07.2023, disponível em: https://oglobo.globo.com/blogs/fumus-boni-iuris/post/2023/07/pierpaolo-cruz-bottini-o-excesso-do-compliance.ghtml; acesso em: 30.07.2023.

CAGGIANO, Mônica Herman Salem. *Direito parlamentar e direito eleitoral*. Barueri, Manole, 2004.

CONLLEDO, Miguel Días y García. In: LEITE, Alaor; TEIXEIRA, Adriano (orgs.). *Crime e política*: corrupção, financiamento irregular de partidos políticos, caixa dois eleitoral e enriquecimento ilícito. Rio de Janeiro, FGV Editora, 2017.

DUARTE, Letícia. *Vaza jato*: os bastidores das reportagens que sacudiram o Brasil. Rio de Janeiro, Mórula, 2020.

FILGUEIRAS, Fernando; MELO ARANHA, Ana Luiza. "Controle da corrupção e burocracia da linha de frente: regras, discricionariedade e reformas no Brasil". Dados. *Revista de Ciências Sociais*, 2011, 54 [sem mês]. Disponível em: http://www.redalyc.org/articulo.oa?id=21821071005; acesso em: 06.06.2016.

FUKUYAMA, Francis. *Political order and political decay*: from the industrial revolution to the globalization of democracy. New York, Frarra, Straus and Giroux, 2014.

GISBERT, Rafael Bustos. "Corrupción política y derecho". In: *Estudios sobre la corrupción, una reflexión hispano braliseña*. Salamanca, Centro de Estudios Brasileños, 2013.

LOMBA, Pedro. *Teoria da responsabilidade política*. Coimbra, Coimbra, 2008.

LIMONGI, Fernando. Operação *impeachment*. São Paulo, Todavia, 2023.

RODRIGUES, Fabiana Alves. "Operação Lava Jato: aprendizado institucional e ação estratégica na Justiça Criminal". São Paulo, 2019. Tese (Doutorado). Faculdade de Filosofia, Letras e Ciências Humanas da Universidade de São Paulo.

12 BOTTINI, Pierpaolo Cruz. "O excesso do *compliance*". *O Globo*, 06.07.2023. Disponível em: https://oglobo.globo.com/blogs/fumus-boni-iuris/post/2023/07/pierpaolo-cruz-bottini-o-excesso-do-compliance.ghtml; acesso em: 30.07.2023.

SOUSA SANTOS, Boaventura de. *Toward a new common sense*: law, science and politics in the paradigmatic transition. New York, Routledge, 1995.

TOJAL, Sebastião Botto de Barros; TAMASAUSKAS, Igor Sant'Anna. "Justiça negocial". In: SADEK, Maria Tereza; BOTTINI, Pierpaolo; KICHFY, Raquel; RENAULT, Sérgio (orgs.). *O Judiciário do nosso tempo*: grandes nomes escrevem sobre o desafio de fazer justiça no Brasil. Rio de Janeiro, Globo, 2021, p. 139-46.